ŒUVRES
DE
CHATEAUBRIAND

Les Martyrs. — Poésies

TOME QUATRIÈME

PARIS
DUFOUR, MULAT ET BOULANGER, LIBRAIRES-ÉDITEURS
QUAI MALAQUAIS, 21

MDCCCLVII

ŒUVRES
DE
CHATEAUBRIAND

TOME IV

LAGNY. — TYPOGRAPHIE DE VIALAT

LA FOI L'ESPÉRANCE ET LA CHARITÉ
(Génie)

ŒUVRES

DE

CHATEAUBRIAND

Les Martyrs. — Poésies

TOME QUATRIÈME

PARIS

DUFOUR, MULAT ET BOULANGER, ÉDITEURS

21, QUAI MALAQUAIS

M DCCC LVII

LES MARTYRS

LIVRE VINGT-QUATRIÈME

SOMMAIRE.

Adieux à la Muse. Maladie de Galérius. L'amphithéâtre de Vespasien. Eudore est conduit au martyre. Michel plonge Satan dans l'abîme. Cymodocée s'échappe d'auprès de son père, et vient trouver Eudore à l'amphithéâtre. Galérius apprend que Constantin a été proclamé César. Martyre des deux époux. Triomphe de la religion chrétienne.

O Muse, qui daignas me soutenir dans une carrière aussi longue que périlleuse, retourne maintenant aux célestes demeures! J'aperçois les bornes de la course; je vais descendre du char, et pour chanter l'hymne des morts je n'ai plus besoin de ton secours. Quel Français ignore aujourd'hui les cantiques funèbres? Qui de nous n'a mené le deuil autour d'un tombeau, n'a fait retentir le cri des funérailles? C'en est fait, ô Muse, encore un moment, et pour toujours j'abandonne tes autels! Je ne dirai plus les amours et les songes séduisants des hommes : il faut quitter la lyre avec la jeunesse. Adieu, consolatrice de mes jours, toi qui partageas mes plaisirs, et bien plus souvent mes douleurs! Puis-je me séparer de toi sans répandre des larmes? J'étais à peine sorti de l'enfance, tu montas sur mon vaisseau rapide, et tu chantas les tempêtes qui déchiraient ma voile; tu me suivis sous le toit d'écorce du Sauvage, et tu me fis trouver dans les solitudes américaines les bois du Pinde. A quel bord n'as-tu pas conduit mes rêveries ou mes malheurs? Porté sur ton aile, j'ai découvert au milieu des nuages les montagnes désolées de Morven, j'ai pénétré les forêts d'Irminsul, j'ai vu couler les flots du Tibre, j'ai salué les oliviers du Céphise et les lauriers de l'Eurotas. Tu me montras les hauts cyprès du Bosphore, et les sépulcres déserts du Simoïs. Avec toi je traversai l'Hermus, rival du Pactole ; avec toi j'adorai les eaux du Jourdain, et je priai sur la montagne de Sion. Memphis et Carthage nous ont vu méditer sur leurs ruines ; et, dans les débris des palais de Grenade, nous évoquâmes les souvenirs de l'honneur et de l'amour. Tu me disais alors :

« Sache apprécier cette gloire dont un obscur et faible voyageur peut
« parcourir le théâtre en quelques jours. »

O Muse, je n'oublierai point tes leçons ! Je ne laisserai point tomber mon cœur des régions élevées où tu l'as placé. Les talents de l'esprit que tu dispenses s'affaiblissent par le cours des ans ; la voix perd sa fraîcheur, les doigts se glacent sur le luth : mais les nobles sentiments que tu inspires peuvent rester quand tes autres dons ont disparu. Fidèle compagne de ma vie, en remontant dans les cieux laisse-moi l'indépendance et la vertu. Qu'elles viennent, ces vierges austères, qu'elles viennent fermer pour moi le livre de la poésie, et m'ouvrir les pages de l'histoire. J'ai consacré l'âge des illusions à la riante peinture du mensonge ; j'emploierai l'âge des regrets au tableau sévère de la vérité.

Mais que dis-je ! ne l'ai-je point déjà quitté le doux pays du mensonge ? Ah ! les maux que Galérius a fait souffrir aux chrétiens ne sont pas de vaines fictions !

Il est temps que le ciel venge sur l'oppresseur la cause de l'innocence opprimée. L'ange du sommeil n'a point voulu prêter l'oreille aux prières de Galérius : il l'a laissé en proie à l'ange exterminateur. Le vin de la colère de Dieu, en pénétrant dans les entrailles du persécuteur des fidèles, a fait éclater un mal caché, fruit de l'intempérance et de la débauche. Depuis la ceinture jusqu'à la tête, Galérius n'est plus qu'un squelette recouvert d'une peau livide, enfoncée entre des ossements ; le bas de son corps est enflé comme une outre, et ses pieds n'ont plus de forme. Lorsqu'au bord d'un vivier couvert de roseaux et de glaïeuls un serpent s'est attaché aux flancs d'un taureau, l'animal se débat dans les nœuds du reptile ; il frappe l'air de sa corne ; mais bientôt, dompté par le venin, il tombe et se roule en mugissant : ainsi s'agite et rugit Galérius. La gangrène dévore ses intestins. Pour attirer au dehors les vers qui rongent ce maître du monde, on livre à ses plaies affamées des animaux nouvellement égorgés. On invoque Apollon, Esculape, Hygie : vaines idoles qui ne peuvent se défendre elles-mêmes des vers qui leur percent le cœur ! Galérius fait trancher la tête aux médecins qui ne trouvent point de remèdes à ses souffrances.

« Prince, lui dit l'un d'entre eux, élevé secrètement dans la foi des chrétiens, cette maladie est au-dessus de notre art : il faut remonter plus haut. Souvenez-vous de ce que vous avez fait contre les serviteurs de Dieu, et vous saurez à qui vous devez avoir recours. Je suis prêt à mourir comme mes frères; mais les médecins ne vous guériront pas. »

Cette franchise plonge Galérius dans des transports de rage. Il ne peut se résoudre à reconnaître l'impiété de ce titre d'Éternel dont il a surchargé une vie d'un moment. Sa fureur contre les chrétiens redouble : loin de vouloir suspendre leurs supplices, il confirme sa première sentence, et n'attend lui-même que le jour pour montrer à l'amphithéâtre le spectacle d'un prince mourant qui vient voir mourir ses sujets.

Son impatience ne fut pas longtemps éprouvée : déjà les flots jaunissants du Tibre, les coteaux d'Albe, les bois de Lucrétile et de Tibur, souriaient aux feux naissants de l'aurore. La rosée brillait suspendue aux plantes comme une manne : la campagne romaine se montrait tout éclatante de la fraîcheur, et pour ainsi dire de la jeunesse de la lumière. Les monts lointains de la Sabine, qu'enveloppait une vapeur diaphane, se peignaient de la couleur du fruit du prunier, quand sa pourpre violette est légèrement blanchie par sa fleur. On voyait la fumée s'élever des hameaux, les brouillards fuir le long des collines, et la cime des arbres se découvrir : jamais plus beau jour n'était sorti de l'Orient pour contempler les crimes des hommes. O soleil, sur le trône élevé d'où tu jettes un regard ici-bas, que te font nos larmes et nos malheurs? Ton lever et ton coucher ne peuvent être troublés par le souffle de nos misères; tu éclaires des mêmes rayons le crime et la vertu; les générations passent, et tu poursuis ta course!

Cependant le peuple s'assemblait à l'amphithéâtre de Vespasien : Rome entière était accourue pour boire le sang des martyrs. Cent mille spectateurs, les uns voilés d'un pan de leur robe, les autres portant sur la tête une ombelle, étaient répandus sur les gradins. La foule, vomie par les portiques, descendait et montait le long des escaliers extérieurs, et prenait son rang sur les marches revêtues de marbre. Des grilles d'or défendaient le banc des sénateurs de l'attaque des bêtes féroces. Pour rafraîchir l'air, des machines ingénieuses faisaient monter des sources de vin et d'eau safranée, qui retombaient en rosée odoriférante. Trois mille statues de bronze, une multitude infinie de tableaux, des colonnes de jaspe et de porphyre, des balustres de cristal, des vases d'un travail précieux, décoraient la scène. Dans un canal creusé autour de l'arène nageaient un hippopotame et des crocodiles; cinq cents lions, quarante éléphants, des tigres, des panthères, des taureaux, des ours accoutumés à déchirer des hommes, rugissaient dans les cavernes de l'amphithéâtre. Des gladiateurs non moins féroces essayaient çà et là leurs bras ensanglantés. Auprès des antres du trépas s'élevaient des lieux de prostitution publique : des courtisanes nues et des femmes romaines du premier rang augmentaient, comme aux jours de Néron, l'horreur du spectacle, et venaient, rivales de la mort, se disputer les faveurs d'un prince mourant. Ajoutez les derniers hurlements des Ménades couchées dans les rues, et expirant sous l'effort de leur dieu, et vous connaîtrez toutes les pompes et tout le déshonneur de l'esclavage.

Les prétoriens, chargés de conduire les confesseurs au martyre, assiégeaient déjà les portes de la prison de Saint-Pierre. Eudore, selon les ordres de Galérius, devait être séparé de ses frères, et choisi pour combattre le premier : ainsi, dans une troupe valeureuse, on cherche à terrasser d'abord le héros qui la guide. Le gardien de la prison s'avance à la porte du cachot, et appelle le fils de Lasthénès.

« Me voici, dit Eudore ; que voulez-vous ?

— « Sors pour mourir, » s'écria le gardien.

— « Pour vivre, » répondit Eudore.

Et il se lève de la pierre où il était couché. Cyrille, Gervais, Protais, Rogatien et son frère, Victor, Genès, Perséus, l'ermite du Vésuve ne peuvent retenir leurs larmes.

« Confesseurs, leur dit Eudore, nous allons bientôt nous retrouver. Un instant séparés sur la terre, nous nous rejoindrons dans le ciel. »

Eudore avait réservé pour ce dernier moment une tunique blanche, destinée jadis à sa pompe nuptiale ; il ajoute à cette tunique un manteau brodé par sa mère : il paraît plus beau qu'un chasseur d'Arcadie qui va disputer le prix des combats de l'arc ou de la lyre dans les champs de Mantinée.

Le peuple et les prétoriens impatients appellent le fils de Lasthénès à grands cris.

« Allons ! » dit le martyr.

Et surmontant les douleurs du corps par la force de l'âme, il franchit le seuil du cachot. Cyrille s'écrie :

« Fils de la femme, on vous a donné un front de diamant : ne les
« craignez point, et n'ayez pas de peur devant eux. »

Les évêques entonnent le cantique des louanges, nouvellement composé à Carthage par Augustin, ami d'Eudore :

« O Dieu, nous te louons ! ô Dieu, nous te bénissons ! Les cieux, les
« anges, les trônes, les chérubins, te proclament trois fois saint, Sei-
« gneur, Dieu des armées ! »

Les évêques chantaient encore l'hymne de la victoire, et Eudore, sorti de la prison, jouissait déjà de son triomphe : il était livré aux outrages. Le centurion de la garde le poussa rudement et lui dit :

« Tu te fais bien attendre.

— « Compagnon, répondit Eudore en souriant, je marchais aussi vite que vous à l'ennemi; mais aujourd'hui, vous le voyez, je suis blessé. »

On lui attacha sur la poitrine une feuille de papyrus, portant ces deux mots :

« Eudore chrétien. »

Le peuple le chargeait d'opprobres.

« Où est maintenant son Dieu? disaient-ils. Que lui a servi de préférer son culte à la vie! Nous verrons s'il ressuscitera avec son Christ, ou si le Christ sera assez puissant pour l'arracher de nos mains. »

Et cette foule cruelle rendait mille louanges à ses dieux, et elle se réjouissait de la vengeance qu'elle tirait des ennemis de leurs autels.

Le prince des ténèbres et ses anges, répandus sur la terre et dans les airs, s'enivraient d'orgueil et de joie; ils se croyaient prêts à triompher de la croix, et la croix allait les précipiter dans l'abîme. Ils excitaient les fureurs des païens contre le nouvel apôtre : on lui lançait des pierres, on jetait sous ses pieds blessés des débris de vases et des cailloux; on le traitait comme s'il eût été lui-même le Christ pour lequel ces infortunés avaient tant d'horreur. Il s'avançait lentement du pied du Capitole à l'amphithéâtre, en suivant la voie Sacrée. Au temple de Jupiter Stator, aux Rostres, à l'arc de Titus, partout où se présentait quelque simulacre des dieux, les hurlements de la foule redoublaient : on voulait contraindre le martyr à s'incliner devant les idoles.

« Est-ce au vainqueur à saluer le vaincu? disait Eudore. Encore quelques instants, et vous jugerez de ma victoire. O Rome, j'aperçois un prince qui met son diadème aux pieds de Jésus-Christ. Le temple des esprits de ténèbres est fermé, ses portes ne s'ouvriront plus, et des verrous d'airain en défendront l'entrée aux siècles à venir!

— « Il nous prédit des malheurs, s'écrie le peuple : écrasons, déchirons cet impie. »

Les prétoriens peuvent à peine défendre le prophète martyr de la rage de ces idolâtres.

« Laissez-les faire, dit Eudore. C'est ainsi qu'ils ont souvent traité leurs empereurs; mais vous ne serez point obligés d'employer la pointe de vos épées pour me forcer à lever la tête. »

On avait brisé toutes les statues triomphales d'Eudore. Une seule était restée, et elle se trouva sur le passage du martyr; un soldat, ému de ce singulier hasard, baissa son casque pour cacher l'attendrissement de son visage. Eudore l'aperçut et lui dit:

« Ami, pourquoi pleurez-vous ma gloire? C'est aujourd'hui que je triomphe! Méritez les mêmes honneurs! »

Ces paroles frappèrent le soldat, et quelques jours après il embrassa la religion chrétienne.

Eudore parvient ainsi jusqu'à l'amphithéâtre, comme un noble coursier, percé d'un javelot sur le champ de bataille, s'avance encore au combat sans paraître sentir sa blessure mortelle.

Mais tous ceux qui pressaient le confesseur n'étaient pas des ennemis: un grand nombre étaient des fidèles qui cherchaient à toucher le vêtement du martyr, des vieillards qui recueillaient ses paroles, des prêtres qui lui donnaient l'absolution du milieu de la foule, des jeunes gens, des femmes qui criaient :

« Nous demandons à mourir avec lui. »

Le confesseur calmait d'un mot, d'un geste, d'un regard, ces élans de la vertu, et ne paraissait occupé que du péril de ses frères. L'enfer l'attendait à la porte de l'arène pour lui livrer un dernier assaut. Les gladiateurs, selon l'usage, voulurent revêtir le chrétien d'une robe des prêtres de Saturne.

« Je ne mourrai point, s'écrie Eudore, dans le déguisement d'un lâche déserteur, et sous les couleurs de l'idolâtrie : je déchirerai plutôt de mes mains l'appareil de mes blessures. J'appartiens au peuple romain et à César: si vous les privez par ma mort du combat que je leur dois, vous en répondrez sur votre tête. »

Intimidés par cette menace, les gladiateurs ouvrirent les portes de l'amphithéâtre, et le martyr entra seul dans l'arène.

Aussitôt un cri universel, des applaudissements furieux, prolongés depuis le faîte jusqu'à la base de l'édifice, en font mugir les échos. Les lions, et toutes les bêtes renfermées dans les cavernes, répondent dignement aux éclats de cette joie féroce: le peuple lui-même tremble d'épouvante; le martyr seul n'est point effrayé. Tout à coup il se souvient du pressentiment qu'il eut jadis dans ce même lieu. Il rougit de ses erreurs passées : il remercie Dieu, qui l'a reçu dans sa miséricorde, et l'a conduit, par un merveilleux conseil, à une fin si glorieuse. Il songe avec attendrissement à son père, à ses sœurs, à sa patrie; il recommande à l'Éternel Démodocus et Cymodocée : ce fut sa dernière pensée de la terre, il tourne son esprit et son cœur uniquement vers le ciel.

L'empereur n'était point encore arrivé, et l'intendant des jeux n'avait pas donné le signal. Le martyr blessé demande au peuple la permission de s'asseoir sur l'arène, afin de mieux conserver ses forces; le peuple y consent, dans l'espoir de voir un plus long combat. Le jeune homme, enveloppé de son manteau, s'incline sur le sable qui va boire son sang, comme un pasteur se couche sur la mousse au fond d'un bois solitaire.

Cependant, dans les profondeurs de l'éternité, une plus vive lumière sortait du saint des saints. Les anges, les trônes, les dominations, prosternés, entendaient, saisis de joie, une voix qui disait :

« Paix à l'Église! Paix aux hommes! »

L'hostie était acceptée : la dernière goutte du sang du juste allait faire triompher cette religion qui devait changer la face de la terre. La cohorte des martyrs s'ébranle : les divins guerriers s'assemblent au bruit d'une trompette sonnée par l'ange des armées du Seigneur. Là brille Étienne, le premier des confesseurs; là se montrent l'intrépide Laurent, l'éloquent Cyprien, et vous, honneur de cette pieuse et fidèle cité que le Rhône ravage et que la Saône caresse. Tous portés sur une nuée lumineuse ils descendent pour recevoir l'heureux soldat à qui la grande victoire est reservée. Les cieux s'abaissent et s'entr'ouvrent. Les chœurs des patriarches, des prophètes, des apôtres, des anges, viennent admirer le combat du juste. Les saintes femmes, les veuves, les vierges, environnent et félicitent la mère d'Eudore, qui seule détourne ses yeux de la terre, et les tient attachés sur le trône de Dieu.

Alors Michel arme sa droite de ce glaive qui marche devant le Seigneur, et qui frappe des coups inattendus; il prend dans sa main gauche une chaîne forgée au feu des éclairs, dans les arsenaux de la colère céleste. Cent archanges en formèrent les anneaux indestructibles, sous la direction d'un ardent chérubin; par un travail admirable, l'airain fondu avec l'argent et l'or se façonna sous leurs marteaux pesants; ils y mêlèrent trois rayons de la vengeance éternelle : le désespoir, la terreur, la malédicion, un carreau de la foudre, et cette matière vivante qui composait les roues du char d'Ézéchiel. Au signal du Dieu fort, Michel s'élance des cieux comme une comète. Les astres effrayés croient toucher à la borne de leur cours. L'archange met un pied sur la mer et l'autre sur la terre. Il crie d'une voie terrible, et sept tonnerres parlent avec lui :

« Le règne du Christ est établi; l'idolâtrie est passée; la mort ne
« sera plus. Race perverse, délivrez le monde de votre présence; et
« toi, Satan, rentre dans le puits de l'abîme où tu seras enchaîné pour
« mille ans. »

A ces accents formidables, les anges rebelles sont saisis d'épouvante. Le prince des enfers veut résister encore, et combattre l'envoyé du Très-Haut : il appelle à lui Astarté et les démons de la fausse sagesse et de l'homicide; mais, déjà précipités dans l'asile des douleurs, ils sont punis par de nouveaux tourments des maux qu'ils viennent de faire aux hommes. Satan, demeuré seul, essaye en vain de résister au guerrier céleste : la force lui est subitement ôtée; il sent que son sceptre est brisé et sa puissance détruite. Précédé de ses légions éperdues, il se plonge avec un affreux rugissement dans le puits de l'abîme. Les chaînes vivantes tombent avec lui, l'embrassent et le lient sur un rocher enflammé au centre de l'enfer.

Le fils de Lasthénès entend dans les airs des concerts ineffables, et les sons lointains de mille harpes d'or, mêlés à des voix mélodieuses. Il lève la tête, et voit l'armée des martyrs renversant dans Rome les autels des faux dieux, et sapant les fondements de leurs temples parmi des tourbillons de poussière. Une échelle merveilleuse descend d'une nue jusqu'aux pieds d'Eudore. Cette échelle était de jaspe, d'hyacinthe, de saphirs et d'émeraudes, comme les fondements de la Jérusalem céleste. Le martyr contemple la vision de splendeur, et appelle par ses soupirs l'instant où il pourra suivre ce chemin du ciel.

Et pourtant ce n'est pas là toute la gloire que le Dieu de Jacob réserve à son peuple. Il entretient encore dans le cœur d'une faible femme les plus nobles et les plus généreux desseins. Quand l'allouette matinale attend sur des guérets nouveaux le retour de la lumière, aussitôt que le jour naissant a blanchi les bords des nuages, elle quitte la terre, et fait entendre en montant dans les airs un hymne qui charme le voyageur : ainsi la vigilante Cymodocée veille attentivement à la première clarté de l'aube, pour aller chanter dans le ciel des cantiques qui raviront Israël. Un rayon de l'aurore parvient jusqu'à la jeune chrétienne, à travers le laurier de Virgile. Aussitôt elle se lève en silence, et reprend le vêtement du martyre, qu'elle avait eu soin de garder. Le prêtre d'Homère goûtait encore le sommeil que l'ange avait répandu sur ses yeux. Cymodocée s'approche doucement, et se met à genoux au bord du lit de Démodocus. Elle contemple son père en versant des larmes muettes; elle écoute la respiration paisible du vieillard; elle songe à son affreux réveil; elle peut à peine étouffer les sanglots de la piété filiale. Soudain elle rappelle son courage, ou plutôt son amour et sa foi : elle s'échappe furtivement, comme la nouvelle épouse à Sparte se dérobait aux regards de sa mère pour aller jouir des embrassements de son époux.

Dorothée n'avait point passé la nuit dans la maison de Virgile; les chrétiens ne s'endormaient point ainsi la veille de la mort de leurs frères : accompagné de tous ses serviteurs, il s'était rendu à l'amphithéâtre avec Zacharie. Déguisés, au milieu de la foule, ils attendaient le combat du martyr, afin de dérober ensuite le corps glorieux, et de lui donner la sépulture : ainsi une troupe de colombes, près d'une ferme où l'on bat le blé nouveau, attend que les moissonneurs se soient retirés, pour cueillir le grain resté sur l'aire.

Cymodocée ne rencontre donc point d'obstacles à sa fuite. Qui aurait pu deviner ses desseins? Elle descend sous le péristyle, et, ouvrant la porte extérieure, elle s'élance dans cette Rome qui lui était inconnue.

Elle erre d'abord par des rues désertes : tout le peuple s'était porté vers l'amphithéâtre. Elle ne sait où tourner ses pas ; elle s'arrête et prête une oreille attentive, comme une sentinelle qui cherche à surprendre le bruit de l'ennemi. Il lui semble entendre un murmure lointain ; elle court aussitôt de ce côté : plus elle approche, plus s'accroît le murmure. Bientôt elle aperçoit une longue file de soldats, d'esclaves, de femmes, d'enfants, de vieillards qui suivaient tous le même chemin ; elle voit passer des litières, voler des chars et des cavaliers. Mille accents, mille voix s'élèvent, et dans cette rumeur confuse Cymodocée distingue ce cri répété :

« Les chrétiens aux bêtes ! »

— « Me voici ! » dit-elle avant qu'on pût l'entendre.

Et elle s'avançait sur une hauteur qui dominait la foule répandue autour de l'amphithéâtre. Cymodocée descendant de la colline au lever de l'aurore, parut comme cette étoile du matin que la nuit prête un moment au jour. La Grèce, à genoux, l'eût prise pour l'amante de Zéphire ou de Céphale ; Rome reconnut à l'instant une chrétienne : sa robe d'azur, son voile blanc, son manteau noir, la trahirent encore moins que sa modestie.

« C'est une chrétienne échappée! s'écria la foule : arrêtons-la. »

— « Oui, répondit Cymodocée en rougissant devant cette multitude, je suis chrétienne ; mais je ne suis point échappée : je ne suis qu'égarée. J'ai pu me tromper de chemin, moi qui suis jeune et née loin d'ici, sur le rivage de la Grèce, ma douce patrie. Puissants enfants de Romulus, voulez-vous me conduire à l'amphithéâtre ? »

Ce langage, qui aurait désarmé des tigres, n'attira sur Cymodocée que des railleries et des outrages. Elle était tombée dans un groupe d'hommes et de femmes chancelants sous les fumées du vin. Une voix voulut dire que cette Grecque n'était peut-être pas condamnée aux bêtes.

« Je le suis, répondit la jeune chrétienne avec timidité ; on m'attend à l'amphithéâtre. »

La troupe aussitôt l'y conduit en poussant des hurlements. Le gladiateur commis à l'introduction des martyrs n'avait point d'ordre pour cette victime, et refusait de l'admettre au lieu du sacrifice ; mais une des portes de l'arène, venant à s'ouvrir, laisse voir Eudore dans l'enceinte : Cymodocée s'élance comme une flèche légère, et va tomber dans les bras de son époux.

Cent mille spectateurs se lèvent sur les gradins de l'amphithéâtre, et s'agitent en tumulte. On se penche en avant, on regarde dans l'arène, on se demande quelle est cette femme qui vient de se jeter dans les bras du chrétien. Ceux-ci disaient :

« C'est son épouse, c'est une chrétienne qui va mourir : elle porte la robe des condamnés. »

Ceux-là :

« C'est l'esclave d'Hiéroclès, nous la reconnaissons; c'est cette Grecque qui s'est déclarée ennemie des dieux lorsque nous voulions la sauver. »

Quelques voix timides :

« Elle est si jeune et si belle ! »

Mais la multitude :

« Eh bien ! qu'elle soit livrée aux bêtes, avant de multiplier dans l'empire la race des impies ! »

L'horreur, le ravissement, une affreuse douleur, une joie inouïe, ôtaient la parole au martyr : il pressait Cymodocée sur son cœur; il aurait voulu la repousser; il sentait que chaque minute écoulée amenait la fin d'une vie pour laquelle il eût donné un million de fois la sienne. A la fin il s'écrie, en versant des torrents de pleurs :

« O Cymodocée, que venez-vous faire ici? Dieu! est-ce dans ce moment que je devais jamais vous voir! Quel charme ou quel malheur vous a conduite sur ce champ de carnage? Pourquoi venez-vous ébranler ma foi? Comment pourrai-je vous voir mourir ?

— « Seigneur, dit Cymodocée avec des sanglots, pardonnez à votre servante. J'ai lu dans vos livres saints : « La femme quittera son père « et sa mère pour s'attacher à son époux. » J'ai quitté mon père, je me suis dérobée à son amour pendant son sommeil; je viens demander votre grâce à Galérius, ou partager votre sort. »

Cymodocée aperçoit le visage pâle d'Eudore, ses blessures couvertes d'un vain appareil : elle jette un cri, et, dans un saint transport, elle baise les pieds du martyr, et les plaies sacrées de ses bras et de sa poitrine. Qui pourrait exprimer les sentiments d'Eudore, lorsqu'il sent ces lèvres pures presser son corps défiguré? Qui pourrait dire l'inconcevable charme de ces premières caresses d'une femme aimée, ressenties à travers les plaies du martyre? Tout à coup le ciel inspire le confesseur; sa tête paraît rayonnante, et son visage resplendissant de la gloire de Dieu; il tire de son doigt un anneau, et le trempant dans le sang de ses blessures :

« Je ne m'oppose plus à vos desseins, dit-il à Cymodocée : je ne puis vouloir vous ravir plus longtemps une couronne que vous recherchez avec tant de courage. Si j'en crois la voix secrète qui parle à mon cœur, votre mission sur cette terre est finie : votre père n'a plus besoin de vos secours; Dieu s'est chargé du soin de ce vieillard : il va connaître la vraie lumière, et bientôt il rejoindra ses enfants dans ces demeures où rien ne pourra plus les lui ravir. O Cymodocée, je vous l'avais prédit, nous serons unis; il faut que nous mourrions époux. C'est ici l'autel, l'église, le lit nuptial. Voyez cette pompe qui nous environne, ces parfums qui tombent sur nos têtes. Levez les yeux, et contemplez au ciel avec les regards de la foi cette pompe bien autrement belle. Rendons légitimes les embrassements éternels qui vont suivre notre martyre : prenez cet anneau, et devenez mon épouse. »

Le couple angélique tombe à genoux au milieu de l'arène; Eudore met l'anneau trempé de son sang au doigt de Cymodocée.

« Servante de Jésus-Christ, s'écrie-t-il, recevez ma foi. Vous êtes aimable comme Rachel, sage comme Rébecca, fidèle comme Sara, sans avoir eu sa longue vie. Croissons, multiplions pour l'éternité, remplissons le ciel de nos vertus. »

A l'instant le ciel, ouvert, célèbre ces noces sublimes : les anges entonnent le cantique de l'épouse; la mère d'Eudore présente à Dieu ses enfants unis, qui vont bientôt paraître au pied du trône éternel; les vierges martyres tressent la couronne nuptiale de Cymodocée; Jésus-Christ bénit le couple bienheureux, et l'Esprit-Saint lui fait le don d'un intarissable amour.

Cependant la foule, qui voyait les deux chrétiens à genoux, croyait qu'ils lui demandaient la vie. Tournant aussitôt le pouce vers eux, comme dans les combats de gladiateurs, elle repoussait leur prière par ce signe, et les condamnait à mort! Le peuple romain, que ses nobles priviléges avaient fait surnommer le peuple-roi, avait depuis longtemps perdu son indépendance : il n'était resté le maître absolu que dans la direction de ses plaisirs; et, comme on se servait de ces mêmes plaisirs pour l'enchaîner et le corrompre, il ne possédait en effet que la souveraineté de son esclavage. Le gladiateur des portiques vint dans ce moment recevoir les ordres du peuple sur le sort de Cymodocée.

« Peuple libre et puissant, dit-il, cette chrétienne est entrée hors de son rang dans l'arène; elle était condamnée à mourir avec le reste des impies, après le combat de leur chef; elle s'est échappée de la prison. Égarée dans Rome, son mauvais génie, ou plutôt le génie de l'empire, l'a ramenée à l'amphithéâtre. »

Le peuple cria d'une commune voix :

« Les dieux l'ont voulu : qu'elle reste et qu'elle meure ! »

Un petit nombre, intérieurement travaillé par le Dieu des miséricordes, paraissait touché de la jeunesse de Cymodocée : il voulait que l'on fît grâce à cette chrétienne ; mais la foule répétait :

« Qu'elle reste et qu'elle meure ! Plus la victime est belle, plus elle est agréable aux dieux. »

Ce n'étaient plus ces enfants de Brutus, qui maudissaient le grand Pompée pour avoir fait combattre de paisibles éléphants ; c'étaient des hommes abrutis par la servitude, aveuglés par l'idolâtrie, et chez qui toute humanité s'était éteinte avec le sentiment de la liberté.

Une voix s'échappe des combles de l'amphithéâtre. C'en est fait : Dorothée renonce à la vie.

« Romains, s'écrie-t-il, c'est moi qui ai tout fait, c'est moi qui, cette nuit même, avais enlevé cet ange du ciel qui vient se remettre entre vos mains. Je suis chrétien, je demande le combat. Puisse l'infâme Jupiter tomber bientôt avec son temple ! Puisse-t-il écraser dans sa chute ses horribles adorateurs ! Puisse l'éternité allumer ses flammes vengeresses pour engloutir des barbares qui restent insensibles à tous les charmes du malheur, de la jeunesse et de la vertu ! »

En prononçant ces paroles, Dorothée renverse une statue de Mercure. Aussitôt l'attention et l'indignation du peuple se tournent de ce côté :

« Un chrétien dans l'amphithéâtre ! Qu'on le saisisse ; qu'on le livre aux gladiateurs. »

Dorothée est entraîné hors de l'édifice, et condamné à périr avec la foule des confesseurs.

Tout à coup retentit le bruit des armes : le pont qui conduisait du palais de l'empereur à l'amphithéâtre s'abaisse, et Galérius ne fait qu'un pas de son lit de douleur au carnage : il avait surmonté son mal, pour se présenter une dernière fois au peuple. Il sentait à la fois l'empire et la vie lui échapper : un messager arrivé des Gaules venait de lui apprendre la mort de Constance. Constantin, proclamé César par les légions, s'était en même temps déclaré chrétien, et se disposait à marcher vers Rome. Ces nouvelles, en portant le trouble dans l'âme de Galérius, avaient rendu plus cuisante la plaie hideuse de son corps ; mais renfermant ses douleurs dans son sein, soit qu'il cherchât à se tromper lui-même, soit qu'il voulût tromper les hommes, ce spectre vint s'asseoir au balcon impérial, comme la Mort couronnée. Quel contraste avec la beauté, la vie, la jeunesse, exposées dans l'arène à la fureur des léopards !

Lorsque l'empereur parut, les spectateurs se levèrent, et lui donnèrent le salut accoutumé. Eudore s'incline respectueusement devant César. Cymodocée s'avance sous le balcon pour demander à l'empereur la grâce d'Eudore, et s'offrir elle-même en sacrifice. La foule tira Galérius de l'embarras de se montrer miséricordieux ou cruel : depuis longtemps elle attendait le combat; la soif du sang avait redoublé à la vue des victimes. On crie de toutes parts :

« Les bêtes ! Qu'on lâche les bêtes ! Les impies aux bêtes ! »

Eudore veut parler au peuple en faveur de Cymodocée ; mille voix étouffent sa voix :

« Qu'on donne le signal ! Les bêtes ! Les chrétiens aux bêtes ! »

Le son de la trompette se fait entendre : c'est l'annonce de l'apparition des bêtes féroces. Le chef des rétiaires [1] traverse l'arène, et vient ouvrir la loge d'un tigre connu par sa férocité.

Alors s'élève entre Eudore et Cymodocée une contestation à jamais mémorable : chacun des deux époux voulait mourir le dernier.

« Eudore, disait Cymodocée, si vous n'étiez pas blessé, je vous demanderais à combattre la première ; mais à présent j'ai plus de force que vous, et je puis vous voir mourir. »

— « Cymodocée, répondit Eudore, il y a plus longtemps que vous que suis chrétien : je pourrai mieux supporter la douleur ; laissez-moi quitter la terre le dernier. »

En prononçant ces paroles, le martyr se dépouille de son manteau; il en couvre Cymodocée, afin de mieux dérober aux yeux des spectateurs les charmes de la fille d'Homère, lorsqu'elle sera traînée sur l'arène par le tigre. Eudore craignait qu'une mort aussi chaste ne fût souillée par l'ombre d'une pensée impure, même dans les autres. Peut-être aussi était-ce un dernier instinct de la nature, un mouvement de cette jalousie qui accompagne le véritable amour jusqu'au tombeau.

La trompette sonne pour la seconde fois.

On entend gémir la porte de fer de la caverne du tigre : le gladiateur qui l'avait ouverte s'enfuit effrayé. Eudore place Cymodocée derrière lui. On le voyait debout, uniquement attentif à la prière, les bras étendus en forme de croix, et les yeux levés vers le ciel.

La trompette sonne pour la troisième fois.

Les chaînes du tigre tombent, et l'animal furieux s'élance en rugissant dans l'arène : un mouvement involontaire fait tressaillir les spectateurs. Cymodocée, saisie d'effroi, s'écrie :

« Ah ! sauvez-moi ! »

Et elle se jette dans les bras d'Eudore, qui se retourne vers elle. Il la serre contre sa poitrine, il aurait voulu la cacher dans son cœur. Le

---

[1] Gladiateurs qui combattaient avec un filet.

tigre arrive aux deux martyrs. Il se lève debout, et enfonçant ses ongles dans les flancs du fils de Lasthénès, il déchire avec ses dents les épaules du confesseur intrépide. Comme Cymodocée, toujours pressée dans le sein de son époux, ouvrait sur lui des yeux pleins d'amour et de frayeur, elle aperçoit la tête sanglante du tigre auprès de la tête d'Eudore. A l'instant la chaleur abandonne les membres de la vierge victorieuse; ses paupières se ferment; elle demeure suspendue aux bras de son époux, ainsi qu'un flocon de neige aux rameaux d'un pin du Ménale ou du Lycée. Les saintes martyres, Eulalie, Félicité, Perpétue, descendent pour chercher leur compagne : le tigre avait brisé le cou d'ivoire de la fille d'Homère. L'ange de la mort coupe en souriant le fil des jours de Cymodocée. Elle exhale son dernier soupir sans effort et sans douleur; elle rend au ciel un souffle divin qui semblait tenir à peine à ce corps formé par les Grâces : elle tombe comme une fleur que la faux du villageois vient d'abattre sur le gazon. Eudore la suit un moment après dans les éternelles demeures : on eût cru voir un de ces sacrifices de paix où les enfants d'Aaron offraient au Dieu d'Israël une colombe et un jeune taureau.

Les époux martyrs avaient à peine reçu la palme, que l'on aperçut au milieu des airs une croix de lumière, semblable à ce Labarum qui fit triompher Constantin; la foudre gronda sur le Vatican, colline alors déserte, mais souvent visitée par un esprit inconnu; l'amphithéâtre fut ébranlé jusque dans ses fondements; toutes les statues des idoles tombèrent, et l'on entendit comme autrefois à Jérusalem, une voix qui disait :

« Les dieux s'en vont. »

La foule éperdue quitte les jeux. Galérius, rentré dans son palais, s'abandonne aux plus noires fureurs; il ordonne qu'on livre au glaive les illustres compagnons d'Eudore. Constantin paraît aux portes de Rome. Galérius succombe aux horreurs de son mal : il expire en blasphémant l'Eternel. En vain un nouveau tyran s'empare du pouvoir suprême : Dieu tonne du haut du ciel; le signe du salut brille; Constantin frappe; Maxence est précipité dans le Tibre. Le vainqueur entre dans la cité reine du monde : les ennemis des chrétiens se dispersent. Le prince, ami d'Eudore, s'empresse alors de recueillir les derniers soupirs de Démodocus, que la douleur enlève à la terre, et qui demande le baptême pour aller rejoindre sa fille bien-aimée. Constantin vole aux lieux où l'on avait entassé le corps des victimes : les deux époux conservaient toute leur beauté dans la mort. Par un miracle du ciel, leurs plaies se trouvaient fermées, et l'expression de la paix et du bonheur était empreinte sur leur front. Une fosse est creusée pour eux dans ce cimetière où le fils de Lasthénès fut autrefois retranché du nombre des fidèles. Les légions des Gaules, jadis conduites à la victoire par Eudore, entourent le monument funèbre de leur ancien général. L'Aigle guerrière de Romulus est décorée de la Croix pacifique. Sur la tombe des jeunes martyrs Constantin reçoit la couronne d'Auguste, et sur cette même tombe il proclame la religion chrétienne religion de l'empire.

FIN DES MARTYRS.

REMARQUES SUR LES MARTYRS

SUR LE PREMIER LIVRE

PREMIÈRE REMARQUE.

Page 9. Muse céleste.

> O Musa, tu che di caduchi allori
> Non circondi la fronte in Elicona, etc.
> *(Gierus. liber.*, canto I, strof. II.)

IIe.

Page 10. L'Éternel, qui voyait les vertus des chrétiens s'affaiblir dans la prospérité, permit aux démons de susciter une persécution nouvelle.

Eusèbe a donné la même raison de la persécution sous Dioclétien. On peut remarquer, au reste, que cette exposition, fort courte et fort simple, contient absolument tout le sujet.

IIIe.

Page 10. Démodocus était le dernier descendant d'une de ces familles Homérides.

J'ai adopté la tradition qui convenait le mieux à mon sujet : on sait d'ailleurs que les Homérides étaient des rapsodes qui récitaient en public des morceaux de *l'Iliade* et de *l'Odyssée*. Le nom de Démodocus est emprunté de *l'Odyssée*. Démodocus était un poëte aveugle qui chantait aux festins d'Alcinoüs : on croit qu'Homère s'est peint sous la figure de ce favori des Muses. Par la fiction de cette famille d'Homère, j'ai pu faire remonter les mœurs jusqu'aux siècles héroïques sans trop choquer la vraisemblance. Il est assez simple qu'un vieux prêtre d'Homère, dernier descendant de ce poëte, poëte lui-même, et l'esprit tout rempli de *l'Iliade* et de *l'Odyssée*, ait gardé, pour ainsi dire, les mœurs de sa famille. On voit dans les montagnes d'Écosse des clans ou tribus qui, depuis des siècles, conservent la langue, le vêtement et les usages de leurs pères. Sans le secours de cette fiction, peut-être assez heureuse en elle-même, j'aurais perdu le charme et les grands traits de la mythologie d'Homère. On m'aurait alors reproché, très-justement, d'avoir opposé les mœurs chrétiennes dans toute leur jeunesse et toute leur beauté, aux mœurs païennes dans leur décadence. On voit donc ici une preuve frappante de ma bonne foi, et de la conscience que je mets toujours dans mon travail. Certainement les petits dieux d'Ovide et les usages de la Grèce idolâtre au quatrième siècle n'auraient pu se soutenir un seul moment auprès de la grandeur du christianisme naissant et du tableau des vertus évangéliques. Il ne faut pas d'ailleurs oublier que Cymodocée, représentant les beaux-arts de la Grèce, doit sortir de cette famille homéride, et qu'elle va devenir chrétienne pour remettre à la Muse sainte la lyre d'Homère.

IVe.

Page 10. Du mont Thalée, chéri de Mercure.

Montagne de Crète où Mercure était honoré. Peut-être avait-elle pris son nom de Thalus, compagnon des travaux de Rhadamanthe, et dont les poëtes ont fait un géant d'airain, qui combattit les Argonautes, et fut tué par les enchantements de Médée. (Voyez PLATON et APOLLONIUS.)

V^e.

Page 10. Il avait suivi son épouse à Gortynes, ville bâtie par le fils de Rhadamanthe, au bord du Léthé, non loin du platane qui couvrit les amours d'Europe et de Jupiter.

Gortynes, une des cent villes de la Crète. Rhadamanthe est devenu, par l'enchantement des poëtes, un des juges des enfers. Le Léthé, petite rivière de Crète, ainsi nommée parce que ce fut sur ses bords qu'Hermione oublia Cadmus. Les Grecs, ayant remarqué le long du Léthé une espèce de platane toujours vert, publièrent que Jupiter avait fait naître ce platane pour cacher ses amours avec Europe. (Voyez les mythologues, les géographes et les voyageurs, entre autres TOURNEFORT.)

VIe.

Page 10. Les antres des Dactyles.

Les Dactyles idéens étaient, selon les uns, des prêtres de Cybèle, et, selon les autres, une espèce d'hommes religieux, premiers habitants de la Crète. Ils demeuraient dans les cavernes du mont Ida. (Voyez SOPHOCLE, STRABON, DIODORE DE SICILE, etc.)

VIIe.

Page 10. Épicharis alla visiter ses troupeaux sur le mont Ida. Saisie tout à coup des douleurs maternelles, elle mit au jour Cymodocée.

> Σιμοείσιον· ὅν ποτε μήτηρ,
> Ἴδηθεν κατιοῦσα, παρ' ὄχθησιν Σιμόεντος.
> Γείνατ', ἐπεί ῥα τοκεῦσιν ἅμ' ἕσπετο μῆλα ἰδέσθαι.
> (*Iliad.*, liv. IV, v. 474.)

VIIIe.

Page 10. Dans le bois sacré où les trois vieillards de Platon s'étaient assis pour discourir sur les lois.

Allusion à la belle scène qui commence le dialogue sur les lois. « Clinéas : En avançant, nous trouverons dans les bois consacrés à Jupiter des cyprès d'une hauteur et d'une beauté admirables, et des prairies où nous pourrons nous asseoir et nous délasser. » (*Lois de Platon*, liv. Ier, trad. de M. GROU.)

IXe.

Page 11. De regarder avec un sourire mêlé de larmes cet astre charmant, etc.

Sourire mêlé de larmes. Andromaque regarde ainsi Astyanax :

> Δακρυόεν γελάσασα.
> (*Iliad.*, liv. VI, v. 484.)

C'est encore Homère qui compare Astyanax à un bel astre :

...Ἀλίγκιον ἀστέρι καλῷ.
(*Iliad.*, liv. vi, v. 401.)

X^e.

Page 11. Or, dans ce temps-là, les habitants de la Messénie faisaient élever un temple à Homère.

Presque toutes les villes qui se disputaient la gloire d'avoir donné naissance à Homère lui élevèrent des temples. Ptolémée Philopator lui en bâtit un magnifique ; Chio célébrait des jeux en l'honneur du plus grand des poëtes ; Argos invoquait Apollon et Homère, etc.

XIe.

Page 11. Poussé par un vent favorable, son vaisseau découvre bientôt le promontoire du Ténare, et suivant les côtes d'OEtylos, de Thalames et de Leuctres, il vient jeter l'ancre à l'ombre du bois Chœrius.

Le Ténare, aujourd'hui le cap Matapan, dernier promontoire de la Laconie. On y voyait un temple de Neptune et un soupirail qui conduisait aux enfers. OEtylos, Thalames, Leuctres, etc., villes situées le long des côtes de la Laconie, au revers du mont Taygète, dans le golfe de Messénie. (Voyez PAUSANIAS, *in Messen.*) Ces villes n'ont rien de remarquable. D'Anville veut trouver OEtylos dans Betylo : peut-être Thalames est-il Calamate, quoiqu'il soit plus probable que la Calamate moderne est la Calamé des anciens. Il ne faut pas confondre la Leuctres du golfe de Messénie avec la Leuctres de l'Arcadie, et surtout avec la Leuctres célèbre par la victoire d'Épaminondas.

XIIe.

Page 11. On y voyait le poëte représenté sous la figure d'un grand fleuve où d'autres fleuves venaient remplir leurs urnes.

Cet ingénieux emblème fut trouvé par l'antiquité, et c'est ce qui a fait dire à Longin, en parlant des imitations de Platon : « Il a puisé dans Homère comme dans une vive source dont il a détourné une infinité de ruisseaux. » (*Traité du sublime*, chap. xi, traduct. de Boileau.) Que je serais heureux si j'avais puisé à mon tour quelques gouttes d'eau dans cette vive source !

XIIIe.

Page 11. Le temple dominait la ville d'Épaminondas.

C'est Messène. Elle fut bâtie par le général thébain après qu'il eut battu les Spartiates et rappelé les Messéniens dans leur patrie. Pellegrin ne parle point de Messène. L'abbé Fourmont la visita vers l'an 1734, et compta trente-huit tours encore debout.

Je voyais ces ruines à ma gauche en traversant la Messénie pour me rendre à Tripolizza, au pied du Ménale, dans le vallon de Tégée. M. de Pouqueville, venant de Navarin (l'ancienne Pylos), et faisant à peu près la même route que moi, dut laisser ces mêmes ruines à sa droite. (Voyez PAUSANIAS. *in Messen.* ; *Voyage du jeune Anacharsis*; PELLEGRIN, *Voyage au royaume de Morée*; POUQUEVILLE, *Voyage en Morée*.)

XIVe.

Page 11. L'oracle avait ordonné de creuser les fondements de l'édifice au même lieu qu'Aristomène avait choisi pour enterrer l'urne d'airain à laquelle le sort de sa patrie était attaché.

Tout le monde connaît les fameuses guerres des Spartiates et des Messéniens. Ceux-ci, au moment d'être subjugués, eurent recours à la religion.

« On gardait, dit Pausanias, un monument auquel était attaché le salut des Messéniens.

« Si les Messéniens perdaient ce monument sacré, ils seraient entièrement détruits ; si, au
« contraire, ils le conservaient, ils se relèveraient un jour de leur ruine... Aristomène
« enleva pendant la nuit ce monument, et l'enterra dans l'endroit le plus désert du mont
« Ithome. »

Ce monument était une urne de bronze qui renfermait des lames de plomb sur lesquelles était gravé tout ce qui avait rapport au culte des grandes déesses. Épaminondas retrouva cette urne, rappela les Messéniens fugitifs, et bâtit Messène.

XVe.

Page 11. Les flots de l'Amphise, du Pamysus et du Balyra, où l'aveugle Thamyris laissa tomber sa lyre.

Le Pamysus passait pour le plus grand fleuve du Péloponèse. J'ai échoué dans son embouchure avec une barque qui ne tirait que quelques pouces d'eau. L'Amphise, selon Pausanias, se jette dans le Balyra. Le poëte Thamyris ayant osé défier les Muses dans l'art des chants, fut vaincu. Les Muses le privèrent de la vue, et il jeta de dépit, ou laissa tomber (selon d'autres auteurs), sa lyre dans le Balyra. Platon veut que l'âme de Thamyris soit passée dans le corps du rossignol. (Voyez aussi HOMÈRE, dans *l'Iliade*.)

XVIe.

Page 11. Le laurier-rose et l'arbuste aimé de Junon.

C'est le gattilier ou l'agnus-castus. A Samos, cet arbrisseau était consacré, et l'on prétendait que Junon était née sous son ombrage. J'ai nommé surtout ces deux arbrisseaux, parce que je les ai trouvés à chaque pas dans la Grèce.

XVIIe.

Page 11. Andanies témoin des pleurs de Mérope, Tricca qui vit naître Esculape; Générie qui conserve le tombeau de Machaon, Phères, où le prudent Ulysse reçut d'Iphitus l'arc fatal aux amants de Pénélope, et Stényclare retentissant des chants de Tyrtée.

« Chresphonte, dit Pausanias, épousa Mérope... Les anciens rois de Messénie faisaient leur résidence à Andanies. » La belle tragédie de Voltaire a fait connaître Mérope à tous les lecteurs.

« Selon les Messéniens, dit encore Pausanias, Esculape était né à Tricca, village de Messénie. » Il y a d'autres traditions sur Esculape : j'ai suivi celle qui convenait à mon sujet.

« On voit à Générie, dit toujours Pausanias, le tombeau de Machaon. »

Phères, où le prudent Ulysse reçut d'Iphitus l'arc fatal.

Voici le passage d'Homère :

« Cet arc était un don d'Iphitus, fils d'Euryte, semblable aux immortels. Iphite était venu dans la Messénie; il rencontra Ulysse dans la maison du généreux Orsiloque. » (*Odyss.*, liv. XXI.)

D'après cela j'ai cru pouvoir placer la circonstance du don de l'arc à Phères, puisque Orsiloque demeurait à Phères, d'après le témoignage de Pausanias et d'Homère lui-même.

Et Stényclare retentissant des chants de Tyrtée.

J'ai lu Stényclare, au lieu de Stényclère, pour l'oreille. On sait que dans les guerres de Messénie les Lacédémoniens demandèrent un général aux Athéniens, et que ceux-ci leur envoyèrent Tyrtée, maître d'école laid et boiteux. Les ennemis se rencontrèrent dans la plaine de Stényclare, à un endroit appelé le monument du Sanglier. Tyrtée était présent à l'action, et encourageait les Lacédémoniens par des espèces d'élégies guerrières que toute l'antiquité a louées comme sublimes. Il nous reste quelques fragments des poésies de Tyrtée, dans la collection des petits poëtes grecs. (*Poet. Græc. min.*, p. 334.)

XVIIIe.

Page 11. Ce beau pays, jadis soumis au sceptre de l'antique Nélée, présentait une corbeille de verdure de plus de huit cents stades de tour.

Nélée, chassé d'Iolchos, ville de Thessalie, se retira chez Apharéus, son cousin germain, qui régnait en Messénie. Celui-ci lui donna Pylos et toute la côte maritime. Apharéus eut deux fils, Lyncée et Idas, qui firent la guerre aux Dioscures, et qui périrent dans cette guerre. La Messénie passa, par leur mort, sous la domination de Nestor, fils de Nélée. Quant à l'étendue de la Messénie, j'ai suivi le calcul de l'abbé Barthélemy, qui s'appuie de l'autorité de Strabon, liv. VIII.

XIXe.

Page 11. Cet horizon, unique sur la terre, rappelait le triple souvenir de la vie guerrière, etc.

Toute cette description de la Messénie est de la dernière exactitude. Elle est faite sur les lieux mêmes, et je n'ai rien retranché, rien ajouté au tableau. Un critique, qui m'a traité d'ailleurs avec politesse, trouve cette phrase singulière : « Dessinent dans les vallons comme des ruisseaux de fleurs; » mais l'expression paraîtra, je crois, très-juste à tous ceux qui auront visité les lieux. Je n'ai pu rendre autrement ce que je voyais; presque tous les fleuves, ou plutôt les ruisseaux de la Grèce, sont à sec pendant l'été. Leurs lits se remplissent alors de lauriers-roses, de gattiliers, de genêts odorants. Ces arbustes, plantés dans le fond du ravin, ne montrent que leurs têtes au-dessus du sol; et, comme ils suivent les sinuosités du torrent desséché où ils croissent, leurs cimes fleuries, qui serpentent ainsi au milieu d'une terre brûlée, dessinent réellement à l'œil des ruisseaux de fleurs. Le passage suivant de mon *Itinéraire* servira de commentaire à ma description de la Messénie :

« Il faisait encore nuit quand nous quittâmes Modon, autrefois Méthone, en Messénie.
« (Le vaisseau qui m'avait pris à Trieste m'avait débarqué à Modon.) Je croyais encore
« errer dans les déserts de l'Amérique : même solitude, même silence. Nous traversâmes
« des bois d'oliviers, en nous dirigeant au midi. Au lever de l'aurore, nous nous trou-
« vâmes sur les sommets aplatis de quelques montagnes arides, où nous marchâmes
« pendant deux heures. Ces sommets, labourés par des torrents, avaient l'air de guérets
« abandonnés. Le jonc marin et une espèce de bruyère épineuse et fleurie y croissaient
« par touffes ou par bouquets. De gros caïeux de lis de montagnes, déchaussés par les
« pluies, paraissaient çà et là à la surface de la terre. Nous découvrîmes la mer au travers
« d'un bois d'oliviers clair-semés. Nous descendîmes dans un vallon où l'on voyait quel-
« ques champs de doura, d'orge et de coton. Nous traversâmes le lit desséché d'un tor-
« rent où croissaient le laurier-rose et l'agnus-castus, joli arbrisseau à feuilles longues,
« pâles et menues, et dont la fleur lilas un peu cotonneuse s'allonge en forme de que-
« nouille. Junon était née sous cet arbrisseau, célèbre à Samos. Je cite ces deux arbustes,
« parce qu'on les retrouve dans toute la Grèce, qu'ils décorent presque seuls ces solitudes,
« jadis si riantes et si parées, aujourd'hui si nues et si tristes. A propos de torrents des-
« séchés, je dois dire que je n'ai vu, dans la patrie de l'Ilissus, de l'Alphée et de l'Éry-
« manthe, que trois fleuves dont l'urne ne fût pas tarie : le Pamysus, le Céphise et
« l'Eurotas. Il faut qu'on me pardonne encore l'espèce d'indifférence et presque d'impiété
« avec laquelle j'écrirai souvent les noms les plus célèbres ou les plus harmonieux. On se
« familiarise malgré soi, en Grèce, avec Thémistocle, Épaminondas, Sophocle, Platon,
« Thucydide; et il faut une grande religion pour ne pas franchir le Cithéron, le Ménale
« ou le Lycée, comme on passe des monts vulgaires.

« Au sortir des vallons dont je viens de parler, nous commençâmes à gravir de nou-
« velles montagnes. Mon guide me répéta plusieurs fois des noms inconnus; mais, à en
« juger par leur position, ces montagnes devaient faire une partie de la chaîne du mont
« Thémathia. Nous ne tardâmes pas à entrer dans un bois charmant de vieux oliviers, de

« lauriers-roses, d'esquines, d'agnus-castus et de cornouillers. Ce bois était dominé par
« des sommets rocailleux. Parvenus à cette dernière cime, nous découvrîmes le beau golfe
« de Messénie, bordé de toutes parts de hautes montagnes, entre lesquelles le mont
« Ithome se distinguait par son isolement, et le Taygète par ses deux flèches aiguës. Je
« saluai aussitôt ces monts fameux par tout ce que je savais de beaux vers à leur louange.

« Un peu au-dessous du sommet du Thémathia, en descendant vers Coron, nous aper-
« çûmes une misérable ferme grecque dont les habitants s'enfuirent à notre approche. A
« mesure que nous descendions, nous découvrions de plus en plus la rade et le port de
« Coron, où l'on voyait quelques bâtiments à l'ancre : la flotte du capitan-pacha était
« mouillée de l'autre côté du golfe, vers Calamate. En arrivant à la plaine qui est au
« pied des montagnes, et qui s'étend jusqu'à la mer, nous aperçûmes un village au
« centre duquel était une espèce de château fort : le tout était environné d'un cimetière
« turc, couvert de cyprès de tous les âges. Mon guide, en me montrant ces arbres, me
« les nommait *paryssa*. Le Messénien d'autrefois m'aurait conté l'histoire du jeune homme
« dont le Messénien d'aujourd'hui n'a retenu que la moitié du nom. Mais ce nom, tout
« défiguré qu'il est, prononcé sur les lieux, à la vue d'un cyprès et des sommets du
« Taygète, me fit un plaisir que les poëtes comprendront. Je me disais pourtant, en regar-
« dant ces tombeaux turcs : Que sont venus faire ici les barbares conquérants du Pélopo-
« nèse? Ils sont venus y mourir comme les Messéniens. Au reste, ces tombeaux étaient
« fort agréables : le laurier-rose croissait au pied des cyprès, qui ressemblaient à de grands
« obélisques; des milliers de tourterelles voltigeaient parmi ces ombrages; l'herbe flottait
« autour de la petite colonne funèbre, surmontée du turban; une fontaine, bâtie par un
« pieux shérif, et qui sortait de son tombeau, répandait son eau dans le chemin pour le
« voyageur. On se serait volontiers arrêté dans le cimetière où ce laurier de la Grèce,
« dominé par le cyprès de l'Orient, semblait rappeler la mémoire de deux peuples dont
« la poussière reposait dans ce lieu.

« Nous mîmes une heure pour arriver de ce cimetière à Coron. Nous marchâmes à tra-
« vers un bois continu d'oliviers, planté de froment à demi moissonné. Le terrain, qui
« de loin paraît une plaine unie, est coupé par des ravines inégales et profondes. M. Vial,
« alors consul de France à Coron, me reçut avec cette hospitalité par laquelle les consuls
« du Levant sont si remarquables. Il voulut bien me loger chez lui. Il renvoya mon
« janissaire de Modon, et me donna un de ses propres janissaires, pour traverser avec
« moi la Morée et me conduire à Athènes. Ma marche fut ainsi réglée. Je ne pouvais me
« rendre à Sparte par Calamate, que l'on prendra si l'on veut pour Calathion, Cardamyle
« ou Thalames, sur la côte de la Laconie, presque en face de Coron : le capitan-pacha
« était en guerre avec les Maniottes; ainsi la route par Calamate m'était fermée : il fut
« donc arrêté que je prendrais un long détour; que je passerais le défilé des Portes, l'un
« des Hermæum de la Messénie; que je me rendrais à Tripolizza, afin d'obtenir du pacha
« de Morée le firman nécessaire pour passer l'isthme; que je reviendrais de Tripolizza à
« Sparte, et que de Sparte je prendrais par la montagne le chemin d'Argos, de Mycènes
« et de Corinthe.

. . . .

« La maison du consul dominait le golfe de Coron; je voyais de ma fenêtre la mer de
« Messénie, peinte du plus bel azur; devant moi, de l'autre côté de cette mer, s'élevait la
« haute chaîne du Taygète, couverte de neige, et justement comparée aux Alpes par Stra-
« bon, mais aux Alpes sous un plus beau ciel. A ma droite s'étendait la pleine mer; et à
« ma gauche, au fond du golfe, je découvrais le mont Ithome, isolé comme le Vésuve,
« et tronqué comme lui à son sommet. Je ne pouvais m'arracher à ce spectacle. Quelles
« pensées ne m'inspirait point la vue de ces côtes silencieuses et désertes de la Grèce, où
« l'on n'entend que l'éternel sifflement du mistral et le gémissement des flots! Quelques
« coups de canon, que le capitan-pacha faisait tirer de loin à loin contre les rochers des
« Maniottes, interrompaient seuls ces tristes bruits par un bruit plus triste encore. On ne
« voyait sur toute l'étendue de la mer que la flotte de ce chef des Barbares; elle me rappe-

« lait les pirates américains, qui plantaient leur drapeau sanglant sur une terre inconnue,
« et prenaient possession d'un pays enchanté au nom de la servitude et de la mort; ou
« plutôt je croyais voir les vaisseaux d'Alaric s'éloigner de la Grèce en cendres, emportant
« la dépouille des temples, les trophées d'Olympie, et les statues brisées de la Liberté et
« des Arts.

« Je quittai Coron le 14 août, à deux heures du matin, pour continuer mon
« voyage, etc., etc. »

XX°.

Page 11. Comme un jeune olivier qu'un jardinier élève avec soin.

Οἶον δὲ τρέφει ἔρνος ἀνὴρ ἐριθηλὲς ἐλαίης
Κώρῳ ἐν οἰοπόλῳ, ὅθ' ἅλις ἀναβέβρυχεν ὕδωρ,
Καλὸν, τηλεθάον· τὸ δέ τε πνοιαὶ δονέουσιν
Παντοίων ἀνέμων, καί τε βρύει ἄνθεῖ λευκῷ.
(*Iliad.*, liv. xvii, v. 53.)

Je n'ai pas tout imité dans cette belle comparaison. Pythagore avait une telle admiration pour ces vers, qu'il les avait mis en musique, et qu'il les chantait en s'accompagnant de sa lyre.

XXI°.

Page 12. Hiéroclès avait demandé Cymodocée pour épouse.

Voilà la première pierre de l'édifice. Le motif du refus de Démodocus et du dégoût de Cymodocée est justifié par le caractère et la personne d'Hiéroclès.

XXII°.

Page 12. Ils disaient les maux qui sont le partage des enfants de la terre.

Tout ce qui suit fait allusion à divers passages de *l'Iliade* et de *l'Odyssée*. C'est Ulysse qui regrette de mourir avant d'avoir revu la fumée qui s'élève de ses foyers; ce sont les frères d'Andromaque qui furent tués par Achille lorsqu'ils gardaient les troupeaux, etc.

XXIII°.

Page 13. Lorsque, adossée contre une colonne, elle tournait ses fuseaux à la lueur d'une flamme éclatante.

Ἡ δ' ἧσται ἐπ' ἐσχάρῃ ἐν πυρὸς αὐγῇ,
Ἠλάκατα στρωφῶσ' ἁλιπόρφυρα, θαῦμα ἰδέσθαι,
Κίονι κεκλιμένη· δμωαὶ δέ οἱ εἴατ' ὄπισθεν.
(*Odyss.*, liv. vi, v. 305.)

XXIV°.

Page 13. Cette modération, sœur de la vérité, sans laquelle tout est mensonge.

En supprimant ici les deux virgules, on a fait une phrase ridicule, par laquelle je dirais que tout est mensonge sans la vérité. Voilà la bonne foi de la critique.

XXV°.

Page 13. Un jour elle était allée au loin cueillir le dictame avec son père.

Le dictame, renommé en Crète, croît aussi sur plusieurs montagnes de la Grèce, où je l'ai remarqué.

XXVI°.

Page. 13. Ils avaient suivi une biche blessée par un archer d'OEchalie.

Non illa feris incognita capris
Gramina, cum tergo volucres hæsere sagittæ.
(*Æneid.*, xii, 414.)

XXVIIᵉ.

Page 13. Le bruit se répandit aussitôt que Nestor et la plus jeune de ses filles, la belle Polycaste, étaient apparus à des chasseurs dans les bois de l'Ira.

Polycaste conduisit Télémaque au bain, lorsqu'il vint demander à Nestor des nouvelles de son père. (*Odyss.*, liv. III.)

Il y avait en Messénie une ville, une montagne et une rivière du nom d'Ira. Le siége d'Ira, par les Lacédémoniens, dura onze ans, et finit par la captivité et la dispersion des Messéniens. (PAUSANIAS.)

XXVIIIᵉ.

Page 14. La fête de Diane-Limnatide approchait... Cette pompe, cause funeste des guerres antiques de Lacédémone et de Messène...

« Diane-Limnatide avait un temple sur les frontières de la Messénie et de la Laconie. De « jeunes filles de Sparte étant venues à la fête de la déesse, furent violées par les Messé- « niens. » (PAUSANIAS.) De là les guerres de Messénie.

XXIXᵉ.

Page 14. La statue de Diane, placée sur un autel.

C'est la Diane antique du Muséum.

XXXᵉ.

Page 14. Cymodocée, à la tête de ses compagnes, égales en nombre aux nymphes Océanies, entonna l'hymne à la Vierge blanche.

Les nymphes Océanies étaient au nombre de soixante, et formaient le cortége de Diane. Diane partageait avec Minerve le surnom de Vierge blanche, à cause de sa virginité.

XXXIᵉ.

Page 14. Diane, souveraine des forêts, etc.

> Phœbe, sylvarumque potens Diana,
> . . . .
> . . . . . date quæ precamur
> Tempore sacro,
> Quo sibyllini monuere versus
> Virgines lectas, puerosque castos
> Dis, quibus septem placuere colles,
> Dicere carmen.
> . . . .
> Di probos mores docili juventæ,
> Di senectuti placidæ quietem,
> Romulæ genti date remque prolemque,
> Et decus omne. (HOR., *Carm. Sec.*)

Les lecteurs qui compareront mon hymne à celui d'Horace verront bien que je diffère de mon modèle sur une foule de points.

XXXIIᵉ.

Page 14. Un cerf blanc fut immolé à la reine du silence.

On offrait à Diane des fruits, des bœufs, des béliers, des cerfs blancs. J'ai cru pouvoir hasarder l'expression de reine du silence, d'après une expression d'Horace.

XXXIIIᵉ.

Page 15. C'était une de ces nuits dont les ombres transparentes...

Je n'ai rien imité dans cette description, hors le dernier trait, qui est d'Homère : Assis dans la vallée, le berger, etc.

XXXIVᵉ.

Page 15. Ces retraites enchantées, où les anciens avaient placé le berceau de Lycurgue et celui de Jupiter.

On sait que Jupiter fut élevé en Crète, sur le mont Ida; mais une autre tradition voulait qu'il eût été nourri sur le mont Ithome. (Voyez PAUSANIAS, *in Messen.*) J'ai suivi cette tradition.

XXXVᵉ.

Page 15. De Cybèle descendue dans les bois d'OEchalie.

OEchalie, en Messénie, était consacrée par les mystères des grandes déesses.

XXXVIᵉ.

Page 15. Les hauteurs de Thuria.

A six stades de la mer, vous trouverez Phères; ensuite, quatre-vingts stades plus haut, dans les terres, est la ville de Thuria. Homère la nomme Anthée. (PAUSANIAS, *in Messen.*, cap. XXI.) Æpeia nunc Thuria vocatur, » dit STRABON : « vox Celsam significat, quod nomen inde habet, quod in sublimi colle est sita. » (Lib. VIII.)

XXXVIIᵉ.

Page 15. Le labyrinthe, dont la danse des jeunes Crétoises imitait encore les détours.

On croit que la danse crétoise, connue sous le nom d'Ariadne, était une imitation des circuits du Labyrinthe. Homère la place sur le bouclier d'Achille.

XXXVIIIᵉ.

Page 15. Une source d'eau vive, environnée de hauts peupliers.

Ἀμφὶ δ' ἄρ' αἰγείρων ὑδατοτρεφέων ἦν ἄλσος,
Πάντοσε κυκλοτερές, κατὰ δὲ ψυχρὸν ῥέεν ὕδωρ
Ὑψόθεν ἐκ πέτρης· βωμὸς δ' ἐφύπερθε τέτυκτο
Νυμφάων, ὅθι πάντες ἐπιρρέζεσκον ὁδῖται.

(*Odyss.*, liv. XVII, v. 208.)

XXXIXᵉ.

Page 16. Tel un successeur d'Apelles a représenté le sommeil d'Endymion.

Il était bien juste que je rendisse ce faible hommage à l'admirable tableau d'Atala au tombeau. Malheureusement je n'ai pas l'art de M. Girodet, et tandis qu'il embellit mes peintures, j'ai bien peur de gâter les siennes. Au reste, ce tableau du sommeil d'Eudore n'est pas tout à fait semblable au tableau du sommeil d'Endymion, par M. Girodet. J'ai pris quelques détails du bas-relief qu'on voit au Capitole, et qui représente le même sujet.

XLᵉ.

Page 16. Et jamais ma mère, déjà tombée sous vos coups, ne fut orgueilleuse de ma naissance!

Allusion à l'aventure de Niobé.

XLIᵉ.

Page 16. Comment! dit Cymodocée... est-ce que tu n'es pas le chasseur Endymion?

Cette rencontre d'Eudore et de Cymodocée a paru généralement faire plaisir. Ceux qui l'ont critiquée ont trouvé que Cymodocée parlait trop pour une jeune Grecque, et ils ont prétendu que cela péchait contre la vérité des mœurs. J'ai une réponse bien simple à faire : c'est Homère qui est le coupable. Nausicaa parle bien plus longuement à Ulysse que Cymodocée à Eudore. Les discours de Nausicaa sont même si longs, qu'ils occuperaient trop de place ici, et je suis obligé de renvoyer le lecteur à l'original. (Voyez *l'Odyssée*, liv. vi.) Ces longs bavardages, si j'ose proférer ce blasphème, ces répétitions, ces circonlocutions hors du sujet, sont un des caractères du style homérique. Je devais les imiter, surtout au moment de la rencontre de mes deux principaux personnages, pour faire contraster la prolixité païenne avec le laconisme du langage chrétien. Quant à l'anachronisme des mœurs, je me suis expliqué dans la remarque iiie. Si j'avais besoin de quelque autre autorité après celle d'Homère, je la trouverais dans les tragiques grecs. Iphigénie, dans *l'Iphigénie en Aulide*, confie ses douleurs au chœur, composé des femmes de Chalcis, qu'elle n'a jamais vues; elle veut avoir l'éloquence d'Orphée, pour toucher Agamemnon ; elle s'adresse aux forêts de la Phrygie, aux montagnes d'Ida; elle parle des eaux limpides, des prés fleuris où croissent la rose ou l'hyacinthe ; elle entasse cent autres lieux communs de poésie étrangers au sujet. Électre, dans *les Choéphores* d'Eschyle, reconnaît promptement Oreste; mais quels interminables discours ne tient-elle point à son frère, étranger, inconnu d'elle, dans Sophocle et Euripide! Nos grands poëtes ont si peu songé à cette prétendue invraisemblance de mœurs, qu'en imitant les anciens ils ont toujours fait parler très-longuement les jeunes princesses. J'ai tort de réfuter sérieusement ce qu'on n'a pu donner pour une critique sérieuse.

XLIIe.

Page 17. Je suis fille d'Homère aux chants immortels.

Cela n'est pas plus extraordinaire que d'entendre Nausicaa conter sa généalogie et l'histoire de son père et de sa mère à Ulysse, qu'elle a trouvé tout nu dans un buisson. Quand on veut chicaner un auteur, il faut au moins savoir de quoi l'on parle.

XLIIIe.

Page 17. La Nuit sacrée, épouse de l'Érèbe, et mère des Hespérides et de l'Amour.

Lorsqu'il y a plusieurs traditions sur un sujet, je prends la moins connue ou la plus agréable, pour rajeunir les tableaux mythologiques : c'est pousser loin l'impartialité. Ainsi, l'Amour qu'on fait fils de Vénus, est ici enfant de la Nuit ; allégorie presque aussi agréable et beaucoup plus ignorée que la première.

XLIVe.

Page 17. Je ne vois que des astres qui racontent la gloire du Très-Haut.

« Cœli enarrant gloriam Dei. » (*Psalm.* xviii, v. 1.)

XLVe.

Page 18. Ils me vendirent à un port de Crète éloigné de Gortynes, etc... Lébène... Théodosie... Milet.

Lébène était le port, ou, comme on parle dans le Levant, l'échelle de Gortynes. Il était éloigné de cette ville de quatre-vingt-dix stades, selon Strabon : « Distat ab Africo mari et Lebene navali suo ad stadia xc. » (Strab., lib. x.)

Théodosie était une ville de la Chersonèse Taurique, abondante en blé qui se vendait dans tout le Levant. « Post montana ista urbs sequitur Theodosia, campo prædita fertili, « et portu vel centum navibus recipiendis apto... Tota regio frumenti ferax est. »

(Strab., lib. vii, page 309.)

XLVIᵉ.

Page 18. Les cruelles Ilithyes.

Déesses, filles de Junon. Elles présidaient aux accouchements. Euryméduse les appelle cruelles, parce qu'Épicharis mourut en donnant le jour à Cymodocée. Diane est invoquée dans Horace sous le nom d'Ilithye :

> Rite maturos aperire partus
> Lenis Ilithya, tuere matres. (Hor., *Carm. Sec.*)

XLVIIᵉ.

Page 18. Je te balançais sur mes genoux ; tu ne voulais prendre de nourriture que de ma main.

Phœnix dit à peu près la même chose à Achille, et avec encore plus de naïveté.

> Οὔτ᾽ ἐς δαῖτ᾽ ἰέναι, οὔτ᾽ ἐν μεγάροισι πάσασθαι,
> Πρίν γ᾽ ὅτε δή σ᾽ ἐπ᾽ ἐμοῖσιν ἐγὼ γούνασσι καθίσσας,
> Ὄψου τ᾽ ἄσαιμι προταμὼν καὶ οἶνον ἐπισχών.
> Πολλάκι μοι κατέδευσας ἐπὶ στήθεσσι χιτῶνα
> Οἴνου, ἀποβλύζων ἐν νηπιέῃ ἀλεγεινῇ.
> (*Iliad.*, liv. ix, v. 487.)

XLVIIIᵉ.

Page 18. Il part comme un aigle.

> Ὢ ἄρα φωνήσασ᾽ ἀπέβη γλαυκῶπις Ἀθήνη,
> Φήνῃ ἐειδομένη.
> (*Odyss.*, liv. iii, v. 371.)

XLIXᵉ.

Page 18. Elle détourna la tête, dans la crainte de voir le dieu et de mourir.

On croyait que la manifestation subite de la divinité donnait la mort. (Voyez une note de madame Dacier sur un passage du xviᵉ liv. de *l'Odyssée*.)

Lᵉ.

Page 18. Et passant les fontaines d'Arsinoé et de Clepsydra.

« On y voit (sur le mont Ithome) une fontaine nommée Arsinoé : elle reçoit l'eau d'une autre fontaine appelée Clepsydra. » (Pausanias, *in Messen.*, cap. xxxi.)

LIᵉ.

Page 19. Ce père malheureux était assis à terre, près du foyer ; la tête couverte d'un pan de sa robe, il arrosait les cendres de ses pleurs.

Tout le monde sait que les suppliants et les malheureux s'asseyaient au foyer parmi les cendres. (Voyez *l'Odyssée*, liv. xvi ; et Plutarque, dans la *Vie de Thémistocle*.)

LIIᵉ.

Page 19. Tels sont les cris dont retentit le nid des oiseaux lorsque la mère apporte la nourriture à ses petits.

On a critiqué cette comparaison : on a dit que la douleur ou la joie morale ne pouvait jamais être comparée au mouvement de la douleur ou des besoins physiques. S'il en était ainsi, il faudrait renoncer à toute comparaison, et même à toute poésie ; car les comparaisons et la poésie consistent surtout à transporter, pour ainsi dire, le physique dans le moral, et le moral dans le physique. C'est ce qui est reconnu par tous les critiques dignes de porter ce nom.

Au reste, cette comparaison se trouve dans Homère, et presque dans les mêmes circonstances où elle est placée ici. (*Odyss.*, liv. xvi.)

LIIIe.

Page 19. On aurait vu ton père racontant sa douleur au soleil.

Usage antique qu'on retrouve dans les tragiques grecs. Jocaste, dans les *Phéniciennes*, ouvre la scène par un monologue où elle apostrophe l'astre du jour. De là le beau vers de Virgile, et l'un des plus beaux vers de son illustre traducteur :

Solem quis dicere falsum
Audeat?
Qui pourrait, ô Soleil, t'accuser d'imposture?

LIVe.

Page 19. La destinée d'un vieillard qui meurt sans enfants est digne de pitié, etc.

Imitation de Solon. Ce grand législateur était poëte. Il nous reste de lui quelques fragments d'une espèce d'élégie politique. (*In min. Poet. Græc.*)

LVe.

Page 19. Ah! je ne sentirais pas un chagrin plus mortel quand on cesserait de m'appeler le père de Cymodocée!

Formule touchante empruntée des Grecs. Ulysse s'en sert dans l'*Iliade* en parlant de Télémaque.

LVIe.

Page 19. Et nous avons craint les soupçons qui s'élèvent trop souvent dans le cœur des enfants de la terre.

Δύσζηλοι γάρ τ' εἰμὲν ἐπὶ χθονὶ φῦλ' ἀνθρώπων.
(*Odyss.*, liv. vii, v. 307.)

LVIIe.

Page 19. Euryméduse, repartit Démodocus, quelles paroles sont échappées à tes lèvres! Jusqu'à présent tu n'avais pas paru manquer de sagesse, etc.

Οὐ μὲν νήπιος ἦσθα, Βοηθοΐδη Ἐτεωνεῦ,
Τὸ πρίν· ἀτὰρ μὲν νῦν γε, παῖς ὡς, νήπια βάζεις.
(*Odyss.*, liv. iv, v. 31.)

LVIIIe.

Page 20. La colère, comme la faim, est mère des mauvais conseils.

Et malesuada fames. (Virg., vi, 276.)

LIXe.

Page 20. Qui pourrait égaler les Grâces, surtout la plus jeune, la divine Pasithée!

Les noms ordinaires des Grâces sont Aglaé, Thalie et Euphrosine. Homère nomme la plus jeune Pasithée, et il a été suivi par Stace.

LXe.

Page 20. Orphée, Linus, Homère, ou le vieillard d'Ascrée.

Poëtes connus de tout le monde. Hésiode est le vieillard d'Ascrée.

Ascræumque cano romana per oppida carmen.
(Virg., *Georg.*, ii, 176.)

LXIe.

Page 20. Philopœmen, et Polybe aimé de Calliope, fille de Saturne et d'Astrée.

Philopœmen, le dernier des Grecs, et Polybe l'historien, étaient de Mégalopolis en Arcadie. Calliope, prise ici pour l'Histoire, était fille de Saturne et d'Astrée, c'est-à-dire du Temps et de la Justice. Voici le commencement de la généalogie du principal personnage qui doit représenter les héros de la Grèce. Le nom d'Eudore est tiré d'Homère : Eudore était un des compagnons d'Achille.

LXIIe.

Page 20. Dicé, Irène et Eunomie.

Noms des Heures, d'après Hésiode, qui n'en compte que trois. Elles étaient filles de Jupiter et de Thémis.

LXIIIe.

Page 20. Un esclave, tenant une aiguière d'or et un bassin d'argent, verse une eau pure sur les mains du prêtre d'Homère.

Χέρνιβα δ' ἀμφίπολος προχόῳ ἐπέχευε φέρουσα,
Καλῇ, χρυσείῃ, ὑπὲρ ἀργυρέοιο λέβητος.
(*Odyss.*, liv. vii, v. 172.)

LXIVe.

Page 20. Ce fut en vain qu'elle pria la Nuit de lui verser la douceur de ses ombres.

Il y avait dans les éditions précédentes l'*ambroisie* de ses ombres, expression grecque que j'avais essayé de faire passer dans notre langue; mais, outre qu'on ne peut pas dire *verser* de l'ambroisié, j'ai trouvé ce tour un peu recherché.

LXVe.

Page 21. Il emboîte l'essieu dans des roues bruyantes, etc.

Ἥβη δ' ἀμφ' ὀχέεσσι θοῶς βάλε καμπύλα κύκλα,
Χάλκεα, ὀκτάκνημα, σιδηρέῳ ἄξονι ἀμφίς.
Τῶν ἤτοι χρυσέη ἴτυς ἄφθιτος, αὐτὰρ ὕπερθεν
Χάλκε' ἐπίσσωτρα προσαρηρότα, θαῦμα ἰδέσθαι·
Πλῆμναι δ' ἀργύρου εἰσὶ περίδρομοι ἀμφοτέρωθεν·
Δίφρος δὲ χρυσέοισι καὶ ἀργυρέοισιν ἱμᾶσιν
Ἐντέταται· δοιαὶ δὲ περίδρομοι ἄντυγές εἰσιν·
Τοῦ δ' ἐξ ἀργύρεος ῥυμὸς πέλεν· αὐτὰρ ἐπ' ἄκρῳ
Δῆσε χρύσειον καλὸν ζυγόν, ἐν δὲ λέπαδνα
Κάλ' ἔβαλε, χρύσει'· ὑπὸ δὲ ζυγὸν ἤγαγεν Ἥρη
Ἵππους ὠκύποδας, μεμαυῖ' ἔριδος καὶ ἀϋτῆς.
(*Iliad.*, liv. v, v. 722.)

LXVIe.

Page 21. C'était une coupe de bronze à double fond, etc.

Toute cette histoire de la coupe est faite d'après *l'Iliade* et la *Vie d'Homère*, attribuée à Hérodote. Le bouclier d'Ajax était l'ouvrage de Tychus, armurier de la ville d'Hylé. Homère eut pour hôte Créophile de Samos, et l'on sait que Lycurgue apporta lui-même dans la Grèce les poëmes d'Homère, qu'il avait trouvés chez les descendants de Créophyle. (Voyez la *Vie d'Homère*, traduct. de M. Larcher.)

LXVIIe.

Page 21. Les Grâces décentes.

Gratiæ decentes. (Hor., lib. i, od. iv.)

LXVIIIe.

Page 21. Le voile blanc des Muses qui brillait comme le soleil, et qui était placé sous tous les autres dans une cassette odorante.

Τῶν ἕν' ἀειραμένη Ἑκάβη φέρε δῶρον Ἀθήνῃ,
Ὅς κάλλιστος ἔην ποικίλμασιν ἠδὲ μέγιστος,
Ἀστὴρ δ' ὣς ἀπέλαμπεν· ἔκειτο δὲ νείατος ἄλλων.
(*Iliad.*, liv. vi, v. 293.)

LXIXe.

Page 21. Il portait sur sa tête une couronne de papyrus.

C'était la couronne des poëtes.

LXXe.

Page 32. Les dieux voulurent naître parmi les Égyptiens, parce qu'ils sont les plus reconnaissants des hommes.

C'est Platon qui le dit. Les Égyptiens avaient une loi contre l'ingratitude. Cette loi s'est perdue.

SUR LE DEUXIÈME LIVRE.

Ce second livre des *Martyrs* n'a éprouvé aucune critique ; il a été loué généralement par tous les censeurs. J'ai pourtant vu des personnes de goût qui préféraient le premier pour les souvenirs de l'antiquité. Il est certain que le premier livre m'a coûté plus de peine, et je l'ai revu plus souvent et plus longtemps.

PREMIÈRE REMARQUE.

Page 22. A l'heure où le magistrat fatigué quitte avec joie son tribunal pour aller prendre son repas.

.... Ἦμος δ' ἐπὶ δόρπον ἀνὴρ ἀγορῆθεν ἀνέστη,
Κρίνων νείκεα πολλὰ δικαζομένων αἰζηῶν.
(*Odyss.*, liv. xii, v. 439.)

IIe.

Page 22. Vint se reposer à Phigalée, célèbre par le dévouement des Oresthasiens.

Phigalée, ville de l'Arcadie, bâtie sur un rocher, et traversée par un ruisseau nommé

Lymax, qui tombait dans la Néda. Les Phigaliens, ayant été chassés de leur pays par les Lacédémoniens, consultèrent l'oracle de Delphes. L'oracle répondit : « Que les Phiga-« liens prennent avec eux cent jeunes gens de la ville d'Oresthasium : ces cent jeunes « gens périront dans le combat contre les Spartiates, mais les Phigaliens rentreront dans « leur ville. » Les cent Oresthasiens se dévouèrent. (PAUSANIAS, *in Arcad.*, cap. XXXIX.)

IIIᵉ.

Page 22. Le prince de la jeunesse, l'aîné des fils d'Ancée, etc.

Pour les détails de ce sacrifice homérique, voyez le IIIᵉ livre de *l'Odyssée*, vers la fin. Le dos de la victime était servi comme le morceau le plus honorable. Ulysse le donne à Démodocus, livre VIII de *l'Odyssée*, pour le récompenser de ses chants.

IVᵉ.

Page 23. Les dons de Cérès, que Triptolème fit connaître au pieux Arcas, rem-placent le gland dont se nourrissaient jadis les Pélasges, premiers habitants de l'Ar-cadie.

Pélasgus régna le premier en Arcadie, et donna son nom à son peuple. Pélasgus eut pour fils Lycaon, qui fut changé en loup. Lycaon laissa une fille, Callisto, qui fut mère d'Arcas. Arcas, instruit par Triptolème, apprit à ses sujets à semer du blé, et à s'en nour-rir au lieu de gland. (PAUSANIAS, *in Arcad.*, cap. I, II, III et IV.)

Vᵉ.

Page 23. On sépare la langue de la victime.

C'était la dernière cérémonie du sacrifice.

VIᵉ

Page 23. Il n'est pas permis d'entrer dans le temple des dieux avec du fer.

Et même dans certains temples avec de l'or, selon Plutarque. Belle leçon ! (*Moral. præ-cep. Administ. public.*)

VIIᵉ.

Page 23. Aussitôt que l'aurore eut éclairé de ses premiers rayons l'autel de Ju-piter qui couronne le mont Lycée, etc. ; jusqu'à l'alinéa.

Les premières éditions portaient : *le temple de Jupiter*. Je m'étais trompé. Le mont Lycée était la plus haute montagne d'Arcadie; on l'appelait le Mont-Sacré, parce que Jupiter, selon les Arcadiens, y avait été nourri. Ce dieu avait un autel sur le sommet de la mon-tagne, et de cet autel on découvrait presque tout le Péloponèse. Les hommes ne pouvaient entrer dans l'enceinte consacrée à Jupiter. Les corps n'y donnaient aucune ombre, quoi-que frappés des rayons du soleil, etc. (PAUSANIAS, *in Arcad.*, cap. XXXVIII; et *Voyage du jeune Anacharsis*. Voyez ARCADIE.)

VIIIᵉ.

Page 23. Il prend sa course vers le temple d'Eurynome, caché dans un bois de cyprès.

Ce temple était à douze stades au-dessous de Phigalée, un peu au-dessus du confluent du Lymax et de la Néda. Eurynome était une fille de l'Océan. La statue de cette divinité était attachée dans le temple avec une chaîne d'or, et ce temple ne s'ouvrait qu'une fois l'année. (PAUSANIAS, lib. VIII, *in Arcad.*, cap. XLI.)

IXᵉ.

Page 23. Il franchit le mont Élaïus ; il dépasse la grotte où Pan retrouva Cérès, etc.

Élaïus était à trente stades à droite de Phigalée : la grotte de Cérès, surnommée la

Noire, était dans cette montagne. Cérès, pleurant l'enlèvement de Proserpine, prit une robe noire et se cacha pour pleurer dans la grotte du mont Élaïus. Les fruits et les moissons périssaient, les hommes mouraient de faim, les dieux ne savaient ce qu'était devenue la déesse. Pan, en chassant sur les montagnes d'Arcadie, retrouva enfin Cérès. Il en avertit Jupiter. Jupiter envoya les Parques à Cérès, et ces divinités inexorables fléchirent, par leurs prières, le courroux de Cérès : elle rendit les moissons aux hommes. (PAUSANIAS, lib. VIII, *in Arcad.*, cap. XLII.)

X^e.

Page 23. Les voyageurs traversent l'Alphée au-dessous du confluent du Gorthynius, et descendent jusqu'aux eaux limpides du Ladon.

Il n'est point de lecteur qui n'ait entendu parler de l'Alphée et du Ladon : de l'Alphée, à cause de ses amours avec Aréthuse, et de son passage à Olympie ; et du Ladon, à cause de la beauté de ses eaux.

J'ai traversé, au mois d'août 1806, une des sources de l'Alphée, entre Léontari, Tripolizza et Misitra : cette source était tarie.

« Le Gorthynius, dit Pausanias, est de tous les fleuves celui dont les eaux sont les plus « fraîches. » (Liv. VIII, chap. XXVIII.)

Démodocus venant de Phigalée, et descendant l'Alphée, devait rencontrer d'abord le Gorthynius, et puis le Ladon.

XIe.

Page 23. Là se présente une tombe antique, que les nymphes des montagnes avaient environnée d'ormeaux.

Ἠδ' ἐπὶ σῆμ' ἔχεεν· περὶ δὲ πτελέας ἐφύτευσαν
Νύμφαι ὀρεστιάδες.
(*Iliad.*, liv. VI, v. 419.)

XIIe

Page 23. C'était celle de cet Arcadien pauvre et vertueux, d'Aglaüs de Psophis.

« On nous montra un petit champ et une petite chaumière : c'est là que vivait, il y a « quelques siècles, un citoyen pauvre et vertueux ; il se nommait Aglaüs. Sans crainte, « sans désirs, ignoré des hommes, ignorant ce qui se passait parmi eux, il cultivait paisi- « blement son petit domaine, dont il n'avait jamais passé les limites. Il était parvenu à « une extrême vieillesse, lorsque des ambassadeurs du puissant roi de Lydie, Gygès ou « Crésus, furent chargés de demander à l'oracle de Delphes s'il existait sur la terre entière « un mortel plus heureux que ce prince. La Pythie répondit : Aglaüs de Psophis. » (*Voyage d'Anacharsis*, ARCADIE.) On voit que je n'ai point suivi ce récit. J'ai disposé à mon gré de la tombe de Psophis : c'était celle d'un homme heureux et sage ; elle m'a paru bien placée à l'entrée de l'héritage de Lasthénès.

XIIIe.

Page 23. La robe dont cet homme était vêtu ne différait de celle des philosophes grecs que parce qu'elle était d'une étoffe blanche assez commune.

Il est inutile d'étaler ici une vaine érudition, et de citer les Pères et les écrivains de l'Histoire ecclésiastique, Eusèbe, Socrate, Zonare, etc. : une autorité aussi fidèle qu'agréable nous suffira pour les mœurs des chrétiens ; c'est celle de Fleury :

« Les chrétiens rejetaient les habits de couleur trop éclatante ; mais saint Clément « d'Alexandrie recommandait le blanc comme symbole de pureté. . . . .
« Tout l'extérieur des chrétiens était sévère et négligé, au moins simple et sérieux. Quel-

XIVe.

Page 24. Mercure ne vint pas plus heureusement à la rencontre de Priam.
(Voyez *l'Iliade*, liv. xxiv.)

XVe.

Page 24. Ce palais appartient à Hiéroclès.

Ceci n'est point une phrase jetée au hasard. J'ai tâché, autant que je l'ai pu, de ne faire entrer dans ma composition rien d'inutile. Ce palais deviendra le théâtre d'une des scènes de l'action.

XVIe.

Page 24. En arrivant au milieu des moissonneurs, l'inconnu s'écria : « Le Seigneur soit avec vous ! »

« Et ecce, ipse veniebat de Bethleem, dixitque messoribus: Dominus vobiscum. Qui « responderunt ei : Benedicat tibi Dominus. » (Ruth., cap. ii, v. 4.)

XVIIe.

Page 24. Des glaneuses les suivaient en cueillant les nombreux épis, etc.

« Præcepit autem Booz pueris suis, dicens: Et de vestris quoque manipulis projicite « de industria, et remanere permittite, ut absque rubore colligat. » (Ruth., cap. ii, v. 15, 16.)

XVIIIe.

Page 25. Qui triompha de Carrausius.

On verra, dans le récit et dans les notes du récit, quel était ce Carrausius.

XIXe.

Page 25. Méléagre était moins beau que toi lorsqu'il charma les yeux d'Atalante.

Homère a, sur Méléagre, une tradition différente de celle des autres poëtes. Je ne fais ici d'allusion qu'à la dernière. Méléagre était un jeune héros qui donna la hure du sanglier de Calydon à Atalante, fille de Jasius, roi d'Arcadie. Sa mère Althée le fit mourir en jetant au feu le tison auquel sa vie était attachée. Il ne faut pas confondre cette Atalante avec celle qui fut vaincue par Hippomène. Stace a donné un fils à Atalante, qui suivit les sept chefs au siége de Thèbes. (*Thébaïde*, liv. iv.)

XXe.

Page 25. Heureux ton père, heureuse ta mère, mais plus heureuse encore celle qui doit partager ta couche !

> Τρισμάκαρες μὲν σοί γε πατὴρ καὶ πότνια μήτηρ,
> Τρισμάκαρες δὲ κασίγνητοι ....
> Κεῖνος δ' αὖ πέρι κῆρι μακάρτατος ἔξοχον ἄλλων,
> Ὅς κέ σ' ἐέδνοισι βρίσας οἶκόν δ' ἀγάγηται
> (*Odyss.*, liv. vi, v. 154-158.)

XXIe.

Page 25. J'accepterai le présent que vous m'offrez, s'il n'a point servi à vos sacrifices.

Tout ce qui avait servi aux sacrifices des païens était en abomination aux chrétiens.

XXIIe.

Page 25. Je ne me souviens pas d'avoir vu la peinture d'une scène pareille, si ce n'est sur le bouclier d'Achille.

(*Iliade*, liv. xvii.)

XXIIIe.

Page 26. Ces moissonneurs ne sont plus mes esclaves.

Cette religion, contre laquelle on a tant déclamé, a pourtant aboli l'esclavage. Tous les chrétiens primitifs n'affranchirent cependant pas sur-le-champ leurs esclaves; mais Lasthénès suivait de plus près cet esprit évangélique qui a brisé les fers d'une grande partie du genre humain.

XXIVe.

Page 26. La vérité... mère de la vertu.

On la fait aussi la mère de la justice.

XXVe.

Page 26. Voyageur, les chrétiens.

Sur ce mot de voyageur opposé à celui d'étranger, qu'il me soit permis de rapporter un passage du *Génie du Christianisme* :

« L'hôte inconnu est un étranger chez Homère, et un voyageur dans la *Bible*. Quelles « différentes vues de l'humanité ! Le Grec ne porte qu'une idée politique et locale où « l'Hébreu attache un sentiment moral et universel. »

XXVIe.

Page 26. Que Dieu lui rende sept fois la paix !

Tour hébraïque. Les Grecs et les Romains disaient *terque quaterque*. On en a vu un exemple dans la note xxe : Τριομάχαρες.

XXVIIe.

Page 27. Non sur les ailes d'or d'Euripide, mais sur les ailes célestes de Platon.

Plutarque, dans ses *Morales*, parle de ces ailes; mais je crois qu'il faut lire les ailes d'or de Pindare.

XXVIIIe.

Page 27. Dieu m'en a donné la direction; Dieu me l'ôtera peut-être : que son saint nom soit béni !

« Dominus dedit, Dominus abstulit... Sit nomen Domini benedictum ! » (Job, cap. I, v. 21.)

XXIXe.

Page 27. Le soleil descendit sur les sommets du Pholoë, etc.

Par l'endroit où la scène est placée, Lasthénès avait le mont Pholoë à l'occident, un peu vers le nord; Olympie, à l'occident vrai; le Telphusse et le Lycée étaient derrière les spectateurs, vers l'orient, et se coloraient des feux opposés du soleil. Toutes ces descriptions sont exactes; ce ne sont point des noms mis au hasard, sans égard aux positions géographiques. Au reste, le mont Pholoë est une haute montagne d'Arcadie, où Hercule reçut l'hospitalité chez le centaure Pholus, qui donna son nom à la montagne. Telphusse est une montagne, ou plutôt une longue chaîne de terre haute et rocailleuse, où était placée une ville du même nom. (Voyez Pausanias, lib. vii, *in Arcad.* cap. xxv.) J'ai déjà parlé ailleurs du Lycée, de l'Alphée et du Ladon.

XXXe.

Page 27. On entendit le son d'une cloche.

Ce ne fut que dans le moyen âge que l'on commença à se servir des cloches dans les églises; mais on se servait dans l'antiquité, et surtout en Grèce et à Athènes, de cloches ou de sonnettes pour une foule d'usages domestiques. J'ai donc cru pouvoir appeler les chrétiens grecs à la prière par le son d'une cloche. L'esprit, accoutumé à allier le son des cloches au souvenir du culte chrétien, se prête sans peine à cet anachronisme, si c'en est un.

XXXIe.

Page 27. Me préservent les dieux de mépriser les prières.

Tout le monde connaît la belle allégorie des prières, mise par Homère dans la bouche d'Achille. Démodocus détourne le sens des paroles de Lasthénès au profit de la mythologie. Até, le mal ou l'injustice, était sœur des Lites ou des Prières.

XXXIIe.

Page 27. Seigneur, daignez visiter cette demeure.

Nous sommes aujourd'hui si étrangers aux choses religieuses, que cette prière aura paru toute nouvelle à la plupart des lecteurs : elle est cependant dans tous les livres d'église, à quelques légers changements près. J'ai déjà dit, dans le *Génie du Christianisme*, qu'il n'y avait point d'Heures à l'usage du peuple qui ne renfermât des choses sublimes; choses que l'habitude dans les uns et l'impiété dans les autres nous empêchent de sentir.

XXXIIIe.

Page 28. Le serviteur lava les pieds de Démodocus.

« La première action de l'hospitalité était de laver les pieds aux hôtes... Si l'hôte était
« dans la pleine communion de l'Église, on priait avec lui, et on lui déférait tous les
« honneurs de la maison : de faire la prière, d'avoir la première place à table, d'instruire
« la famille... Les chrétiens exerçaient l'hospitalité même envers les infidèles. »

(Fleury, *Mœurs des Chrétiens.*)

XXXIVe.

Page 28. Des mesures de pierre en forme d'autel, ornées de têtes de lion.

J'ai vu de pareilles mesures à Rome, dans le Musée Clémentin.

XXXVe.

Page 28. Lasthénès leur ordonne de dresser, dans la salle des agapes, une table, etc.

Les agapes étaient les repas primitifs des chrétiens. Il y en avait de deux sortes : les uns, faits en commun à l'église par tous les fidèles ; les autres, dans les demeures particulières.

XXXVIe.

Page 28. Nourriture destinée à la famille.

« S'ils mangeaient de la chair (les chrétiens)... c'était plutôt du poisson ou de la volaille
« que de la grosse viande... Plusieurs donc ne vivaient que de laitage, de fruits ou de
« légumes. » (Fleury, *Mœurs des Chrétiens.*)

XXXVIIe.

Page 28. On vit bientôt entrer un homme d'un visage vénérable, portant, sous un manteau blanc, un habit de pasteur.

« Comme j'étais dans ma maison, et qu'après avoir prié je me fus assis sur mon lit, je « vis entrer un homme d'un visage vénérable, en habit de pasteur, vêtu d'un manteau « blanc, portant une panetière sur ses épaules, et tenant un bâton à la main. » (Her., liv. II.)

XXXVIIIe.

Page 29. C'était Cyrille, évêque de Lacédémone.

Ce n'est point ici l'un des saints connus sous le nom de Cyrille. J'ai cherché inutilement un évêque de Lacédémone de cette époque; je n'ai trouvé qu'un évêque d'Athènes. Au reste, j'ai peint Cyrille d'après plusieurs grands évêques de ce temps-là; et, dans toute son histoire, dans les cicatrices de son martyre, dans la force qu'on fut obligé d'employer pour l'élever à l'épiscopat, tout est vrai, hors son nom.

On se prosternait devant les évêques, et on leur donnait les noms sacrés que la famille de Lasthénès donne à Cyrille.

XXXIXe.

Page 29. Il m'a promis de me raconter son histoire.

De là le récit. La promesse qu'Eudore a faite à Cyrille est censée avoir précédé le commencement de l'action. L'empressement de Cyrille à connaître l'histoire d'Eudore est pleinement justifié, et par le caractère de l'évêque, et par celui du pénitent, et par les mœurs des chrétiens.

XLe.

Page 29. Eudore lut pendant une partie du repas, etc.

« Les chrétiens faisaient lire l'Écriture sainte, et chantaient des cantiques spirituels et « des airs graves, au lieu des chansons profanes et des bouffonneries dont les païens ac- « compagnaient leurs festins : car ils ne condamnaient ni la musique ni la joie, pourvu « qu'elle fût sainte. » (Fleury, *Mœurs des Chrétiens*.)

XLIe.

Page 30. Cymodocée tremblait.

Premier fil d'une trame qui va s'étendre par degrés.

XLIIe.

Page 30. Le repas fini, on alla s'asseoir à la porte du verger, sur un banc de pierre.

Cette coutume antique se retrouve dans la *Bible* et dans Homère. Nestor s'assied à sa porte sur une pierre polie, et les juges d'Israël vont s'asseoir devant les portes de la ville. On aperçoit quelques traces de ces mœurs jusque chez nos aïeux, du temps de saint Louis, c'est-à-dire dans le siècle de la religion, de l'héroïsme et de la simplicité.

XLIIIe.

Page 30. L'Alphée roulait au bas du verger, sous une ombre champêtre, des flots que les palmes de Pise allaient bientôt couronner.

L'Alphée, qui coulait d'abord en Arcadie, parmi des vergers, passait en Élide au milieu des triomphateurs. Tout le reste de la description est appuyé par le témoignage de

Pausanias, d'Aristote et de Théophraste, pour les animaux et les arbres de l'Arcadie, et par ce que j'ai vu de mes propres yeux. On sait que Mercure fit une lyre de l'écaille d'une grande tortue qu'il trouva sur le mont Chélydoré. Quant à la manière dont les chèvres cueillent la gomme du ciste, Tournefort raconte la même chose des troupeaux de la Crète. (*Voyage au Levant*.)

XLIV°.

Page 30. La Puissance... dont les pas font tressaillir les montagnes comme l'agneau timide, ou le bélier bondissant. Il admirait cette sagesse, qui s'élève comme un cèdre sur le Liban, comme un platane aux bords des eaux.

« Montes, exultastis sicut arietes, et colles sicut agni ovium. (*Psalm.* cxiii, v. 6.)
« Quasi cedrus exaltata sum in Libano.
« Quasi platanus exaltata sum juxta aquam in plateis. »

XLV°.

Page 30. Il laissa un chantre divin auprès de Clytemnestre.
(*Odyss.*, liv. iv.)

XLVI°.

Page 31. Elle commença par l'éloge des Muses.

Pour tout le chant de Cymodocée, je ne puis que renvoyer le lecteur aux *Métamorphoses* d'Ovide, à l'*Iliade*, à l'*Odyssée*, et à la vie d'Homère par divers auteurs. J'ai admis le combat de lyre entre Homère et Hésiode, quoiqu'il soit prouvé que ces deux poëtes n'ont pas vécu dans le même temps. Il ne s'agit pas ici de vérités historiques.

XLVII°.

Page 32. Les Parques même, vêtues de blanc.

Démodocus arrange tout cela un peu à sa façon. C'est Platon, à la fin du x° livre de sa *République*, qui fait cette histoire des Parques : elle n'est pas tout à fait telle qu'on la voit ici. Comment les ennemis des *Martyrs* n'ont-ils pas vu cette erreur? Quel beau sujet pour eux de triomphe et de pédanterie!

XLVIII°.

Page 32. La colombe qui portait dans les forêts de la Crète l'ambroisie à Jupiter.

Jupiter enfant fut nourri sur le mont Ida par une colombe qui lui apportait l'ambroisie.

XLIX°.

Page 33. Chantez-nous ces fragments des livres saints que nos frères les Apollinaires, etc.

Anachronisme. Les Apollinaires vivaient sous Julien, et ce fut pendant la persécution suscitée par cet empereur qu'ils mirent en vers une partie des livres saints.

L°.

Page 33. Il chanta la naissance du chaos.
Pour le chant d'Eudore, voyez toute la *Bible*.

LI°.

Page 35. Ils crurent que les Muses et les Sirènes, etc.

Les Sirènes, filles du fleuve Achéloüs et de Calliope, défièrent les Muses à un combat de chant. Elles furent vaincues : les Muses les dépouillèrent de leurs ailes et s'en firent des couronnes. On plaça en divers lieux la scène de ce combat.

LIIe.

Page 35. Mais à peine avait-il fermé les yeux qu'il eut un songe.

Ce songe est le premier présage du dénoûment. Je prie encore une fois les amis de l'art de faire attention à la composition des *Martyrs* : il y a peut-être dans cet ouvrage un travail caché qui n'est pas tout à fait indigne d'être connu.

SUR LE TROISIÈME LIVRE.

Voici le livre le plus critiqué des *Martyrs*. J'ose dire pourtant que si j'ai jamais écrit dans ma vie quelques pages dignes de l'attention du public, elles se trouvent dans ce même livre. Si l'on songe combien les deux premiers sont différents du troisième, et combien le quatrième diffère lui-même des trois premiers, peut-être jugera-t-on que j'aurais mérité d'être traité avec moins d'indécence. La difficulté du sujet, qui varie sans cesse, n'a point été appréciée. Le tableau complet de l'empire romain, une grande action, des scènes dans un monde surnaturel, voilà le fardeau qu'il m'a fallu supporter, sans que le lecteur s'aperçût de la longueur et des dangers du chemin.

Au reste, on a vu comment j'ai remplacé les discours des Puissances divines dans ce troisième livre. Les notes suivantes prouveront que les chicanes qu'on m'a faites étaient peu fondées en savoir et en raison.

PREMIÈRE REMARQUE.

Page 36. Les dernières paroles de Cyrille montèrent au trône de l'Éternel. Le Tout-Puissant agréa le sacrifice.

Première transition de l'ouvrage. On a trouvé qu'elle liait naturellement la fin du second livre au commencement du troisième, et pourtant elle amène une scène nouvelle et produit un livre tout entier.

IIe.

Page 36 ...flotte cette immense Cité de Dieu, dont la langue d'un mortel ne saurait raconter les merveilles.

« Raptus est in paradisum; et audivit arcana verba, quæ non licet homini loqui. » (*Épist.* II^a *ad Corinth.* cap. XII, v. 3.)

« Gloriosa dicta sunt de te, civitas Dei. » (*Ps.* LXXXVI, v. 3.)

IIIe.

Page 36. L'Éternel en posa lui-même les douze fondements, et l'environna de cette muraille de jaspe que le disciple bien-aimé vit mesurer par l'ange avec une toise d'or.

Il est assez singulier qu'on ait pu croire, ou plutôt qu'on ait feint de croire que j'étais l'inventeur de toutes les *pierreries* que l'on voit dans le troisième livre.

Un auteur ne peut employer que les matériaux fournis par son sujet. S'il avait à parler de l'Élysée des anciens, il ne pourrait y mettre que le Léthé, des bois de myrtes, une porte d'ivoire et une porte de corne; s'il décrit un ciel chrétien, il est encore plus strictement obligé de suivre les traditions de l'Écriture. Alors il ne rencontre que des images empruntées de l'or, du verre, des diamants, et de toutes les pierres précieuses : tout ce qu'on doit exiger de lui, c'est qu'il *fasse un choix*. Que l'on ouvre donc les *Prophètes*, l'*Apocalypse*, les *Pères*, et l'on verra ce que j'ai écarté, et les écueils sans nombre que j'ai évités. Jamais je n'ai fait un travail plus pénible et plus ingrat. Au reste, le Tasse et Milton ont rempli comme moi leur ciel de perles et de diamants. Ce sont, si j'ose m'exprimer ainsi, des *richesses* inévitables pour quiconque est obligé de peindre un ciel chrétien. Je vais rassembler ici sous un seul point de vue les autorités, et le lecteur jugera de bonne foi de la loyauté et des connaissances de mes ennemis.

« Et habebat (civitas Dei) murum magnum et altum, habentem portas duodecim...

« Et murus civitatis habens fundamenta duodecim... Et qui loquebatur mecum habebat « mensuram arundineam auream ut metiretur civitatem.

« Et erat structura muri ejus ex lapide jaspide : ipsa vero civitas aurum mundum, si-« mile vitro mundo.

« Et fundamenta muri civitatis omni lapide pretioso ornata. Fundamentum primum, « jaspis; secundum, sapphirus; tertium, calcedonius; quartum, smaragdus.

« Quintum, sardonyx ; sextum, sardius; septimum, chrysolithus; octavum, beryllus ; « nonum, topazius; decimum, chrysoprasus; undecimum, hyacinthus; duodecimum, « amethystus.

« Et duodecim portæ : duodecim margaritæ sunt per singulas... et platea civitatis au-« rum mundum, tanquam vitrum perlucidum. » (*Apocal.*, cap. xxi, v. 12, 14, 18, 18-21.)

« Et similitudo super capita animalium, firmamenti, quasi aspectus crystalli...

« Et super firmamentum... quasi aspectus lapidis sapphiri similitudo throni. » (Ézech., cap. i, v. 22, 26.)

Voyons maintenant les poëtes :

   Weighs his spread wings (Satan), at leisure to behold.
   Far off th'empyreal heav'n, extended wide
   In circuit, indetermin'd square or round
   With opal tow'rs, and battlements adorn'd
   Of living saphir, once his native seat;
   And fast by hanging in a golden chain
   This pendent world, in bigness as a star.
   Of smallest magnitude close by the moon.
      (MILTON, *Parad. lost*, book ii, 1046.)

   Now in loose garlands thick thrown off, the bright
   Pavement, that like a sea of jasper shone,
   Impurpled with celestial roses smil'd.
      (Book iii, 362.)

     Far distant he descries
   Ascending by degrees magnificent
   Up to the wall of heav'n a structure high ;
   At top whereof, but far more rich appear'd
   The work as of a kingly palace gate,
   With frontispiece of diamond and gold
   Embellish'd ; thick with sparkling orient gems
   The portal shone, inimitable on earth
   By model, or by shading pencil drawn.
      (Book iii, 501.)

Nous verrons le Tasse, dans une note plus bas, donner à Michel une armure de diamant.

Que deviennent donc les bonnes plaisanteries sur la richesse de mon ciel, et la pauvreté que prêche mon Dieu ? N'ai-je pas été beaucoup plus avare de magnificences que l'Écriture et les poètes qui ont décrit avant moi le séjour des justes? Il est probable, après tout, que ce n'est pas de moi dont on voulait rire ici : cela supposerait dans les critiques une trop profonde ignorance. Je les tiens pour habiles; l'impiété leur restera.

IVe.

Page 36. Revêtue de la gloire du Très-Haut, l'invisible Jérusalem est parée comme une épouse pour son époux.

« Veni, et ostendam tibi sponsatam uxorem Agni.

« Ostendit mihi civitatem sanctam Jerusalem, descendentem de cœlo a Deo. » (*Apocal.*, cap. xxi, v. 9, 10.)

V^e.

Page 36. Cette architecture est vivante.

Milton dit aussi *living saphir*.

La Cité de Dieu est l'épouse mystique : elle descend du ciel, etc. Toutes ces pierres précieuses sont prises, et doivent être prises dans un sens allégorique. « Ces diverses beautés, « dit Sacy, représentent les dons divers que Dieu a mis dans ses élus, et les divers degrés « de la gloire des saints. Plusieurs interprètes appliquent les propriétés de chacune de « ces pierres aux vertus de chaque apôtre. » (*Apocal.*, cap. xxi.)

VIe

Page 36. Un fleuve découle du trône du Tout-Puissant.

On lisait dans les premières éditions *quatre fleuves*. J'avais voulu rappeler le paradis terrestre. Je suis revenu à une image plus fidèle à la lettre de l'Écriture.

« Et ostendit mihi fluvium aquæ vitæ, splendidum tanquam crystallum, procedentem « de sede Dei et Agni. » (*Apocal.*, cap. xxii, v. 1.)

VIIe.

Page 37. Et font croître, avec la vigne immortelle, le lis semblable à l'épouse, et les fleurs qui parfument la couche de l'époux.

« Je suis la vraie vigne. » (*Évang.*)

« Botrus Cypri dilectus meus mihi, in vineis Engaddi. » (*Cant.*, cap. i, v. 14.)

« Sicut lilium inter spinas, sic amica mea inter filias. » (*Cant.*, cap. ii, v. 2.)

« Lectulus noster floridus. » (*Cant.*, cap. i, v. 16.)

VIIIe.

Page 37. L'arbre de vie s'élève sur la colline de l'encens.

« In medio plateæ ejus, et ex utraque parte fluminis lignum vitæ afferens fructus. » (*Apocal.*, cap. xxii, v. 2.)

La colline de l'encens.

« Ad montem myrrhæ, et ad collem thuris. » (*Cant.*, cap. iv, v. 6.)

J'espère qu'on ne me reprochera plus des descriptions où il n'y a pas un mot sans une autorité : et pourtant il m'a fallu trouver, dans ces passages si courts de l'Écriture, le germe de ma composition et les couleurs de mes tableaux. C'est ce qu'une critique éclairée aurait remarqué, sans s'arrêter à me chicaner sur un fonds *qui n'est pas à moi*.

J'ai été bien mal attaqué : ce n'était pas comme cela que m'ont combattu les censeurs du *Génie du Christianisme*. Au moins étaient-ce des littérateurs éclairés, qui savaient distinguer l'œuvre de la matière de l'œuvre.

IXe.

Page 37. Les deux grands ancêtres du genre humain.

Ceci est de moi, et on l'a trouvé bon.

Xᵉ.

Page 37. La lumière qui éclaire ces retraites fortunées.

Ce passage sur la lumière du ciel a été généralement approuvé. J'avais deux comparaisons à craindre : l'une, avec les vers de Virgile sur les astres des Champs-Élysées; l'autre, avec le beau morceau de *Télémaque* sur la lumière qui nourrit les ombres heureuses. Il fallait ne point ressembler à ces deux modèles, et trouver quelque chose de nouveau dans un sujet épuisé. Au reste, je ne m'écarte point des autorités sacrées : on va le voir.

XIᵉ.

Page 37. Aucun astre ne paraît sur l'horizon resplendissant.

« Et civitas non eget sole, neque luna, ut luceant in ea; nam claritas Dei illuminavit « eam. » (*Apocal.*, cap. xxi, v. 23.)

XIIᵉ.

Page 37. C'est dans les parvis de la cité sainte.

Ici commence le morceau sur les fonctions des anges et le bonheur des élus, que plusieurs critiques regardent comme ce que j'ai écrit de moins faible jusqu'ici.

Quant aux fonctions des anges, je n'ai plus rien à ajouter à l'explication que j'ai donnée de cette admirable doctrine. Observons seulement que sur l'office des anges auprès des plantes, des moissons, des arbres, etc., on a l'opinion formelle d'Origène. (*Cont. Cels.*, lib. viii, pag. 398-9.) Quant au bonheur des élus, mon imagination était plus à l'aise, et j'ai pu, sans blesser la religion, me livrer davantage à mes propres idées : encore va-t-on voir que je me tiens dans les justes bornes des autorités.

XIIIᵉ.

Page 37. Nés du souffle de Dieu, à différentes époques.

Plusieurs Pères ont cru que les anges n'ont pas tous été créés à la fois, et j'ai suivi cette opinion : elle est conforme à la puissance de Dieu, toujours en action. Selon saint Jean Damascène, il y a plusieurs sentiments sur le temps de la création des anges. (*De Fide*, lib. ii, cap. iii.) Saint Grégoire de Nysse croit que les anges se sont multipliés ou ont été multipliés par Dieu. (*De Hominis opificio*, pag. 90, 91, t. i.)

XIVᵉ.

Page 38. Le souverain bien des élus.

Je me suis demandé quel serait le suprême bonheur, s'il était en notre puissance. Il m'a semblé qu'il se trouverait dans la vertu, l'héroïsme, le génie, l'amitié noble et l'amour chaste, tout cela uni et prolongé sans fin. Je puis me tromper, mais mon erreur est pardonnable. Au reste, saint Augustin appuiera ce que je dis ici sur l'amitié, et sur l'éternité du bonheur :

« In æterna felicitate, quidquid amabitur, aderit; nec desiderabitur, quod non aderit :
« omne quod ibi erit, bonum erit; et summus Deus summum bonum erit : atque ad
« fruendum amantibus præsto erit; et quod est omnino beatissimum, ita semper fore, cer-
« tum erit. » (*Trinit.*, cap. vii.)

XVᵉ.

Page 38. Tantôt les prédestinés, pour mieux glorifier le Roi des rois, parcourent son merveilleux ouvrage.

Toute l'Écriture dit que les justes contempleront les ouvrages de Dieu, et l'abbé Poulle, suivant comme moi cette idée, s'écrie :

« Ils ne seront plus cachés pour nous, ces êtres innombrables qui échappent à nos

« connaissances par leur éloignement ou par leur petitesse; les différentes parties qui
« composent le vaste ensemble de l'univers, leur structure, leurs rapports, leur harmo-
« nie : ils ne seront plus des énigmes pour nous, ces jeux surprenants, ces secrets pro-
« fonds de la nature, ces ressorts admirables que la Providence emploie pour la conser-
« vation et la propagation de tous les êtres. » (*Sermon sur le Ciel.*)

Milton, qui a peint les demeures divines au moment de la création du monde, n'a pu représenter le bonheur des saints. Voici le tableau du ciel dans *la Jérusalem*; on peut comparer et juger :

> Gli occhi frattanto alla battaglia rea
> Dal suo gran seggio il Re del ciel volgea.
>
> Sedea colà dond' egli e buono e giusto
> Dà legge al tutto, e 'l tutto orna e produce;
> Sovra i bassi confin del mondo angusto
> Ove senso o ragion non si conduce :
> E dell' eternità nel trono augusto
> Risplendea con tre lumi in una luce.
> Ha sotto i piedi il Fato e la Natura,
> Ministri umili; e 'l moto, e chi 'l misura;
>
> È 'l loco; è quella che, qual fumo o polve,
> La gloria di quaggiuso e l'ore e i regni,
> Come piace lassù, disperde e volve,
> Nè, Diva, cura i nostri umani sdegni.
> Quivi ei così nel suo splendor s'involve,
> Che v' abbaglian la vista anco i più degni;
> D' intorno ha innumerabili immortali,
> Disegualmente in lor letizia eguali.
>
> Al gran concento de' beati carmi
> Lieta risuona la celeste reggia.
> Chiama egli a se Michele, il qual nell' armi
> Di lucido diamante arde e lampeggia :
> Et dice lui : non vedi or come s' armi.
> Contra la mia fedel diletta greggia
> L'empia schiera d'Averno, e insin dal fondo
> Delle sue morti a turbar sorga il mondo?
>
> Va; dille tu, che lasci omai le cure
> Della guerra ai guerrier cui ciò conviene :
> Nè il regno de' viventi, nè le pure
> Piagge del ciel conturbi ed avvelene :
> Torni alle notti d' Acheronte oscure,
> Suo degno albergo, alle sue giuste pene;
> Quivi sè stessa, e l' anime d'Abisso
> Crucii. Così comando, e così ho fisso.
>
> (*Gerus. lib.*, canto IX, stanz. 55.)

Si j'avais écrit quelque chose d'aussi sec, si j'avais fait parler Dieu si froidement, si longuement, si peu noblement pour si peu de chose, comme j'aurais été traité! Qu'on lise encore le *Paradis* du Dante. J'ose dire qu'on a prononcé sur le troisième livre des *Martyrs* sans la moindre connaissance de cause et sans la moindre justice. Mais qu'importe? le parti était pris; et s'il eût été nécessaire, on m'aurait mis au-dessous de Chapelain et du père Lemoine.

XVIᵉ.

Page 39. Asaph, qui soupira les douleurs de David.

Asaph était le chef des musiciens qui devaient chanter devant l'arche les psaumes de David; il a composé lui-même plusieurs cantiques, et l'Écriture lui donne le nom de prophète. (Voyez dom CALMET.)

XVIIᵉ.

Page 39. Et les fils de Coré.

On ne sait si les fils de Coré descendaient de ce Coré qui périt dans sa rébellion contre Moïse, ou s'ils étaient les enfants de quelque lévite du même nom. Quoi qu'il en soit, on les trouve nommés à la tête de plusieurs psaumes, comme devant les chanter dans le tabernacle. Les divers instruments que je soumets à Asaph et aux fils de Coré semblent indiqués par quelques mots hébreux à la tête des psaumes.

XVIIIᵉ.

Page 39... les fêtes de l'ancienne et de la nouvelle loi sont célébrées tour à tour.

Saint Hilaire dit positivement que les anges célèbrent dans le ciel différentes solennités. (*in Ps.*, pag. 281.) Théodoret assure que les anges remplissent des fonctions dans les saints mystères. (*de Hæres.*, lib. v, num. 7.) Milton a suivi comme moi cette opinion.

XIXᵉ.

Page 40. Marie est assise sur un trône de candeur.

Cette description est fondée sur une histoire et sur une doctrine dont tout le monde connaît les autorités.

XXᵉ.

Page 40. Des tabernacles de Marie on passe au sanctuaire du Sauveur des hommes.

Ici se trouvaient les cent degrés de rubis qui ont fait faire des plaisanteries d'un si bon goût à des esprits délicats. On a vu, dans la note IIIᵉ, que Milton a placé aussi un grand escalier de diamants à la porte du ciel : c'est de là que Satan jette un premier regard sur la création nouvelle. On convient que c'est un des plus beaux morceaux de son poëme. Ainsi les *Prières boiteuses doivent être aussi bien fatiguées*, quand elles entrent dans le *Paradis* de Milton. Il est triste de voir la critique descendre si bas. Au reste, j'ai coupé court à ces ignobles bouffonneries, en retranchant deux lignes qui ne faisaient pas beauté.

XXIᵉ.

Page 40. Il est assis à une table mystique : vingt-quatre vieillards, etc.

Personne n'ignore que cette table et ces vieillards se trouvent dans l'*Apocalypse*. Veut-on avoir une idée juste du choix que j'ai fait des matériaux? qu'on lise le même passage dans saint Jean. On y verra des cheveux de laine blanche, une mer de verre très-clair, des animaux étrangers, etc. Une critique impartiale m'eût loué de ce que j'ai omis, en observant que je n'ai pas employé un seul trait qui ne soit approuvé par le goût. Franchement, je suis humilié d'avoir si souvent et si pleinement raison.

XXIIᵉ.

Page 40. Près de lui est son char vivant.

« Totum corpus oculis plenum in circuitu ipsarum (rotarum) quatuor... spiritus vitæ « erat in rotis. (*Ezech.*, cap. I, v. 18, 20.) Species autem rotarum erat quasi visio lapidis « chrysolithi. » (Cap. x.)

Milton a décrit le char du Messie d'après cette autorité.

XXIIIe.

Page 40. Les élus tombent comme morts devant sa face.

« Cecidi ad pedes ejus tanquam mortuus. Et posuit dexteram suam super me, dicens : « Noli timere : ego sum Primus et Novissimus. » (*Apocal.*, cap. I, v. 17.)

XXIVe.

Page 40. Là sont cachées les sources des vérités incompréhensibles.

Je ne pouvais me dispenser de dire un mot de ces hautes vérités métaphysiques qui distinguent les dogmes chrétiens des mystères ridicules du paganisme, et qui donnent à notre ciel cet air de grandeur et de raison si convenable à la dignité de l'homme. Cela a été senti par tous les poëtes qui m'ont précédé; c'est pourquoi ils ont omis, très-mal à propos, l'espace, la durée, etc., aux pieds de Dieu. Je ne sais si j'ai mieux réussi.

XXVe.

Page 41. Le Père tient un compas à la main, etc.

Je suis ici les idées des peintres et des poëtes. On a beaucoup loué Milton d'avoir imaginé le compas d'or avec lequel Dieu trace la création dans le néant. Il me semble que l'idée primitive appartient à Raphaël. Milton l'aura prise au Vatican. On sait qu'il voyagea en Italie, et qu'il pensa se faire une querelle sérieuse à Rome, en disputant sur la religion.

XXVIe.

Page 41. A la voix de son vénérable martyr, le Christ s'inclina devant l'arbitre des humains.

Ici commencent, dans les éditions précédentes, les discours des Puissances : c'est au lecteur à juger si j'ai fait un changement heureux. J'ai été obligé de conserver la substance de ces discours, puisque ces discours sont l'axe sur lequel tourne toute ma machine; ils n'auraient jamais dû être examinés que sous ce rapport; mais il semble qu'on n'entende plus rien à la composition d'un ouvrage.

XXVIIe.

Page 42. Le moment est arrivé où les peuples soumis aux lois du Messie, etc.

Exposition du sujet, cause de la persécution.

XXVIIIe.

Page 42. Les justes connaissent ensuite l'holocauste demandé et les conditions qui le rendent agréable au Très-Haut.

Choix du héros, et motif de ce choix.

XXIXe.

Page 42. En lui la religion va triompher du sang des héros païens et des sages de l'idolâtrie; en lui seront honorés par un martyre oublié de l'histoire ces pauvres ignorés du monde.

Ceci est ajouté, d'après la critique très-fondée d'un homme de talent, qui trouvait, avec raison, que je n'avais pas assez insisté sur cette idée. Par là mon personnage d'invention acquiert toute l'importance nécessaire à mon sujet.

XXXᵉ.

Page 42. Ame de tous les projets des fidèles, soutien du prince qui renversera les autels des faux dieux, etc.

Voilà tout le rôle d'Eudore tracé, et la victoire de Constantin formellement annoncée.

XXXIᵉ.

Page 43. Il faut encore que ce chrétien ait scandalisé l'Église.

Préparation aux erreurs du héros.

XXXIIᵉ.

Page 43. L'ange du Seigneur l'a conduit par la main, etc., etc.

Voilà le récit : la religion d'Eudore, ses voyages, Velléda, Paul ermite, etc. : voilà cent fois plus de motifs qu'il n'en faut pour autoriser le héros à raconter son histoire ; et voilà surtout ce qui lie essentiellement le récit à l'action.

XXXIIIᵉ.

Page 43. Cette victime sera dérobée au troupeau innocent des vierges, etc., etc.

Voilà pourquoi Cymodocée est païenne, pourquoi elle est fille d'Homère et prêtresse des Muses, etc. On doit remarquer ici un changement considérable. Cymodocée n'est point demandée par un décret irrévocable, et elle n'aura ni le mérite, ni l'éclat de la première victime. Ainsi, je pourrai montrer la fille d'Homère un peu faible, selon la nature, sans blesser les convenances de la religion, etc.

Je demande si un juge équitable et un homme sans passion peuvent trouver quelque chose de raisonnable à dire contre un morceau que fait naître et justifie tout l'ouvrage ? Une phrase nouvelle introduite ici sur les anges : « Il leur confie l'exercice de sa miséri-« corde, » prépare le lecteur au rôle que les messagers de Dieu joueront dans la suite.

XXXIVᵉ.

Page 44. Les palmes des confesseurs reverdissent dans leurs mains.

Ce mouvement du ciel a semblé plaire à des hommes de goût ; ils ont trouvé qu'il ranimait bien le tableau en finissant.

XXXVᵉ.

Page 44. Entre Félicité et Perpétue.

Fameuses martyres, qui furent exposées, dans l'amphithéâtre de Carthage, aux attaques d'une génisse furieuse. Perpétue n'est point ici placée au hasard ; elle reparaîtra au dénoûment, dans le vingt-quatrième livre.

XXXVIᵉ.

Page 44. Les chérubins roulent leurs ailes impétueuses.

« Et sonitus alarum cherubim audiebatur usque ad atrium exterius. » (Ezech., cap. x.)

XXXVIIᵉ.

Page 44. Qui présentent à sa bénédiction deux robes nouvellement blanchies.

Allusion à la catastrophe.

XXXVIIIᵉ.

Page 44. Gloire à Dieu, dans les hauteurs du ciel ! etc.

« Gloria in excelsis Deo ! et in terra pax hominibus bonæ voluntatis... Agnus Dei, qui

« tollis peccata mundi. » S'il est facile de donner un tour ridicule aux choses les plus graves, on voit qu'il est plus aisé encore de laisser aux choses nobles en elles-mêmes leur noblesse. Plusieurs personnes auront lu peut-être ce chant religieux, sans se douter qu'elles lisaient le *Gloria in excelsis*, tant il est vrai que l'expression fait tout ! Il y a dans le reste de l'hymne quelques imitations des Psaumes, surtout du LXXII⁰, mais tellement appropriées à mon sujet et mêlées à mes propres idées, que je puis les réclamer comme à moi. Le cantique est tourné de manière qu'il s'applique à la persécution prochaine et aux destinées du martyr. « O miracle de candeur et de modestie ! vous permettez à des victimes « sorties du néant de vous imiter, de se dévouer... Heureux celui à qui les iniquités sont « pardonnées, et qui trouve la gloire dans la pénitence ! etc. » Ainsi le sujet n'est jamais oublié.

SUR LE QUATRIÈME LIVRE

Le récit qui commence dans ce livre n'a presque point éprouvé de critiques. Je crois avoir prouvé que jamais récit, dans aucune épopée, ne se rattacha plus intimement à l'action.

PREMIÈRE REMARQUE.

Page 45. Eudore et Cymodocée... ignoraient qu'en ce moment les saints et les anges avaient les regards attachés sur eux.

Seconde transition de l'ouvrage : elle ramène la scène sur la terre.

II⁰.

Page 46. Ainsi les pasteurs de Chanaan.

« Tetendit ibi (Abram) tabernaculum suum, ab occidente habens Bethel... » (*Genèse*, XII, 8.)

III⁰.

Page 46. Aussitôt que le gazouillement des hirondelles, etc., etc.

    Hæc pater Æoliis properat dum Lemnius oris,
    Evandrum ex humili tecto lux suscitat alma,
    Et matutini volucrum sub culmine cantus.
    Consurgit senior, tunicaque inducitur artus...
    Necnon et gemini custodes limine ab alto
    Præcedunt, gressumque canes comitantur herilem.
                      (*Æneid.*, VIII, 454.)

Ce passage est imité ou plutôt traduit d'Homère. Je crois qu'on doit être détrompé à présent sur mes prétendues imitations *directes*. On peut voir comme je m'écarte encore ici de l'original.

    Οὐκ οἶος, ἅμα τῷγε δύω κύνες ἀργοὶ ἕποντο.
                      (*Odyss.*, II, 11.)

IVe.

Page 46. Tel l'Arcadien Évandre conduisit Anchise...

> Nam memini Hesionæ visentem regna sororis
> Laomedontiaden Priamum, Salamina petentem,
> Protinus Arcadiæ gelidos invisere fines...
>   Cunctis altior ibat
> Anchises. Mihi mens juvenali ardebat amore
> Compellare virum, et dextræ conjungere dextram :
> Accessi, et cupidus Phenei sub mœnia duxi.
>   (*Æneid.*, VIII, 157-165.)

V^e.

Page 46. Ou tel le même Évandre, exilé aux bords du Tibre, reçut l'illustre fils de son ancien hôte.

> Cum muros, arcemque procul ac rara domorum
> Tecta vident, quæ nunc Romana potentia cœlo
> Æquavit : tum res inopes Evandrus habebat...
>   (*Æneid.*, VIII, 98.)

> Ut te, fortissime Teucrum,
> Accipio agnoscoque libens ! ut verba parentis,
> Et vocem Anchisæ magni vultumque recordor !
>   (*Æneid.*, VIII, 154.)

VIe.

Page 46. Il attache à ses pieds des brodequins gaulois formés de la peau d'une chèvre sauvage ; il cache son cilice sous la tunique d'un chasseur ; il jette sur ses épaules et ramène sur sa poitrine la dépouille d'une biche blanche.

C'est encore ici Évandre et Télémaque ; mais tout est différent dans la peinture.

> Et Tyrrhena pedum circumdat vincula plantis ;
> Tum lateri atque humeris Tageæum subligat ensem,
> Demissa ab læva pantheræ terga retorquens.
>   (*Æneid.*, VIII, 458.)

> Ὤρνυτ' ἄρ' ἐξ εὐνῆφιν Ὀδυσσῆος φίλος υἱός,
> Εἵματα ἐσσάμενος· περὶ δὲ ξίφος ὀξὺ θέτ' ὤμῳ·
> Ποσσὶ δ' ὑπὸ λιπαροῖσιν ἐδήσατο καλὰ πέδιλα.
>   (*Odyss.*, II, 2.)

VIIe.

Page 46. Il suspend à sa main droite une de ces couronnes de grains de corail dont les vierges martyres ornaient leurs cheveux en allant à la mort.

La plupart des Grecs portent encore aujourd'hui un chapelet à la main. Il était assez difficile d'exprimer un chapelet dans le style noble ; je ne sais si j'ai réussi. L'origine des chapelets, comme on voit, est touchante : c'était, ainsi que je le dis dans le texte, une espèce de couronne que les chrétiennes portèrent en allant au martyre. On en fit dans la suite un ornement pour les images de la Vierge, ou un *ex-voto* sur lequel on prononça des prières. De là le nom que le chapelet porte encore en italien, *corona* : le latin le rend par *Beatæ Virginis corona*. Au reste, l'usage des chapelets est bien postérieur au quatrième siècle ; mais il m'était très-permis d'en placer ici l'origine.

VIIIe.

Page 47. Comme un soldat chrétien de la légion thébaine.

La légion thébaine, qui était toute composée de chrétiens, fut mise à mort par Maximin, près d'Agaune, dans les Alpes. Il en sera question ailleurs.

IXe.

Page 47. Eudore, dit-il, vous êtes l'objet de la curiosité de la Grèce chrétienne.

On voit toutes les précautions que je prends pour motiver et amener le récit, déjà pleinement motivé dans le ciel.

X^e.

Page 47. Sage vieillard, dont l'habit annonce un pasteur des hommes.

Je n'ose avouer ma faiblesse pour Démodocus. Si l'on a comparé sa douleur à celle de Priam, sa joie est-elle tout à fait dénuée de cette simplicité antique qui a tant de charmes dans Homère? et ce qu'il dit ici, par exemple, passerait-il dans la bouche de Nestor pour un bavardage insipide?

XIe.

Page 47. Contemple avec un charme secret son gouvernail.

Les anciens, dont les vaisseaux n'étaient guère que de grandes barques, restaient dans le port pendant l'hiver, et emportaient dans leurs maisons le gouvernail et les rames de leurs galères.

> Ὅπλα δ' ἐπάρμενα πάντα τεῷ ἐνικάτθεο οἴκῳ,
> Εὐκόσμως στολίσας νηὸς πτερὰ ποντοπόροιο·
> Πηδάλιον δ' εὐεργὲς ὑπὲρ καπνοῦ κρεμάσασθαι.
> (Hésiod., *Opera et dies*, v. 625.)

> Invitat genialis hiems, curasque resolvit :
> Ceu, pressæ cum jam portum tetigere carinæ,
> Puppibus et læti nautæ imposuere coronas.
> (*Georg.*, I, v. 302.)

XIIe.

Page 47. De ces vieux arbres que les peuples de l'Arcadie regardaient comme leurs aïeux.

Les Arcadiens prétendaient qu'ils étaient enfants de la Terre, ou nés des chênes de leur pays.

XIIIe.

Page 47. C'était là qu'Alcimédon coupait autrefois le bois de hêtre, etc.

> Pocula ponam
> Fagina, cœlatum divini opus Alcimedontis;
> Lenta quibus torno facili superaddita vitis,
> Diffusos hedera vestit pallente corymbos.
> (Virg., *Bucol.*, III, 35.)

XIVe.

Page 47. C'était là qu'on montrait aussi la fontaine Aréthuse, et le laurier qui retenait Daphné sous son écorce.

Tout le monde connaît l'histoire d'Aréthuse et d'Alphée, et les beaux vers de la *Henriade* :

Belle Aréthuse, ainsi, etc.

L'histoire de Daphné n'est pas moins connue; mais cette histoire, dont on place la scène sur les bords du Pénée, est racontée autrement par Pausanias, et placée en Arcadie. (Voyez Pausanias, VIII, 20; et Barthélemy, *Voyage d'Anacharsis*, chap. LII.)

XVe.

Page 47. Une longue nacelle, formée du seul tronc d'un pin.

Ces espèces de pirogues sont encore en usage sur les côtes de la Grèce : on les appelle d'un nom qui exprime leur espèce, *monoxylon*.

XVIe.

Page 48. Arcadiens ! qu'est devenu le temps où les Atrides étaient obligés de vous prêter des vaisseaux pour aller à Troie, et où vous preniez la rame d'Ulysse pour le van de la blonde Cérès.

Homère, en faisant le dénombrement de l'armée des Grecs, dit qu'Agamemnon avait fourni des vaisseaux aux Arcadiens pour les transporter à Troie, parce que ce peuple ignorait l'art de la navigation. (*Iliade* II.) Ulysse, de retour dans sa patrie, raconte à Pénélope que ses travaux ne sont point encore finis; que, l'aviron à la main, il doit parcourir la terre jusqu'à ce qu'il arrive chez un peuple auquel la mer soit inconnue. Ce peuple, en voyant la rame qu'Ulysse portera sur son épaule, doit s'écrier : *Voilà le van de Cérès!* Ulysse terminera ses courses dans cet endroit, plantera son aviron en terre, et fera un sacrifice à Neptune. (*Odyss.*, XXIII.)

Cette histoire du van de Cérès a exercé tous les commentateurs. Quel lieu de la terre Homère a-t-il voulu indiquer par cette circonstance? j'ai osé le fixer en Arcadie, et voici pourquoi :

Homère a déjà dit, comme on l'a vu, que les Arcadiens étaient si étrangers à la marine, qu'Agamemnon fut obligé de leur prêter des vaisseaux. On lit ensuite dans Pausanias ce passage remarquable : « Sur la cime du mont Borée (en Arcadie), on aperçoit quelques « restes d'un vieux temple qu'Ulysse bâtit à Minerve et à Neptune, lorsqu'il fut enfin re- « venu de Troie. » (Pausanias, VIII, 44.) Que l'on rapproche ce passage de ceux de l'*Iliade* et de l'*Odyssée* cités plus haut, et l'on trouvera peut-être ma conjecture assez probable; du moins elle pourra servir à expliquer un point d'antiquité très-curieux, jusqu'à ce qu'on ait rencontré plus juste.

XVIIe.

Page 48. Je descends, par ma mère, de cette pieuse femme de Mégare qui enterra les os de Phocion sous son foyer.

« Ses ennemis (de Phocion) firent ordonner par le peuple que le corps de Phocion serait « exilé et porté hors du territoire de l'Attique, et qu'aucun des Athéniens ne donnerait « du feu pour honorer d'un bûcher ses funérailles : c'est pourquoi aucun de ses amis « n'osa seulement toucher à son corps. Mais un certain Cnopion, accoutumé à gagner sa « vie à ces sortes de fonctions funèbres, prit le corps pour quelques pièces d'argent qu'on « lui donna, le porta au delà des terres d'Éleusine; et, ayant pris du feu sur celles de « Mégare, il lui dressa un bûcher et le brûla. Une dame de Mégare, qui assista par ha- « sard à ces funérailles, avec ses servantes, lui éleva dans le même endroit un tombeau « vide, sur lequel elle fit les effusions accoutumées ; et mettant dans sa robe les os qu'elle « recueillit avec grand soin, elle les porta la nuit dans sa maison, et les enterra sous son « foyer, en lui adressant ces paroles : *Mon cher foyer, je te confie et je mets en dépôt dans « ton sein ces précieux restes d'un homme de bien conserve-les fidèlement, pour les rendre « un jour au tombeau de ses ancêtres, quand les Athéniens seront devenus plus sages.* » (Plut., *Vie de Phocion.*)

XVIIIe.

Page 48. Notre patrie expirante, pour ne point démentir son ingratitude, fit boire le poison au dernier de ses grands hommes. Le jeune Polybe, au milieu d'une pompe attendrissante, transporta de Messène à Mégalopolis la dépouille de Philopœmen.

« Quand l'exécuteur descendit dans le caveau, Philopœmen était couché sur son man-
« teau, sans dormir, et tout occupé de sa douleur et de sa tristesse. Dès qu'il vit de la
« lumière, et cet homme près de lui, tenant sa lampe d'une main et la coupe de poison
« de l'autre, il se releva avec peine, à cause de sa grande faiblesse, se mit en son séant,
« et, prenant la coupe, il demanda à l'exécuteur s'il n'avait rien entendu dire de ses
« cavaliers, et surtout de Lycortas. L'exécuteur lui dit qu'il avait ouï dire qu'ils s'étaient
« presque tous sauvés. Philopœmen le remercia d'un signe de tête; et le regardant avec
« douleur : *Tu me donnes là une bonne nouvelle,* lui dit-il; *nous ne sommes donc pas mal-
« heureux en tout.* Et sans dire une seule parole de plus, sans jeter le moindre soupir, il
« but le poison, et se recoucha sur son manteau... »

Les Arcadiens vengèrent la mort de Philopœmen, et transportèrent les cendres de ce grand homme à Mégalopolis.

« Après qu'on eut brûlé le corps de Philopœmen, qu'on eut ramassé ses cendres et
« qu'on les eut mises dans une urne, on se mit en marche pour Mégalopolis. Cette marche
« ne se fit point turbulemment, ni pêle-mêle, mais avec une belle ordonnance, et en
« mêlant à ce convoi funèbre une sorte de pompe triomphale. On voyait d'abord les gens
« de pied, la tête ceinte de couronnes, et tous fondant en larmes. Après cette infanterie
« suivaient les ennemis chargés de chaînes. Le fils du général, le jeune Polybe, marchait
« ensuite, portant dans ses mains l'urne qui renfermait les cendres, mais qui était si
« couverte de bandelettes et de couronnes, qu'elle ne paraissait presque point. Autour de
« Polybe marchaient les plus nobles et les plus considérables des Achéens. L'urne était
« suivie de toute la cavalerie, magnifiquement armée et montée superbement, qui fer-
« mait la marche, sans donner ni de grandes marques d'abattement pour un si grand
« deuil, ni de grands signes de joie pour une telle victoire. Tous les peuples des
« villes et des villages des environs venaient au-devant de ce convoi, *comme autrefois
« ils venaient au-devant de lui-même pour le recevoir et lui faire honneur, quand il
« revenait de ses expéditions couvert de gloire*; et après avoir salué et touché respec-
« tueusement son urne, ils la suivaient et l'accompagnaient. » (PLUTARQUE, *Vie de Philo-
« pœmen.*)

XIXe.

Page 48. Elle ressemble à cette statue de Thémistocle, dont les Athéniens de nos jours ont coupé la tête pour la remplacer par la tête d'un esclave.

Pausanias parle de quelques statues des grands hommes d'Athènes, qu'on avait mutilées de son temps, pour mettre sur leurs bustes la tête d'un athlète. C'est d'après cela que j'ai imaginé ma comparaison.

XXe.

Page 48. Le chef des Achéens ne reposa pas tranquille au fond de sa tombe.

« Plusieurs années après, dans les temps les plus calamiteux de la Grèce, lorsque Co-
« rinthe fut brûlée et détruite par le proconsul Mummius, un calomniateur romain fit
« tous ses efforts pour les faire abattre (les statues de Philopœmen), et le poursuivit lui-
« même criminellement, comme s'il eût été en vie, l'accusant d'avoir été l'ennemi des
« Romains, et de s'être montré toujours malintentionné pour eux dans toutes leurs af-
« faires. La chose fut portée au conseil devant Mummius. Le calomniateur étala tous
« les chefs d'accusation, et expliqua tous ses moyens; mais après que Polybe lui eut ré-
« pondu pour le réfuter, ni Mummius, ni ses lieutenants ne voulurent point ordonner ni
« souffrir que l'on détruisît les monuments de la gloire de ce grand homme; quoiqu'il

« eût opposé une digue aux prospérités de Flaminius et d'Acilius. » (PLUTARQUE, *Vie de Philopœmen*.)

XXI°.

Page 49. Ils exigèrent qu'à l'avenir le fils aîné de ma famille fût envoyé à Rome.
Voilà le fondement de tout le récit, et ce qui fait naître toutes les aventures d'Eudore.

XXII°.

Page 49. Tantôt dans un autre héritage que nous possédons au pied du Taygète, le long du golfe de Messénie.

Dans cette circonstance, en apparence frivole, on voit le soin que j'ai mis à garder la vraisemblance. Par là, la rencontre de Cymodocée et d'Eudore est justifiée : Eudore revenait de visiter ses champs de la Messénie lorsqu'il trouva la fille d'Homère. On verra plus bas qu'Eudore, en s'éloignant des côtes de la Grèce, contemplait de loin les arbres de l'héritage paternel ; ce qu'il n'aurait pu faire encore s'il n'eût possédé des biens au bord de la mer.

XXIII°.

Page 49. La religion tenant mon âme à l'ombre de ses ailes, l'empêchait, comme une fleur délicate, de s'épanouir trop tôt ; et, prolongeant l'ignorance de mes jeunes années, elle semblait ajouter de l'innocence à l'innocence même.

Un critique, d'ailleurs plein d'indulgence et de politesse, a cité cette phrase comme répréhensible. J'avoue que je n'ai jamais été plus étonné. J'ai consulté de bons juges, et des juges très-sévères : ils m'ont tous unanimement conseillé de laisser ce passage tel qu'il est.

XXIV°.

Page 49. Au port de Phères.

J'ai déjà parlé de Phères, à propos de l'arc d'Ulysse. Ce fut aussi à Phères que Télémaque reçut l'hospitalité chez Dioclès, lorsque le fils d'Ulysse alla demander des nouvelles de son père à Ménélas. (*Odyss.*, III.)

XXV°.

Page 49. L'île de Théganuse.

A la pointe de la Messénie, l'une des îles *OEnussæ*, qui forment aujourd'hui les groupes de *Sapienza* et de *Cabrera*, depuis Modon jusqu'à la pointe du golfe de Coron. J'ai touché à *Sapienza*. (Voyez D'ANVILLE.)

XXVI°.

Page 50. Vers l'embouchure du Simoïs, à l'abri du tombeau d'Achille.

La vue de ce tombeau m'a guéri de la fièvre, comme je l'ai raconté dans un extrait de mon voyage inséré au *Mercure*. On peu consulter sur ce tombeau le Voyage de M. Lechevalier. Voici de bien beaux vers ; aussi sont-ils du maître :

Ἀμφ' αὐτοῖσι δ' ἔπειτα μέγαν καὶ ἀμύμονα τύμβον
Χεύαμεν Ἀργείων ἱερὸς στρατὸς αἰχμητάων
Ἀκτῇ ἐπὶ προὐχούσῃ, ἐπὶ πλατεῖ Ἑλλησπόντῳ·
Ὥς κεν τηλεφανὴς ἐκ ποντόφιν ἀνδράσιν εἴη
Τοῖς οἳ νῦν γεγάασι, καὶ οἳ μετόπισθεν ἔσονται.
(*Odyss.*, liv. xxiv, v. 80.)

Il faut convenir que les pyramides des rois égyptiens sont bien peu de chose, comparées à la gloire de cette tombe de gazon chantée par Homère, et autour de laquelle courut Alexandre.

XXVIIᵉ.

Page 50. Mais le constant zéphir.

Zéphyr est pris ici, comme dans l'antiquité, pour le vent d'ouest. Ce vent règne au printemps sur la Méditerranée.

XXVIIIᵉ.

Page 50. Nous fûmes jetés tantôt sur les côtes de l'Éolide.

L'Éolide, aujourd'hui toute la côte qui s'étend depuis Smyrne jusqu'à Adramiti. J'ai traversé par terre ce beau pays, en me rendant de Smyrne à Constantinople. Le second volume du Voyage de M. de Choiseul, qui vient de paraître, ne laisse plus rien à désirer pour la description de ces lieux à jamais célèbres.

XXIXᵉ.

Page 50. Cette montagne... avait dû servir de statue à Alexandre ; cette autre montagne est l'Olympe, etc.'; jusqu'à l'alinéa.

On sait qu'un sculpteur proposa de faire du mont Athos une statue d'Alexandre. — Olympe, Tempé, Délos, Naxos, trop connus pour en parler. — Cécrops, Égyptien, premier législateur d'Athènes. —Platon donnait quelquefois des leçons à ses disciples sur le cap Sunium. — Démosthènes, pour s'accoutumer à parler devant le peuple, haranguait les vagues de la mer. — Phryné, se baignant un jour sur le rivage près d'Éleusis, les Athéniens la prirent pour Vénus.

XXXᵉ.

Page 50. Devant nous était Égine, etc.

On peut lire la lettre de Sulpitius à Cicéron (lib. IV, epist. v, *ad Familiares*), dont ce passage est une imitation.

XXXIᵉ.

Page 51. Babylone m'enseignait Corinthe.

Le même critique qui a blâmé la phrase rapportée sous la note XXII trouve celle-ci répréhensible. On m'a encore conseillé de ne la point changer. En effet, la hardiesse du tour est sauvée par ce qui précède : *Je m'étais assis avec le prophète, etc.* Je n'ai point cherché à imiter Bossuet ; je crois qu'on ne doit imiter ni ce grand écrivain, ni aucun auteur moderne. Il n'y a que les anciens qui soient modèles ; eux seuls doivent être constamment l'objet de nos études et de nos efforts. Au reste, il y avait une faute de mémoire ou d'impression dans la manière dont on avait cité ma phrase ; on lisait : *Corinthe m'enseignait Babylone*, ce qui est très-différent.

XXXIIᵉ.

Page 51. Nous vîmes tout à coup sortir une Théorie.

Grâce au *Voyage d'Anacharsis*, tout le monde sait aujourd'hui qu'une Théorie veut dire une procession ou une pompe religieuse.

XXXIIIᵉ.

Page 51. De nouvelles émotions m'attendaient à Brindes, etc. ; jusqu'au second alinéa, *page* 52.

Brindes, autrefois Brundusium, célèbre par la mort de Virgile. Horace y fit un voyage, ce qui n'est pas ce qu'il a fait de mieux. — La voie Appienne, chemin qui conduisait de Rome à la pointe de l'Italie ; on en voit encore des restes entre Naples et Rome. — Apulie, aujourd'hui la Pouille. — Anxur, aujourd'hui Terracine. — Le Forum et le Capitole sont bien connus. — Le quartier des Carènes.

Passimque armenta videbant
Romanoque Foro, et latis mugire Carinis.
(<i>Æneid.</i>, liv. VIII, v. 360.)

— Le théâtre de Germanicus, près du Tibre; on en voit encore les ruines. — Le môle Adrien, aujourd'hui le château Saint-Ange. — Le cirque de Néron, à la droite du Forum, lorsqu'on vient du Capitole. Le Panthéon d'Agrippa ; il existe encore : c'est le monument le plus élégant de Rome ancienne et de Rome moderne. Je l'admirais beaucoup plus avant d'avoir vu les ruines d'Athènes.

XXXIVe.

Page 52. Les grands bœufs du Clytumne traînaient au Forum l'antique chariot du Volsque.

On dit que ce Volsque avait sans doute acheté ces bœufs du Clytumne à la foire. Je le veux bien, et cela est très-possible.

XXXVe.

Page 52. J'ai vu la carte de la ville éternelle, tracée sur des rochers de marbre au Capitole.

Elle y est encore. Après avoir vu la ville entière, on sera peut-être bien aise d'en voir les ruines. On en trouvera la peinture dans ma lettre à M. de Fontanes. (Voyez cette lettre.)

XXXVIe.

Page 53. Le rhéteur Eumènes.

Un des savants hommes de cette époque. Il était d'Autun, quoiqu'il fût Grec d'origine. Il rétablit les écoles des Gaules. Il nous reste de lui un panégyrique prononcé devant Constantin. (Voyez *Panegyr. veter.*) Dans les premières éditions, je faisais étudier Eumènes sous un disciple de Quintilien, ce qui ne se pouvait pas dans l'ordre des temps. J'ai mis : « Sous le fils d'un disciple, » ce qui rentre dans la vraie chronologie.

XXXVIIe.

Page 53. Augustin, Jérôme et le prince Constantin.

J'ai déjà prévenu le lecteur, dans la préface, de l'anachronisme touchant saint Augustin et saint Jérôme. Au reste, tous les caractères qui sont peints ici, saint Jérôme, saint Augustin, Constantin, Dioclétien et Galérius, sont conformes à la vérité historique.

XXXVIIIe.

Page 54. Heureux s'il ne se laisse pas emporter à ces éclats de colère.

Allusion au meurtre de sa femme et de son fils.

XXXIXe.

Page 54. Cette conformité de position, encore plus que celle de l'âge, décida du penchant du jeune prince en ma faveur.

Commencement de l'amitié d'Eudore et de Constantin qui doit avoir une influence si grande sur l'action de l'ouvrage et sur les destinées de mon héros.

XLe.

Page 55. Armentarius.

Gardeur de troupeaux.

XLIe.

Page 56. Une fureur aveugle contre les chrétiens.

Toute la page qui suit est une préparation de l'action. *Cause de la haine de Galérius contre les chrétiens, projet d'usurper l'empire, etc.* On voit donc que le récit tient évidemment à l'action.

XLIIe.

Page 56. Dorothée, premier officier du palais, etc.

Ce personnage est historique; il était chrétien, et il subit le martyre avec plusieurs autres officiers du palais.

XLIIIe.

Page 57. Ceux-ci s'occupent sérieusement d'une ville à bâtir, etc.; jusqu'à l'alinéa.

Toutes les folies rassemblées ici ne sont point prêtées gratuitement aux faux sages. Ce fut Plotin, d'ailleurs très-honnête homme, qui voulut faire bâtir une ville par l'empereur Gallien; ce fut Porphyre qui chercha les secrets de la nature dans les mystères de l'Égypte. Les sectes qui voyaient tout dans la pensée ou dans la matière étaient les platoniciens et les épicuriens; ceux qui prêchaient la république dans le sein de la monarchie allèrent jusqu'à attaquer Trajan, qui fut obligé de les chasser de Rome; ceux qui, à l'imitation des fidèles, voulaient enseigner la morale au peuple, se signalèrent surtout pendant le règne de Julien. « Tout était plein de philosophes, dit Fleury (*Mœurs des Chrétiens*), qui « faisaient aussi profession de pratiquer la vertu et de l'enseigner. Il y en eut même plu- « sieurs dans ces premiers siècles de l'Église qui, peut-être à l'imitation des chrétiens, « coururent le monde, prétendant réformer le genre humain. » Tout est donc ici historique. Hélas! les folies humaines se sont plus d'une fois répétées, et souvent on croit lire l'histoire de ses propres maux dans l'histoire des hommes qui nous ont précédés.

XLIVe.

Page 58. Une offense que je reçus d'Hiéroclès.

Commencement de l'inimitié entre Eudore et Hiéroclès.

XLVe.

Page 58. Marcellin, évêque de Rome.

Marcellin était pape à cette époque; je ne lui donne point ce titre dans le texte, parce que les papes ne le portaient pas encore exclusivement. Marcellin occupa le trône pontifical pendant un peu plus de huit années. Les donatistes l'accusèrent d'avoir sacrifié aux idoles pendant la persécution. Saint Augustin l'a justifié dans son ouvrage contre Pétilien. Les actes du concile de Sinuesse sont apocryphes.

XLVIe.

Page 58. Au tombeau de saint Pierre et de saint Paul.

C'est-à-dire au Vatican, près de la basilique de Saint-Pierre.

XLVIIe.

Page 59. Là se rencontraient et Paphnuce de la haute Thébaïde, etc., etc.

Tous ces noms portent leur commentaire avec eux. Tous ces grands hommes, dont l'Église a mis plusieurs au rang des saints, vivaient à cette époque, et parurent au concile de Nicée. On peut remarquer en outre que ce qui manque dans le récit d'Eudore à la peinture de l'état du christianisme sur la terre se trouve ici. Eudore ne parle pas des Églises de la Perse et des Indes, où il n'a pas voyagé. Les Ibériens dont il est question dans ce passage ne sont pas les Espagnols : c'étaient des peuples placés entre le Pont-Euxin et la mer Caspienne. La position de l'Église, par rapport aux hérésies, est aussi indiquée dans ce tableau.

XLVIIIe.

Page 59. Et bénissait la ville et le monde.

Je place ici l'origine d'une cérémonie touchante encore pratiquée de nos jours : *Urbi et Orbi.*

XLIXe.

Page 59. Je redemandais secrètement les platanes de Fronton, le portique de Pompée, ou celui de Livie, etc.

Il y avait à Rome des jardins publics connus sous le nom de Fronton ; voyez JUVÉNAL. — Le portique de Pompée et celui de Livie sont célèbres dans l'*Art d'aimer* d'Ovide.

L^e.

Page 60. La porte sainte est fermée devant moi.

Tout le monde a remarqué cette scène d'où l'action entière va sortir.

LIe.

Page 60. A l'amphithéâtre de Vespasien.

Aujourd'hui le Colisée : voyez la peinture de ses ruines dans la lettre à M. de Fontanes, citée plus haut (note xxxve).

LIIe.

Page 61. Il faut que ce peuple, même au milieu de toutes ses misères, ait la main dans toutes les grandeurs.

Encore une phrase désapprouvée par le critique qui a désapprouvé les deux autres (notes xxiiie et xxxie). Quant à celle-ci, qui, par une grande fatalité, n'était point encore exactement citée dans le journal, je ne sais qu'en dire. J'ai vu les opinions partagées. Il me semble pourtant que les autorités prépondérantes sont en sa faveur. Dans tous les cas, si elle est douteuse, elle est la seule de cette espèce dans les *Martyrs*.

LIIIe.

Page 61. Les bêtes féroces... se mirent à rugir.

Présage qui m'a semblé propre à réveiller la crainte et la curiosité des lecteurs. Eudore s'en souviendra au xxive livre.

SUR LE CINQUIÈME LIVRE.

PREMIÈRE REMARQUE.

Page 62. Nous fréquentions surtout à Naples le palais d'Aglaé, etc. ; jusqu'à la fin du quatrième alinéa.

L'histoire d'Aglaé et de saint Boniface, martyrs, est peut-être la plus agréable de toutes les histoires de nos saints. J'en donne dans le texte un précis trop exact pour qu'il soit nécessaire d'y ajouter quelque chose dans la note ; il suffira de savoir que tout ce que dit Aglaé sur les cendres des martyrs, et tout ce que lui répond Boniface, est conforme à la vérité historique. On verra, dans le xvi⁰ livre, quelle fut la fin d'Aglaé, de saint Sébastien, de saint Pacôme, de saint Boniface, de saint Génès. Celui-ci a fourni à l'abbé Nadal le sujet d'une tragédie. (Voyez FLEURY, *Hist. ecclés.*, tom. II, in-4°, *Acta SS. Mart. Vies des Pères du Désert*, tom. 1er.)

Une partie essentielle de mon plan est d'offrir le tableau complet du christianisme à l'époque de la persécution de Dioclétien. J'ai eu soin de rappeler les noms de presque tous les martyrs et saints du quatrième siècle, et de les lier plus ou moins au sujet par un mot ou par un souvenir. Ces misères échappent à la plupart des lecteurs, mais elles coûtent à l'écrivain ; et, en dernier résultat, elles font pourtant qu'un ouvrage est plein et nourri de faits, ou qu'il est *dépourvu de sens et de lecture*. D'ailleurs, il est peut-être assez piquant de voir agir ces grands personnages dont on nous conta l'histoire dans notre enfance, et qui, de persécuteurs des chrétiens qu'ils étaient, sont devenus souvent des saints illustres.

II⁰.

Page 63. Chaque matin, aussitôt que l'aurore, etc.

Cette description de Naples a été faite sur les lieux, ainsi que celle de Rome. J'ai des preuves que les peuples de ce beau pays, si sensibles au charme de leur climat et aux grands souvenirs de leur patrie, ont reconnu la fidélité de mon tableau.

III⁰.

Page 64. Parthénope fut bâtie sur le tombeau d'une sirène.

Parthénope est Naples, comme chacun sait.

Tenet nunc Parthenope! Elle fut fondée par des Grecs. Voilà pourquoi Eudore dira plus bas que les danses des Napolitaines lui rappelaient les mœurs de la Grèce.

IV⁰.

Page 65. Des roses de Pœstum dans des vases de Nola.

Les roses, selon Virgile, fleurissaient deux fois à Pœstum. On connaît les beaux temples qui marquent encore l'emplacement de cette petite colonie grecque. Les vases antiques, appelés vases de Nola, sont dans les cabinets de tous les curieux. Nola était une ville près de Naples. Auguste y mourut.

V⁰.

Page 65. Se retirant vers le tombeau de la nourrice d'Énée.

> Tu quoque littoribus nostris, Æneia nutrix,
> Æternam moriens famam, Caieta, dedisti.
> (*Æneid.*, liv. VII, v. 1.)

Gaëte est à l'ouest, par rapport à Naples, et le soleil, en descendant sur l'horizon, passe derrière le Pausilippe. On sait que le Pausilippe est une longue et haute colline, sous laquelle on a percé le chemin qui mène à Pouzzoles. C'est à l'entrée de ce chemin souterrain que se trouve le tombeau de Virgile.

Pline fut englouti par les laves du Vésuve, sur le rivage de Pompéia. (Voyez PLINE LE JEUNE, *Epist.*) La Solfatare est une espèce de plaine ou de foyer de volcan, creusé au centre d'une montagne. Quand on y marche, la terre retentit sous vos pas ; le sol y est brûlant à une certaine profondeur, l'argent s'y couvre de soufre, etc. Tous les voyageurs en parlent.

Le lac Averne, le Styx, l'Achéron, lieux ainsi nommés aux environs de la mer et de

Baïes, et admirablement décrits dans le vie livre de *l'Énéide*. Tous ces lieux existaient aussi en Égypte et en Grèce.

VIe.

Page 65. Nous retrouvions les ruines de la maison de Cicéron, etc.; jusqu'à l'alinéa.

Cicéron avait une maison de campagne près de Baïes; on en montre encore les ruines. Pour le naufrage d'Agrippine, pour sa mort, pour le fameux *ventrem feri*, voyez Tacite (*Ann.* xiv, 5, 6, 7.) Quant à Caprée, tout le monde connaît le séjour qu'y fit Tibère, et la vie infâme qu'il y mena.

VIIe.

Page 66. Aux trois sœurs de l'Amour, filles de la Puissance et de la Beauté.

Les Grâces, sœurs de l'Amour, et filles de Vénus et de Jupiter. Eudore parle ici comme il le faisait dans le cours de ses erreurs.

VIIIe.

Page 66. Le front couronné d'ache toujours verte, et de roses qui durent si peu, etc.; jusqu'à la fin du troisième alinéa.

On reconnaîtra ici facilement Horace, Virgile, Tibulle, Ovide. Le lecteur a vu l'antiquité grecque dans les premiers livres, voici l'antiquité latine. On ne m'accusera pas de choisir ce qu'il y a de moins beau parmi les anciens, pour faire mieux valoir les beautés du christianisme.

IXe.

Page 66. Notre bonheur eût été d'être aimés aussi bien que d'aimer.

Cette pensée est de saint Augustin : elle est délicate et tendre, mais elle n'est pas sans affectation et sans recherche; et je l'ai trop louée dans le *Génie du Christianisme*. (Tom. iii, iiie partie, liv. iv, chap. ii.) Au reste, tout ce morceau est dans le ton de la morale chrétienne, prompte à nous détromper des illusions de la vie. Ce qu'il y a de remarquable, c'est que ce ton ne forme point un contraste violent avec ce qui précède, et que, si l'on n'en était averti, on ne s'apercevrait point qu'on est passé des poëtes élégiaques aux Pères de l'Église.

Xe.

Page 67. Un jour, errant aux environs de Baïes, nous nous trouvâmes auprès de Literne.

Literne, aujourd'hui Patria. Voyez encore ma lettre à M. de Fontanes, citée dans les notes du livre précédent.

XIe.

Page 67. Quand vous voyez l'Africain rendre une épouse à son époux.

Personne n'ignore cette histoire.

XIIe.

Page 68. Quand Cicéron vous peint ce grand homme.

Il nous reste un fragment de Cicéron, connu sous le titre de *Songe de Scipion*. Cicéron suppose que Scipion l'Émilien eut un songe, pendant lequel Scipion l'Africain l'enleva au ciel, et lui fit voir le bonheur destiné aux hommes de bien. (Voyez l'*Itin.*, tom. ii, pag. 283 et 232, édition de 1830.)

XIII°.

Page 68. Ma mère est chrétienne.

C'est sainte Monique.

XIV°.

Page 68. Un homme vêtu de la robe des philosophes d'Épictète.

Les premiers solitaires chrétiens étaient de véritables philosophes. Quelques anachorètes n'avaient pour toute règle que le Manuel d'Épictète.

XV°.

Page 68. J'étais assis dans ce monument.

Les tombeaux des anciens et surtout ceux des Romains étaient des espèces de tours. Plusieurs solitaires en Égypte habitaient des tombeaux.

XVI°.

Page 69. Je suis le solitaire chrétien du Vésuve.

On a remarqué dans cette histoire le morceau des Litanies; il offre au moins le mérite de la difficulté vaincue. On sait qu'il y a, de nos jours, un ermite établi sur le mont Vésuve : c'est une sentinelle avancée qui expose perpétuellement sa vie pour surveiller les éruptions du volcan. Je fais ainsi remonter le dévouement religieux jusqu'à Thraséas.

XVII°.

Page 69. Des pirates descendirent sur le rivage.

Fait historique.

XVIII°.

Page 70. Un édifice d'un caractère grave.

C'est une chose singulière que les plus anciennes églises, bâties avant la naissance de l'architecture gothique, ont un caractère de gravité et de grandeur que les monuments païens du même âge n'ont pas. J'ai fait souvent cette remarque à Rome, à Constantinople, à Jérusalem, où l'on voit des églises du siècle de Constantin, siècle qui au reste n'était pas celui du goût.

XIX°.

Page 71. Sa voix avait une harmonie...

Un critique, dans un extrait malheureusement trop court, et dont tout le monde a remarqué le ton excellent et les manières distinguées, a bien voulu m'appliquer ce passage. Je ne me flatte point de mériter un pareil éloge : je n'avois en vue, en écrivant ceci, que de peindre l'éloquence, le style et la personne même de Fénelon. En effet, on peut remarquer que cela s'applique de tous points à l'auteur du *Télémaque*.

XX°.

Page 71. Que Jérôme se préparait à visiter les Gaules, etc.

Saint Jérôme voyagea dans tous les pays, et se fixa ensuite dans la Judée, à Bethléem, où nous le retrouverons.

XXI°.

Page 72. Je ne sais... si nous nous reverrons jamais.

L'auteur a vu des personnes s'attendrir à la lecture de cette lettre. Le flattait-on! Était-ce une de ces politesses convenues par lesquelles on trompe un auteur? Il ne sait.

XXII°.

Page 72. Comme Eudore allait continuer son récit, etc.

Le récit étant très-long, je l'ai interrompu plusieurs fois pour délasser le lecteur; j'ai même osé le couper entièrement vers le milieu, par le livre de l'Enfer. Cette innovation dans l'art, la seule que je me sois permise, était apparemment nécessaire et très-naturelle, car personne ne l'a remarquée.

XXIII°.

Page 72. Des glands de phagus, etc.

Le phagus était une espèce de chêne ou de hêtre d'Arcadie : il portait le gland dont on prétend que les premiers hommes se nourrissaient. (Voyez Théophraste.)

XXIV°.

Page 73. Lorsqu'un fils d'Apollon.

C'était Ulysse qui pleurait en entendant le Démodocus d'Homère chanter les exploits des Grecs aux festins d'Alcinoüs. (*Odyss.* viii.)

XXV°.

Page 73. Maximien avait été obligé.

Faits historiques. Toutes les fois que j'ai pu rappeler au lecteur l'amour naissant de Cymodocée pour Eudore, l'ambition de Galérius, la haine de César pour Constantin et pour les fidèles, enfin le nom et les projets d'Hiéroclès, je me suis empressé de le faire; le sujet n'est jamais tout à fait hors de vue.

L'empereur Valérien, dont on parle ici, fut pris par les Parthes et écorché vif, les uns disent après sa mort.

XXVI°.

Page 74. J'entre hardiment dans la caverne.

Je comptais peu sur le succès de ce morceau, et cependant il a réussi. D'après l'histoire, il est très-probable que Prisca et Valérie étaient chrétiennes. Il faut remarquer que les Catacombes dont je donne la description sont celles qui prirent dans la suite le nom de Saint-Sébastien, parce que ce martyr y fut enterré; et Sébastien est ici présent au sacrifice. Le charmant tombeau de Cécilia Métella est en effet où je le place. Tout cela est exact et fait d'après la vue des lieux. M. Delille avait peint les Catacombes désertes; il ne me restait qu'à représenter les Catacombes habitées, pour ne pas engager une lutte trop inégale avec un grand poëte et de beaux vers.

XXVII°.

Page 75. C'est ce Grec sorti d'une race rebelle.

La rivalité d'Hiéroclès et d'Eudore, l'amitié d'Eudore et de Constantin, la haine de Galérius contre les chrétiens se développant, la faiblesse de Dioclétien s'accroît : le récit tient de toutes parts à l'action.

XXVIII°.

Page 76. Cependant telle est la force de l'habitude, et peut-être le charme attaché à des lieux célèbres.

J'ai éprouvé ce sentiment très-vif en quittant Rome. De tous les lieux de la terre que j'ai visités, c'est le seul où je voulusse retourner, et où je serais heureux de vivre.

XXIX°.

Page 77. La voie Cassia, qui me conduisait vers l'Étrurie, etc., etc.

Les détails de ce voyage sont vrais. Il n'y a, je crois, aucun voyageur qui ne reconnaisse Radigofamini à ces mots, *planté de roches aiguës*, à ce torrent qui se replie vingt-quatre fois sur lui-même, et déchire son lit en s'écoulant. Les monticules tapissés de bruyères sont la Toscane, etc.

XXX°.

Page 77. Sa fuite est si lente, que l'on ne saurait dire de quel côté coulent les flots.

« Flumen est Arar... incredibili lenitate, ita ut oculis, in utram partem fluat, judicari
« non possit. » (CÆS., *de Bell. Gall.*)

> Ubi Rhodanus ingens amne præråpido fluit,
> Ararque dubitans quo suos cursus agat
> Tacitus, quietus alluit ripas vanis.
> (SEN., *in Apocolocyntosi*.)

> Fulmineis Rhodanus qua se fugat incitus undis,
> Quaque pigro dubitat flumine mitis Arar :
> Lugdunum jacet, etc.
> (JUL. CÆS. SCALIGER.)

XXXI°.

Page 77. Dont la cité est la plus belle et la plus grande des trois Gaules.

Trèves. Les choses sont bien changées.

SUR LE SIXIÈME LIVRE.

PREMIÈRE REMARQUE.

Page 78. La France est une contrée sauvage.

La France d'autrefois, ou le pays des Francs, n'était point la France d'aujourd'hui : ce que nous nommons France à présent est proprement la Gaule des anciens. J'ai cité pour autorité, dans la préface, la *Carte de Peutinger*, et saint Jérôme dans la *Vie de saint Hilarion*. La *Table-carte* de *Peutinger* est une espèce de livre de poste des anciens, composé vraisemblablement dans le IV° siècle. Retrouvé par un ami de Peutinger, jurisconsulte d'Augsbourg, il fut publié à Venise, en 1501. Ce sont de longues bandes de papier sur lesquelles on a tracé les chemins de l'empire romain, avec les noms des pays, des villes, des mansions ou relais de poste ; le tout sans division, sans méridien, sans longitude et sans latitude. Le mot *Francia* se trouve écrit de l'autre côté du Rhin, à l'endroit que je désigne.

Voici les paroles de saint Jérôme : « Entre les Saxons et les Germains, on trouve une
« nation peu nombreuse, mais très-brave. Les historiens appellent le pays qu'habite

MALESHERBES.

« cette nation Germanie; mais on lui donne aujourd'hui le nom de France. » (*In Vit. S. Hilar.*)

« La nation des Celtes, dit Libanius, habite au-dessus du Rhin, le long de l'Océan. Ces « Barbares se nomment Francs, parce qu'ils supportent bien les fatigues de la guerre. » (*In Basil.*)

IIe.

Page 78. Les peuples qui habitent ce désert sont les plus féroces des Barbares.

« Les Francs, dit Nazaire, surpassent tous les peuples barbares en férocité. » Selon l'auteur anonyme d'un panégyrique prononcé devant Constantin, « il n'était pas aisé « de vaincre les Francs, peuple qui se nourrissait de la chair des bêtes féroces. »

IIIe.

Page 78. Ils regardent la paix comme la servitude la plus dure dont on puisse leur imposer le joug.

« La paix est pour les Francs une horrible calamité. » (Liban. *Orat. ad Constantin.*)

IVe.

Page 78. Les vents, la neige, les frimas, font leurs délices; ils bravent la mer, etc.

« Les Francs sont, au milieu de la mer et des tempêtes, aussi tranquilles que s'ils « étaient sur la terre : ils préfèrent les glaces du Nord à la douceur des plus agréables « climats. » (Liban., *loc. cit.*) Cette phrase qu'on lit dans le texte : *On dirait qu'ils ont vu le fond de l'Océan à découvert*, etc., est appuyée sur un passage de Sidoine Apollinaire. (Lib. viii, *Epist. ad Namm.*)

V^e.

Page 78. Ce fut sous le règne de Gordien le Pieux qu'elle se montra pour la première fois.

Depuis l'an 241 jusqu'en l'an 247. Voyez Flav. Vopisc., cap. vii.

VIe

Page 79. Les deux Décius périrent dans une expédition contre elle.

Voyez la préface, et *Chron. Paschal.*

VIIe.

Page 79. Probus... en prit le titre glorieux de Francique.

Vid. Flav. Vopisc., cap. xii, *in Vit. Prob.*

VIIIe.

Page 79. Elle a paru à la fois si noble et si redoutable, etc.

Fait très-curieux, rapporté dans un ouvrage de l'empereur Constantin Porphyrogénète. Il dit que Constantin le Grand fut l'auteur de la loi qui permettait aux empereurs romains de s'allier au sang des Francs. (*De Admin. imp.*)

IXe.

Page 79. Enfin ces terribles Francs venaient de s'emparer de l'île de Batavie.

Fait historique. (Voyez *Panég. prononcé devant Max. Herc. et Const. Chl.*, chap. iv.)

X^e.

Page 79. Nous entrâmes sur le sol marécageux des Bataves.

« Terra non est... Aquis subjacentibus innatat et suspensa late vacillat. » (Eum. *Paneg. Const. Cæs.*)

XIe.

Page 79. Les trompettes... venaient à sonner l'air de Diane.

La *Diane* est restée à nos armées. On sonnait de la trompe à tous les changements de garde, le jour et la nuit.

XIIe.

Page 79. Le centurion qui se promenait... en balançant son cep de vigne.

La marque du grade de centurion était un bâton de sarment de vigne qui lui servait à ranger ou à frapper quelques soldats. Le centurion commanda d'abord cent hommes, quand la légion était de trois mille hommes; il n'eut plus sous ses ordres que cinquante hommes, quand la légion fut portée à quatre mille hommes : il y avait deux compagnies chacune de soixante hommes dans chaque manipule. Le premier centurion de l'armée siégeait au conseil de guerre, et ne recevait d'ordre que du général ou des tribuns.

XIIIe.

Page 79. La sentinelle... tenait un doigt levé dans l'attitude du silence.

Montfaucon, dans les *Antiquités romaines*, explique ainsi la pose de quelques soldats.

XIVe.

Page 79. Le victimaire qui puisait l'eau du sacrifice.

Le victimaire préparait les couteaux, l'eau, les gâteaux du sacrifice; il était à demi nu, et portait une couronne de laurier. Il y avait, dans chaque camp romain, un autel auprès du tribunal de gazon où siégeait le général. Les tentes étaient de peau : de là l'expression *sub pellibus habitare*. Elles étaient disposées parallèlement, formant des rues régulières, et se croisant à angle droit. Les camps romains étaient de forme carrée; les Grecs, et surtout les Lacédémoniens, faisaient les leurs de forme ronde.

XVe.

Page 80 ..... redisaient autrefois les vers d'Euripide.

Après la défaite et la mort de Nicias, devant Syracuse, plusieurs Athéniens, devenus esclaves, obtinrent la liberté pour prix des vers d'Euripide, qu'ils répétaient à leurs maîtres : la réputation de ce grand tragique commençait à percer en Sicile.

XVIe.

Page 80. La légion de Fer, et la Foudroyante.

La légion romaine fut successivement de trois, quatre, cinq et six mille hommes, y compris les différentes espèces de soldats armés, comme je le marque ici : les hastati, les princes et les triarii; les vexillaires n'étaient que les porte-étendards. L'ordre de ces soldats dans la ligne ne fut pas toujours le même : la légion se divisait en deux cohortes, chaque cohorte en trois manipules, et chaque manipule en deux centuries. Outre le numéro de son rang, la légion portait encore un nom tiré de ses divinités, de son pays ou de ses exploits. (POLYB., lib. VI; VEG., lib. II.)

XVIIe.

Page 80. Les signes militaires des cohortes... étaient parfumés.

Les aigles distinguaient la légion; les signes particuliers marquaient les cohortes; on les ornait de verdure le jour du combat, et quelquefois on les parfumait : c'est ce qui a fourni à Pline une belle déclamation : « Aquilæ certe ac signa, pulverulenta illa, et cus-
« todibus horrida, inunguntur festis diebus : utinamque dicere possemus, quis primus

« instituisset! Ita est, nimirum hac mercede corruptæ terrarum orbem devicere aquilæ.
« Ista patrocinia quærimus vitiis, ut per hoc jus sumantur sub casside unguenta. »
(Plin., *Hist. Nat*, lib. xiii, cap. iv, 3.)

XVIIIe.

Page 81. Les hastati.

Voyez, pour ces soldats, la note xvie.

XIXe.

Page 81..... étaient remplis par des machines de guerre.

La catapulte, la baliste, la grue, les béliers, les tours roulantes; et sur les vaisseaux, les corbeaux, les becs d'airain, les ongles de fer. On ne se servait guère, dans les batailles, que des catapultes et des balistes; les autres machines étaient pour les siéges.

XXe.

Page 81. A l'aile gauche de ces légions, la cavalerie des alliés déployait son rideau mobile.

L'ordre, le nombre, l'armure de la cavalerie, varièrent chez les Romains selon les temps. Tantôt jointe à la légion, tantôt formant un corps à part, la cavalerie, vers la fin de la république, prit le nom général d'*ala* ou d'aile, parce qu'elle servait sur les flancs. La plus nombreuse cavalerie des Romains était celle des alliés, et elle différait nécessairement d'armes offensives et défensives, selon le peuple à qui elle appartenait : c'est ce qu'on a exprimé ici avec le plus d'exactitude possible.

XXIe.

Page 81. Sur des coursiers tachetés comme des tigres, et prompts comme des aigles, etc.

Selon Strabon, les chevaux des Celtibères (les Espagnols) égalaient la vitesse des chevaux des Parthes : ils étaient généralement d'un poil gris ou tigré. (Strab., lib. iii.) Diodore vante également la cavalerie des Espagnols. (Lib. v.) Au rapport de ces deux auteurs, les Celtibères étaient presque tous vêtus d'un sayon ou d'un manteau de laine noire. (*Id., ibid.*) Ils portaient un casque ou une espèce de chapeau tissu de nerf, et surmonté de trois aigrettes, d'après Strabon. (*Loc. cit.*) Diodore veut que ces aigrettes fussent teintes en pourpre. (*Loc. cit.*) Strabon donne aux Celtibères de courts javelots. L'épée ibérienne était fameuse par sa trempe; il n'y avait, d'après le témoignage de Strabon, ni casque, ni bouclier qui fût à l'épreuve du tranchant d'une pareille épée.

XXIIe.

Page 81. Des Germains d'une taille gigantesque.

Jules César et Tacite ne parlent point du bonnet et de la massue que je donne ici aux cavaliers germains. (Cæs., *de Bell. Gall.*, lib. vi; Tacit., *de Mor. Germ.*) Je ne puis retrouver l'autorité originale où j'ai pris ces détails; mais dans l'*Histoire de France* avant Clovis, par Mézeray, on trouvera, page 37 (1692, in-12), la circonstance de la massue. Mézeray donne à cette massue le nom de *cateies*.

XXIIIe.

Page 81. Auprès d'eux, quelques cavaliers numides.

Une foule de pierres gravées, et les monnaies anciennes de l'Afrique, soit puniques, soit romaines, représentent ainsi le cavalier numide.

XXIVe.

Page 81. Sous leurs selles ornées d'ivoire.

Il ne faut pas entendre ce mot de *selles* comme nous l'entendons aujourd'hui. La selle proprement dite était inconnue aux Romains, au IVe siècle : ils n'avaient qu'un petit siége retenu sur le dos du cheval par un poitrail et par une croupière. Ces selles n'avaient point d'étriers. Quoiqu'il soit question de mors ou de frein dans Virgile, il est douteux que la bride fût en usage dans la cavalerie romaine. Quant aux gants ou gantelets, ils remontent à la plus haute antiquité : Homère en donne à Laërte, dans l'*Odyssée*; les Perses en portaient comme nous pour la propreté.

XXVe.

Page 81. L'instinct de la guerre est si naturel chez ces derniers (les Gaulois), etc.

Ces Gaulois ressemblaient beaucoup aux Français d'aujourd'hui.

XXVIe.

Page 82. Tous ces Barbares avaient la tête élevée, les couleurs vives.

Consultez CÉSAR, lib. I, IV et VI; DIODORE, lib. V; STRABON, lib. IV et VII.

XXVIIe.

Page 82. Les yeux bleus, le regard farouche et menaçant.

« Luminum torvitate terribiles, » dit Ammien Marcellin. (Voyez aussi DIODORE, *loc. cit.*)

XXVIIIe.

Page 82. Ils portaient de larges brayes, et leur tunique était chamarrée.

La Gaule Narbonnaise s'appela d'abord *Braccata*, du nom de ce vêtement gaulois. « Les Gaulois, dit Diodore, portent des habits très-singuliers : ce sont des tuniques peintes de « toutes sortes de couleurs; ils mettent dessus la tunique un sayon rayé et divisé par « bandes. » (DIODORE, lib. V. Voyez aussi STRABON, lib. III.) Le nom de saye ou sayon vient de *sagum*, un sac. Le *sarrau* de nos paysans est le véritable *sagum* des Gaulois.

XXIXe.

Page 82. L'épée du Gaulois ne le quitte jamais, etc.

L'épée était l'arme distinctive des Gaulois, comme la francisque, ou la hache à deux tranchants, était l'arme particulière du Franc. Les Gaulois portaient l'épée sur la cuisse droite, suspendue par une chaîne de fer, ou pressée par un ceinturon. (Voyez DIOD., lib. V; STRAB., lib. IV.) On jurait sur son épée; on la plantait au milieu du *mallus* ou du conseil; on ne pouvait pas prendre en gage l'épée d'un guerrier; enfin c'était la coutume chez les Gaulois et chez les Germains, de brûler les armes du mort sur son bûcher funèbre. (Voyez CÉSAR, lib. VI; TACITE, *de Mor. Germ.*, et *Leg. Longob.*, lib. II..) Selon César, on brûlait aussi aux funérailles les personnes que le mort avait chéries, *quos dilectos esse constabat*, et quelquefois son épouse.

XXXe.

Page 82. Une légion chrétienne.

Voilà les chrétiens ramenés sur la scène. Il paraît pour cette fois qu'on ne les y a pas trouvés déplacés. Ils sont commandés pour ainsi dire par un Français. Nous avons des droits à la gloire de saint Victor martyr. Il était de Marseille; et après avoir été battu de verges, suspendu à une croix pour la religion de Jésus-Christ, il fut broyé sous la roue d'un moulin, *ainsi qu'un pur froment*, disent les actes de son martyre.

XXXIe.

Page 82. Nous Crétois... nous prenions nos rangs au son de la lyre.

Ceci n'est point un tour poétique, c'est la pure vérité : les Crétois réglaient la marche de leurs guerriers au son de la lyre.

XXXIIe.

Page 82. Parés de la dépouille des ours, etc.

Ce n'était pas l'habillement des Francs, mais c'était leur parure. Tous les Barbares de la Germanie, et même avant eux les Gaulois, se couvraient de peaux de bêtes, ainsi que le racontent César, *de Bell. Gall.*, lib. VI ; Tacite, *de Mor., Germ.*, 6, 7, etc. L'uroch dont il est ici question, et que les auteurs latins appellent *urus*, était une espèce de bœuf sauvage ; on en parlera ailleurs.

XXXIIIe.

Page 82. Une tunique courte et serrée, etc. ; jusqu'à l'alinéa.

Tout ce paragraphe est tiré de Sidoine Apollinaire dans son *Panégyrique de Majorien* ; c'est le plus ancien document que nous ayons touchant les costumes de nos pères : je l'ai traduit presque littéralement dans le texte. Pelloutier demande où Mézeray a pris que les Francs avaient les yeux verts ; il cite un mot grec qui veut dire bleu, et que Mézeray, dit-il, a mal interprété. Pelloutier se trompe ; Mézeray n'a traduit ici ni Strabon ni Diodore, qui n'ont pu parler des Francs, ni Agathias, ni Anne Comnène ; il avait sans doute en vue le passage de Sidoine dont je me suis servi. J'ai donc pu dire poétiquement *des yeux couleur d'une mer orageuse*, autorisé d'un côté par les vers de Sidoine, qui donnent aux Francs des yeux verdâtres, et de l'autre par le témoignage de toute l'antiquité, qui parle du regard terrible des Barbares. Remarquons que les perruques à la Louis XIV, dont on ramenait les cheveux en devant sur les épaules ressemblaient parfaitement à la chevelure des Francs. Je parlerai plus bas du javelot appelé *angon* : ce mot est d'ailleurs dans le *Dictionnaire de l'Académie*. Anne Comnène nous a laissé la description d'un Franc ou Français, assez curieuse pour être rapportée ; on y voit la physionomie d'un Barbare à travers l'imagination d'une Grecque. « La présence de Boëmond éblouissait autant les « yeux que sa réputation étonnait l'esprit. Sa taille était si avantageuse, qu'il surpassait « d'une coudée les plus grands. Il était menu par le ventre et par les côtés, et gros par « le dos et par l'estomac ; il avait les bras forts et robustes. Il n'était ni maigre ni gras, « mais dans une juste température, et telle que Polyclète l'exprimait ordinairement dans « ses ouvrages, qui étaient une imitation fidèle de la perfection de la nature. Il avait les « mains grandes et pleines, les pieds fermes et solides. Il était un peu courbé, non par « aucun défaut de l'épine du dos, mais par une accoutumance de jeunesse, qui était une « marque de modestie. Il était blanc par tout le corps ; mais il avait sur le visage un « juste tempérament et un agréable mélange de blanc et de rouge. Il avait des cheveux « blonds qui lui couvraient les oreilles, sans lui battre sur les épaules à la façon des « Barbares. Je ne sais si sa barbe était rousse ou d'une autre couleur, parce qu'il était « rasé fort près. Ses yeux étaient bleus et paraissaient pleins de colère et de fierté. Son « nez était fort ouvert ; car, comme il avait l'estomac large, il fallait que son poumon at« tirât une grande quantité d'air pour en modérer la chaleur. Sa bonne mine avait quel« que chose de doux et de charmant ; mais la grandeur de sa taille et la fierté de ses re« gards avaient quelque chose de farouche et de terrible. Son ris n'exprimait pas moins « la terreur que la colère des autres en exprime. » (Ann. Comn., liv. XIII, chap. VI, trad. du présid. Cousin.)

XXXIVe.

Page 83. Ces Barbares... s'étaient formés en coin.

« Acies per cuneos componitur. » (Tacit., *de Mor. Germ.*, VI.)

XXXVᵉ.

Page 83. A la pointe de ce triangle étaient placés des braves qui, etc.

« Et aliis Germanorum populis usurpatum rara et privata cujusque audentia, apud
« Cattos in consensum vertit, ut primum adoleverint, crinem barbamque summittere,
« nec, nisi hoste cæso, exuere votivum obligatumque virtute oris habitum.... Fortissimus
« quisque ferreum insuper annulum (ignominiosum id genti) velut vinculum gestat,
« donec se cæde hostis absolvat. » (Tacit., *de Mor. Germ.*, xxxi.)

XXXVIᵉ.

Page 83. Chaque chef, dans ce vaste corps, était environné des guerriers de sa famille.

« Quodque præcipuum fortitudinis incitamentum est, non casus, nec fortuita con-
« globatio turmam aut cuneum facit, sed familiæ et propinquitates : et in proximo pi-
« gnora, unde feminarum ululatus audiri, unde vagitus infantium. » (Tacit., *de Mor. Germ.*, vii.)

XXXVIIᵉ.

Page 83. Chaque tribu se ralliait sous un symbole.

« Effigiesque et signa quædam detracta lucis in prælium ferunt. » (Tacit., *de Mor. Germ.*, vii.) Je place ici l'origine des armes de la monarchie.

XXXVIIIᵉ.

Page 83. Le vieux roi des Sicambres.

Il y aura ici anachronisme, si l'on veut, ou l'on dira que c'est un Pharamond, un Mérovée, un Clodion, ancêtre des princes de ce nom que nous voyons dans l'histoire. On sait d'ailleurs qu'il y a eu plusieurs Pharamond, et peut-être ce nom n'était-il que celui de la dignité. (Montfaucon, *Antiq.*) Je ne puis m'empêcher de remarquer la justice et la bonne foi de la critique. On a tout approuvé dans ce livre, jusqu'aux anachronismes, qu'on n'a point relevés, et l'on m'a chicané sur le nom de Velléda, qui n'est point la Velléda de Tacite.

XXXIXᵉ.

Page 83. A leurs casques en forme de gueules ouvertes ombragées, etc.

« Tous les cavaliers cimbres avaient des casques en forme de gueules ouvertes et de
« mufles de toutes sortes de bêtes étranges et épouvantables; et les rehaussant par des
« panaches faits comme des ailes et d'une hauteur prodigieuse, ils paraissaient encore plus
« grands. Ils étaient armés de cuirasses de fer très-brillantes, et couverts de boucliers
« tout blancs. » (Plutarque, *in Vit. Mar.*) J'attribue aux Francs ce que Plutarque raconte des Cimbres; mais les Cimbres avaient habité les bords de l'Océan septentrional, comme les Francs; et tous les Barbares qui envahirent l'empire romain avaient, les Huns exceptés, une foule de coutumes semblables.

XLᵉ.

Page 83. Il était... retranché avec des bateaux de cuir et des chariots attelés de grands bœufs.

Tacite parle des légers bateaux à deux proues d'une nation germanique qui habitait les bords de l'Océan. Sidoine Apollinaire, dans le *Panégyrique d'Avitus*, dit que les bâtiments des Saxons étaient recouverts de peaux. Quant aux chariots, une autorité suffira : Sidoine raconte que Majorien ayant vaincu les Francs, on trouva dans des chariots tous les préparatifs d'une noce : le repas, les ornements et des vases couronnés de fleurs. On s'empara de ces chariots et de la nouvelle épouse : c'était vraisemblablement une reine des Francs, à en juger par cette magnificence.

Que les camps étaient retranchés avec des chariots, on va le voir : « Omnemque aciem suam (Germanorum) « circum rhedis et carris circumdederunt... eo mulieres imposue-« runt. » (Cæs.)

XLIe.

Page 83. Trois sorcières en lambeaux faisaient sortir de jeunes poulains d'un bois sacré.

Il y a ici une réunion de plusieurs choses. Selon Tacite, les Germains accordaient l'esprit de divination aux femmes ; les Gaulois, comme nous le verrons par la suite, avaient leurs druidesses : ces druidesses se changèrent ensuite en fées (*fatidicæ*), en sorcières, etc. : de là les sorcières de Macbeth. Quant aux augures tirés de la course des chevaux, Tacite est mon garant : « Proprium gentis, equorum quoque præsagia ac monitus expe-« riri. Publice aluntur iisdem nemoribus ac lucis, candidi, et nullo mortali opere con-« tacti, quos pressos sacro curru sacerdos ac rex vel princeps civitatis comitantur, hinni-« tusque ac fremitus observant. » (Tacit., *de Mor. Germ.*, x.) Pour le dieu Tuiston, c'est encore Tacite. « Celebrant carminibus antiquis Tuistonem deum. » (*Id.*, ii.)

XLIIe.

Page 84. Quand nous aurons vaincu mille guerriers francs.

Mille francos, mille Sarmatas semel occidimus ;
Mille, mille, mille, mille, mille Persas quærimus.
(Flav.; Vospic., *in Vit. Aurel.*, 7.)

XLIIIe.

Page 84. Les Grecs répètent en chœur le Pœan.

Le Pœan, chez les Grecs, était à proprement parler un chant ou un hymne quelconque. Il est pris ici pour le chant du combat ; on le trouve comme tel dans la *Retraite des Dix Mille* et ailleurs.

XLIVe.

Page 84. L'hymne des Druides.

C'est le chant des bardes. Tout ce qu'on a dit sur les bardes de notre temps est un roman qu'une phrase de Strabon, copiée par Ammien Marcellin, et deux ou trois phrases de Diodore, ont produit. « Bardi qui de laudationibus rebusque poeticis stu-« dent. » (Strab., lib. iv.)

XLVe.

Page 84. Ils serrent leurs boucliers contre leur bouche.

« Nec tam voces illæ quam virtutis concentus videntur. Adfectatur præcipue asperitas « soni, et fractum murmur, objectis ad os scutis, quo plenior et gravior vox repercussu « intumescat. » (Tacit., *de Mor. Germ.*, iii.)

XLVIe.

Page 84. Ils entonnent le bardit.

« Sunt illis hæc quoque carmina, quorum relatu quem *barditum* vocant, accendunt « animo, futuræque pugnæ fortunam ipso cantu augurantur. Terrent enim trepidantve, « prout sonuit acies. » (Tacit., *de Mor. Germ.*, iii.)

Saxo Grammaticus, l'historien de la Suède ; Olaüs Wormius dans sa *Litteratura runica*, nous ont conservé plusieurs fragments de ces chants des peuples du Nord, dont Charlemagne avait fait faire un recueil. J'ai imité ici le chant de Lodbrog, en y ajoutant un refrain et quelques détails sur les armes, appropriés à mon sujet :

> Pugnavimus ensibus... etc., etc.
> Virgo deploravit matutinam, lanienam,
> Multa præda dabatur feris.
> . . . .
> . . . .
> . . . .
> Quid est viro forti morte certius, etc.
> . . . .
> . . . .
> Vitæ elapsæ sunt horæ;
> Ridens moriar. . . .

Il y a bien loin de ces vers à ceux d'Homère et de Virgile, rappelés dans les *Martyrs*.

XLVII°.

Page 84. Victoire à l'empereur !

Le cri du soldat romain, en commençant la bataille, s'appelait *barritus*; il était soumis à de certaines règles, et il y avait des maîtres pour l'enseigner, comme parmi nous des maîtres d'armes.

XLVIII°.

Page 85, Le roi chevelu.

Grégoire de Tours parle à tout moment de la chevelure des rois de la première race. Saint-Foix ayant rassemblé les autorités, je les donne ici sous son nom.

« Les Francs, dit l'auteur des *Gestes de nos Rois*, élurent un roi chevelu, Pharamond, « fils de Marcomir. » — « Les Francs, dit Grégoire de Tours, ayant passé le Rhin, s'établi- « rent d'abord dans la Tongrie, où ils créèrent par cantons et par cités des rois chevelus. Il « raconte dans un autre endroit que le jeune Clovis, fils de Chilpéric, ayant été poignardé « et jeté dans la Marne par l'ordre de Frédégonde sa belle-mère, son corps s'arrêta dans « les filets d'un pêcheur qui ne put pas douter, à sa longue chevelure, que ce ne fût le fils « du roi. Agathias, historien contemporain, rapporte que Clodomir, fils de Clovis, ayant « été tué dans une bataille contre les Bourguignons, ils reconnurent ce prince parmi les « morts à sa longue chevelure; car c'est un usage constant parmi les rois des Francs, « ajoute-t-il, de laisser croître leurs cheveux dès l'enfance, et de ne jamais les couper... « Il n'est pas permis à leurs sujets de porter la chevelure longue et flottante; c'est une « prérogative attribuée à la famille royale. »

XLIX°.

Page 85. Elle était de la race de Rinfax.

Consultez les Edda, l'Introduction à l'Histoire du Danemarck, et Saxo Grammaticus, sur la mythologie des Scandinaves.

L°.

Page 85. Sur un char d'écorce sans essieu.

C'est le traîneau.

LI°.

Page 86. Le souffle épais des chevaux.

Ceci est ajouté depuis les deux premières éditions, et explique mieux l'effet singulier dont je parle, et qu'on a pu observer sur un champ de bataille

LIIe.

Page 86. Ses douze pairs... Une enseigne guerrière surnommée l'Oriflamme.

Institution française, mœurs et coutumes de nos aïeux, dont on aimera peut-être à trouver ici l'origine.

Dulces reminiscitur Argos.

LIIIe.

Page 86. Le fruit merveilleux... de l'épouse de Clodion et d'un monstre marin.

« Clodion demeurant pendant l'été sur le rivage de la mer, sa femme voulut se baigner. « Un monstre sortit de l'eau sous la forme d'un Minotaure, et conçut de l'amour pour la « reine... Elle devint grosse, et elle accoucha d'un fils. Ce fils, nommé Mérovée, donna « son nom à la première race de nos rois. » (*Epit. Hist. franc.*, cap. IX, *in* D. Bouq.)

LIVe.

Page 86. A la quenouille d'une reine des Barbares.

Quand on ouvrit à Saint-Denis le tombeau de Jeanne de Bourbon, épouse de Charles V, on y trouva un reste de couronne, un anneau d'or, des débris de bracelets ou chaînons, un fuseau ou quenouille de bois doré à demi pourri, des souliers de forme très-pointue, en partie consumés, brodés en or et en argent.

LVe.

Page 86. Comme les Gaulois suspendent des reliques aux rameaux du plus beau rejeton d'un bois sacré.

Les anciens non-seulement suspendaient des offrandes aux arbres, mais ils y attachaient des colliers, comme fit Xerxès, qui mit un collier d'or à un beau platane. Florus raconte qu'Arioviste le Gaulois promit à Mars un collier fait de la dépouille des Romains. Pelloutier observe très-ingénieusement que Mars était le même que le Jupiter gaulois, dont le simulacre était un grand chêne, selon Maxime de Tyr. (Pelloutier, liv. IV, chap. II, pag. 213; et liv. III, chap. IV, pag. 22.)

LVIe.

Page 87. D'Hercule le Gaulois.

Les premières éditions portent *Mars* : j'ai mis *Hercule*, comme plus caractéristique du culte des Gaulois. (Voyez Lucain, *in Hercul. gallic.*)

LVIIe.

Page 87. Jeune brave, tu mérites d'emporter, etc.

Teutatès était un dieu des Gaulois. Les blessures étaient une marque de gloire. Quant à la dernière partie de la phrase, il paraîtrait par les Edda, par un passage de Procope sur les Goths, par le témoignage de Solin, que les Barbares du Nord se tuaient ou se faisaient tuer lorsqu'ils étaient arrivés à la vieillesse; mais on n'a pas là-dessus d'assez bonnes autorités. Il est certain que César, Tacite, Strabon, Diodore, gardent le silence à ce sujet: ainsi, je suis plutôt une tradition qu'un fait historique.

LVIIIe.

Page 87. Je ne crains qu'une chose, etc.

C'est la réponse des députés gaulois à Alexandre. (Arrien, lib. I, cap. 1.)

LIXe.

Page 87. La terre que je te cèderai.

C'est la réponse de Marius aux Cimbres. (PLUT., *in Vit. Mar.*)

LXe.

Page 87... qui, par ses deux fers recourbés...

« Ils se servent principalement de haches qui coupent des deux côtés, et de javelots
« qui, n'étant ni fort grands, ni aussi trop petits, mais médiocres, sont propres et à jeter
« de loin dans le besoin, et à combattre de près. Ils sont tout garnis de lames de fer, de
« sorte qu'on n'en voit pas le bois. Au-dessous de la pointe, il y a des crochets fort aigus
« et recourbés en bas en forme d'hameçon. Quand le Français est dans une bataille, il jette
« ce javelot... Si le javelot ne perce que le bouclier, il y demeure attaché, et traîne à terre
« par le bout d'en bas. Il est impossible à celui qui en est frappé de l'arracher, à cause
« des crochets qui le retiennent; il ne peut non plus le couper, à cause des lames qui le
« couvrent. Quand le Français voit cela, il met le pied sur le bout du javelot, et pèse de
« toute sa force sur le bouclier, tellement que le bras de celui qui le soutient venant à se
« lasser, il découvre la tête et l'estomac; ainsi il est aisé au Français de le tuer, en lui
« fendant la tête avec sa hache, ou le perçant d'un autre javelot. » (AGATH., lib. II,
cap. III, traduction du président Cousin.)

LXIe.

Page 87... était le dernier descendant de ce Vercingétorix, etc.

Vercingétorix était d'Auvergne et fils de Celtillus. Il fit révolter toutes les Gaules contre César, et le força d'abandonner le siège de Clermont. Après avoir défendu longtemps Alise, il se remit enfin entre les bras du vainqueur. César ne nous dit pas s'il fut généreux envers le héros gaulois.

LXIIe.

Page 87. L'élèvent sur un bouclier.

« Sitôt qu'ils (les rois ou ducs des Français) étaient élus, ils les élevaient sur un pavois
« ou large bouclier et les portaient sur leurs épaules, les faisant doucement sauter pour
« les montrer au peuple. » (MÉZERAY, *av. Clovis*, pag. 55.)

LXIIIe.

Page 88. Une croix entourée de ces mots...

Cet anachronisme, qui n'est que de quelques années, est là pour rappeler la fameuse inscription du Labarum.

LXIVe.

Page 88. Ils ont conté qu'ils voyaient... une colonne de feu... et un cavalier vêtu de blanc.

On retrouve ce miracle dans les *Machabées*, dans les *Actes des Martyrs*, dans les historiens de cette époque, et jusque dans ceux des *Croisades*. L'original de ce miracle est dans les *Machabées*.

LXVe.

Page 89. Là un soldat chrétien meurt isolé, etc.

Ceci est fondé sur un fait connu de l'auteur.

LXVIe.

Page 89. Conservaient dans la mort un air si farouche, etc.

C'est Sidoine Apollinaire qui le dit dans le *Panégyrique de Majorien*.

LXVIIe.

Page 89... s'étaient attachés ensemble par une chaîne de fer.

Circonstance empruntée de la bataille des Cimbres contre Marius. Plutarque raconte que tous les soldats de la première ligne de ces Barbares étaient attachés ensemble par une corde, afin qu'ils ne pussent rompre leurs rangs.

LXVIIIe.

Page 89. Les Barbares jetaient des cris.

« Tous ceux qui étaient échappés de la défaite des Ambrons s'étant mêlés avec eux, ils « jetaient toute la nuit des cris affreux qui ne ressemblent point à des clameurs et à des « gémissements d'hommes, mais qui étaient comme des hurlements et des mugissements « de bêtes féroces, mêlés de menaces et de lamentations, et qui, poussés en même temps « par cette quantité innombrable de Barbares, faisaient retentir les montagnes des envi- « rons et tout le canal du fleuve. Toute la plaine mugissait de ce bruit épouvantable; « le cœur des Romains était saisi de crainte, et Marius lui-même frappé d'étonnement. » (PLUTARQUE, *in Vit. Mar.*)

LXIXe.

Page 90. Les Francs, pendant la nuit, avaient coupé les têtes des cadavres romains.

On voit un exemple remarquable de cette coutume des Barbares dans la description du camp de Varus, par Tacite. Salvien (*de Gubernatione Dei*), Idace (dans sa *Chronique in Biblioth. Patr.*, vol. VII, pag. 1233), Isidore de Séville, Victor (*de Persecutione africana*), etc., font tous des descriptions horribles de la cruauté des peuples qui renversèrent l'empire romain. Ils allèrent jusqu'à égorger des prisonniers autour d'une ville assiégée, afin de répandre la peste dans la ville par la corruption des cadavres. (VICTOR, *loc. cit.*)

LXX.

Page 90. Un énorme bûcher, composé de selles de chevaux.

Ceci rappelle vaguement la résolution d'Attila après la perte de la bataille de Châlons. (JORNANDÈS, *de Reb. Goth.*)

LXXIe.

Page 90. Les femmes des Barbares, vêtues de robes noires.

« Stabat pro littore diversa acies, densa armis virisque, intercursantibus feminis, in « modum furiarum, quæ veste ferali, crinibus dejectis, faces præferebant. Druidæque « circum, preces diras sublatis ad cœlum manibus fundentes, novitate aspectus, percutere « milites. » (TACIT., *Ann.*, XIV, 30.) Les femmes venant contre eux avec des épées et des haches, grinçant les dents de rage et de douleur, et jetant des cris horribles, frappent également sur ceux qui fuyent et sur ceux qui poursuivent; sur les premiers, comme traîtres, et sur les autres comme ennemis; se jettent dans la mêlée, saisissent avec les mains nues les épées des Romains, leur arrachent leurs boucliers, reçoivent des blessures, se voient mettre en pièces sans se rebuter, et témoignent jusqu'à la mort un courage véritablement invincible. (PLUTARQUE, *in Vit. Mar.*) Là, on vit les choses du monde les plus tragiques et les plus épouvantables. Les femmes, vêtues de robes noires, étaient sur des chariots, et tuant les fuyards; les unes leurs maris, les autres leurs frères, celles-là leurs pères, celles-ci leurs fils; et prenant leurs petits enfants, elles les étouffaient de leurs propres mains, et les jetaient sous les roues des chariots et sous les pieds des chevaux, et se tuaient ensuite elles-mêmes; on dit qu'il y en eut une qui se pendit au bout de son timon, après avoir attaché par le cou à ses deux talons deux de ses enfants, l'un deçà, l'autre delà. Les hommes, faute d'arbres pour se pendre, se mettaient au cou un nœud coulant qu'ils attachaient aux cornes ou aux jambes des bœufs, et piquant ces bêtes pour les faire marcher, ils périssaient misérablement ou étranglés ou foulés aux pieds. (PLUTARQUE, *in Vit. Mar.*)

LXXIIe.

Page 91. Mérovée s'était fait une nacelle d'un large bouclier d'osier.

Les boucliers des barbares servaient quelquefois à cet usage; on en voit un exemple remarquable dans Grégoire de Tours. Attale, Gaulois d'une naissance illustre, se trouvant esclave chez un Barbare, dans le pays de Trèves, se sauva de chez son maître en traversant la Moselle sur un bouclier. (GREG. TURON., lib. III.)

LXXIIIe

Page 92. Dans une espèce de souterrain où les Barbares ont coutume de cacher leur blé.

« Solent et subterraneos specus aperire, eosque multo insuper fimo onerant, suffugium « hiemi et receptaculum frugibus. » (TACIT., *de Mor. Germ.*, XVI.)

Le lecteur peut se rendre compte maintenant du plaisir que peut lui avoir fait ce combat des Francs et des Romains. Ceux qui parcourent en quelques heures un ouvrage en apparence de pure imagination, ne se doutent pas du temps et de la peine qu'il a coûté à l'auteur, quand il est fait comme il doit l'être, c'est-à-dire en conscience. Virgile employa un grand nombre d'années à rassembler les matériaux de *l'Énéide*, et il trouvait encore qu'il n'avait pas assez lu. (Voyez MACROBE.) Aujourd'hui l'on écrit lorsqu'on sait à peine sa langue et qu'on ignore presque tout. Je me serais bien gardé de montrer le fond de mon travail, si je n'y avais été forcé par la dérision de la critique. Dans ce combat des Francs, où l'on n'a vu qu'une description brillante, on saura maintenant qu'il n'y a pas un seul mot qu'on ne puisse retenir comme un fait historique.

SUR LE SEPTIÈME LIVRE

PREMIÈRE REMARQUE.

Page 93. Le roi d'Ithaque fut réduit à sentir un mouvement de joie en se couchant sur un lit de feuilles séchées.

Τὴν μὲν ἰδὼν γήθησε πολύτλας δῖος Ὀδυσσεύς·
Ἐν δ' ἄρα μέσσῃ λέκτο, χύσιν δ' ἐπεχεύατο φύλλων.
(*Odyss.*, liv. V, v. 486.)

IIe.

Page 93. Il était accompagné d'une femme vêtue d'une robe, etc.

« Nec alius feminis quam viris habitus, nisi quod feminæ sæpius lineis amictibus velan-
« tur, eosque purpura variant, partemque vestitus superioris in manicas non extendunt,
« nudæ brachia ac lacertos, sed et proxima pars pectoris patet. » (Tacit., *de Mor.
Germ.*, xvii.)

IIIe.

Page 93. Je ne sais quelle habitude étrangère, etc.

Est-il nécessaire d'avertir que cette habitude étrangère avait été produite par la religion chrétienne?

IVe.

Page 93. Remerciez Clothilde.

Encore un nom historique emprunté, ou un anachronisme d'accord avec les anachronismes précédents.

V^e.

Page 94. Dans une hutte qu'entourait... un cercle de jeunes arbres.

« Colunt discreti ac diversi, ut fons, ut campus, ut nemus placuit..... Suam quisque
« domum spatio circumdat. » (Tacit., *de Mor. Germ.*, xvi. Voyez aussi Hérodien, liv. vii.)
Dans quelques cantons de la Normandie, les paysans bâtissent encore leurs maisons isolées au milieu d'un champ qu'environne une haie vive plantée d'arbres.

VIe.

Page 94. Une boisson grossière faite de froment.

C'est la bière : Strabon, Ammien Marcellin, Dion Cassius, Jornandès, Athénée sont unanimes sur ce point. Au rapport de Pline, la bière était appelée *cervisia* par les Gaulois. Les femmes se frottaient le visage avec la levure de cette boisson. (Pline, liv. xxii.)

VIIe.

Page 94. L'odeur des graisses mêlées de cendres de frêne, dont ils frottent leurs cheveux.

C'était pour leur donner une couleur rousse. On peut voir là-dessus Diodore de Sicile, liv. v; Ammien Marcellin, liv. xvii; saint Jérôme, *Vit. Hilar.*, etc.

VIIIe.

Page 94. Le peu d'air de la hutte, etc.

« Je suis, dit Sidoine, au milieu des peuples chevelus, forcé d'entendre le langage bar-
« bare des Germains, et obligé d'applaudir aux chants d'un Bourguignon ivre, qui se
« frotte les cheveux avec du beurre... Dix fois le matin, je suis obligé de sentir l'ail et
« l'ognon, et cette odeur empestée ne fait que croître avec le jour. » (Sid. Apoll., *Cam.* 12,
ad Cat.) Voilà nos pères.

IXe.

Page 95. Une corne de bœuf pour puiser de l'eau.

C'est la corne de l'uroch; on y reviendra.

X^e.

Page 95. Voilà, me dit l'esclave... Le camp de Varus.

L'emplacement de ce camp porte encore le nom de bois de Teuteberg. Voici l'admirable

morceau de Tacite, dont mon texte est la traduction abrégée : « Prima Vari castra lato
« ambitu et dimensis principiis, trium legionum manus ostentabant; dein semiruto vallo,
« humili fossa, accisæ jam reliquiæ consedisse intelligebantur. Medio campi albentia ossa,
« ut fugerant, ut restiterant, disjecta vel aggerata. Adjacebant fragmina telorum, equo-
« rumque artus, simul truncis arborum antefixa ora; lucis propinquis barbaræ aræ,
« apud quas tribunos, ac primorum ordinum centuriones mactaverant : et cladis ejus
« superstites pugnam aut vincula elapsi, referebant, hic cecidisse legatos, illic raptas
« aquilas; primum ubi vulnus Varo adactum, ubi infelici dextra et suo ictu mortem inve-
« nerit; quo tribunali concionatus Arminius; quot patibula captivis, quæ scrobes; utque
« signis et aquilis per superbiam illuserit. » (*Ann.*, I, 61.)

XIe.

Page 96. On n'osa même plus porter leurs images aux funérailles.

« Et Junia sexagesimo quarto post Philippensem aciem anno supremum diem explevit,
« Catone avunculo genita, C. Cassii uxor, M. Bruti soror... Vigenti clarissimarum fami-
« liarum imagines antelatæ sunt, Manlii, Quinctii, aliaque ejusdem nobilitatis nomina :
« sed præfulgebant Cassius atque Brutus, eo ipso quod effigies eorum non visebantur. »
(TACIT., *Ann.* III, 76.)

XIIe.

Page 96. La légion thébaine.

Tout ce qui suit dans le texte est tiré d'une lettre de saint Euchère, évêque de Lyon, à l'évêque Salvius. On trouve aussi cette lettre dans les *Actes des Martyrs*.

XIIIe.

Page 97. Les corps de mes compagnons semblaient jeter une vive lumière.

L'autorité pour ce miracle se trouve dans le martyre de saint Taraque. (*Act. Mart.*)
Le Tasse a aussi imité ce passage dans l'épisode de Suénon.

XIVe.

Page 97. Vers Denis, premier évêque de Lutèce.

Je place, avec Fleury, Tillemont et Crevier, le martyre de saint Denis, premier évêque de Paris, sous Maximien, l'an 286 de notre ère.

XVe.

Page 97. Cette colline s'appelait le Mont de Mars.

On voit que j'ai choisi entre les deux sentiments qui font de Montmartre, ou le Mont de Mars, ou le Mont des Martyrs.

XVIe.

Page 98. Depuis ce temps je suis demeuré esclave ici.

Notre religion, féconde en miracles, offre plusieurs exemples de chrétiens qui se sont faits esclaves pour délivrer d'autres chrétiens, surtout quand ils craignaient que ceux-ci perdissent la Foi dans le malheur. Il suffira de rappeler à la mémoire du lecteur saint Vincent de Paul, et saint Pierre Pascal, évêque de Jaën en Espagne. (*Voyez Génie du Christianisme.*)

XVIIe.

Page 98. De les exposer aux flots sur un bouclier.

« On lit, dit Mézeray, en deux ou trois poëtes, dans le scoliaste *Eustathius*, et même
« dans les écrits de l'empereur Julien, que ceux qui habitaient proche du Rhin les expo-

« saient (les enfants) sur les ondes de ce fleuve, et ne tenaient pour légitimes que ceux
« qui n'allaient point au fond. Quelques auteurs modernes se sont récriés contre cette
« coutume, et ont maintenu que c'était une fable inventée par les poëtes; mais ils ne se
« fussent pas tant mis en peine de la réfuter, s'ils eussent pris garde qu'une épigramme
« grecque dit que le père mettait ses enfants sur un bouclier. » (*Av. Clov.*, pag. 34.)

XVIIIe.

Page 98. Ma plus belle conquête est la jeune femme, etc.

Le christianisme, à cause de son esprit de douceur et d'humanité, s'est surtout répandu dans le monde par les femmes. Clothilde, femme de Clovis, amena ce chef des Français à la connaissance du vrai Dieu. (Voyez Greg. Tur.)

XIXe.

Page 99. Vous êtes né dans ce doux climat voisin, etc.

La Grèce était voisine de la Judée, comparativement au pays des Francs.

XXe.

Page 99. Ségovia.

Le nom de cette prophétesse germaine se trouve dans Tacite.

XXIe.

Page 100. D'un Romain esclave, etc.

On voit ici un grand exemple de la difficulté de contenter tous les esprits. Un critique plein de goût, que j'ai souvent cité dans ces notes, trouve cet épisode de Zacharie peu intéressant. La reine des Francs, à genoux sous un vieux chêne, ne lui présente qu'une copie affaiblie de la scène de Prisca et de Valérie. D'autres personnes, également faites pour bien juger, aiment beaucoup au contraire l'opposition du christianisme naissant au milieu des forêts, chez des Barbares, et du christianisme au berceau, dans les catacombes, chez un peuple civilisé.

XXIIe.

Page 100. Déclare que la vertu n'est qu'un fantôme.

« Brutus s'arrêta dans un endroit creux, s'assit sur une grande roche, n'ayant avec lui
« qu'un petit nombre de ses principaux officiers; et là, regardant d'abord le ciel, qui était
« fort étoilé, il prononça deux vers grecs. Volumnius en a rapporté un qui dit : Grand
« Jupiter, que l'auteur de tous ces maux ne se dérobe point à votre vue! Il dit que l'autre
« lui était échappé. Le sens de cet autre était : O vertu! tu n'es qu'un vain nom! »

XXIIIe.

Page 100. Un nouvel Hérodote.

« Hérodote se rendit aux jeux olympiques. Voulant s'immortaliser, et faire sentir en
« même temps à ses concitoyens quel était l'homme qu'ils avaient forcé de s'expatrier, il
« lut dans cette assemblée, la plus illustre de la nation, la plus éclairée qui fut jamais,
« le commencement de son *Histoire*, ou peut-être les morceaux de cette même *Histoire*
« les plus propres à flatter l'orgueil d'un peuple qui avait tant de sujet de se croire supé-
« rieur aux autres. » (Larcher, *Vie d'Hérodote*.)

XXIVe.

Page 101. Un peuple qui prétend descendre des Troyens.

Dans le second chapitre de l'*Épitome de l'Histoire des Francs,* on lit toute une fable racontée, dit l'auteur, par un certain poëte appelé Virgile. Priam, selon ce poëte inconnu, fut le premier roi des Francs; Friga fut le successeur de Priam. Après la chute de Troie, les Francs se séparèrent en deux bandes; l'une, commandée par le roi Francio, s'avança en Europe, et s'établit sur les bords du Rhin, etc. (*Epit. Hist. Franc.*, cap. II, *in* D. Bouq. *Coll.*)

Les *Gestes des rois des Francs* racontent une fable à peu près semblable (chap. I et II). C'est sur ces vieilles chroniques qu'Annius de Viterbe a composé la généalogie des rois des Gaules et des rois des Francs. Dans ces deux livres supposés, il donne vingt-deux rois aux Gaulois avant la guerre de Troie : Dis ou Samothès, Sarron, fondateur des écoles druidiques; Boardus, inventeur de la poésie et de la musique; Celtès, Galatès, Belgicus, Lugdne, Allobrox, Pâris, Remus. Sous ce dernier roi arriva la prise de Troie; et Francus, fils d'Hector, s'échappa de la ruine de sa patrie, se réfugia dans les Gaules et épousa la fille de Remus.

XXVe.

Page 101. Que ce peuple, formé de diverses tribus des Germains...

Véritable origine des Français. J'ai expliqué le mot *Franc* d'après le génie de notre langue et non d'après l'étymologie que veut lui donner Libanius, et qui signifierait habile à se fortifier. (*In Basilico.*)

XXVIe.

Page 101. Le pouvoir... se réunit.

Ceci n'est exprimé formellement par aucun auteur, mais se déduit de toute la suite de l'histoire. On voit dans Tacite (*de Mor. Germ.*) que l'on élisait des *chefs* dans les assemblées générales, et l'on trouve dans le même auteur (*Ann.* et *Hist.*) des Germains conduits par un seul chef. On remarque la même chose dans les *Commentaires* de César. Enfin, sous Pharamond, Clodion, Mérovée et Clovis, les Francs paraissaient marcher sous les ordres d'un seul roi.

XXVIIe.

Page 101. La tribu des Saliens.

Il y a des auteurs qui ne veulent faire des Saliens que des grands ou des seigneurs attachés au service des salles de nos rois. Il est vrai que le mot *sala* remonte très-haut dans la basse latinité. Dans un édit de Lothaire, roi des Lombards, on lit : *Si quis bovolam de sala occiderit, componat* (sol. 20).

« Qui en la *sale* Baudouin Lagernie,
« Avoit de Foise envoyé une espie. »
(Du Cange, *Gloss.*, voce *Sala*.)

Mais il est plus naturel de considérer les Saliens comme une tribu des Francs, puisqu'on les trouve comme tels dans l'histoire. Les Francs appelés les Saliens, dit Ammien Marcellin, s'étaient cantonnés près de Toxandrie. Sidoine leur donne aussi ce nom. Au rapport de Libanius, Julien prit les Saliens au service de l'empire, et leur donna des terres. Au reste, on trouve des Saliens gaulois sur le territoire desquels les Phocéens fondèrent Marseille. Il y avait chez les Romains des prêtres de Mars et des prêtres d'Hercule appelés Saliens; comme si tout ce qui s'appelait Salien devait annoncer les armes et la victoire.

XXVIIIe.

Page 101. Elle doit cette renommée...

Je place ici l'origine de la fameuse loi salique. L'histoire la fait remonter jusqu'à Pharamond. Les meilleurs critiques font venir comme moi la loi salique de la tribu des Saliens. La loi salique, telle que nous l'avons, ne parle point de la succession à la couronne; elle embrasse toutes sortes de sujets. Du Cange distingue deux lois saliques : l'une plus ancienne, et du temps que les Français étaient encore idolâtres; l'autre, plus nouvelle, et que l'on suppose rédigée par Clovis après sa conversion. (Voyez Pithou, Jérôme Bignon, du Cange et Daniel.)

XXIX°.

Page 101. Les Francs s'assemblent.

Les premières éditions portaient : « Les Francs s'assemblent *deux fois* l'année *aux mois de mars et de mai.* » J'avais voulu indiquer par là le changement survenu dans l'époque de l'assemblée générale des Francs, mais cela était inexact, et ne disait pas ce que je voulais dire : j'ai corrigé, comme on le voit ici. Le premier exemple d'une assemblée générale des Francs remonte à Clovis : ce roi y tua de sa main un soldat qui l'avait insulté l'année précédente. (Grégoire de Tours.)

Tacite dit que les Germains tenaient leurs assemblées à des jours fixes, au commencement de la nouvelle et de la pleine lune. (*De Mor. Germ.*) Nos états généraux, que l'on croit être nés des assemblées du Champ de Mars, me paraissent plutôt avoir une origine gauloise. (*Commentaires de César*.)

XXX°.

Page 101. Ils viennent au rendez-vous tout armés.

C'est ce que disent tous les auteurs.

XXXI°

Page 101. Le roi s'assied sous un chêne.

« Maintes fois ay veu que le bon sainct, après qu'il avoit ouy messe en esté, il se alloit
« esbattre au bois de Vicennes, et se seoit au pié d'un chesne, et nous faisoit seoir tous
« emprès lui : et tous ceulx qui avoient affaire à lui venoient à lui parler, sans ce qu'aucun
« huissier ne autre leur donnast empeschement. Et demandoit haultement de sa bouche,
« s'il y avoit nul qui eust partie. Et quand il y en avoit aucuns, il leur disoit : Amis, tai-
« sez-vous, et on vous délivrera l'un après l'autre... Aussi plusieurs foiz ay veu que audit
« temps d'esté, le bon roy venoit au jardin de Paris, une cotte de camelot vestuë, ung
« surcot de tiretaine sans manches, et un mantel par-dessus de sandal noir : et faisoit
« estendre des tappiz pour nous seoir emprès lui, et là faisoit despescher son peuple dili-
« gemment, comme vous ay devant dit du bois de Vicennes. » (Joinville, *Hist. du Roy
saint Loys.*) L'usage de faire des présents au chef des peuples germaniques remonte jusqu'au
temps de Tacite. « Mos est civitatibus ultro ac viritim conferre principibus vel armentorum,
« vel frugum, quod pro honore acceptum, etiam necessitatibus subvenit. Gaudent præci-
« pue finitimarum gentium donis, quæ non modo a singulis, sed publice mittuntur. »
(Tacit., *de Mor. Germ.*, xv.)

XXXII.

Page 101. Les propriétés sont annuelles.

« Arva per annos mutant. (Tacit., *de Mor. Germ.*, xxvi.) Neque quisquam agri modum
« certum, aut fines proprios habet : sed magistratus ac principes in annos singulos, gen-
« tibus cognationibusque hominum qui una coierunt, quantum et quo loco visum est,
« agri attribuunt, atque anno post alio transire cogunt. » (Cæsar, *de Bell. Gall.*, lib. vi.)

XXXIII.

Page 101. Le lait, le fromage, etc.

(Voyez Cæsar, *de Bell. Gall.*, lib. iv; Pline, lib. ii; Strabon, lib. vii. Tacite dit *Lac concretum*.)

XXXIV°.

Page 101. Un bouclier... un cheval bridé.

« Munera non ad delicias muliebres quæsita, nec quibus nova nupta comatur, sed boves
« et frenatum equum, et scutum cum framea gladioque. » (Tacit., *de Mor. Germ.*, xviii.)

XXXV°.

Page 101. Il saute... au milieu... des épées nues.

« Nudi juvenes, quibus id ludicrum est, inter gladios se atque in festas frameas saltu
« jaciunt. » (Tacit., *de Mor. Germ.*, xxiv.)

XXXVI°.

Page 101. Une pyramide de gazon.

« Funerum nulla ambitio... sepulcrum cespes erigit. » (Tacit., *de Mor. Germ.*, xxvii.)

XXXVII°.

Page 102. Chasser l'uroch et les ours.

César, Tacite et tous les auteurs parlent de la passion des Barbares pour la chasse. Quant à l'uroch ou bœuf sauvage, en voici la description : « Tertium est genus eorum qui Uri « appellantur. Ii sunt magnitudine paulo infra elephantos; specie, et colore, et figura « tauri. Magna vis est eorum et magna velocitas; neque homini neque feræ quam con- « spexerint parcunt. Hos studiose foveis captos interficiunt... Amplitudo cornuum, et figura, « et species, multum a nostrorum boum cornibus differt. Hæc studiose conquisita ab la- « bris argento circumcludunt atque in amplissimis epulis pro poculis utuntur. » (Cæsar, *de Bell. Gall.*, lib. vi.)

XXXVIII°.

Page 102. Nous eûmes le bonheur de ne rencontrer aucune de ces grandes migrations, etc. ; jusqu'à l'alinéa.

Tout ce passage est nouveau. Je l'avais supprimé dans les épreuves de la première édition. Les personnes qui le connaissaient l'ont réclamé ; j'ai cru devoir le rétablir.

XXXIX°.

Page 102. Mon livre, vous irez à Rome.

Parve, nec invideo, sine me, liber, ibis in Urbem.

Ovide mourut dans son exil à Tomes : on a prétendu avoir retrouvé son tombeau en 1508, près de Stain, en Autriche, avec ces vers :

Hic situs est vates quem divi Cæsaris ira
Augusti patrio cedere jussit humo.
Sæpe miser voluit patriis occumbere terris ;
Sed frustra! hunc illi fata dedere locum.

Ces vers sont modernes. Le poëte avait fait lui-même l'épitaphe que l'on connaît :

Hic ego qui jaceo tenerorum lusor amorum,
Ingenio perii Naso poeta meo, etc.

Je ne sais si le vers que j'ai choisi pour l'épitaphe d'un poëte mort exilé dans un désert n'est pas plus touchant.

XL°.

Page 103. Qui s'accusait d'être le Barbare.

Barbarus hic ego sum, quia non intelligor illis.

XLIe.

Page 103. Ces tribus avaient disparu.

Elles s'étaient embarquées. « Une petite tribu de Francs, sous Probus, dit Eumène, se si-
« gnala par son audace. Embarquée sur le Pont-Euxin, elle attaqua la Grèce et l'Asie, prit
« Syracuse, désola les côtes de l'Afrique, et rentra victorieuse dans l'Océan. » (Eumène,
Paneg. Const.)

XLIIe.

Page 103. La Providence avait ordonné que je retrouverais la liberté au tombeau
d'Ovide.

Ainsi ce livre est motivé, et il y a une raison péremptoire pour la description des mœurs
et de la chasse des Francs. Cet incident, fort naturel d'ailleurs, et employé par plus d'un
poëte, va faire changer la scène.

XLIIIe.

Page 103. La hutte royale était déserte.

« Quemcumque mortalium arcere tecto nefas habetur. Pro fortuna quisque apparatis
« epulis excipit. Cum defecere, qui modo hospes fuerat, monstrator hospitii et comes pro-
« ximam domum non invitati adeunt : nec interest; pari humanitate accipiuntur. Notum
« ignotumque, quantum ad jus hospitii, nemo discernit. » (Tacit., *de Mor. Germ.*, xxi.)

XLIVe.

Page 103. Une île... consacrée à la déesse Hertha.

(Voyez Tacite, *Mœurs des Germains*, chap. xl.) Mon texte est la traduction abrégée de
tout le morceau.

XLVe.

Page 104. Ils étaient rangés en demi-cercle, etc. ; jusqu'à l'alinéa.

« Ils ne prennent point leur repas assis sur des chaises, mais ils se couchent par terre
« sur des couvertures de peaux de loups et de chiens, et ils sont servis par leurs enfants
« de l'un et de l'autre sexe qui sont encore dans la première jeunesse. A côté d'eux sont
« de grands feux garnis de chaudières et de broches, où ils font cuire de gros quartiers de
« viande. On a coutume d'en offrir les meilleurs morceaux à ceux qui se sont distingués
« par leur bravoure... Souvent leurs propos de table font naître des sujets de querelles, et
« le mépris qu'ils ont pour la vie est cause qu'ils ne font point une affaire de s'appeler en
« duel. » (Diod., liv. v, traduction de Terrasson.) Toutes ces coutumes, attribuées aux Gaulois par Diodore, se retrouvaient chez les Germains. Quant à la circonstance de la table
séparée que chaque convive avait devant soi, elle est prise dans Tacite, *de Mor. Germ.*
Voici un passage curieux d'Athénée : « Celtæ, inquit (Posidonius), fœno substrato, cibos
« proponunt super ligneis mensis a terra parum extantibus. Panis, et is paucus, cibus
« est : caro multa elixa in aqua, vel super prunis aut in verutis assa. Mensæ quidem hæc
« pura et munda inferuntur, verum leonum modo ambabus manibus artus integros tol-
« lunt, morsuque dilaniant; et si quid ægrius divellatur, exiguo id cultello præcidunt, qui
« vagina tectus et loco peculiari conditus in propinquo est... Convivæ plures ad cœnam
« si conveniant, in orbem consident. In medio præstantissima sedes est, veluti cœtus prin-
« cipis ejus nimirum qui cæteros vel bellica dexteritate vel nobilitate generis anteit, vel
« divitiis. Assidet huic convivator : ac utrinque deinceps pro dignitate splendoris quæ ex-
« cellunt. Adstant a tergo cœnantibus, qui pendentes clypeos pro armis gestent, hastati
« vero ex adverso in orbem sedent ac utrique cibum cum dominis capiunt. Qui sunt a
« poculis, potum ferunt in vasis ollæ similibus, aut fictilibus, aut argenteis. » (Athen.,
lib. iv, cap. xiii.) Il y aurait bien quelque chose à dire sur cette version du texte grec;
mais, après tout, elle est assez fidèle; elle ne manque pas d'une certaine élégance, et elle

a été revue par Casaubon, très-habile homme, quoi qu'on en dise. Le texte par lui-même n'ayant aucune beauté, j'ai préféré citer cette version de Dalechamp, accessible à plus de lecteurs.

XLVIe.

Page 104. Camulogènes.

Souvenir historique. (Voyez les *Commentaires de César*.) Tout le monde sait que Lutèce est Paris.

XLVIIe.

Page 104. Les quarante mille disciples des écoles d'Augustodunum.

Les écoles d'Autun étaient très-florissantes. Eumène les avait rétablies. Lors de la révolte de Sacrovir, il y avait quarante mille jeunes gens de la noblesse des Gaules rassemblés à Autun. (TACIT., *Ann.*, III, 43.) On sait que Marseille, du temps de Cicéron et d'Agricola, était appelée l'Athènes des Gaules. Sur Bordeaux, on peut consulter Ausone, qui nomme les professeurs célèbres de cette ville.

XLVIIIe.

Page 104. La révolte des Bagaudes.

Il y a plusieurs opinions sur les Bagaudes. J'ai adopté celle qui fait de ces Gaulois des paysans révoltés contre les Romains.

XLIXe.

Page 104. Les prêtres du banquet... ayant fait faire silence.

« Silentium per sacerdotes quibus tum et coercendi jus est, imperatur. » (TACIT., *de Mor. Germ.*, XI.)

L^e.

Page 104. Ces avides possesseurs de tant de palais, qui sont assez à plaindre, etc.

C'est le mot du Breton Caractacus, prisonnier à Rome. (Voyez ZONARE.)

LIe.

Page 105. Il sent en lui quelque chose qui le porte à brûler le Capitole.

C'est un roi des Barbares, je ne sais plus si c'est Alaric, Genseric ou un autre, qui a dit un mot à peu près semblable.

LIIe.

Page 105. L'assemblée applaudit à ce discours, en agitant les lances.

« Si displicuit sententia, fremitu aspernantur : si placuit, frameas concutiunt. » (TACIT., *de Mor. Germ.*, XI.)

LIIIe.

Page 105. Ignorez-vous que l'épée de fer d'un Gaulois...

Allusion à l'histoire de ce Gaulois qui mit son épée dans la balance où l'on pesait l'or qui devait racheter les Romains après la prise de leur ville par Brennus.

LIVe.

Page 105. Les Gaulois seuls ne furent point étonnés à la vue d'Alexandre.

Voyez la note LVIIIe du livre VI. Pour le reste de ce paragraphe, jusqu'à l'alinéa, on peut avoir recours à l'*Histoire romaine* de Rollin, tom. VII, pag. 330, où l'auteur a tracé toutes les conquêtes des Gaulois. On peut remarquer que j'ai sauvé l'invraisemblance du discours de Camulogènes, en faisant étudier ce Gaulois aux écoles d'Autun, de Marseille et de Bordeaux.

LVe.

Page 105. Nous défendons à nos enfants d'apprendre à lire.

Selon Procope, les Goths ne voulaient point qu'on instruisît leurs enfants dans les lettres; car, disaient-ils, celui qui est accoutumé à trembler sous la verge d'un maître ne regardera jamais une épée sans frayeur. (*De Bello Goth.*, lib. I.)

LVIe.

Page 106. Je ne me donnerai pas la peine de recueillir l'œuf du serpent à la lune nouvelle.

« Angues innumeri æstate convoluti, salivis faucium corporumque spumis artifici com-
« plexu glomerantur, anguinum appellatur. Druidæ sibilis id dicunt in sublime jactari,
« sagoque oportere intercipi, ne tellurem attingat. Profugere raptorem equo : serpentes
« enim insequi, donec arceantur amnis alicujus interventu. Experimentum ejus esse, si
« contra aquas fluitet vel auro vinctum. Atque ut est magnorum solertia occultandis frau-
« dibus sagax, certa luna capiendum censent... Ad victorias litium ac regum aditus, mire
« laudatur. » (PLIN., lib. XXIX, cap. III, 12.)

LVIIe.

Page 106. Tu mens.

C'est le démenti des Barbares qui mène encore aujourd'hui deux hommes à se couper la gorge. La vérité des mœurs dans tout ce livre, et surtout dans la scène qui le termine, m'a toujours paru faire plaisir aux juges instruits et faits pour être écoutés.

LVIIIe.

Page 106. Le lendemain, jour où la lune avait acquis toute sa splendeur, on décida dans le calme ce qu'on avait discuté dans l'ivresse.

« Coeunt, nisi quid fortuitum et subitum inciderit, certis diebus, cum aut inchoatur
« luna aut impletur. (TACIT., *de Mor. Germ.*, XI.) De reconciliandis invicem inimicis, et
« jugendis affinitatibus, et adsciscendis principibus, de pace denique ac bello, plerumque
« in conviviis consultant... Gens non astuta nec callida, aperit adhuc secreta pectoris li-
« centia joci. Ergo detecta et nuda omnium mens postera die retractatur : et salva utrius-
« que temporis, ratio est. Deliberant, dum fingere nesciunt; constituunt, dum errare non
« possunt. » (TACIT., *de Mor. Germ.*, XXII.)

SUR LE HUITIÈME LIVRE.

Ce livre, qui coupe le récit, qui sert à délasser le lecteur et à faire marcher l'action, offre en cela même, comme on l'a déjà dit, une innovation dans l'art qui n'a été remarquée de personne. S'il était difficile de représenter un ciel chrétien parce que tous les poëtes ont échoué dans cette peinture, il était difficile de décrire un enfer, parce que tous les poëtes ont réussi dans ce sujet. Il a donc fallu essayer de trouver quelque chose de nouveau après Homère, Virgile, Fénelon, le Dante, le Tasse et Milton. Je méritais l'indulgence de la critique; je l'ai en effet obtenue pour ce livre.

PREMIÈRE REMARQUE.

Page 107. Il admirait la peinture de l'état de l'Église, etc.; jusqu'au troisième alinéa.

Festinat ad eventum. L'objet du récit est rappelé, l'action marche; les nouvelles arrivées de Rome, le commencement de l'amour d'Eudore pour Cymodocée et de Cymodocée pour Eudore, promettent déjà des événements dans l'avenir. Ce sont là de très-petites choses, mais des choses qui tiennent à l'art et qui intéressent la critique. Si cela ne fait pas voir le génie, du moins cela montre le bon sens d'un auteur, et prouve que son ouvrage est le fruit d'un travail médité.

IIe.

Page 108. Combien le fils de Lasthénès est grand par le cœur et par les armes!

Quam fortis pectore et armis!
Heu quibus ille
Jactatus fatis! quæ bella exhausta canebat!
(*Æneid.*, lib. IV, v. 11.)

IIIe.

Page 108. Quelle est cette religion dont parle Eudore?
Premier mouvement de Cymodocée vers la religion.

IVe.

Page 108. Comme un voisin généreux, sans se donner le temps de prendre sa ceinture.

Εἰ γάρ τοι καὶ χρῆμ' ἐγχώριον ἄλλο γένηται,
Γείτονες ἄζωστοι ἔκιον, ζώσαντο δέ πηοί.
(Hésiod., *Opera et Dies*, v. 342.)

V^e.

Page 108. Allons dans les temples immoler des brebis à Cérès, etc.

Principio delubra adeunt, pacemque per aras
Exquirunt : mactant lectas de more bidentes

> Legiferæ Cereri, Phœboque, patrique Lyæo;
> Junoni ante omnes, cui vincla jugalia curæ.
> Ipsa, tenens dextra pateram, pulcherrima Dido,
> Candentis vaccæ media inter cornua fundit,
> Aut ante ora Deum pingues spatiatur ad aras.
> (*Æneid.*, IV, 56.)

Ai-je un peu trouvé le moyen de rajeunir ces tableaux, et de détourner à mon profit ces richesses?

VIᵉ.

Page 108. Cymodocée remplit son sein de larmes.

> ... Sinum lacrymis implevit obortis.

VIIᵉ.

Page 108. Ainsi le ciel rapprochait deux cœurs... Satan allait profiter de l'amour du peuple prédestiné... tout marchait à l'accomplissement des décrets de l'Éternel. Le prince des ténèbres achevait dans ce moment même, etc.

Transition qui amène la scène de l'enfer.

VIIIᵉ.

Page 109. Tombe et berceau de la mort.

> This Wild abyss,
> The womb of Nature, and perhaps her grave.
> (*Parad. lost*, II, 910.)

IXᵉ.

Page 109. Quand l'univers aura été enlevé ainsi qu'une tente.

« Terra... auferetur quasi tabernaculum unius noctis. » (Is., XXIV, 20.)

Xᵉ.

Page 109. Entraîné par le poids de ses crimes, il descend.

Satan, dans Milton, retourne aux enfers sur un pont bâti par le Péché et la Mort. Je ne sais si j'ai fait mieux ou plus mal que le poëte anglais.

XIᵉ.

Page 109. L'enfer étonne encore son monarque.

Je n'ai pris cela à personne; mais le mouvement de remords et de pitié qui suit est une imitation détournée du mouvement de pitié qui saisit le Satan de Milton à la vue de l'homme.

XIIᵉ.

Page 109. Un fantôme s'élance sur le seuil des portes inexorables : c'est la Mort.

Si l'on n'approuve pas cette peinture de la Mort, du moins elle a pour elle la nouveauté. Le portrait de la Mort, dans Milton, est mêlé de sublime et d'horrible, et ne ressemble en rien à celui-ci.

> The other shape,
> If shape it might be call'd that shape had none
> Distinguishable in member, joint, or limb,
> Or substance might be call'd that shadow seem'd,

V[e]

Page 118. Le premier objet qui me frappa dans les marais des Parisii, ce fut une tour octogone, consacrée à huit dieux gaulois.

Les Parisii étaient les peuples qui environnaient Lutèce, et ils composaient un des soixante ou des soixante-quatre peuples des Gaules : *Optima gens flexis in gyrum Sequana frenis*. Ils se battirent contre Labiénus, lieutenant de César. Le vieillard Camulogènes, qui les commandait, fut tué dans l'action ; et Lutèce, que les Parisii avaient mis en cendres de leurs propres mains, subit le joug des vainqueurs. (CÆSAR, *de Bell. Gall.*, lib. VII, cap. X ; *Ess. sur Paris*, pag. 5.) On croit que cette tour octogone, consacrée à huit dieux gaulois, était celle du cimetière des Innocents. (Voyez FÉLIBIEN et SAINT-FOIX.) Ce fut Philippe le Bel qui fit murer le cimetière des Saints-Innocents. (GUILL. LE BRETON, dans sa *Philippid.*, *apud Dubreuil*, 830.)

VIe

Page 118. Du côté du midi, à deux mille pas de Lutèce... on découvrait le temple d'Hésus.

Le temple d'Hésus, ou de Mercure, occupait l'emplacement des Carmélites du faubourg Saint-Jacques. (*Traité de la Police*, par LA MARE, tom. I, pag. 2.)

VIIe.

Page 118. Plus près, dans une prairie... s'élevait un second temple dédié à Isis.

Ce temple d'Isis est aujourd'hui l'abbaye de Saint-Germain des Prés. Le collége des prêtres d'Isis était à Issy. (Voyez LA MARE, *loc. cit.*; et SAINT-FOIX, *Essais*, tom. I, pag. 2.)

VIIIe.

Page 118. Et vers le nord, sur une colline.

C'est Montmartre. (Voyez la note XVe du livre VII.) Le temple de Teutatès est marqué par La Mare (LA MARE, tom. I, pag. 2.)

IXe.

Page 119. En approchant de la Sequana, j'aperçus, à travers un rideau de saules et de noyers, etc.

Tout cela est de Julien (*in Misopogon*). Il y a bien loin de ces saules au Louvre. Ce qu'on dit ici de la Seine est précisément l'opposé de ce qui existe aujourd'hui. On trouve, dans Grégoire de Tours et dans les *Chroniques*, divers débordements de la Seine : ainsi il ne faut pas croire Julien trop implicitement.

X[e].

Page 119. Deux ponts de bois, défendus par deux châteaux, etc.

Ces ponts étaient de bois du temps de l'empereur Julien (*in Misopogon*), et Duplessis montre très-bien qu'ils devaient être encore de bois avant cet empereur. (*Ann. de Paris*, pag. 5.) Quant aux châteaux où l'on paye le tribut à César, Saint-Foix les retrouve dans le petit et le grand Châtelet. La Mare et Félibien prétendent que ces châteaux furent bâtis par César. (*Traité de la Police*, tom. I; FÉLIBIEN, tom. I, pag. 2-13.) Du temps de Corrozet, on lisait encore, sur une des portes du grand Châtelet : *Tributum Cæsaris*. (CORROZET, *Antiquités de Paris*, édit. in-8°, pag. 1550, fol. 12, verso.) Abbon, dans son poëme sur le *Siége de Paris*, parle du grand et du petit Châtelet.

> . . . . . Horum (pontium) hinc inde tutrices
> Cis urbem speculare phalas (turres), citra quoque flumen.
> (Lib. I, *Bellorum Parisiacæ urbis*, v. 18, 19.)

XIXᵉ.

Page 111. Au centre de l'abîme... s'élève... un noir château, etc.; jusqu'à l'alinéa.

Ceci ne ressemble point au Pandæmonium du *Paradis perdu*.

> Anon out of the earth a fabric huge
> Rose, like an exhalation, with the sound
> Of dulcet symphonies and voices sweet;
> Built like a temple, where pilasters round
> Were set, and doric pillars overlaid
> With golden architrave; nor did there want
> Cornice or freeze, with bossy sculptures graven;
> The roof was fretted gold.

Le Dante a une cité infernale un peu plus ressemblante à mon palais de Satan; mais à peine reconnaît-on quelques traits de ma description.

> Omai figliuolo,
> S' appressa la città ch' ha nome Dite. . . .
> . . . . Già le sue meschite
> Là entro certo nella valle cerno
> Vermiglie come se di fuoco uscite. . .
>
> (*Inf.*, cant. vIII.)

> . . . .
> L'occhio m' avea tutto tratto
> Ver l' alta torre alla cima rovente,
> Ove in un punto vidi dritte ratto
> Tre Furie infernal di sangue tinte. . . .

Le Tasse n'a point décrit ce palais infernal. Les amateurs de l'antiquité verront comment j'ai dérobé au Tartare, pour les placer dans un enfer chrétien, l'ombre stérile des Songes, les Furies, les Parques et les neuf replis du Cocyte. Le Dante, comme on le voit, a mis les Furies sur le donjon de la *città dolente*.

XXᵉ.

Page 112. L'Éternité des douleurs, etc.

C'est la fiction la plus hardie des *Martyrs*, et la seule de cette espèce que l'on rencontre dans tout l'ouvrage.

XXIᵉ.

Page 112. Il ordonna aux quatre chefs, etc.

C'est ainsi que le Satan de Milton et celui du Tasse convoquent le sénat des enfers.

> Chiama gli abitator, etc.

Vers magnifiques, dont je parlerai au xvIIᵉ livre.

XXIIᵉ.

Page 112. Ils viennent tels que les adorent.

C'est l'Olympe dans l'enfer, et c'est ce qui fait que cet enfer ne ressemble à aucun de ceux des poëtes mes devanciers. L'idée d'ailleurs est peut-être assez heureuse, puisqu'il s'agit de la lutte des dieux du paganisme contre le véritable Dieu : enfin ce merveilleux est selon ma foi; tous les Pères ont cru que les dieux du paganisme étaient de véritables démons.

XXIIIᵉ.

Page 112. Filles du ciel, etc.

Tout ceci est à moi, et le fond de cette doctrine est conforme aux dogmes chrétiens.

XXIVᵉ.

Page 112. Non plus comme cet astre du matin, etc.

Le Tasse compare Satan au mont Athos, et Milton à un soleil éclipsé.

XXVᵉ.

Page 113. Dieux des nations.

L'exposition du côté *heureux* de l'action, et la désignation des *bons* personnages, se sont faites dans le ciel; dans l'enfer on va voir l'exposition du côté *infortuné* de la même action, et la désignation des personnages *méchants*.

XXVIᵉ.

Page 114. Moi je l'aurai couronné en exterminant les chrétiens.

Ce démon propose un des avis qui seront adoptés par Satan, c'est-à-dire la persécution sanglante; et Satan ne sait pas que Dieu a décrété cette persécution pour éprouver les chrétiens. L'enfer obéit à Dieu en croyant lui résister.

XXVIIᵉ.

Page 114. Alors le démon de la fausse sagesse.

Ce démon n'avait point été peint avant moi. Il est vrai qu'il a été mieux connu de notre temps que par le passé, et qu'il n'avait jamais fait tant de mal aux hommes. On a paru trouver bien que le démon de la fausse sagesse fût le père de l'Athéisme. Il semble aussi qu'on ait applaudi à cette expression : *Née après les temps*, par opposition à la vraie sagesse, *née avant les temps*.

XXVIIIᵉ.

Page 115. Déjà Hiéroclès...

Voilà, comme je l'ai dit, la désignation du personnage vicieux, et la peinture de la fausse philosophie, second moyen qui doit servir à perdre les chrétiens.

XXIXᵉ.

Page 115. A ce discours de l'esprit le plus profondément corrompu de l'abîme, les démons, etc.

La peinture du tumulte aux enfers est absolument nouvelle. Le suaire embrasé, la chape de plomb, les glaçons qui pendent aux yeux remplis de larmes des malheureux habitants de l'abîme, sont des supplices consacrés par le Dante.

XXXᵉ.

Page 115. Le démon de la volupté.

Ce portrait est encore tout entier de l'imagination de l'auteur. Il y a dans la *Messiade* un démon repentant, Abadonis; mais c'est une tout autre conception. Au reste, le démon des voluptés sera en opposition avec l'ange des saintes amours.

XXXIᵉ.

Page 117. Le chaos, unique et sombre voisin de l'enfer.

C'est Milton qui met le chaos aux portes de l'enfer, et c'est Virgile qui, embellissant Homère, fait pénétrer la lumière au séjour des mânes par un coup du trident de Neptune.

XXXIIe.

Page 117. Ces oiseaux douteux.

Il était assez difficile de peindre noblement une chauve-souris.

XXXIIIe.

Page 117. Sous le vestibule, etc. ; jusqu'à la fin du livre.

Tout ce passage est nouveau, et ne rappelle aucune imitation. Les mots qui terminent le livre font voir l'action prête à commencer.

Il y a une chose peut-être digne d'être observée : on a pu voir, par les notes de ce livre, que les imitations y sont moins nombreuses que dans les livres mythologiques ; la raison en est simple : il faut beaucoup imiter les anciens et fort peu les modernes ; on peut suivre les premiers en aveugle, mais on ne doit marcher sur les pas des seconds qu'avec précaution.

SUR LE NEUVIÈME LIVRE.

PREMIÈRE REMARQUE.

Page 118. Si Hiéroclès avait pu voir...

Transition par laquelle on retourne de l'action au récit. Les *derniers moments de paix* de la famille chrétienne motivent la continuation du récit : on peut écouter ce récit, puisque le calme règne encore ; mais on voit qu'à l'instant où le récit finira, les maux commenceront.

IIe.

Page 118. Sont assis à la porte du verger.

Le lieu de la scène est changé. Les familles sont à présent rassemblées dans l'endroit où Eudore et Cymodocée ont chanté sur la lyre.

IIIe.

Page 118. Constance se trouvait alors à Lutèce.

Selon divers auteurs, le nom de Lutèce (Paris) vient du latin *lutum*, qui veut dire fange ou boue, ou de deux mots celtiques qui signifient la belle pierre, ou la pierre blanche. (DUPLESSIS, *Ann. de Paris*, pag. 2.)

IVe.

Page 118. Les Belges de la Sequana.

Sequana, la Seine.

Il y avait trois Gaules : la Gaule Celtique, la Gaule Aquitanique et la Gaule Belgique. Celle-ci s'étendait depuis la Seine et la Marne jusqu'au Rhin et à l'Océan. (CÆS., lib. I, pag. 2.)

> For each seem'd either; black it stood as night,
> Fierce as ten furies, terrible as hell,
> And shook a dreadful dart; what seem'd his head
> The likeness of a kingly crown had on.
> (*Parad. lost*, II. 666.)

XIIIe.

Page 110. C'est le Crime qui ouvre les portes.

Dans *Le Paradis perdu*, le Péché et la Mort veillent aux portes de l'enfer, qu'ils ont ouvertes; mais ces portes ne se referment plus.

XIVe.

Page 110. Des nuées arides.

> Nubes-arida. (VIRG.)

XVe.

Page 110. Qui pourrait peindre l'horreur.

Je ne me suis point appesanti sur les tourments trop bien et trop longuement décrits par le Dante. On n'a pas remarqué ce qui distingue essentiellement l'enfer du Dante de celui de Milton : l'enfer de Milton est un enfer avant la chute de l'homme, il ne s'y trouve encore que les anges rebelles; l'enfer du Dante engloutit la postérité malheureuse de l'homme tombé.

XVIe.

Page 111. Il rit des lamentations du pauvre.

Je suis, je crois, le premier auteur qui ait osé mettre le pauvre aux enfers. Avant la révolution, je n'aurais pas eu cette idée. Au reste, on a loué cette justice. Si Satan prêche ici une très-bonne morale, rien ne blesse la convenance et la réalité même des choses. Les démons connaissent le bien et font le mal; c'est ce qui les rend coupables. Ils applaudissent à la justice qui leur donne des victimes. D'après ce principe, admis par l'Église, on suppose dans les canonisations qu'un orateur plaide la cause de l'enfer, et montre pourquoi le saint, loin d'être récompensé, devrait être puni.

XVIIe.

Page 111. Tu m'as préféré au Christ.

Même principe. Satan sait qu'il n'est pas le fils de Dieu, et pourtant il veut être son égal aux yeux de l'homme. L'homme une fois tombé, Satan rit de la crédulité de sa victime.

XVIIIe.

Page 111. La peine du sang.

Aucun poëte, avant moi, n'avait songé à mêler la peine du *dam* à la peine du sang, et les douleurs morales aux angoisses physiques. Les réprouvés, chez le Dante, sentent, il est vrai, quelque mal de cette espèce; mais l'idée de ces tourments est à peine indiquée. Quant aux grands coupables qui sortent du sépulcre, quelques personnes sont fâchées que j'aie employé ces traditions populaires. Je pense, au contraire, qu'il est permis d'en faire usage, à l'exemple d'Homère et de Virgile, et qu'elles sont en elles-mêmes fort poétiques, quand on les ennoblit par l'expression. On en voit un bel exemple dans le serment des Seize (*Henriade*). Pourquoi la poésie serait-elle plus scrupuleuse que la peinture? Et ne pouvais-je pas offrir un tableau qui a du moins le mérite de rappeler un chef-d'œuvre de Le Sueur?

On demande si ces tours étaient bâties au bout du Pont-au-Change et du Petit-Pont, où étaient le grand et le petit Châtelet, ou si elles étaient sur le pont que Charles le Chauve avait fait construire à l'extrémité occidentale de la ville. (Voyez *Annales de Paris*, pag. 171, 172.)

XIe.

Page 119. Et je ne vis dans l'intérieur du village, etc.

C'est toujours Julien qui est ici l'autorité.

XIIe.

Page 119. Je n'y remarquai qu'un seul monument, etc.

Les Nautes étaient une compagnie de marchands établis par les Romains à Lutèce, *Nautæ parisiaci*. Ils présidaient au commerce de la Seine : ils avaient élevé un temple ou un autel à Jupiter, à l'extrémité orientale de l'île. On trouva des débris de ce monument en 1710, ou le 15 mars 1711, en fouillant dans le chœur de la cathédrale. (Voyez *Mémoires de l'Académie des inscriptions*, tom. III, pag. 243 et 296; Félibien, *Histoire de Paris*, tom. I, pag. 14 ; Piganiol de la Force, *Description de Paris*, tom. I, pag. 360.)

XIIIe.

Page 119. Mais hors de l'île, de l'autre côté... de la Sequana, on voyait sur la colline Lucotitius un aqueduc romain, un cirque, un amphithéâtre, et le palais des Thermes habité par Constance.

La colline Lucotitius, *mons* ou *collis Lucotitius*. — C'est la montagne Sainte-Geneviève. On trouve ce nom employé pour la première fois dans les *Actes des saints de l'ordre de Saint-Benoît*, par Gislemar, écrivain du neuvième siècle.

Un aqueduc romain. — C'est l'aqueduc d'Arcueil, qui, selon les meilleurs critiques, fut bâti avant l'arrivée de Julien dans les Gaules. L'aqueduc moderne est peut-être élevé sur l'emplacement de l'ancien. (*Mémoires de l'Académie des inscriptions*, tom. XIV, pag. 268.)

Un cirque, un amphithéâtre. — On avait cru ce cirque bâti par Chilpéric Ier; mais il est prouvé qu'il ne fut que le restaurateur d'un ancien cirque romain. Outre ce cirque, il y avait au même lieu un amphithéâtre. Tous ces monuments occupaient la place de l'abbaye de Saint-Victor, ou l'espace qui s'étendait depuis les murs de l'université jusqu'à la rue Villeneuve-Saint-René. On appela longtemps ce terrain le Clos des Chênes. (*Annales de Paris*, pag. 67 et 68; Vales, *Not. Gall. Paris*, pag. 432, etc.)

Et le palais des Thermes. — L'opinion vulgaire est que le palais des Thermes, dont on voit encore les voûtes rue de la Harpe, fut bâti par Julien. C'est une erreur; Julien agrandit peut-être ce palais, mais il ne le bâtit pas. Les meilleurs critiques en font remonter la fondation au moins à Constantin le Grand, et je crois qu'il est plus naturel encore de l'attribuer à Constance son père, qui fit un bien plus long séjour dans les Gaules. (Vales, *de Basilic. reg.*, cap. V; Till., *Hist. des Emp.*, tom. IV, pag. 426.)

XIVe.

Page 119. Je remarquai avec douleur, etc.

Constance mourut d'une maladie de langueur. On lui avait donné le surnom de Chlore, à cause de la pâleur de son visage.

XVe.

Page 119. Là brillaient Donatien et Rogatien.

L'auteur continue à faire passer sous les yeux du lecteur les évêques, les saints et les martyrs de cette époque, partout où se trouve Eudore, afin de compléter le tableau de l'Église.

Donatien et Rogatien étaient de Nantes. Donatien fut l'apôtre de son frère; il le convertit à la foi. Ils eurent la tête tranchée ensemble, après avoir été longtemps tourmentés. On les retrouvera à Rome dans la prison d'Eudore. (*Actes des martyrs*, tom. I, pag. 398.)

XVIe.

Page 119. Gervais et Protais.

On connaît l'admirable tableau du martyre de ces deux jeunes hommes, par Le Sueur. Procula fut évêque de Marseille, et Just le fut de Lyon. Quant à saint Ambroise, il était en effet fils d'un préfet des Gaules; mais il y a ici anachronisme, de même que pour saint Augustin, dont saint Ambroise fut le père spirituel.

XVIIe.

Page 119. Il me fit bientôt appeler dans les jardins, etc.

Ces jardins étaient ceux du palais des Thermes et ils le furent dans la suite du palais de Chilpéric Ier. Ils occupaient le terrain des rues de la Harpe, Pierre-Sarrasin, Hautefeuille, du Jardinet, et descendaient jusqu'à l'église de Saint-Germain des Prés. Saint-Germain des Prés, comme je l'ai dit, était le temple d'Isis. (*Annales de Paris*, pag. 26.)

XVIIIe.

Page 120. Vous vous souvenez peut-être, etc.

Voici encore l'action dans le récit : elle fait même ici un pas considérable. Galérius est presque le maître; il épouse Valérie, et il est gendre de Dioclétien. On entrevoit l'abdication de celui-ci. Constantin est persécuté. Hiéroclès est devenu proconsul d'Achaïe, et c'est dans ce commandement funeste qu'il a connu Cymodocée. Le lecteur apprend des faits importants, et il n'a plus rien à savoir de nécessaire lorsque le récit finira. Si j'insiste là-dessus, on doit me le pardonner, parce que je réponds à une critique grave, et qui (du moins je le crois) est peu fondée. Jamais, encore une fois, récit épique ne fut plus lié à l'action que le récit d'Eudore ne l'est au fond des *Martyrs*. Au reste, ce que Constance rapporte de la victoire de Galérius sur les Parthes, de son mariage avec Valérie, du combat de Constantin contre un lion et contre les Sarmates, de la rivalité de Constantin et de Maxence, est conforme à l'histoire.

XIXe.

Page 120. Les Pictes avaient attaqué la muraille d'Agricola, etc.

Agricola, beau-père de Tacite, et dont ce grand historien nous a laissé la vie.

La muraille dont il est ici question est appelée plus justement la muraille de Sévère. Ce fut lui qui la fit élever sur les anciennes fortifications bâties par Agricola. Elle s'étendait du golfe de Glote, aujourd'hui la rivière de Clyde, au golfe de Bodotrie, maintenant la rivière de Forth. On en voit encore quelques ruines. Les Pictes étaient une nation de l'Écosse ou de la Calédonie. On les appelait ainsi parce qu'ils se peignaient le corps, comme font encore les sauvages de l'Amérique. Ce fut en allant combattre cette nation, qui s'était soulevée, que Constance mourut à York d'une maladie de langueur, et ce fut dans cette ville que les légions proclamèrent Constantin César.

XXe.

Page 120. D'une autre part, Carrausius...

Carrausius était un habile officier de marine qui servait sous Maximien dans les Gaules. Il se révolta, s'empara de la Grande-Bretagne, et garda sur le continent le port de Boulogne. Maximien, ne pouvant le punir, fut obligé de le reconnaître en lui laissant le titre d'Auguste. Constance Chlore l'attaqua, et fut plus heureux : il reprit sur lui Boulogne. Carrausius ayant été tué par Allectus, autre tyran qui lui succéda, Constance passe en

Angleterre, défait Allectus, et fait rentrer l'île sous la domination des Romains. On voit en quoi je me suis écarté de la vérité historique. (Eum. *Paneg. Const.*)

XXIe.

Page 120. Le reste des anciennes factions de Caractacus et de la reine Boudicée.

Le reste de ces anciennes factions n'était autre chose que l'amour de la liberté, qui força plusieurs fois les Bretons de se révolter contre leurs maîtres. Sous l'empire de Claude, Caractacus, prince breton, défendit sa patrie contre Plautius, général des Romains. Il fut pris, conduit à Rome, parla noblement à l'empereur, et dit, à la vue des palais de Rome, ce mot que j'ai mis dans la bouche de Chlodéric, liv. II. (*Voyez* la note 1.e du même livre.)

La reine Boudicée défendit aussi courageusement les Bretons contre les Romains. Son nom n'est pas harmonieux, mais la gloire et Tacite l'ont ennobli. (Voyez *Vita Agric.*)

XXIIe.

Page 120. Maître de la cavalerie.

Magister equitum; grande charge militaire chez les Romains.

XXIIIe.

Page 120. Colonie que les Parisii des Gaules, etc.

Les Parisiens ne se doutent guère qu'ils ont fait des conquêtes en Angleterre. César nous apprend d'abord que les Belges, c'est-à-dire les Gaulois de la Gaule Belgique, s'emparèrent autrefois des côtes de la Grande-Bretagne, et qu'ils y conservèrent le nom des peuples dont ils étaient sortis. (*De Bello Gallic.*, lib. v, cap. 12.) Les Parisii, qui étaient une des nations de la Gaule Belgique, s'établirent, selon Ptolémée, dans le pays des Bragantes, aujourd'hui l'Yorkshire. Ils fondèrent une colonie qui, selon le même Ptolémée, s'appelait *Petuaria* (*Geogr.*, lib. II, pag. 51.) Le savant Cambden fixe cette colonie de Parisiens sur la rivière de Hull, et près de l'embouchure du Humber. Il retrouve Petuaria dans le bourg de Beverley. (Cambden, *Britann.*, pag. 576 et 577.)

XXIVe.

Page 120. Sur le Thamésis... Londinum.

Les anciens sont d'une grande exactitude dans leur description du climat d'Angleterre, et l'on peut remarquer qu'il n'a pas varié depuis le temps de César et de Tacite. (Cæsar, lib. VI, cap. XII; Tac., *in Vit. Agric.*) Et, quand on lit ce passage de Strabon, on croit être transporté à Londres. « Aer apud eos imbribus magis est quam nivibus obnoxius : « ac sereno etiam cœlo caligo quædam multum temporis obtinet; ita ut toto die non ultra « tres aut quatuor quæ sunt circa meridiem horas, conspici sol possit. » (*Geogr.*, lib. IV, pag. 200.)

XXVe.

Page 120. Là s'élevait une vieille tour.

C'est une fiction par laquelle l'auteur, suivant son sujet, fait voir le triomphe de la croix, et l'Angleterre convertie au christianisme. Cette fiction a de plus l'avantage de rappeler l'antique abbaye où se rattache toute l'histoire des Anglais.

XXVIe.

Page 121. Il envoya à l'empereur mes lettres couronnées.

C'était l'usage après une victoire. Tacite raconte qu'Agricola, après ses conquêtes sur les Bretons, évita de joindre des feuilles de laurier à ses lettres, dans la crainte d'éveiller la jalousie de Domitien. (*In Agric.*)

XXVIIe.

Page 121. Il sollicita et obtint pour moi la statue.

Cette phrase porte avec elle son explication. Lorsque le triomphe ne fut plus en usage, ou qu'il fut réservé pour les empereurs, on accorda aux généraux vainqueurs des statues et différents honneurs militaires.

XXVIIIe.

Page 121. Me créa commandant des contrées armoricaines.

Les contrées armoricaines comprenaient la Normandie, la Bretagne, la Saintonge, le Poitou. Le centre de ces contrées était la Bretagne, dite par excellence l'Armorique. Lorsque les dieux des Romains et les ordonnances des empereurs eurent chassé des Gaules la religion des druides, elle se retira au fond des bois de la Bretagne, où elle exerça encore longtemps son empire. On croit que le grand collége des druides y fut établi. Ce qu'il y a de certain, c'est que la Bretagne est remplie de pierres druidiques. Pomponius Méla et Strabon placent sur les côtes de la Bretagne l'île de Sayne, consacrée au culte des dieux gaulois. Nous reviendrons sur ce sujet.

XXIXe.

Page 121. Nous nous retrouverons.

Nouveau regard sur l'action. Prédiction qui s'accomplit.

XXXe.

Page 121. Vous apercevez les plus beaux monuments.

Le pont du Gard, l'amphithéâtre de Nîmes, la Maison Carrée, et le Capitole de Toulouse, etc.

XXXIe.

Page 121. Les huttes arrondies des Gaulois, leurs forteresses de solives et de pierres.

« Muris autem omnibus gallicis hæc fere forma est. Trabes directæ, perpetuæ in longi- « tudinem, paribus intervallis, distantes inter se binos pedes, in solo collocantur. Hæ re- « vinciuntur introrsus et multo aggere vestiuntur; ea autem quæ diximus intervalla, « grandibus in fronte saxis effarciuntur, etc. » (*In Bel. Gal.*, lib. VII.) Aux pierres près, les paysans de la Normandie bâtissent encore ainsi leurs chaumières; et, comme le remarque César, cela fait un effet assez agréable à la vue.

XXXIIe.

Page 121. A la porte desquelles sont cloués des pieds de louves.

« Ils pendent au cou de leurs chevaux les têtes des soldats qu'ils ont tués à la guerre. « Leurs serviteurs portent devant eux les dépouilles encore toutes couvertes du sang des « ennemis... Ils attachent les trophées aux portes de leurs maisons, comme ils le font à « l'égard des bêtes féroces qu'ils ont prises à la chasse. » (DIOD., liv. V, trad. de Terras.) De là les pieds de loup, de renard, les oiseaux de proie, que l'on cloue encore aujourd'hui à la porte des châteaux.

XXXIIIe.

Page 121. La jeunesse gauloise.

On a déjà parlé des écoles des Gaules. (*Voyez* la note XLVIIe du livre VII.)

XXXIVe.

Page 121. Un langage grossier, semblable au croassement des corbeaux.

C'est Julien qui le dit. (*In Misopog.*)

XXXVe.

Page 121. Où l'eubage, etc.

On parlera plus bas de ces sacrifices.

XXXVIe.

Page 121. Le Gaulois devenu sénateur.

Si l'on en croit Suétone, César reçut dans le sénat des demi-barbares, « qui se dépouil-« lèrent de leurs brayes pour prendre le laticlave. » (Suet., *in Vita Cæsar.*) Ce ne fut pourtant que sous le règne de Claude que les Gaulois furent admis légalement dans le sénat.

XXXVIIe.

Page 122. J'ai vu les vignes de Falerne, etc.

L'empereur Probus fit planter des vignes aux environs d'Autun, et c'est à lui que nous devons le vin de Bourgogne. (Vopisc., *in Vita Prob.*) Mais il y avait des vignes dans les Gaules bien avant cette époque; car Pline dit que de son temps on aimait le vin gaulois en Italie: *in Italia gallicam placere* (*uvam*) (lib. xiv). Il ajoute même qu'on avait trouvé près d'Albi, dans la Gaule Narbonnaise, une vigne qui prenait et perdait sa fleur dans un seul jour, et qui par conséquent était presque à l'abri des gelées. On la cultivait avec succès. (Vopisc., *in Vita Prob.*) Domitien avait fait arracher les vignes dans les provinces, et particulièrement dans les Gaules. L'olivier fut apporté à Marseille par les Phocéens. Ainsi l'olivier croissait dans les Gaules avant qu'il fût répandu en Italie, en Espagne et en Afrique; car, selon Fenestella, cité par Pline, cet arbre était encore inconnu à ces pays sous le règne de Tarquin le Superbe. (Plin., lib. xv.) Marseille fut fondée 600 ans avant Jésus-Christ, et Tarquin régnait à Rome 590 ans avant Jésus-Christ.

XXXVIIIe.

Page 122. Ce que l'on admire partout dans les Gaules... ce sont les forêts.

Que les forêts étaient remarquables dans les Gaules, je le tire de plusieurs faits :

1° Les Gaulois avaient une grande vénération pour les arbres. On sait le culte qu'ils rendaient au chêne. Pline cite le bouleau, le frêne et l'orme gaulois pour la bonté. (Lib. xvi.)

2° Les Gaulois apprirent des Marseillais à labourer et à cultiver la vigne et l'olivier. (Justin., xliii.) Ils ne vivaient auparavant que de lait et de chasse, ce qui suppose des forêts.

3° Strabon, parlant des Gaulois, met au nombre de leurs récoltes les glands, par lesquels il faut entendre, comme les Grecs et les Latins, tous les fruits des arbres glandifères. (Strabon, liv. iv.)

4° Pline, en parlant des foins, cite la faux des Gaulois comme plus grande, et propre aux vastes pâturages de ce pays. (Lib. xviii, 27, 30.) Or tout pays abondant en pâturages est presque toujours entrecoupé de forêts.

5° Pomponius Mela dit expressément que la Gaule était semée de bois immenses consacrés au culte des dieux. (Lib. iii, cap. xi.)

6° On voit souvent, dans César et dans Tacite, les armées traverser des bois.

7° On remarque la même chose dans l'expédition d'Annibal, lorsqu'il passa d'Espagne en Italie.

8° Parmi les bois connus, je citerai celui de Vincennes, consacré dans toute l'antiquité au dieu Sylvain. (*Mém. de l'Acad. des inscript.*, tom. xiii, pag. 329.)

9° Marseille fut fondée dans une épaisse forêt.

10° Selon saint Jérôme, les bois des Gaules étaient remplis d'une espèce de porcs sauvages très-dangereux.

11° La terminaison *oel*, si fréquente en langue celtique, veut dire *bois*. Quelques auteurs ont cru que le mot gaulois venait du celte *galt*, qui signifie *forêt* : j'ai adopté une autre étymologie de ce nom.

12° Presque tous les anciens monastères des Gaules furent pris sur des terres du désert (*ab eremo*), comme le prouve une foule d'actes cités par Du Cange, au mot *eremus*. Ces déserts étaient des bois, comme je l'ai prouvé dans le *Génie du Christianisme*.

13° Strabon fait mention de grandes forêts qui s'étendaient dans les pays des Morins, des Suessiones, des Caleti, depuis Dunkerque jusqu'à l'embouchure de la Seine, quoique, dit-il, les bois ne soient pas aussi grands ni les arbres aussi élevés qu'on l'a écrit. (Lib. IV.)

14° Enfin, si nous jugeons des Gaules par la France, je n'ai point vu en Amérique de plus belles forêts que celles de Compiègne et de Fontainebleau. Nemours, qui touche à cette dernière, indique encore dans son nom son origine.

XXXIX°.

Page 122. On voit çà et là, dans leur vaste enceinte, quelques camps romains abandonnés.

Il y a une multitude de ces camps, connus par toute la France sous le nom de *Camps de César*. Le plus célèbre est en Flandre.

XL°.

Page 122. Les graines que les soldats, etc.

J'ai vu aussi dans les forêts d'Amérique de grands espaces abandonnés, où des colons avaient semé des graines d'Europe. Ces colons étaient morts loin de leur patrie, et les plantes de leurs pays, qui leur avaient survécu, ne servaient qu'à nourrir l'oiseau des déserts.

XLI°.

Page 122. Je me souviens encore aujourd'hui d'avoir, etc.

J'ai été témoin d'une scène à peu près semblable : c'était au milieu des ruines de la villa Adriana, près de Tibur ou Tivoli, à quatre lieues de Rome. J'ai mis ici la musette, qui est gauloise, et que Diodore semble avoir voulu indiquer comme instrument de musique guerrière. Les montagnards écossais s'en servent encore aujourd'hui dans leurs régiments.

XLII°.

Page 122. Porte décumane.

On l'appelait encore porte questorienne. Les camps romains avaient quatre portes : extraordinaire ou prétorienne, droite principale, gauche principale, questorienne ou décumane.

XLIII°.

Page 122. Lorsqu'il porta la guerre chez les Vénètes.

«Hos ego Venetos existimo Venetiarum in Adriatico sinu esse auctores. » (STRAB., lib. IV, pag. 195.) D'après cet auteur, les Vénitiens seraient une colonie de Bretons de Vannes. Les Vénètes avaient une forte marine, et César eut beaucoup de peine à les soumettre. (*De Bell. Gall.*)

On retrouve le nom des Curiosolites dans celui de Corsent, petit village de Bretagne, où l'on a découvert des antiquités romaines. On y voit aussi des fragments d'une voie romaine, qui n'est pas tout à fait détruite.

XLIVᵉ.

Page 123. Cette retraite me fut utile.

Préparation qui annonce à la fois et le retour d'Eudore à la religion, et la chute qui doit l'y ramener.

XLVᵉ.

Page 123. Les soldats m'avertirent, etc.

Ici commence l'épisode de Velléda, qui n'est point oiseux comme celui de Didon, puisqu'il est intimement lié à l'action, et qu'il produit la conversion d'Eudore.

XLVIᵉ.

Page 123. Je n'ignorais pas que les Gaulois confient aux femmes, etc.

Saint-Foix a bien décrit les autorités :

« L'administration des affaires civiles et politiques avait été confiée pendant assez long-
« temps à un sénat de femmes choisies par les différents cantons. Elles délibéraient de la
« paix, de la guerre, et jugeaient les différends qui survenaient entre les vergobrets, ou de
« ville à ville. Plutarque dit qu'un des articles du traité d'Annibal avec les Gaulois por-
« tait : Si quelque Gaulois a sujet de se plaindre d'un Carthaginois, il se pourvoira devant
« le sénat de Carthage établi en Espagne ; si quelque Carthaginois se trouve lésé par un
« Gaulois, l'affaire sera jugée par le conseil suprême des femmes gauloises. (SAINT-FOIX,
Essais sur Paris.)

XLVIIᵉ.

Page 123. Braves, comme tous les Gaulois, etc.

Cela ressemble bien aux Bretons d'aujoud'hui.

XLVIIIᵉ.

Page 123. Claire, pasteur des Rhédons.

Toujours la peinture des progrès de l'Église. Clair fut le second évêque de Nantes.

XLIXᵉ.

Page 124. Je la voyais jeter tour à tour en sacrifice, dans le lac, des pièces de toile, etc.

Il y a deux autorités principales pour ce passage : celle de Posidonius, cité par Strabon, et celle de Grégoire de Tours. Le savant Pelloutier s'en est servi ; on peut les voir, tome II, pages 104 et 107 de son ouvrage. On a voulu plaisanter sur les sacrifices de Velléda, et trouver qu'ils étaient hors de propos : cette critique est bien peu solide. Ce n'est pas un voyage *particulier* que fait Velléda : elle va à une assemblée publique ; sa barque est chargée des dons des peuples, qu'elle offre pour ces peuples au lac ou à la divinité des lacs.

Lᵉ.

Page 124. Sa taille haute, etc. ; jusqu'à l'alinéa.

Les détails du vêtement de Velléda seront éclaircis dans les notes suivantes. Elle porte une robe noire, parce qu'elle va dévorer les Romains. On a vu note LXXIᵉ du livre VII, les femmes des Cimbres et des Bretons vêtues de robes noires. Ammien Marcellin a fait un portrait des Gauloises qui peut, au milieu de la grossièreté des traits, justifier le caractère de force et les passions décidées que je donne à Velléda : « La femme gauloise surpasse
« son mari en force ; elle a les yeux encore plus sauvages : quand elle est en colère, sa
« gorge s'enfle, elle grince les dents, elle agite ses bras aussi blancs que la neige, et porte

« des coups aussi vigoureux que s'ils partaient d'une machine de guerre. » Il faut supposer que ces Gauloises étaient des femmes du peuple : il n'est guère probable que cette Éponine, si célèbre, si tendre, si dévouée, ressemblât pour la grossièreté aux Gauloises d'Ammien Marcellin. Si nous en croyons les vers des soldats romains, César, qui avait aimé les plus belles femmes de l'Italie, ne dédaigna pas les femmes des Gaules. Sabinus, longtemps après, se vantait d'être descendu de César. Enfin, nous avons un témoignage authentique, c'est celui de Diodore ; il dit en toutes lettres que les Gauloises étaient d'une grande beauté : *Feminas licet elegantes habeant.*

LIe.

Page 124. Une de ces roches isolées.

J'ai vu quelques-unes de ces pierres auprès d'Autun, deux autres en Bretagne, dans l'évêché de Dol, et plusieurs autres en Angleterre. On peut consulter Kesler, *Ant. select. sept.*

LIIe.

Page 124. Un jour le laboureur.

Scilicet et tempus veniet cum finibus illis
Agricola, incurvo terram molitus aratro, etc.

LIIIe.

Page 124. Au-gui-l'an-neuf !

« Les druides, accompagnés des magistrats, et du peuple qui criait *au-gui-l'an-neuf*, « allaient dans une forêt, etc. » (SAINT-FOIX, tom. I.)

Ne serait-il pas possible que ce refrain *ô gué*, qui termine une foule de vieilles chansons françaises, ne fût que le cri sacré de nos aïeux?

LIVe.

Page 125. Des eubages.

« Nihil habent druidæ (ita suos appellant magos) visco et arbore in qua gignatur (si « modo sit robur) sacratius. Jam per se roborum eligunt lucos, nec ulla sacra sine ea « fronde conficiunt, ut inde appellati quoque interpretatione græca possint druidæ videri. « Enim vero quidquid adnascatur illis, e cœlo missum putant, signumque esse electæ ab « ipso deo arboris. Est autem id rarum admodum inventu, et repertum magna religione « petitur : et ante omnia sexta luna, quæ principia mensium annorumque bis facit, et « seculi post tricesimum annum, quia jam virium abunde habeat, nec sit sui dimidia. « Omnia sanantem appellantes suo vocabulo, sacrificiis epulisque rite sub arbore com- « paratis, duos admovent candidi coloris tauros, quorum cornua tunc primum vinciantur. « Sacerdos candida veste cultus arborem scandit ; falce aurea demetit : candido id excipi- « tur sago. Tum deinde victimas immolant, precantes ut suum donum Deus prosperum « faciat his quibus dederit. » (PLIN., lib. XVI.)

LVe.

Page 125. On planta une épée nue.

J'ai suivi quelques auteurs qui pensent que les Gaulois avaient, ainsi que les Goths, l'usage de planter une épée nue au milieu de leur conseil. (AMM. MARCELL., lib. XXXI, cap. XI, pag. 622.) Du mot latin *mallus* est venu notre mot *mail*; et le mail est encore aujourd'hui un lieu planté d'arbres.

LVIe.

Page 125. Au pied du dolmen.

« Lieu des fées ou des sacrifices. C'est ainsi que le vulgaire appela certaines pierres

« élevées, couvertes d'autres pierres plates fort communes en Bretagne, où ils disent que
« les païens offraient autrefois des sacrifices. » (*Dict. franc. celt.* du père ROSTRENEN.)

LVIIe.

Page 125. Malheur aux vaincus !

C'est le mot d'un Gaulois, en mettant son épée dans la balance des Romains : *Væ victis!*

LVIIIe.

Page 126. Où sont ces États florissants de la Gaule.

On voit partout, dans les *Commentaires de César*, les Gaules tenant des espèces d'états généraux, César allant présider ces états, etc. Quant au conseil des femmes, voyez la note XLVIe de ce livre.

LIXe.

Page 126. Où sont ces druides, etc.

« Illi rebus divinis intersunt, sacrificia publica ac privata procurant, religiones inter-
« pretantur : ad hos magnus adolescentium numerus, disciplinæ causa, concurrit, magno-
« que ii sunt apud eos honore : nam fere de omnibus controversiis, publicis privatisque,
« constituunt; et si quod est admissum facinus, si cædes facta, si de hæreditate, si de
« finibus controversia est, iidem decernunt; præmia pœnasque constituunt. Si quis, aut
« privatus, aut publicus, eorum decreto non stetit, sacrificiis interdicunt. Hæc pœna apud
« eos est gravissima : quibus ita est interdictum, ii numero impiorum ac sceleratorum
« habentur; ab iis omnes decedunt, aditum eorum sermonemque defugiunt, ne quid ex
« contagione incommodi accipiant : neque iis patentibus jus redditur, neque honos ullus
« communicatur. His autem omnibus druidibus præest unus, qui summam inter eos habet
« auctoritatem. Hoc mortuo, si quis ex reliquis excellit dignitate, succedit. At, si sunt
« plures pares, suffragio druidum adlegitur; nonnunquam etiam de principatu armis
« contendunt. Ii certo anni tempore in finibus Carnutum, quæ regio totius Galliæ media
« habetur, considunt, in loco consecrato. Huc omnes undique, qui controversias habent,
« conveniunt; eorumque judiciis decretisque parent. Disciplina in Britannia reperta, atque
« inde in Galliam translata esse existimatur; et nunc, qui diligentius eam rem cognoscere
« volunt, plerumque illo, discendi causa, proficiscuntur.

« Druides a bello abesse consueverunt; neque tributa una cum reliquis pendunt : mi-
« litiæ vacationem, omniumque rerum habent immunitatem. Tantis excitati præmiis, et
« sua sponte multi in disciplinam conveniunt et a parentibus propinquisque mittuntur.
« Magnum ibi numerum versuum ediscere dicuntur.... Imprimis hoc volunt persuadere,
« non interire animas, sed ab aliis post mortem transire ad alios ; atque hoc maxime ad
« virtutem excitari putant, metu mortis neglecto. Multa præterea de sideribus atque eo-
« rum motu, de mundi ac terrarum magnitudine, de rerum natura, de deorum immor-
« talium vi ac potestate disputant, et juventuti tradunt. »

Tout ce passage de César est excellent et d'une clarté admirable ; il ne reste plus que très-peu de chose à connaître sur les classes du clergé gaulois. Diodore et Strabon, confirmés par Ammien Marcellin, compléteront le tableau :

« Leurs poëtes, qu'ils appellent bardes, s'occupent à composer des poëmes propres à leur musique ; et ce sont eux-mêmes qui chantent, sur des instruments presque semblables à nos lyres, des Iouanges pour les uns, et des invectives contre les autres. Ils ont aussi chez eux des philosophes et des théologiens appelés saronides, pour lesquels ils sont remplis de vénération... C'est une coutume établie parmi eux que personne ne sacrifie sans un philosophe ; car, persuadés que ces sortes d'hommes connaissent parfaitement la nature divine, et qu'ils entrent pour ainsi dire en communication de ses secrets, ils pensent que c'est par leur ministère qu'ils doivent rendre leurs actions de grâces aux dieux et leur demander les biens qu'ils désirent... Il arrive souvent que, lorsque deux armées sont près d'en venir aux mains, ces philosophes se jetant tout à coup au milieu des piques et des épées nues, les combattants apaisent aussitôt leur fureur comme par enchantement, et mettent les armes bas. C'est ainsi que, même parmi les peuples les plus barbares, la sagesse l'emporte sur la colère, et les Muses sur le dieu Mars. » (Diod. de Sicile, liv. v, trad. de Terrasson.) « Apud universos autem fere tria hominum sunt genera quæ in singulari « habentur honore : bardi, vates et druidæ : horum bardi hymnos canunt, poetæque sunt; « vates sacrificant et naturam rerum contemplantur; druidæ præter hanc philosophiam « etiam de moribus disputant. » (Strab., lib. iv.)

J'ai rendu par eubages οὐάτεις, du grec de l'édition de Casaubon, et que le latin rend par vates. Je ne vois pas pourquoi l'on veut, sur l'autorité d'Ammien, qui traduit à peu près Strabon, que le mot vates soit passé dans le grec au temps de ce géographe. Strabon, qui suivait peut-être un auteur latin, et qui ne pouvait pas traduire ce mot vates, l'a tout simplement transcrit. Les Latins de même copient souvent des mots grecs qui n'étaient pas pour cela passés dans la langue latine. D'ailleurs, quelques éditions ordinaires de Strabon portent euhage et eubage. Rollin n'a point fait de difficulté de s'en tenir au mot eubage.

Ammien Marcellin, confirmant le témoignage de Strabon, dit que les bardes chantaient les héros sur la lyre, que les devins ou eubages cherchaient à connaître les secrets de la nature, et que les druides, qui vivaient en commun, à la manière des disciples de Pythagore, s'occupaient de choses sublimes, et enseignaient l'immortalité de l'âme. (Amm. Marcell., lib. xv.)

LXe.

Page 126. O île de Sayne, etc.

On a trois autorités pour cette île : Strabon, liv. iv; Denis le Voyageur, v. 570; et Pomponius Mela. Comme je n'ai suivi que le texte de ce dernier, je ne citerai que lui. « Sena « in Britannico mari, Osismicis adversa littoribus, Gallici numinis oraculo insignis est : « cujus antistites, perpetua virginitate sanctæ, numero novem esse traduntur : Barrigenas « vocant, putantque ingeniis singularibus præditas, maria ac ventos concitare carminibus, « seque in quæ velint animalia vertere, sanare quæ apud alios insanabilia sunt, scire ven- « tura et prædicare : sed non nisi deditas navigantibus, et in id tantum ut se consulerent « profectis. » (Pomponius Mel., iii, 6.)

Strabon diffère de ce récit, en ce qu'il dit que les prêtresses passaient sur le continent pour habiter avec des hommes. J'avais, d'après quelques autorités, pris cette île de Sayne pour Jersey; mais Strabon la place vers l'embouchure de la Loire. Il est plus sûr de suivre Bochart (*Géograph. sacr.*, pag. 740), et d'Anville (*Notice de la Gaule*, pag. 593), qui retrouvent l'île de Sayne dans l'île des Saints, à l'extrémité du diocèse de Quimper, en Bretagne.

LXIe.

Page 126. Vous allez mourir, etc.

Les Gaulois servaient surtout dans la cavalerie romaine; car, selon Strabon, ils étaient meilleurs cavaliers que fantassins.

LXIIe.

Page 126. Vous tracez avec des fatigues inouïes les routes, etc.

Il suffit de jeter les yeux sur la carte de Peutinger, sur l'*Itinéraire de Bordeaux à Jérusalem*, et sur le livre des Chemins de l'Empire, par Bergier, pour voir combien la Gaule était traversée de chemins romains. Il y en avait quatre principaux qui partaient de Lyon, et qui allaient toucher aux extrémités des Gaules.

LXIIIe.

Page 126. Là, renfermés dans un amphithéâtre, on vous forcera, etc.

La plupart des gladiateurs étaient Gaulois; mais Velléda ne dit pas tout à fait la vérité.

Par un mépris abominable de la mort, ils vendaient souvent leur vie pour quelques pièces d'argent. On sait qu'Annibal fit battre des prisonniers gaulois, en promettant un cheval à celui qui tuerait son adversaire.

LXIVe.

Page 126. Souvenez-vous que votre nom veut dire voyageur.

« Il y en a qui conjecturent avec quelque probabilité que les Gaulois se sont ainsi ap-
« pelés du mot celtique *Wallen*, qui encore aujourd'hui, dans la langue allemande, signifie
« aller, voyager, passer de lieu en lieu. (Mézeray, *av. Clov.*, pag. 7.)

LXVe.

Page 126. Les tribus des Francs qui s'étaient établis en Espagne.

Les Francs avaient en effet pénétré jusqu'en Espagne vers ce temps-là, et y demeurèrent douze ans. Ils prirent et ruinèrent l'Aragon ; ensuite ils s'en retournèrent dans leur pays, probablement sur des vaisseaux. (Voyez Eutrope.) Les circonstances les plus indifférentes dans *les Martyrs* sont toutes fondées sur quelques faits. Je suis persuadé que, sous ces rapports, Virgile et Homère n'ont rien inventé : c'est ce qui fait que leurs poëmes sont aujourd'hui des autorités pour l'histoire.

LXVIe.

Page 127. Que les peuples étrangers nous accordent, etc.

C'est le mot de Bojocalus. Ce vieillard germain avait porté cinquante ans les armes dans les légions romaines. Les Anticéariens, ses compatriotes, ayant été chassés de leur pays par les Cauces, vinrent s'établir avec Bojocalus, qui les conduisit, sur des terres vagues abandonnées par les Romains. Les Romains ne voulaient pas les leur donner, malgré les remontrances de Bojocalus ; mais ils offrirent à celui-ci des terres pour lui-même. Le vieux Germain indigné alla rejoindre ses compatriotes fugitifs, en s'écriant : « Terre ne peut nous manquer pour y vivre ou pour y mourir. »

LXVIIe.

Page 127. A la troisième fois le héraut d'armes, etc.

« Si quis enim dicenti obstrepat aut tumultuetur, lictor accedit stricto cultro. Minis adhi-
« bitis tacere eum jubet : idque iterum ac tertio facit eo non cessante : tandem a sago ejus
« tantum amputat, ut reliquum sit inutile. » (Strab., lib. iv, pag. 135.)

LXVIIIe.

Page 127. La foule demande à grands cris, etc.

Les druides sacrifiaient des victimes humaines. Ils choisissaient de préférence des malfaiteurs pour ces sacrifices ; mais, à leur défaut, on prenait des innocents. C'est Tertullien et saint Augustin qui nous apprennent de plus que ces victimes innocentes étaient des vieillards.

LXIXe.

Page 127. Que Dis, père des ombres.

Les Gaulois reconnaissaient Dis ou Pluton pour leur père : c'était à cause de cela qu'ils comptaient le temps par nuits, et qu'ils sacrifiaient toujours dans les ténèbres. Cette tradition est celle de César. On dit que César s'est trompé ; mais il pourrait bien se faire que l'opinion opposée ne fût qu'un système soutenu de beaucoup d'érudition.

LXX.

Page 128. Elles étaient chrétiennes.

C'est toujours le sujet.

LXXIe.

Page 128. Puisqu'ils avaient été proscrits par Tibère même et par Claude.

Les éditions précédentes portaient : « et par Néron ; » c'était une erreur. Dès l'an 657 de Rome, le sénat donna un décret pour abolir les sacrifices humains dans la Gaule Narbonnaise. Pline nous apprend que Tibère extermina tous les druides, et Suétone attribue les édits de proscription à Claude. (*In Claudio*, cap. XXVI.)

LXXIIe.

Page 128. Le premier magistrat des Rhédons.

Ce magistrat s'appelait Vergobret. (CÉSAR, *Comment.*, liv. I.)

SUR LE DIXIÈME LIVRE.

PREMIÈRE REMARQUE.

Page 130. L'ordre savant des prêtres gaulois.

Consultez, pour la science, les mœurs, le gouvernement des druides, les notes LIIIe, LIVe et LIXe du livre précédent.

IIe.

Page 130. L'orgueil dominait chez cette Barbare.

Ce caractère d'orgueil est attribué aux Gaulois par toute l'antiquité. Selon Diodore, ils aimaient les choses exagérées, l'enflure et l'obscurité du langage, et l'hyperbole dominait dans leurs discours. Cette exaltation de sentiment dans Velléda prépare le lecteur à ce qui va suivre, et rend moins extraordinaire les propos, les mœurs et la conduite de cette femme infortunée.

IIIe.

Page 130. Les fées gauloises.

Voyez la note LXe du livre précédent; le passage de Pomponius Mela est formel : il dit que les vierges ou fées de l'île de Sayne s'attribuaient tous les pouvoirs dont Velléda parle ici. On peut, si l'on veut, consulter encore un passage de SAINT-FOIX, tome I, IIe partie des *Essais sur Paris*.

IVe.

Page 130. Le gémissement d'une fontaine.

Les Gaulois tiraient des présages du murmure des eaux et du bruit du vent dans le feuillage. (CÉSAR, liv. I.)

Ve.

Page 131. Je sentais, il est vrai, que Velléda ne m'inspirerait jamais un attachement, etc.

C'est ce qui fait qu'Eudore peut éprouver un véritable amour pour Cymodocée.

VIe.

Page 131. Ces bois appelés chastes.
« Nemus castum. » (Tacit., *de Mor. Germ.*)

VIIe.

Page 131. On voyait un arbre mort.

« Ils adoraient, dit Adam de Brême, un tronc d'arbre extrêmement haut, qu'ils appe-
« laient Irminsul. » C'était l'idole des Saxons que Charlemagne fit abattre. (Adam Brem.,
Histor. Eccles. Germ., lib. iii.) Je transporte l'Irminsul des Saxons dans la Gaule; mais on
sait que les Gaulois rendaient un culte aux arbres, qu'ils honoraient tantôt comme Teutatès, tantôt comme dieu de la guerre; et c'est ce que signifie Irmin ou Hermann.

VIIIe.

Page 131. Autour de ce simulacre.

> Lucus erat, longo nunquam violatus ab ævo,
> Obscurum cingens connexis aera ramis,
> Et gelidas alte summotis solibus umbras.
> Hunc non ruricolæ Panes, nemorumque potentes
> Sylvani, Nymphæque tenent, sed barbara ritu
> Sacra Deum; structæ sacris feralibus aræ;
> Omnis et humanis lustrata cruoribus arbos.
> Si qua fidem meruit Superos mirata vetustas,
> Illis et volucres metuunt insidere ramis,
> Et lustris recubare feræ : nec ventus in illas
> Incubuit silvas, excussaque nubibus atris
> Fulgura : non ullis frondem præbentibus auris,
> Arboribus suus horror inest. Tum plurima nigris
> Fontibus unda cadit, simulacraque mœsta Deorum
> Arte carent, cæsisque extant informia truncis.
> Ipse situs, putrique facit jam robore pallor
> Attonitos : non vulgatis sacrata figuris
> Numina sic metuunt; tantum terroribus addit,
> Quos timeant non nosse Deos.
>
> (Lucan., *Phars.*, lib. iii, v, 399 et seq.)

> Ut procul Hercyniæ per vasta silentia silvæ
> Venari tuto liceat, lucosque vetusta
> Religione truces, et robora, numinis instar
> Barbarici, nostræ feriant impune bipennes.
>
> (Claudian., *de Laud. Stilicon.*)

Quant aux armes suspendues aux branches des forêts, Arminius, excitant les Germains à la guerre, leur dit qu'ils ont suspendu dans leurs bois les armes des Romains
vaincus. « Cerni adhuc Germanorum in lucis signa romana, quæ diis patriis suspenderit. »
(Tacit., *Ann.*, lib. i, 57.) Jornandès raconte la même chose d'un usage des Goths.

IXe.

Page 132. Une Gauloise l'avait promis à Dioclétien.

Dioclétien, n'étant qu'un simple officier, rencontra dans les Gaules une femme fée :
elle lui prédit qu'il parviendrait à l'empire lorsqu'il aurait tué Aper; *aper*, en latin, signifie un sanglier. Dioclétien fit la chasse aux sangliers sans succès; enfin Aper, préfet

du prétoire, ayant empoisonné l'empereur Numérien, Dioclétien tua lui-même Aper d'un coup d'épée, et devint le successeur de Numérien.

X^e.

Page 132. Nous avons souvent disposé de la pourpre

Claude, Vitellius, etc., furent proclamés empereurs dans la Gaule. Vindex leva le premier l'étendard de la révolte contre Néron. Les Romains disaient que leurs guerres civiles commençaient toujours dans les Gaules.

XIe.

Page 132. Nouvelle Éponine.

Il est inutile de s'étendre sur cette histoire, que tout le monde connaît : Sabinus, ayant pris le titre de César, fut défait par Vespasien ; il se cacha dans un tombeau, où il resta neuf ans enseveli avec sa femme Éponine.

XIIe.

Page 134. Guitare.

Les bardes ne connaissaient point la lyre, encore moins la harpe, comme les prétendus bardes de Macpherson. Toutes ces choses sont des mœurs fausses, qui ne servent qu'à brouiller les idées. Diodore de Sicile (liv, v) parle de l'instrument de musique des bardes, et il en fait une espèce de cythare ou de guitare.

XIIIe.

Page 134. L'ombre de Didon.

. . . . Qualem primo surgere mense,
Aut videt aut vidisse putat per nubila lunam.

XIVe.

Page 134. Hercule, tu descendis dans la verte Aquitaine.

Cette fable du voyage d'Hercule dans les Gaules, et du mariage de ce héros avec la fille d'un roi d'Aquitaine, est racontée par Diodore de Sicile (liv. v.) Il ne donne point les noms du roi et de la princesse, mais on les trouve dans d'autres auteurs.

XVe.

Page 134. Le sélago.

Le lecteur apprend dans le texte tout ce qu'il peut savoir sur cette plante mystérieuse des Gaulois. L'autorité est Pline. (*Hist.*, lib. XXIV, cap. XI

XVIe.

Page 134. Je prendrai la forme d'un ramier, etc.

On a déjà vu que les druidesses de l'île de Sayne s'attribuaient le pouvoir de changer de forme. Voyez la note IIIe de ce livre, et la note LXe du livre précédent.

XVIIe:

Page 135. Les cygnes sont moins blancs, etc.

Un passage d'Ammien Marcellin, cité dans la note L^e du livre précédent, nous apprend que les Gauloises avaient les bras blancs comme de la neige. Diodore, comme nous l'avons encore vu dans la même note, ajoute qu'elles étaient belles, mais que, malgré leur beauté, les hommes ne leur étaient pas fidèles. Strabon (liv, IV) remarque qu'elles étaient heureuses en accouchant et en nourrissant leurs enfants : «Pariendo educandoque fœtus, felices. »

XVIIIe.

Page 135. Nos yeux ont la couleur et l'éclat du ciel.

Les yeux des Gauloises étaient certainement bleus; mais toute l'antiquité donne aux Gaulois un regard farouche, et nous avons vu qu'Ammien Marcellin l'attribue pareillement aux femmes. Velléda embellit donc le portrait; c'est dans la nature; elle sait qu'elle n'est pas aimée.

XIXe.

Page 135. Nos cheveux sont si beaux que les Romaines nous les empruntent.

C'est Martial qui le dit (Liv. VIII, 33; liv. XIV, 26). Tertullien (*de Cultu femin.*, cap. VI), et saint Jérôme (*Hieronym. epist.* VII), se sont élevés contre ce caprice des dames romaines. Selon Juvénal (*sat.* VI), ce furent des courtisanes qui introduisirent cette mode en Italie.

XXe.

Page 135. Quelque chose de divin.

Velléda s'embellit encore; elle attribue aux Gauloises ce que Tacite dit des femmes Germaines : «Inesse quin etiam sanctum aliquid et providum putant.» (TACIT., *de Mor. Germ.*)

XXIe.

Page 136. La flotte des Francs.

Cette petite circonstance de la flotte des Francs est depuis longtemps préparée. *Voyez* le livre précédent et la note LXVe du même livre.

XXIIe.

Page 136. Les Barbares choisissent presque toujours pour débarquer le moment des orages.

Voyez la note IVe du livre VI.

XXIIIe.

Page 136. Une longue suite de pierres druidiques, etc.; jusqu'à l'alinéa.

C'est le monument de Carnac en Bretagne, auprès de Quiberon. Il est exactement décrit dans le texte. Je n'ai plus rien à ajouter ici.

XXIVe.

Page 137. Sur cette côte demeurent des pêcheurs qui te sont inconnus, etc.; jusqu'à la fin de l'alinéa.

Cette histoire du passage des âmes dans l'île des Bretons est tirée de Procope. (*Hist. Goth.*, lib. VI, cap. XX.) Comme elle est très-exacte dans le texte, je n'ai rien à ajouter dans la note. Plutarque (*de Oracul. defect.*) avait raconté à peu près la même histoire avant Procope.

XXVe.

Page 138. Le tourbillon de feu.

Cette circonstance des tourbillons se trouve dans les deux auteurs cités à la note précédente.

XXVIe.

Page 138. Tu m'écriras des lettres que tu jetteras dans le bûcher funèbre.

« Lorsque les Gaulois brûlent leurs morts, dit Diodore (trad. de Terrass.), ils adressent

« à leurs amis et à leurs parents défunts des lettres qu'ils jettent dans le bûcher, comme
« s'ils devaient les recevoir et les lire. »

XXVIIe.

Page 138. Je tombe aux pieds de Velléda.

Ceci remplace deux lignes trop hardies des premières éditions. L'expression est adoucie, le morceau n'y perd rien ; il devient seulement plus chaste et d'un meilleur goût.

XXVIIIe.

Page 138. L'enfer donne le signal de cet hymen funeste, etc.

J'ai transporté ici dans une autre religion les fameux vers du IVe livre de *l'Énéide*.

. . . . . Prima et Tellus et pronuba Juno
Dant signum : fulsere ignes, et conscius æther
Connubiis, summoque ululârunt vertice nymphæ.

XXIXe.

Page 139. Le langage de l'enfer s'échappa naturellement de ma bouche.

Il y a ici tout un paragraphe de supprimé. Rien dans cet épisode ne peut plus choquer le lecteur, à moins qu'il ne soit plus permis de traiter les passions dans une épopée. Si les longs combats d'Eudore, si l'exécration avec laquelle il parle de sa faute, si le repentir le plus sincère ne l'excusent pas, je n'ai nulle connaissance de l'art et du cœur humain.

XXXe.

Page 139. Le cri que poussent les Gaulois quand ils veulent se communiquer une nouvelle.

« Ubi major atque illustrior incidit res, clamore per agros regionesque significant :
« hunc alii deinceps excipiunt et proximis traduunt. » (Cæs., *in Comment.*, lib. VII.)

XXXIe.

Page 140. Et que du faîte de quelque bergerie.

Ardua tecta petit stabuli, et de culmine summo
Pastorale canit signum, cornuque recurvo
Tartaream intendit vocem, etc.
(*Æneid.*, VII.)

XXXIIe.

Page 140. Comme une moissonneuse.

Jusqu'ici on avait comparé le jeune homme mourant à l'herbe, à la fleur coupée, « succisus aratro ; » j'ai transporté les termes de la comparaison, et j'ai comparé Velléda à la moissonneuse elle-même. La circonstance de la faucille d'or m'a conduit naturellement à l'image : un poëte habile pourra peut-être profiter de cette idée, et arranger tout cela un jour avec plus de grâce que moi.

Ici se terminent les *chants* pour la patrie. J'ai peint notre double origine ; j'ai cherché nos costumes et nos mœurs dans leur berceau, et j'ai montré la religion naissante chez les fils aînés de l'Église. En réunissant ces six livres et les notes de ces livres, on a sous les yeux un corps complet de documents authentiques touchant l'histoire des Francs et des Gaulois. C'est chez les Francs qu'Eudore est témoin d'un des plus grands miracles de la charité évangélique ; c'est dans la Gaule qu'il tombe, et c'est un prêtre chrétien de cette même Gaule qui le rappelle à la vraie religion. Eudore porte nécessairement dans les cachots les souvenirs de ces contrées demi-sauvages, auxquelles il doit, pour ainsi dire, et ses vertus et son triomphe. Ainsi, nous autres Français, nous participons à sa gloire, et, du moins sous un rapport, le héros des *Martyrs*, quoique étranger, se trouve rattaché à notre sol. Ces considérations, peut-être touchantes, n'auraient point échappé à la critique, si on n'avait voulu aveuglément condamner mon ouvrage, en affectant de méconnaître un grand travail, et un sujet intéressant, même pour la patrie

SUR LE ONZIÈME LIVRE.

PREMIÈRE REMARQUE.

Page 141. La grande époque de ma vie.

Voilà qui lie absolument le récit à l'action, en amenant le repentir et la pénitence d'Eudore, et ce qui rentre dans les desseins de Dieu; desseins qui sont expliqués dans le livre du *Ciel*.

IIe.

Page 141. Il me nomma préfet du prétoire des Gaules.

J'ai dit plus haut qu'Ambroise était le fils du préfet du prétoire des Gaules; mais je suppose à présent que le père d'Ambroise était mort, ou qu'il ne possédait plus cette charge.

IIIe.

Page 142. Je m'embarquai au port de Nîmes.

Voyez la Préface.

IVe.

Page 142. Marcellin m'admit au repentir.

Pour les erreurs du genre de celles d'Eudore, l'expiation était de sept ans : ainsi Marcellin fait une grâce au coupable en ne le laissant que cinq ans hors de l'Église. Les premières éditions des *Martyrs* donnaient sept ans à la pénitence du fils de Lasthénès; ce qui était la totalité du temps canonique.

V^e.

Page 142. Il était encore en Égypte.

On se souvient que lorsque Eudore partit pour les Gaules, Dioclétien était allé pacifier l'Égypte, soulevée par un tyran qui prétendait à la pourpre. (Voyez liv. v et liv. IX.)

VIe.

Page 142. Môle de Marc-Aurèle.

Peut-être Civita-Vecchia.

VIIe.

Page 142. Porter du blé destiné au soulagement des pauvres.

On lisait dans les éditions précédentes : « Chercher du blé. » (Voyez la Vie de saint Jean l'aumônier, dans la *Vie des Pères du désert*, trad. d'Arnauld d'Andilly, pag. 350.)

VIII°.

Page 143. Utique... Carthage... Marius... Caton, etc.

Voici un ciel, un sol, une mer, des souvenirs bien différents de ceux des Gaules. J'ai parcouru cette route d'Eudore : si le récit de mon héros fatigue, ce ne sera pas faute de variété.

IX°.

Page 143. A la vue de la colline où fut le palais de Didon.

En doublant la pointe méridionale de la Sicile, et rasant la côte de l'Afrique pour aller en Égypte, on pouvait apercevoir Carthage. J'aurais beaucoup de choses à dire sur les ruines de cette ville, ruines plus considérables qu'on ne le croit généralement; mais ce n'est pas ici le lieu.

X°.

Page 143. Une colonne de fumée.

> Mœnia respiciens, quæ jam infelicis Elisæ
> Collucent flammis. Quæ tantum accenderit ignem
> Causa latet.
>
> (*Æneid.*, v.)

XI°.

Page 143. Je n'étais pas comme Énée.

Mais Eudore était le descendant de Philopœmen et le dernier représentant des grands hommes de la Grèce.

XII°.

Page 143. Je n'avais pas comme lui... l'ordre du ciel.

Eudore se trompe : il suit les ordres du ciel, et l'empire romain lui devra son salut, puisque c'est par sa mort que le christianisme va monter sur le trône des Césars; mais le fils de Lasthénès ignore ses hautes destinées, et les maux qu'il a causés humilient son cœur.

XIII°.

Page 143. Le promontoire de Mercure, et le cap où Scipion, etc.

Le promontoire de Mercure, aujourd'hui le cap Bon, selon le docteur Shaw et d'Anville. Scipion, passant en Afrique avec son armée, aperçut la terre, et demanda au pilote comment cette terre s'appelait : « C'est le cap Beau, » répondit le pilote. Scipion fit tourner la proue vers ce côté. (Tite-Live, liv. x.)

XIV°.

Page 143. Poussés par les vents vers la petite sirte.

Je passai cinq jours à l'ancre dans la petite sirte, précisément pour éviter le naufrage que les anciens trouvaient dans ce golfe. Le fond de la petite sirte va toujours s'élevant jusqu'au rivage : de sorte qu'en marchant la sonde à la main on vient mouiller sur un bon fond de sable, à telle brasse que l'on veut. Le peu de profondeur de l'eau y rend la mer calme au milieu des plus grands vents; et cette sirte, si dangereuse pour les barques des anciens, est une espèce de port en pleine mer pour les vaisseaux modernes.

XV°.

Page 143. La tour qui servit de retraite au grand Annibal.

« Une péninsule, dit d'Anville, où se trouve une place que les Francs nomment Africa,

« paraît avoir été l'emplacement de *Turris Annibalis*, d'où ce fameux Carthaginois, tou-
« jours redouté des Romains, partit en quittant l'Afrique pour se retirer en Asie. »

XVIᵉ.

Page 143. Je croyais voir ces victimes de Verrès.

Allusion à ce beau passage de la vᵉ Verrine, chap. CLVIII, où Cicéron montrait un citoyen romain expirant sur la croix par les ordres de Verrès, à la vue des côtes de l'Italie.

XVIIᵉ.

Page 143. L'île délicieuse des Lotophages.

Probablement aujourd'hui Zerbi. On mange encore le lotus sur toute cette côte. Pline distingue deux sortes de lotus. (Liv. XIII, chap. XVII. Voyez aussi *l'Odyssée*.)

XVIIIᵉ.

Page 143. Les autels des Philènes, et Leptis, patrie de Sévère.

Pour l'ordre, il aurait fallu Leptis et les autels des Philènes; mais l'oreille s'y opposait. « *Philenorum aræ*, monument consacré à la mémoire de deux frères carthaginois qui s'é-
« taient exposés à la mort pour étendre jusque-là les dépendances de leur patrie. » (D'AN-
VILLE.) Leptis, une des trois villes d'où la province de Tripoli prit son nom. Sévère et saint Fulgence étaient de Leptis. Il existe encore des ruines de cette ville sous le Liba.

XIXᵉ.

Page 143. Une haute colonne attira bientôt nos regards.

En revenant en Europe, je suis demeuré plusieurs jours en mer en vue de la colonne de Pompée, et certes je n'ai eu que trop le temps de remarquer son effet à l'horizon. Ici commence la description de l'Égypte. Je prie le lecteur de la suivre pas à pas, et d'examiner si on y trouve de l'enflure, du galimatias et le moindre désir de produire de l'effet avec de grands mots : je puis me tromper, car je ne suis pas aussi habile que les critiques; mais je suis bien sûr de ce que j'ai vu de mes yeux, et, malheureusement, je vois les choses comme elles sont.

XXᵉ.

Page 143. Par Pollion, préfet d'Égypte.

C'est ce que porte l'inscription lue par les Anglais, au moyen du plâtre qu'ils appliquèrent sur la base de la colonne. Je crois avoir été le premier ou un des premiers qui aient fait connaître cette inscription en France. Je l'ai rapportée dans un numéro du *Mercure*, lorsque ce journal m'appartenait.

XXIᵉ.

Page 144. Le savant Didyme.

Il y a deux Didymes, tous deux savants : le second, qui vivait dans le quatrième siècle, était chrétien, et versé également dans l'antiquité profane et sacrée. On peut supposer sans inconvénient que le second Didyme est l'auteur du *Commentaire sur Homère*. Il occupa la chaire de l'école d'Alexandrie : c'est pourquoi je l'appelle successeur d'Aristarque, qui corrigea Homère, et qui fut gouverneur du fils de Ptolémée Lagus. J'ai voulu seulement rappeler deux noms chers aux lettres.

XXIIᵉ.

Page 144. Arnobe.

Continuation du tableau des grands hommes de l'Église à l'époque de l'action : ce sont à présent ceux de l'Église d'Orient. Il y a ici de légers anachronismes, encore pourrais-je les défendre et chicaner sur les temps; mais ce n'est point de cela qu'il est question.

XXIIIᵉ.

Page 144. Dépôt des remèdes et des poisons de l'âme.

On connaît la fameuse inscription de la bibliothèque de Thèbes en Égypte : Ψυχῆς ἰατρεῖον. N'est-il pas plus juste pour nous avec le mot que j'y ai ajouté ?

XXIVᵉ.

Page 144. Du haut d'une galerie de marbre, je regardais Alexandrie, etc.

J'ai souvent aussi contemplé Alexandrie du haut de la terrasse qui règne sur la maison du consul de France; je n'apercevais qu'une mer nue qui se brisait sur des côtes basses encore plus nues, des ports vides, et le désert libyque s'enfonçant à l'horizon du midi. Ce désert semblait, pour ainsi dire, accroître et prolonger la surface jaune et aplanie des flots; on aurait cru voir une seule mer, dont une moitié était agitée et bruyante, et dont l'autre moitié était immobile et silencieuse. Partout la nouvelle Alexandrie mêlant ses ruines aux ruines de l'ancienne cité; un Arabe galopant au loin sur un âne, au milieu des débris; quelques chiens maigres dévorant des carcasses de chameaux sur une grève désolée; les pavillons des divers consuls européens flottant au-dessus de leurs demeures, et déployant au milieu des tombeaux, des couleurs ennemies : tel était le spectacle.

Je vais citer un long morceau de Strabon, qui renferme une description complète d'Alexandrie, et qui servira d'autorité pour tout ce que je dis dans mon texte sur les monuments de cette ville, sur le cercueil de verre d'Alexandre, etc., etc. Comme les savants ennemis des *Martyrs*, qui ont tout lu sur l'Égypte, sont sans doute très-versés dans l'antiquité, ils seront bien aises de trouver ici l'original de ma description. Je ne leur ferai pas l'injure de traduire le morceau; mais j'espère alors qu'ils tanceront le géographe grec, pour son ignorance et la fausseté de ses assertions.

Ἔστι δὲ χλαμυδοειδὲς τὸ σχῆμα τοῦ ἐδάφους τῆς πόλεως· οὗ τὰ μὲν ἐπὶ μῆκος πλευρὰ ἐστι τὰ ἀμφίκλυστα, ὅσον τριάκοντα σταδίων ἔχοντα διάμετρον· τὰ δὲ ἐπὶ πλάτος οἱ ἰσθμοί, ἑπτὰ ἢ ὀκτὼ σταδίων ἑκάτερος, σφιγγόμενος τῇ μὲν ὑπὸ θαλάττης, τῇ δ' ὑπὸ τῆς λίμνης. Ἅπασα μὲν ὁδοῖς κατατέτμηται, ἱππηλάταις καὶ ἁρματηλάταις· δυσὶ δὲ πλατυτάταις, ἐπὶ πλέον ἢ πλέθρον ἀναπεπταμέναις· αἳ δὴ δίχα καὶ πρὸς ὀρθὰς τέμνουσιν ἀλλήλας. Ἔχει δ' ἡ πόλις τεμένη, τά τε κοινὰ κάλλιστα καὶ τὰ βασίλεια, τέταρτον, ἢ καὶ τρίτον τοῦ παντὸς περιβόλου μέρος· τῶν γὰρ βασιλέων ἕκαστος ὥσπερ τοῖς κοινοῖς ἀναθήμασι προσεφιλοκάλει τινὰ κόσμον, οὕτω καὶ οἴκησιν ἰδίᾳ περιεβάλλετο πρὸς ταῖς ὑπαρχούσαις, ὥστε νῦν τὸ τοῦ ποιητοῦ

Ἐξ ἑτέρων ἕτερ' ἐστίν·

ἅπαντα μέντοι συναφῆ καὶ ἀλλήλοις καὶ τῷ λιμένι, καὶ ὅσα ἔξω αὐτοῦ. Τῶν δὲ βασιλείων μέρος ἐστὶ καὶ τὸ Μουσεῖον ἔχον περίπατον καὶ ἐξέδραν, καὶ οἶκον μέγαν, ἐν ᾧ τὸ συσσίτιον τῶν μετεχόντων τοῦ Μουσείου φιλολόγων ἀνδρῶν. Ἔστι δὲ τῇ συνόδῳ ταύτῃ καὶ χρήματα κοινά, καὶ ἱερεὺς ὁ ἐπὶ τῷ Μουσείῳ τεταγμένος, τότε μὲν ὑπὸ τῶν βασιλέων, νῦν δ' ὑπὸ Καίσαρος. Μέρος δὲ τῶν βασιλείων ἐστὶ καὶ τὸ καλούμενον Σῆμα, ὃ περίβολος ἦν, ἐν ᾧ αἱ τῶν βασιλέων ταφαί, καὶ ἡ Ἀλεξάνδρου· ἔφθη γὰρ τὸ σῶμα ἀφελόμενος. Περδίκκαν ὁ τοῦ Λάγου Πτολεμαῖος, κατακομίζοντα ἐκ τῆς Βαβυλῶνος, καὶ ἐκτρεπόμενον ταύτῃ κατὰ πλεονεξίαν καὶ ἐξιδιασμὸν τῆς Αἰγύπτου, καὶ δὴ καὶ ἀπώλετο διαφθαρεὶς ὑπὸ τῶν στρατιωτῶν, ἐπελθόντος τοῦ Πτολεμαίου καὶ κατακλείσαντος αὐτὸν ἐν νήσῳ ἐρήμῃ· ἐκεῖνος μὲν οὖν ἀπέθανεν ἐμπεριπαρεὶς ταῖς σαρίσσαις, ἐπελθόντων ἐπ' αὐτὸν τῶν στρατιωτῶν· σὺν αὐτῷ δὲ καὶ οἱ βασιλεῖς, Ἀριδαῖός τε, καὶ τὰ παιδία τὰ Ἀλεξάνδρου, καὶ ἡ γυνὴ Ῥωξάνη ἀπῆραν εἰς Μακεδονίαν· τὸ δὲ σῶμα τοῦ Ἀλεξάνδρου κομίσας ὁ Πτολεμαῖος ἐκήδευσεν ἐν τῇ Ἀλεξανδρείᾳ, ὅπου νῦν ἔτι κεῖται· οὐ μὴν ἐν τῇ αὐτῇ πυέλῳ· ὑαλίνη γὰρ αὕτη, ἐκεῖνος δ' ἐν χρυσῇ κατέθηκεν. Ἐσύλησε δ' αὐτὴν ὁ Κόκκης, καὶ Παρείσακτος ἐπικληθεὶς Πτολεμαῖος, ἐκ τῆς Συρίας ἐπελθών, καὶ ἐκπεσὼν εὐθὺς, ὥστ' ἀνόνητα αὐτῷ τὰ σῦλα γενέσθαι.

Ἔστι δὲ ἐν τῷ μεγάλῳ λιμένι κατὰ μὲν τὸν εἴσπλουν ἐν δεξιᾷ ἡ νῆσος καὶ ὁ πύργος ὁ Φάρος· κατὰ δὲ τὴν ἑτέραν χεῖρα αἵ τε χοιράδες, καὶ ἡ Λοχιὰς ἄκρα, ἔχουσα βασίλειον. Εἰσπλεύσαντι δ' ἐν ἀριστερᾷ ἐστὶ συνεχῆ τοῖς ἐν τῇ Λοχιάδι τὰ ἐνδοτέρω βασίλεια, πολλὰς καὶ ποικίλας ἔχοντα διαίτας καὶ ἄλση· τούτοις δ' ὑπόκειται ὅ, τε κρυπτὸς λιμὴν καὶ κλειστὸς ἴδιος τῶν βασιλέων, καὶ ἡ Ἀντίρροδος, νησίον προκείμενον τοῦ ὀρυκτοῦ λιμένος, βασίλειον ἅμα καὶ λιμένιον ἔχον ἐκύλεσαν δ' οὕτως, ὡς ἂν τῇ Ῥόδῳ ἐνάμιλλον. Ὑπέρκειται δὲ τούτου τὸ θέατρον· εἶτα τὸ Ποσείδιον, ἀγκών τις ἀπὸ τοῦ Ἐμπορίου καλουμένου προπεπτωκώς, ἔχων ἱερὸν Ποσειδῶνος· ᾧ προσθεὶς χῶμα Ἀντώνιος ἔτι μᾶλλον προνεῦον εἰς μέσον τὸν λιμένα ἐπὶ τῷ ἄκρῳ κατεσκεύασε δίαιταν βασιλικήν, ἣν Τιμώνιον προσηγόρευσε. Τοῦτο δ' ἔπραξε τὸ τελευταῖον, ἡνίκα προλειφθεὶς ὑπὸ τῶν φίλων ἀπῆρεν εἰς Ἀλεξάνδρειαν μετὰ τὴν ἐν Ἀκτίῳ κακοπραγίαν, Τιμώνιον αὑτῷ κρίνας τὸν λοιπὸν βίον, ὃν διάξειν ἔμελλεν ἔρημος τῶν τοσούτων φίλων· Εἶτα τὸ Καισάρειον καὶ τὸ Ἐμπορεῖον, καὶ ἀποστάσεις· καὶ μετὰ ταῦτα τὰ νεώρια μέχρι τοῦ ἑπταστάδίου. Ταῦτα μὲν τὰ πρὸ τὸν μέγαν λιμένα.

Ἑξῆς δ' Εὐνόστου λιμὴν μετὰ τὸ ἑπταστάδιον· καὶ ὑπὲρ τούτου ὀρυκτὸς, ὃν καὶ Κιβωτὸν καλοῦσιν, ἔχων καὶ αὐτὸς νεώρια. Ἐνδοτέρω δὲ τούτου διῶρυξ πλωτὴ μέχρι τῆς λίμνης τεταμένη τῆς Μαριώτιδος· ἔξω μὲν οὖν τῆς διώρυγος μικρὸν ἔτι λείπεται τῆς πόλεως· εἶθ' ἡ Νεκρόπολις, καὶ τὸ προάστειον, ἐν ᾧ κῆποί τε πολλοὶ καὶ ταφαὶ καὶ καταγωγαί, πρὸς τὰς ταριχείας τῶν νεκρῶν ἐπιτήδειαι. Ἐντὸς δὲ τῆς διώρυγος τό, τε Σαράπιον καὶ ἄλλα τεμένη ἀρχαῖα ἐκλελειμμένα πως διὰ τὴν τῶν νέων κατασκευὴν τῶν ἐν Νικοπόλει·

(STRAB., *Rer. geogr.*, lib. XVII.)

XXVe.

Page 144. Comme une cuirasse macédonienne.

Comment ai-je pu traduire le mot *chlamydes* de l'original par *cuirasse*? Voilà bien ce qui prouve que mes descriptions ne sont bonnes que pour ceux qui n'ont rien lu sur l'Égypte. Aurais-je par hasard quelque autorité que je me plaise à cacher, ou n'ai-je eu l'intention que d'arriver à l'image tirée des armes d'Alexandre? C'est ce que la critique nous dira.

XXVIe.

Page 145. Ces vaillants qui sont tombés morts.

« Et non dormient cum fortibus cadentibus... qui posuerunt gladios suos sub capitibus suis. » (EZECHIEL., cap. XXXII, v. 27.)

XXVIIe.

Page 145. Qui vient de se baigner dans les eaux du Nil.

Les eaux du Nil, pendant le débordement, ne sont point jaunes, ainsi qu'on l'a dit; elles ont une teinte rougeâtre, comme le limon qu'elles déposent : c'est ce que tout le monde a pu observer aussi bien que moi.

XXVIIIe.

Page 146. Un sol rajeuni tous les ans.

Voilà toute la description de l'Égypte : il me semble que je ne dis rien ici d'extraordinaire ni d'étranger à la pure et simple vérité. L'expression sans doute est à moi; mais si j'en crois d'assez bons juges, je ne dois avoir nulle inquiétude sur ce point.

XXIXe.

Page 146. Pharaon est là avec tout son peuple, et ses sépulcres sont autour de lui.

Je ne sais si l'on avait remarqué avant moi ce passage des *Prophètes* qui peint si bien les Pyramides. J'avais ici un vaste sujet d'amplification, et pourtant je me suis contenté de peindre rapidement cet imposant spectacle; il faut se taire, après Bossuet, sur ces grands tombeaux. En remontant le Nil pour aller au Caire, lorsque j'aperçus les Pyramides, elles me présentèrent l'image exprimée dans le texte. La beauté du ciel, le Nil, qui ressemblait alors à une petite mer; le mélange des sables du désert et des tapis de la plus fraîche verdure; les palmiers, les dômes des mosquées, les minarets du Caire, les Pyramides lointaines de Saccara, d'où le fleuve semblait sortir comme de ses immenses réservoirs : tout cela formait un tableau qui n'a point son égal dans le reste du monde. Si j'osais comparer quelque chose à ces sépulcres des rois d'Égypte, ce seraient les sépulcres des Sauvages sur les rives de l'Ohio. Ces monuments, ainsi que je l'ai dit dans *Atala*, peuvent être appelés les Pyramides des déserts, et les bois qui les environnent sont les palais que la main de Dieu éleva à l'homme-roi enseveli sous le mont du tombeau.

XXXe.

Page 146. Baignée par le lac Acherus, où Caron passait les morts.

« Ces plaines heureuses, qu'on dit être le séjour des justes morts, ne sont à la lettre
« que les belles campagnes qui sont aux environs du lac d'Acherus, auprès de Memphis,
« et qui sont partagées par des champs et par des étangs couverts de blé ou de lotos. Ce
« n'est pas sans fondement qu'on a dit que les morts habitent là; car c'est là qu'on ter-
« mine les funérailles de la plupart des Égyptiens, lorsque après avoir fait traverser le
« Nil et le lac d'Acherus à leurs corps, on les dépose enfin dans des tombes qui sont ar-
« rangées sous terre en cette campagne. Les cérémonies qui se pratiquent encore aujour-
« d'hui dans l'Égypte conviennent à tout ce que les Grecs disent de l'enfer, comme à la
« barque qui transporte les corps, à la pièce de monnaie qu'il faut donner au nocher
« nommé *Charon* en langue égyptienne, au temple de la ténébreuse Hécate, placé à l'en-
« trée de l'enfer; aux portes du Cocyte et du Léthé, posées sur des gonds d'airain; à
« d'autres portes, qui sont celles de la Vérité et de la Justice, qui est sans tête. » (Diodore, liv. I, traduct. de Terrasson.)

XXXIe.

Page 146. Je visitai Thèbes aux cent portes.

« Busiris rendit la ville de Thèbes la plus opulente, non-seulement de l'Égypte, mais
« du monde entier. Le bruit de sa puissance et de ses richesses s'étant répandu partout,
« a donné lieu à Homère d'en parler en ces termes :

> Non, quand il m'offrirait, pour calmer mes transports,
> Ce que Thèbes d'Égypte enferme de trésors,
> Thèbes qui, dans la plaine envoyant ses cohortes,
> Ouvre à vingt mille chars ses cent fameuses portes.

« Néanmoins, selon quelques auteurs, Thèbes n'avait point cent portes; mais, prenant
« le nombre de cent pour plusieurs, elle était surnommée Hécatompyle, non peut-être de
« ses portes, mais des grands vestibules qui étaient à l'entrée de ses temples. » (Diodore, liv. I, sect. II, trad. de Terrasson.)

XXXIIe.

Page 146. Tentyra aux ruines magnifiques.

Aujourd'hui Dendéra. Je la suppose ruinée au temps d'Eudore, et telle qu'elle l'est aujourd'hui. Une foule de villes égyptiennes n'existaient déjà plus du temps des Grecs et des Romains, et ils allaient comme nous en admirer les ruines. Je donne ici mille cités à l'Égypte : Diodore en compte trois mille; et, selon le calcul des prêtres, elles s'étaient élevées au nombre de dix-huit mille. Si l'on en croyait Théocrite, ce nombre eût été encore beaucoup plus considérable. Dioclétien lui-même détruisit plusieurs villes de la Thébaïde, en étouffant la révolte d'Achillée.

XXXIIIe.

Page 146. Qui donna Cécrops et Inachus à la Grèce, qui fut visitée, etc.

Cécrops fonda Athènes; Inachus, Argos.

Parmi les sages qui ont visité l'Égypte, Diodore compte, d'après les prêtres égyptiens, Orphée, Musée, Mélampe, Dédale, Homère, Lycurgue, Solon, Platon, Pythagore, Eudoxe, Démocrite, OEnopidès. (Liv. I.) J'ai ajouté les grands personnages de l'Écriture.

XXXIVe.

Page 146. Cette Égypte, où le peuple jugeait ses rois, etc.

Je citerai Rollin, tout à fait digne de figurer auprès des historiens antiques : « Aussitôt
« qu'un homme était mort, on l'amenait en jugement. L'accusateur public était écouté.
« S'il prouvait que la conduite du mort eût été mauvaise, on en condamnait la mémoire,
« et il était privé de la sépulture. Le peuple admirait le pouvoir des lois, qui s'étendait
« jusqu'après la mort; et chacun, touché de l'exemple, craignait de déshonorer sa mé-
« moire et sa famille. Que si le mort n'était convaincu d'aucune faute, on l'ensevelissait
« honorablement.

« Ce qu'il y a de plus étonnant dans cette enquête publique établie contre les morts,
« c'est que le trône même n'en mettait pas à couvert. Les rois étaient épargnés pendant
« leur vie, le repos public le voulait ainsi; mais ils n'étaient pas exempts du jugement
« qu'il fallait subir après la mort, et quelques-uns ont été privés de sépulture. » (ROLLIN, *Hist. des Égypt.*)

XXXVe.

Page 146. Où l'on empruntait en livrant pour gage le corps d'un père.

« Sous le règne d'Asychis, comme le commerce souffrait de la disette d'argent, il publia,
« me dirent-ils, une loi qui défendait d'emprunter, à moins qu'on ne donnât pour gage
« le corps de son père. On ajouta à cette loi que le créancier aurait aussi en sa puissance
« la sépulture du débiteur, et que, si celui-ci refusait de payer la dette pour laquelle il
« aurait hypothéqué un gage si précieux, il ne pourrait être admis, après sa mort, dans
« la sépulture de ses pères, ni dans quelque autre, et qu'il ne pourrait, après le trépas
« d'aucun des siens, leur rendre cet honneur. » (HÉRODOTE, liv. II, traduct. de M. Larcher.)

XXXVIe.

Page 146. Où le père qui avait tué son fils, etc.

« On ne faisait pas mourir les parents qui avaient tué leurs enfants, mais on leur
« faisait tenir leurs corps embrassés trois jours et trois nuits de suite, au milieu de la
« garde publique qui les environnait. » (DIODORE, liv. II, traduction de Terrasson.)

XXXVIIe.

Page 146. Où l'on promenait un cercueil autour de la table du festin.

« Aux festins qui se font chez les riches, on porte après le repas, autour de la salle, un
« cercueil avec une figure en bois, si bien travaillée et si bien peinte, qu'elle représente
« parfaitement un mort. Elle n'a qu'une coudée ou deux au plus. On la montre à tous
« les convives tour à tour, en leur disant : Jetez les yeux sur cet homme, vous lui ressem-
« blerez après votre mort; buvez donc maintenant et vous divertissez. » (HÉRODOTE, liv. II, traduct. de M. Larcher.)

XXXVIIIe.

Page 146. Où les maisons s'appelaient des hôtelleries, et les tombeaux des maisons.

« Tous ces peuples, regardant la durée de la vie comme un temps très-court et de peu

« d'importance, font au contraire beaucoup d'attention à la longue mémoire que la vertu
« laisse après elle. C'est pourquoi ils appellent les maisons des vivants des hôtelleries par
« lesquelles on ne fait que passer; mais ils donnent le nom de demeures éternelles aux
« tombeaux des morts, d'où l'on ne sort plus. Ainsi, les rois ont été comme indifférents
« sur la construction de leurs palais, et ils se sont épuisés dans la construction de leurs
« tombeaux. » (DIODORE, liv. I, traduct. de Terrasson.)

XXXIXe.

Page 146. Leurs symboles bizarres ou effrontés.

Non-seulement j'ai lu quelque chose sur l'Égypte, comme on vient de le voir, mais j'en connais assez bien les monuments; et quand je dis qu'il y avait des symboles effrontés à Thèbes, à Memphis et à Hiéropolis, je ne fais que rappeler ce que la gravure a rappelé depuis Pococke, et rappellera sans doute encore. Cette note xxxixe termine la description de l'Égypte idolâtre : il n'y a, comme on le voit, pas une phrase, pas un mot qui ne soit appuyé sur une puissante autorité, et l'on peut remarquer que j'ai renfermé en quelques lignes toute l'histoire de l'Égypte ancienne, sans omettre un seul fait essentiel. Dans la description de l'Égypte chrétienne qui va suivre, dans la peinture du désert, j'aurais pu m'en rapporter à mes propres yeux, et mon témoignage suffisait, comme celui de tout autre voyageur. On verra pourtant que mes récits sont confirmés par les relations les plus authentiques. Franchement, je suis plus fort que mes ennemis en tout ceci; et puisqu'ils m'y ont forcé par l'attaque la plus bizarre, je suis obligé de leur prouver qu'ils ont parlé de choses qu'ils n'entendent pas.

XLe.

Page 147. Il venait de conclure un traité avec les peuples de Nubie.

Par ce traité, Dioclétien avait cédé aux Éthiopiens le pays qu'occupaient les Romains au delà des cataractes.

XLIe.

Page 147. Figurez-vous, seigneurs, des plages sablonneuses, etc.

« Nous partîmes de Benisolet, dit le père Siccard, le 25, pour aller au village de Baiad,
« qui est à l'orient du fleuve. Nous prîmes dans ce village des guides pour nous conduire
« au désert de Saint-Antoine. Nous sortîmes de Baiad le 26 mai, montés sur des chameaux,
« et escortés de deux chameliers. Nous marchâmes au nord, le long du Nil, l'espace d'une
« ou deux lieues, et ensuite nous tirâmes à l'est pour entrer dans le célèbre désert de
« Saint-Antoine, ou de la Basse-Thébaïde.... Une plaine sablonneuse s'étend d'abord jus-
« qu'à la gorge de Gebeï.... Nous montâmes jusqu'au sommet de mont Gebeï. Nous décou-
« vrîmes alors une plaine d'une étendue prodigieuse.... Son terrain est pierreux et stérile.
« Les pluies, qui y sont fréquentes en hiver, forment plusieurs torrents; mais leur lit
« demeure sec pendant tout l'été.... Dans toute la plaine, on ne voit que quelques acacias
« sauvages, qui portent autant d'épines que de feuilles. Leurs feuilles sont si maigres,
« qu'elles n'offrent qu'un médiocre secours à un voyageur qui cherche à se mettre à
« l'abri du soleil brûlant. » (*Lettres édif.*, tom v, pag. 191 et suiv.) Jusqu'ici, comme on le voit, je n'ai rien imaginé; et le père Siccard, qui passa tant d'années en Égypte; ce missionnaire qui savait le grec, le cophte, l'hébreu, le syriaque, l'arabe, le latin, le turc, etc., n'avait peut-être rien lu sur l'Égypte, ni rien vu dans ce pays. J'ai substitué seulement le nopal à l'acacia, comme plus caractéristique des lieux. Me permettra-t-on de dire que j'ai rencontré le nopal aux environs du Caire, d'Alexandrie, et en général dans tous les déserts de ces contrées ? Cependant, si on ne veut pas qu'il y ait des nopals en Orient, malgré moi et malgré presque tous les voyageurs, je capitulerai sur ce point.

Il faut pourtant que j'apprenne à la critique une chose qu'elle ne sait peut-être pas, et le moyen de m'attaquer. A l'époque où je place des nopals en Orient, il y a anachronisme en histoire naturelle. Les cactus sont américains d'origine. Transportés ensuite en Afrique et en Asie, ils s'y sont tellement multipliés, que la chaîne de l'Atlas en est aujourd'hui remplie. Quelques botanistes doutent même si ces plantes ne sont point naturelles aux deux continents. Un seul végétal introduit dans une contrée suffit pour changer l'aspect d'un paysage. Le peuplier d'Italie, par exemple, a donné un autre caractère à nos vallées. J'ai peint et j'ai dû peindre ce que je voyais en Orient, sans égard à la chronologie de l'histoire naturelle.

XLIIe.

Page 147. Des débris de vaisseaux pétrifiés.

« Sur le dos de la plaine, dit le père Siccard, on voit de distance en distance des mâts « couchés par terre, avec des pièces de bois flotté qui paraissent venir du débris de quelque « bâtiment; mais, quand on y veut porter la main, tout ce qui paraissait bois se trouve « être pierre. » (*Lettres édif.*, tom. v, pag. 48.) Me voilà encore à l'abri. Il est vrai que le père Siccard raconte cette particularité du désert de Scété et de la *mer sans eau*, et moi je la place dans le désert de la Basse-Thébaïde; mais un autre voyageur dit avoir rencontré les mêmes pétrifications en allant du Caire à Suez : il diffère seulement d'opinion avec le missionnaire sur la nature de ces pétrifications.

XLIIIe.

Page 147. Des monceaux de pierres élevés de loin en loin.

« Nous traversâmes, dit encore le père Siccard, le chemin des *Anges;* c'est ainsi que « les chrétiens appellent une longue traînée des petits morceaux de pierre dans l'espace « de plusieurs journées de chemin : cet ouvrage... servait autrefois pour diriger les pas « des anachorètes. . car le sable de ces vastes plaines, agité par les vents, ne laisse ni sen- « tier ni trace marquée. » (*Lettres édif.*, tom. v, pag. 29.)

XLIVe.

Page 147. L'ombre errante de quelques troupeaux de gazelles, etc.; jusqu'à l'alinéa.

« Les vestiges de sangliers, d'ours, d'hyènes, de bœufs sauvages, de gazelles, de loups, « de corneilles, paraissent tous les matins fraîchement imprimés sur le sable. » (Le père Siccard, *Lettres édif.*, tom. v, pag. 41.) J'ai souvent entendu la nuit le bruit des sangliers qui rongeaient des racines dans le sable : ce bruit est assez étrange pour m'avoir fait plus d'une fois interroger mes guides. Quant au chant du grillon, c'est une petite circonstance si distinctive de ces affreuses solitudes, que j'ai cru devoir la conserver. C'est souvent le seul bruit qui interrompe le silence du désert libyque et des environs de la mer Morte ; c'est aussi le dernier son que j'aie entendu sur le rivage de la Grèce, en m'embarquant au cap Sunium pour passer à l'île de Zéa. Peindre à la mémoire le foyer du laboureur, dans ces plaines où jamais une fumée champêtre ne vous appelle à la tente de l'Arabe; présenter au souvenir le contraste du fertile sillon et du sable le plus aride, ne m'ont point paru des choses que le goût dût proscrire, et les critiques que j'ai consultés ont tous été d'avis que je conservasse ce trait.

XLVe.

Page 148. Il enfonçait ses naseaux dans le sable.

Tous les voyageurs ont fait cette remarque, Pococke, Shaw, Siccard, Niebuhr, M. de Volney, etc. J'ai vu souvent moi-même les chameaux souffler dans le sable sur le rivage de la mer, à Smyrne, à Jaffa et à Alexandrie.

XLVIᵉ.

Page 148. Par intervalles, l'autruche poussait des sons lugubres.

Sorte de cri attribué à l'autruche par toute l'Écriture. (*Voyez* Job et Michée.)

XLVIIᵉ.

Page 148. Le vent de feu.

C'est le kamsin. Il n'y a point d'ouvrage sur l'Égypte et sur l'Arabie qui ne parle de ce vent terrible. Il tue quelquefois subitement les chameaux, les chevaux et les hommes. Les anciens l'ont connu, comme on peut le remarquer dans Plutarque.

XLVIIIᵉ.

Page 148. Un acacia.

(*Voyez* la note XLIᵉ.)

XLIXᵉ.

Page 149. Le rugissement d'un lion.

On prétend qu'on ne trouve pas de lions dans les déserts de la Basse-Thébaïde : cela peut être. On sait, par l'autorité d'Aristote, qu'il y avait autrefois des lions en Europe, et même en Grèce. J'ai suivi dans mon texte l'*Histoire des Pères du désert*; et je le devais, puisque c'était mon sujet. On lit donc dans mon *Histoire* que ces grands solitaires apprivoisaient des lions, et que ces lions servaient quelquefois de guides aux voyageurs. Ce furent deux lions qui, selon saint Jérôme, creusèrent le tombeau de saint Paul. Le père Siccard assure qu'on voit *rarement* des lions dans la Basse-Thébaïde, mais qu'on y voit beaucoup de tigres, de chamois, etc. (*Lettres édif.*, tom. v, pag. 219.)

Lᵉ.

Page 149. Un puits d'eau fraîche.

« L'aurore, dit le père Siccard, nous fit découvrir une touffe de palmiers éloignée de « nous d'environ quatre ou cinq milles. Nos conducteurs nous dirent que ces palmiers « ombrageaient un petit marais, dont l'eau, quoiqu'un peu salée, était bonne à boire. » (*Lettres édif.*, tom. v, pag. 196.)

LIᵉ.

Page 149. Je commençai à gravir des rocs noircis et calcinés.

« Le monastère de Saint-Paul, où nous arrivâmes, est situé à l'orient, dans le cœur du « mont Colzim. Il est environné de profondes ravines et de coteaux stériles dont la sur-« face est noire. » (Le père Siccard. *Lettres édif.*, tom. v, pag. 250.)

LIIᵉ.

Page 150. Au fond de la grotte.

« Il (Paul) trouva une montagne pierreuse, auprès du pied de laquelle était une grande « caverne dont l'entrée était fermée avec une pierre, laquelle ayant levée pour y entrer, « et regardant attentivement de tous côtés, par cet instinct naturel qui porte l'homme à « désirer de connaître les choses cachées, il aperçut au dedans comme un grand vesti-« bule qu'un vieux palmier avait formé de ses branches en les étendant et les enlaçant « les unes dans les autres, et qui n'avait rien que le ciel au-dessus de soi. Il y avait là « une fontaine d'eau très-claire, d'où sortait un ruisseau qui à peine commençait à cou-« ler, qu'on le voyait se perdre dans un petit trou, et être englouti par la même terre qui « le produisait. » (*Vie des Pères du désert*, traduction d'Arnauld d'Audilly, tom. I, p. 5.)

LIIIe.

Page 150. Comment vont les choses du monde?

« Ainsi Paul, en souriant, lui ouvrit la porte ; et alors s'étant embrassés diverses fois,
« ils se saluèrent et se nommèrent tous deux par leurs propres noms. Ils rendirent en-
« semble grâces à Dieu ; et après s'être donné le saint baiser, Paul s'étant assis auprès
« d'Antoine lui parla de cette sorte :
« Voici celui que vous avez cherché avec tant de peine, et dont le corps flétri de vieil-
« lesse est couvert par des cheveux blancs tout pleins de crasse. Voici cet homme qui est
« sur le point d'être réduit en poussière. Mais puisque la charité ne trouve rien de diffi-
« cile, dites-moi, je vous supplie, comme va le monde? Fait-on de nouveaux bâtiments
« dans les anciennes villes? Qui est celui qui règne aujourd'hui? » (*Vie des Pères du dé-
« sert*, traduction d'Arnauld d'Andilly, tom. 1, pag. 10.)

LIVe.

Page 150. Il y a cent treize ans que j'habite cette grotte.

« Y ayant déjà cent treize ans que le bienheureux Paul menait sur la terre une vie
« toute céleste ; et Antoine, âgé de quatre-vingt-dix ans (comme il l'assurait souvent),
« demeurant dans une autre solitude, il lui vint en pensée que nul autre que lui n'avait
« passé dans le désert la vie d'un parfait et véritable solitaire. » (*Vie des Pères du désert*,
traduction d'Arnauld d'Andilly, tom. 1, pag. 6.)

LVe.

Page 150. Paul alla chercher dans le trou d'un rocher un pain.

Allusion à l'histoire du corbeau de saint Paul. J'ai écarté tout ce qui pouvait blesser le
goût dédaigneux du siècle, sans pourtant rien omettre de principal. Il ne faut pas, d'ailleurs, que les partisans de la mythologie crient si haut contre l'histoire de nos saints : il
y a des corbeaux et des corneilles qui jouent des rôles fort singuliers dans les fables
d'Ovide. Ne sait-on pas comment Lucien s'est moqué des dieux du paganisme et combien,
en effet, on peut les rendre ridicules? Tout cela est de la mauvaise foi. On admire dans
un poète grec ou latin ce que l'on trouve bizarre et de mauvais goût dans la vie d'un solitaire de la Thébaïde. Il est très-aisé, en élaguant quelques circonstances, de faire de la
vie de nos saints des morceaux pleins de naïveté, de poésie et d'intérêt.

LVIe.

Page 150. Eudore, me dit-il, vos fautes ont été grandes.

Cette scène a été préparée dans le livre du *Ciel*. Elle achève de confirmer mon héros
dans la pénitence ; elle lui apprend ses destinées ; elle lui donne le courage du martyre.
Ainsi le récit se termine précisément au moment où Eudore est devenu capable des
grandes actions que Dieu attend de lui.

LVIIe.

Page 151. Un horizon immense.

« Étant parvenus à l'endroit le plus haut du mont Colzim, nous nous y arrêtâmes pen-
« dant quelque temps pour contempler avec plaisir la mer Rouge, qui était à nos pieds,
« et le célèbre mont Sinaï, qui bornait notre horizon. » (*Lettres édif.*, tom. v, pag. 214.)

LVIIIe.

Page 151. Une caravane.

L'établissement des caravanes est de la plus haute antiquité : la première que l'on remarque dans l'histoire romaine remonte au temps d'Auguste, lors de l'expédition des
légions pour découvrir les aromates de l'Arabie.

LIXe.

Page 152. Des vaisseaux chargés de parfums et de soie.

Les parfums de l'Orient et les soies des Indes venaient aux Romains par la mer Rouge. Les philosophes grecs allaient quelquefois étudier aux Indes la sagesse des brahmanes.

LXe.

Page 152. Confesseur de la foi.

Ce morceau achève la peinture du christianisme. Il fait voir la suite et les conséquences de l'action ; il montre Eudore récompensé, les persécuteurs punis, et les nations modernes se faisant chrétiennes sur les débris du monde ancien et les ruines de l'idolâtrie.

LXIe.

Page 152. Grande rébellion tentée par leurs pères.

C'est la révolte d'Adam et la chute de l'homme. Le reste du passage touchant la morale écrite, les révolutions de l'Orient, etc., n'a pas besoin de commentaires. Je suppose, avec quelques auteurs, que l'Égypte a porté ses dieux dans les Indes, comme elle les a certainement portés dans la Grèce. Toutefois, l'opinion contraire pourrait être la véritable, et ce sont peut-être les Indiens qui ont peuplé l'Égypte. « Mundum tradidit disputationibus « eorum. »

LXIIe.

Page 152. Vous avez vu le christianisme pénétrer, etc.

Ceci remet sous les yeux le récit, et le but du récit.

LXIIIe.

Page 153. Le grand dragon d'Égypte.

« Ecce ego ad te, Pharao rex Ægypti, draco magne, qui cubas in medio fluminum « tuorum, et dicis : Meus est fluvius. » (Ezech., xxix.)

LXIVe.

Page 153. Les démons de la volupté, etc.

Allusion aux tentations des saints dans la solitude, et aux miracles que Dieu fit en faveur des pieux habitants du désert.

LXVe.

Page 153. La pyramide de Chéops jusqu'au tombeau d'Osymandué.

La pyramide de Chéops est la grande pyramide près de Memphis; le tombeau d'Osymandué était à Thèbes. On peut voir dans Diodore (liv. I, sect. II) la description de ce superbe tombeau; elle est trop longue pour que je la rapporte ici.

XLVIe.

Page 153. Le terre de Gessen.

« Dixit itaque rex ad Joseph... In optimo loco fac eos habitare, et trade eis terram « Gessen. »

LXVIIe.

Page 154. Ils se sont remplis du sang des martyrs, comme les coupes et les cornes de l'autel.

« Fecit et altare holocausti... Cujus cornua de angulis procedebant... Et in usus ejus « paravit ex ære vasa diversa. » (*Exod.*, cap. xxvII.)

LXVIIIe.

Page 154. D'où viennent ces familles fugitives, etc.

Saint Jérôme étant retiré dans sa grotte à Bethléem, survécut à la prise de Rome par Alaric, et vit plusieurs familles romaines chercher un asile dans la Judée.

LXIXe.

Page 154. Enfants impurs des démons et des sorcières de la Scythie.

Jornandès raconte que des sorcières chassées loin des habitations des hommes dans les déserts de la Scythie, furent visitées par des démons, et que de ce commerce sortit la nation des Huns.

LXXe.

Page 154. Leurs chevaux sont plus légers que les léopards; ils assemblent des troupes de captifs comme des monceaux de sable !

« Leviores pardis equi ejus… Et congregabit quasi arenam captivitatem. » (Habac., chap. i, v. 8 et 9.)

LXXIe.

Page 154. La tête couverte d'un chapeau barbare.

C'est encore Jornandès qui forme ici l'autorité. Il donne ce chapeau à certains prêtres et chefs des Goths.

LXXIIe.

Page 154. Les joues peintes d'une couleur verte.

« Le Lombard se présente : ses joues sont peintes d'une couleur verte; on dirait qu'il
« a frotté son visage avec le suc des herbes marines qui croissent au fond de l'Océan,
« dont il habite les bords. » (Sidon. Appoll., liv. vii, *Epist.* ix, *ad Lampr.*)

LXXIIIe.

Page 154. Pourquoi ces hommes nus égorgent-ils les prisonniers.

(*Voyez* la note lxixe du liv. vi.)

LXXIVe.

Page 154. Ce monstre a bu le sang du Romain qu'il avait abattu.

Gibbon cite ce trait dans son *Histoire de la chute de l'empire romain.*

LXXVe.

Page 154. Tous viennent du désert d'une terre affreuse.

« Onus deserti maris. Sicut turbines ab Africo veniunt, de deserto venit, de terra hor-
« ribili. » (Is., cap. xxi, v. 1.)

LXXVIe.

Page 154. Il vient couvrir ce pauvre corps.

« Mais parce que l'heure de mon sommeil est arrivée… Notre-Seigneur vous (Antoine)
« a envoyé pour couvrir de terre ce pauvre corps, ou, pour mieux dire, pour rendre la
« terre à la terre. » (*Vie des Pères du désert*, traduction d'Arnauld d'Andilly, t. i, p. 12.)

LXXVIIe.

Page 155. Il tenait à la main la tunique d'Athanase.

« Je vous (Antoine) supplie d'aller quérir le manteau que l'évêque Athanase vous

« donna, et de me l'apporter pour m'ensevelir. » (*Vie des Pères du désert*, traduction d'Arnauld d'Andilly, tom. I, pag. 12.)

LXXVIIIe.

Page 155. J'ai vu Élie, etc.

« J'ai vu Élie, j'ai vu Jean dans le désert; et, pour parler selon la vérité, j'ai vu Paul « dans un paradis. » (*Vie des Pères du désert*, traduction d'Arnauld d'Andilly, t. I, p. 13.)

LXXIXe.

Page 155. Je vis, au milieu d'un chœur d'anges.

« Il (Antoine) vit, au milieu des troupes des anges, entre les chœurs des prophètes et « des apôtres, Paul tout éclatant d'une blancheur pure et lumineuse, monter dans le « ciel... Il y vit le corps mort du saint qui avait les genoux en terre, la tête levée et les « mains étendues vers le ciel. Il crut d'abord qu'il était vivant, et qu'il priait. » (*Vie des Pères du désert*, traduction d'Arnauld d'Andilly, tom. I, pag. 14.)

LXXXe.

Page 155. Deux lions.

(*Voyez* ci-dessus note XLIXe.)

LXXIe.

Page 155. Ptolémaïs.

(Saint-Jean d'Acre.)

LXXIIe.

Page 155. Je m'arrêtai aux Saints Lieux, où je connus la pieuse Hélène.

Préparation au voyage de Cymodocée à Jérusalem.

LXXIIIe.

Page 155. Je vis ensuite les sept Églises.

Complément de la peinture de l'Église sur toute la terre. « Angelo Ephesi Ecclesiæ « scribe... Scío opera tua, et laborem, et patientiam tuam. » Smyrne : « Scio tribulatio- « nem tuam. » Pergame : « Tenes nomen meum, et non negasti fidem meam. » Thya- tire : Novi... charitatem tuam. » Sardes : « Scio opera tua quia nomen habes quod « vivas, et mortuus es. » Laodicée : Suadeo tibi emére a me aurum... ut vestimentis « albis induaris. » Philadelphie : « Hæc dicit sanctus et verus qui habet clavem David. « Ego dilexi te. » (*Apocal.*, cap. II et III.)

LXXIIIe.

Page 152. J'eus le bonheur de rencontrer à Byzance le jeune prince Constantin, qui... daigna me confier ses vastes projets.

Regard jeté sur la fondation de Constantinople, que saint Augustin appelle magnifique- ment la compagne et l'héritière de Rome. (*De Civ. Dei*.)

SUR LE DOUZIÈME LIVRE.

L'action recommence, dans ce livre, au moment où le lecteur l'a laissée à la fin du livre de l'*Enfer* : l'amour dans Hiéroclès, l'ambition dans Galérius, la superstition dans Dioclétien sont réveillés à la fois par les esprits des ténèbres ; et ces esprits conjurés ignorent qu'ils ne font qu'obéir aux décrets de l'Éternel, et concourir au triomphe de la foi.

PREMIÈRE REMARQUE.

Page 157. La mère de Galérius, etc.

Voyez, pour tout ceci, le 1er livre du récit ou le IVe de l'ouvrage. *Voyez* aussi les notes de ce même livre.

IIe.

Page 157. Enivré de ses victoires sur les Parthes, etc.

(*Voyez* livre V, et la note XXVe du même livre.)

IIIe.

Page 157. Votre épouse séduite.

(*Voyez* livre V, à l'aventure des catacombes.)

IVe.

Page 157. Voilà les trésors de l'Église, etc.

J'attribue à Marcellin la touchante histoire de saint Laurent. Celui-ci, sommé par le gouverneur de Rome de livrer les trésors de l'Église, rassembla tous les malheureux de cette grande ville, les aveugles, les boiteux, les mendiants : « Tous, dit Prudence, « étaient connus de Laurent, et ils le connaissaient tous. » Tel fut le trésor qu'il présenta au persécuteur des fidèles. (*Voyez* Prud., *in Coron.* et *Act. Mart.*)

Ve.

Page 158. Dans la vaste enceinte, etc.

> Καλῇ ὑπὸ πλατανίστῳ, ὅθεν ῥέεν ἀγλαὸν ὕδωρ.
> Ἔνθ' ἐφάνη μέγα σῆμα· δράκων ἐπὶ νῶτα δαφοινός,
> Σμερδαλέος, τόν ῥ' αὐτὸς Ὀλύμπιος ἧκε φόωσδε,
> Βωμοῦ ὑπαΐξας, πρός ῥα πλατάνιστον ὄρουσεν.
> Ἔνθα δ' ἔσαν στρουθοῖο νεοσσοί, νήπια τέκνα,
> Ὄζῳ ἐπ' ἀκροτάτῳ, πετάλοις ὑποπεπτηῶτες,
> Ὀκτώ, ἀτὰρ μήτηρ ἐνάτη ἦν, ἣ τέκε τέκνα.
> Ἔνθ' ὅγε τοὺς ἐλεινὰ κατήσθιε τετριγῶτας·
> Μήτηρ δ' ἀμφεποτᾶτο ὀδυρομένη φίλα τέκνα·
> Τὴν δ' ἐλελιξάμενος πτέρυγος λάβεν ἀμφιαχυῖαν

(*Iliod.*, liv. II, v. 307.)

VI°.

Page 158. Les balances d'or.
(*Voyez* Homère et l'Écriture.)

VII°.

Page 158. Il veut que les officiers, etc.
Dioclétien commença en effet la persécution par forcer les officiers de son palais, et même sa femme et sa fille, à sacrifier aux dieux de l'empire.

VIII°.

Page 159. Du Tmolus.
Montagne de Lydie. Elle était célèbre par ses vins et par la culture du safran :
. . . Nonne vides croceos ut Tmolus odores, etc.
(*Georg.*, I, 56.)

IX°.

Page 159. Fils de Jupiter, etc.
Les formes de l'adulation la plus abjecte étaient en usage à cette époque : on le verra dans les notes du livre XVI°. Eudore a déjà parlé, livre IV°, du titre d'Éternel que prenaient les empereurs.

X°.

Page 159. Il franchit rapidement cette mer qui vit passer Alcibiade, etc.
Ce fut dans la fatale expédition de Nicias contre Syracuse.

XI°.

Page 160. Les jardins d'Alcinoüs.
Dans l'île de Schérie, aujourd'hui Corfou. (*Odissée*, liv. VII.)

XII°.

Page 160. Les hauteurs de Buthrotum.
Aujourd'hui Butrento, en Épire, en face de Corfou.
. . . . Portuque subimus
Chaonio, et celsam Buthroti accedimus urbem.
(*Æneid.*, III, v. 292.)

XIII°.

Page 160. Où respirent encore les feux de la fille de Lesbos.
Vivuntque commissi calores
Æoliæ fidibus puellæ.
(Horat., *Od.* IX, lib. IV.)

XIV°.

Page 160. Zacinthe couverte de forêts.
Nemorosa Zacynthos.
(*Æneid.*, III, v. 270.)

XV°.

Page 160. Céphallénie aimée des colombes.
C'est l'épithète qu'Homère donne à Thisbé. (*Iliad.*, liv. II.) Je l'ai donnée à Céphallénie, parce qu'en passant près de cette île j'y ai vu voler des troupes de colombes.

XVIe.

Page 160. Il découvre les Strophades, demeure impure de Céléno.

> .... Strophades Graio stant nomine dictæ
> Insulæ Ionio in magno; quas dira Celæno
> Harpyiæque colunt.
> (*Æneid.*, III, v. 210.)

XVIIe.

Page 160. Il rase le sablonneux rivage où Nestor, etc.

> Οἱ δὲ Πύλον, Νηλῆος ἐϋκτίμενον πτολίεθρον,
> Ἷξον· τοὶ δ' ἐπὶ θινὶ θαλάσσης ἱερὰ ῥέζον,
> Ταύρους παμμέλανας, Ἐνοσίχθονι κυανοχαίτῃ.
> (*Odiss.*, lib. III, v. 4.)

XVIIIe.

Page 160. Sphactérie.

Ile qui ferme le port de Pylos, et fameuse, dans la guerre du Péloponèse, par la capitulation des Spartiates, qui furent forcés de se rendre aux Athéniens. (*Voyez* Thucydide.)

XIXe.

Page 160. Mothone.

Aujourd'hui Modon. C'est à Modon que j'ai abordé pour la première fois les rivages de la Grèce.

XXe.

Page 161. Les hauts sommets du Cyllène.

Voyez le livre II et les notes. Il n'y a rien ici de nouveau, excepté l'histoire de Syrinx. Syrinx était la fille du Ladon; Pan l'aima, et la poursuivit au bord du fleuve. Elle échappa aux embrassements du dieu de l'Arcadie par le secours des nymphes. Elle fut changée en roseau. Le zéphyr, en balançant ces roseaux, en fit sortir des plaintes; Pan, frappé de ces plaintes, arracha les roseaux, et en composa cette espèce de flûte que les anciens appelaient syrinx.

XXIe.

Page 161. Elle se retrace vivement la beauté, le courage, etc.

> Multa viri virtus animo, multusque recursat
> Gentis honos : hærent infixi pectore vultus
> Verbaque.
> (*Æneid.*, IV, v. 3.)

XXIIe.

Page 163. Les désirs, les querelles amoureuses, les entretiens secrets, etc.

> Ἦ, καὶ ἀπὸ στήθεσφιν ἐλύσατο κεστὸν ἱμάντα,
> Ποικίλον· ἔνθα δέ οἱ θελκτήρια πάντα τέτυκτο·
> Ἔνθ' ἔνι μὲν φιλότης, ἐν δ' ἵμερος, ἐν δ' ὀαριστὺς,
> Πάρφασις, ἥτ' ἔκλεψε νόον πύκα περ φρονεόντων.
> (*Iliad.*, lib. XIV, v. 214.)

> Teneri sdegni, e placide e tranquille
> Repulse, cari vezzi, e liete paci,

Sorrisi, parolette, e dolci stille
Di pianto, e sospir tronchi, e molli baci.

(*Gierusal.*, canto XVI, st. 25.)

XXIIIe.

Page 163. La colère de cette déesse, etc.

O haine de Vénus, ô fatale colère!

(Racine, *Phèdre*, act. I, sc. III.)

XXIVe.

Page 163. A chercher le jeune homme dans la palestre.

Βασεῦμαι ποτὶ τὰν Τιμαγήτοιο παλαίστραν
Αὔριον.

(Théocr., *Idylle* II, v. 8.

XXVe.

Page 163. La langue embarrassée.

Je sens de veine en veine une subtile flamme
Courir par tout mon corps si tôt que je te vois;
Et, dans les doux transports où s'égare mon âme,
Je ne saurais trouver de langue ni de voix.

(Boileau, *Traduction de Sapho*.)

Mes yeux ne voyaient plus, je ne pouvais parler;
Je sentis tout mon corps et transir et brûler.

(Racine, *Phèdre*, act. I, sc. III.)

XXVIe.

Page 163. A recourir à des philtres.

Πᾷ μοι ταὶ δάφναι; φέρε, Θέστυλι. Πᾷ δὲ τὰ φίλτρα;
. . . . Ἀλλά, Σελάνα,
Φαῖνε κάλον· τὶν γὰρ ποταείσομαι ἄσυχα, δαῖμον, etc.

(Théocr., *Idylle* II, v. 1 et 10.)

XXVIIe.

Page 163. Qu'il s'assied sur le dos du lion, etc.

(Voyez les mythologues et sculpteurs antiques.)

XXVIIIe.

Page 163. Quelle religion est la vôtre!

Voilà ce qui explique l'espèce de contradiction que l'on remarque entre le commencement et la fin du discours de Cymodocée.

XXIXe.

Page 164. Lorsque le Tout-Puissant, etc.

« Formavit igitur Dominus Deus hominem de limo terræ. »
«... Plantaverat autem Dominus Deus Paradisum voluptatis a principio, in quo po-
« suit hominem... » (*Genes.*, cap. II, v. 7 et 8.)

XXXᵉ.

Page 164. L'Éternel tira du côté d'Adam, etc.

« Et ædificavit Dominus Deus costam, quam tulerat de Adam in mulierem. »
« ... Hoc nunc, os ex ossibus meis, et caro de carne mea. » (*Genes.*, cap. II, v. 22 et 23.)

XXXIᵉ.

Page 164. Adam était formé pour la puissance, etc.

>Not equal, as their sex not equal seem'd;
>For contemplation he, and valour form'd;
>For softness she, and sweet attractive grace.
>
>(Milt., '*Parad. lost*.)

XXXIIᵉ.

Page 164. Je tâcherai de vous gagner à moi, au nom de tous les attraits, etc.

« In funiculis Adam traham eos, in vinculis charitatis. » (Os., cap. XI, v. 4.)

XXXIIIᵉ.

Page 164. Je vous rendrai mon épouse par une alliance, etc.

« Et sponsabo te mihi in sempiternum, et sponsabo te mihi in justitia et judicio, et in
« misericordia, et in miserationibus. » (Os., cap. II, v. 19.)

XXXIVᵉ.

Page 164. Ainsi le fils d'Abraham, etc.

« Qui introduxit eam in tabernaculum Saræ matris suæ, et accepit eam uxorem : et in
« tantum dilexit eam, ut dolorem, qui ex morte matris ejus acciderat, temperaret. »
(*Genes.*, cap. XXIV, v. 67.)

XXXVᵉ.

Page 164. Avant que tu n'aies achevé de m'enseigner la pudeur.

C'est ordinairement la fille vertueuse et innocente qui peut enseigner la pudeur à un jeune homme passionné : la religion chrétienne prouve ici sa puissance, puisqu'elle met le langage chaste dans la bouche d'Eudore, et l'expression hardie dans celle de Cymodocée. Cela est nouveau et extraordinaire sans doute, mais naturel, par l'effet des deux religions, et c'eût été blesser la vérité, que de présenter des mœurs contraires.

XXXVIᵉ.

Page 165. Elle promet aisément de se faire instruire dans la religion du maître de son cœur.

C'est ici la simple nature, et cela ne blesse point la religion, parce que Cymodocée n'est plus demandée comme une victime immédiate. (*Voyez* le livre du *Ciel*.)

XXXVIIᵉ.

Page 165. La tombe d'Épaminondas, et la cime du bois de Pelagus.

« En sortant de Mantinée par le chemin de Pallantium, vous trouverez, à trente stades
« de la ville, le bois appelé Pelagus... Épaminondas fut tué dans ce lieu. Ce grand
« homme fut enterré sur le champ de bataille. » (Pausan., *in Arcad.*, cap. II.)
Ce livre offre le contraste de tout ce que la mythologie nous a laissé de plus riant et de

plus passionné sur l'amour, et de tout ce que l'Écriture a dit de plus grave et de plus saint sur la tendresse conjugale. Lequel de ces deux amours l'emporte? c'est au lecteur à prononcer.

SUR LE TREIZIÈME LIVRE.

PREMIÈRE REMARQUE.

Page 166. Le temple de Junon Lacinienne, etc.

C'est Plutarque qui raconte cette fable dans ses *Morales*. Ce temple était d'ailleurs très-célèbre, et bâti sur le promontoire appelé Lacinius, au fond du golfe de Tarente en Italie. Tite-Live et Cicéron ont parlé de ce temple.

IIe.

Page 167. Le mont Chélydorée.

Montagne d'Arcadie, particulièrement consacrée à Mercure. Ce dieu trouva sur cette montagne la tortue dont l'écaille lui servit à faire une lyre. (Paus., *in Arcad.*, cap. xvii.)

IIIe.

Page 167. Eudore, comme un de ces songes brillants, etc.

Sunt geminæ Somni portæ, quarum altera fertur
Cornea, qua veris facilis datus exitur umbris;
Altera candenti perfecta nitens elephanto.
(*Æneid.*, vi.)

IVe.

Page 168. Eudore, pressé par l'ange des saintes amours.

J'ai retranché ici une comparaison qui m'a paru commune et superflue.

V^e.

Page 169. Et comme épouse de leur frère.
Encore une phrase inutile retranchée.

VIe.

Page 169. Un temple qu'Oreste avait consacré aux Grâces et aux Furies.

Oreste, revenu de sa frénésie, sacrifia aux Furies blanches. Les Arcadiens élevèrent un temple à l'endroit où s'était accompli le sacrifice, et ils le dédièrent aux Furies et aux Grâces. Pausanias place ce temple près de Mégalopolis, sur le chemin de la Messénie. Je n'ai pas suivi son texte. (Pausan., *in Arcad.*, cap. xxxiv.)

VIIe.

Page 199. Par un des descendants d'Ictinus.
Ictinus avait bâti le Panthéon à Athènes.

CAVERNE CHEZ LES CHOCTAWS.

VIII°.

Page 170. Les Zéphyrs agitent doucement la lumière du flambeau.

Après cette phrase, il y avait une comparaison ; je l'ai retranchée ; elle surchargeait le tableau.

IX°.

Page 170. Dansent avec des chaînes de fleurs autour du démon de la volupté.

Ce tableau est justifié par une grande autorité, celle du Tasse. Ces effets de magie se retrouvent dans le palais d'Armide, où l'on voit des démons nager dans les fontaines sous la forme de nymphes ; des oiseaux chanter, dans un langage humain, la puissance de la volupté, etc. Un rossignol, qui ne fait que soupirer, est bien loin de l'oiseau des jardins d'Armide. J'ai donc suivi aussi les traditions poétiques : si j'ai tort, j'ai tort avec le Tasse, et même avec Voltaire, qui, dans un sujet *tout à fait* chrétien, n'a pas laissé que de décrire une Idalie et un temple de l'Amour.

X°.

Page 171. Et quand ta mère te donna le jour au milieu des lauriers et des bandelettes.

On couvrait le lit des femmes nouvellement accouchées de fleurs, de lauriers, de bandelettes, et de divers présents.

XI°.

Page 171. Ne pourrait-elle devenir ton épouse sans embrasser la foi, etc.

Idée fort naturelle dans Démodocus. La réponse d'Eudore est d'un vrai chrétien : il s'est montré faible pour la vie de Cymodocée, l'héroïsme chrétien reparaît ici ; car Eudore, qui n'a pas la force d'exposer les jours d'une femme aimée, a la force beaucoup plus grande de renoncer à l'amour de cette femme. Ce morceau suffisait seul pour mettre hors de doute l'effet religieux de l'ouvrage et les principes qui l'ont dicté.

XII°.

Page 172. Il jure par le lit de fer des Euménides, que ta fille passera dans sa couche.

Voilà tout le nœud des *Martyrs*, et ce que les critiques éclairés auraient autrefois cherché pour applaudir à l'ouvrage ou pour le blâmer sans se perdre dans des lieux communs sur l'épopée en prose, sur le merveilleux chrétien.

Ce passage, et l'exposition du premier livre, détruisent absolument la critique de ceux qui s'attendrissent sur le compte de Démodocus et de Cymodocée, pour jeter de l'odieux sur les chrétiens. Ce ne sont point les chrétiens qui ont fait le malheur de cette famille païenne ; le prêtre d'Homère et sa fille auraient été beaucoup plus malheureux par Hiéroclès qu'ils ne le sont par Eudore : et observez bien que leur malheur était commencé avant qu'ils eussent connu le fils de Lasthénès. Qu'on se figure Cymodocée enlevée par le préfet d'Achaïe ; Démodocus repoussé, jeté dans les cachots, ou tué même par les ordres d'un homme puissant et pervers ; Cymodocée forcée à se donner la mort, ou à traîner des jours dans l'opprobre et dans les larmes : voilà quel eût été le sort des infortunés s'ils n'avaient pas rencontré les chrétiens. Il faut remarquer que je raisonne *humainement* ; car, après tout, dans mon sujet et dans mon opinion, Cymodocée et Démodocus ne pouvaient jamais acheter trop cher le bonheur d'embrasser la vraie religion.

XIII°.

Page 173. Que vous me confiez.

Il y avait dans les éditions précédentes : « Que vous confiez à Jésus-Christ ; » ce qui était très-naturel : car les chrétiens devaient parler de Jésus-Christ aux païens, comme les païens leur parlaient de Jupiter. Mais enfin, puisqu'on s'est plu à obscurcir une chose aussi claire, j'ai effacé le nom de Jésus-Christ; ensuite j'ai retranché les deux lignes où il était question de la montagne de Nébo, bien que dans ce moment Eudore s'adressât à Lasthénès; ce que ne disait pas la critique, d'ailleurs pleine de *bonne foi* et de *candeur*.

XIVe.

Page 173. Où jadis les bergers d'Évandre.

On sait qu'Évandre régna sur l'Arcadie. (*Voyez* le commencement du IVe livre.)

XVe.

Page 174. Mais bientôt il craint la faveur dont le fils de Lasthénès, etc.

Il n'était donc pas inutile de faire voir Eudore dans son triomphe; le récit était donc obligé. Sans tous ces honneurs, sans ce crédit acquis par de glorieux services, l'ouvrage n'existait plus; car Eudore eût alors été trop facile à opprimer, et sa lutte contre Hiéroclès devenait aussi folle qu'invraisemblable.

XVIe.

Page 175. On l'eût pris pour Tirésias, ou pour le devin Amphiaraüs, prêt à descendre vivant aux enfers avec ses armes blanches, etc.

Ipse habitu niveus : nivei dant colla jugales :
Concolor est albis et cassis et infula cristis.
(STAT., *Theb.*, VI.)

. . . . . Ecce alte præceps humus ore profundo
Dissilit, inque vicem timuerunt sidera et umbræ.
Illum ingens haurit specus, et transire parantes
Mergit equos.
(Id., *Theb.*, VII.)

SUR LE QUATORZIÈME LIVRE.

PREMIÈRE REMARQUE.

Page 176. A l'entrée de l'Herméum, etc.

On appelait Herméum en Grèce certains défilés de montagnes, où l'on plaçait des statues de Mercure. Plusieurs Herméum conduisaient de la Messénie dans la Laconie et dans l'Arcadie. Je fais suivre à Démodocus l'Herméum que j'ai moi-même traversé.

IIe.

Page 176. Caché parmi des genêts à demi brûlés.

Voici un passage de mon *Itinéraire*.

Route de la Messénie à Tripolizza. — « Après trois heures de marche, nous sortîmes de
« l'Herméum, assez semblable dans cette partie au passage de l'Apennin entre Pérouse

« et Tarni. Nous entrâmes dans une plaine cultivée qui s'étend jusqu'à Léontari. Nous
« étions là en Arcadie, sur la frontière de la Laconie. On convient généralement que
« Léontari n'est point Mégalopolis... Laissant à droite Léontari, nous traversâmes un bois
« de vieux chênes, reste vénérable d'une forêt sacrée. Nous vîmes le plus beau soleil se
« lever sur le mont Borée. Nous mîmes pied à terre au bas de ce mont, pour gravir un
« chemin taillé perpendiculairement dans le roc. C'était un de ces chemins appelés Che-
« mins de l'Échelle, en Arcadie... Nous nous trouvions dans le voisinage d'une des sources
« de l'Alphée. Je mesurais avidement des yeux les ravines que je rencontrais : tout était
« muet et desséché. Le chemin qui conduit du Borée à Tripolizza traverse d'abord des
« plaines désertes, et se plonge ensuite dans une longue vallée de pierres. Le soleil nous
« dévorait. A quelques buissons rares et brûlés étaient suspendues des cigales qui se
« taisaient à notre approche. Elles recommençaient leurs cris dès que nous étions passés.
« On n'entendait que ce bruit monotone, le pas de nos chevaux et la chanson de notre
« guide. Lorsqu'un postillon grec monte à cheval, il commence une chanson qu'il con-
« tinue pendant toute la route. C'est presque toujours une longue histoire rimée qui
« charme les ennuis des descendants de Linus ; il me semble encore ouïr le chant de mes
« malheureux guides, la nuit, le jour, au lever, au coucher du soleil, dans les solitudes
« de l'Arcadie, sur les bords de l'Eurotas, dans les déserts d'Argos, de Corinthe, de Mé-
« gare ; beaux lieux où la voix des Ménades ne retentit plus, où les concerts des Muses ont
« cessé, où le Grec infortuné semble seulement déplorer dans de tristes complaintes les
« malheurs de sa patrie. »

> . . . . Soli periti cantare
> Arcades !

IIIe.

Page 176. C'est par le même chemin que Lyciscus, etc.

Dans la première guerre de Messénie, l'oracle promit la victoire aux Messéniens, s'ils sacrifiaient une jeune fille du sang d'Épytus. Il y avait plusieurs filles de la race des Épytides. On tira au sort, et le sort tomba sur la fille de Lyciscus. Celui-ci préféra sa fille à son pays, et s'enfuit avec elle à Sparte. Aristodème offrit volontairement sa fille pour remplacer celle de Lyciscus. La fille d'Aristodème était promise en mariage à un jeune homme qui, pour la sauver, prétendit qu'il avait déjà sur elle les droits d'un époux, et qu'elle portait dans son sein un fruit de son amour. Aristodème plongea un couteau dans les entrailles de sa fille, les ouvrit, et prouva aux Messéniens qu'elle était digne de donner la victoire à la patrie.

IVe.

Page 177. Et commence à descendre vers Pillane, etc.

Cette géographie est tout à fait différente de ce qu'elle était dans les premières éditions. Mon exactitude m'avait fait tomber dans une faute singulière. Je n'avais voulu faire parcourir à Démodocus que le chemin que j'avais moi-même suivi. Mais comme j'allai d'abord à Tripolizza, dans le vallon de Tégée, et que je revins ensuite à Sparte, je ne m'étais pas aperçu que Démodocus se détournait d'une trentaine de lieues de sa véritable route. Le faire arriver à Sparte par le mont Thornax était une chose étrange : voilà ce que la critique n'a pas vu, quoiqu'elle ait doctement déclaré que le tombeau d'Ovide était de l'autre côté du Danube. Quant aux monuments dont il est question dans la route actuelle de Démodocus, on peut consulter Pausanias, *in Lacon.*, lib. III, cap. XX et XXI.

V^e.

Page 177. La chaîne des montagnes du Taygète.

Je suis, je crois, le premier auteur moderne qui ait donné la description de la Laconie d'après la vue même des lieux. Je réponds de la fidélité du tableau. Guillet, sous le nom de son frère, La Guilletière, ne nous a laissé qu'un roman, et c'est ce que Spon a très-bien prouvé. Vernhum, compagnon de Wheler, avait visité Sparte ; mais il n'en dit qu'un mot dans sa lettre imprimée parmi les Mémoires de l'Académie royale de Londres. M. Fauvel m'a dit avoir fait deux ou trois fois le voyage de Laconie, mais il n'a encore rien publié. M. Pouqueville, excellent pour tout ce qu'il a vu de ses yeux, paraît avoir eu sur Sparte des renseignements inexacts. Wheler, Spon et d'Anville avaient averti que Sparte n'est point Misitra, et l'on s'est obstiné à voir Lacédémone dans cette dernière ville, d'après Guillet, Niger et Ortellius. Misitra est à deux lieues de l'Eurotas, ce qui trancherait la question, si cela pouvait en faire une. Les ruines de Sparte sont à Magoula, tout auprès du fleuve ; d'Anville les a très-bien désignées sous le nom de Palæochori, ou la vieille ville. Elles sont fort reconnaissables, et occupent une grande étendue de terrain. Ce qu'il y a d'incroyable, c'est que La Guilletière parle de Magoula sans se douter qu'il parle de Sparte.

VIᵉ.

Page 178. Dès le soir même, Cyrille commença les instructions, etc.

Ce livre a peut-être quelque chose de grave qui contraste avec la description plus brillante d'Athènes, et qui rappelle naturellement au lecteur la sévère Lacédémone. Il m'a semblé qu'on verrait avec quelque plaisir le christianisme naissant à Sparte, et la foi de Jésus-Christ remplaçant les lois de Lycurgue.

VIIᵉ.

Page 179. Que peux-tu contre la croix ?

On voit par ce mot que ce démon solitaire n'avait point assisté à la délibération de l'enfer.

VIIIᵉ.

Page 181. Aux deux degrés d'auditrice et de postulante.

Pour les différents degrés de catéchumènes, et pour les différents ordres du clergé, des veuves, des diaconesses, etc., (*voyez* FLEURY, *Mœurs des Chrétiens.*)

IXᵉ.

Page 181. C'est la fille de Tindare, couronnée des fleurs du Plataniste, etc.

Ile et prairie où les filles de Sparte cueillirent les fleurs dont elles formèrent la couronne nuptiale d'Hélène. (*Voyez* THÉOCRITE.)

Xᵉ.

Page 182. Près du Lesché, et non loin des tombeaux des rois Agides.

« Dans le quartier de la ville appelé le Théomélide, on trouve les tombeaux des rois « Agides. Le Lesché touche à ces tombeaux, et les Crotanes s'assemblent au Lesché. » (PAUSAN., lib. III, cap. XIV.) Les Crotanes formaient une des cohortes de l'infanterie lacédémonienne.

Il y avait à Sparte un second Lesché, connu sous le nom de Pœcile, à cause des tableaux ou peintures qu'on y voyait.

Les rois Agides étaient les descendants d'Agis, fils d'Eurystène et neveu de Proclès, deux frères jumeaux en qui commence les deux familles qui régnaient ensemble à Sparte.

XIᵉ.

Page 182. Éloignée du bruit de la foule, etc.

Citer les autorités pour les églises et les cérémonies de l'Église primitive, ce serait ré-

XIIᵉ.

Page 182. Leurs tuniques entr'ouvertes, etc.

Le vêtement des femmes de Sparte était ouvert depuis le genou jusqu'à la ceinture. Lycurgue, en voulant forcer la nature, avait fini par faire des Lacédémoniennes les femmes les plus impudiques de la Grèce.

XIIIᵉ.

Page 182. Aux fêtes de Bacchus ou d'Hyacinthe.

Les fêtes d'Hyacinthe se célébraient à Amyclée avec une grande pompe. Elles duraient trois jours : les deux premiers étaient consacrés aux pleurs, le troisième aux réjouissances.

XIVᵉ.

Page 182. La fourberie, la cruauté, la férocité maternelle, etc.

Le vol et la dissimulation étaient des vertus à Sparte. On apprenait aux enfants à voler. On connaît la cryptie, ou la chasse aux esclaves. On sait que les Lacédémoniennes s'applaudissaient de la mort de leurs enfants. Elles disaient à leurs fils partant pour la guerre, en leur montrant un bouclier : ἢ τὰν, ἢ ἐπὶ τάν.

XVᵉ.

Page 183. Le lecteur monta à l'ambon.

Le lecteur était un diacre ou un sous-diacre, qui faisait une lecture. L'ambon était une tribune.

XVIᵉ.

Page 183. Habitants de Lacédémone, il est temps que je vous rappelle l'alliance qui vous unit avec Sion.

On peut voir tout ce passage dans le livre des *Macchabées*.

XVIIᵉ.

Page 183. Entre tous les peuples de Javan, etc.

Javan, dans l'Écriture, est la Grèce proprement dite, Séthim est la Macédoine, et Élisa l'Élide ou la Péloponèse.

XVIIIᵉ.

Page 183. Ah! qu'il serait à craindre, etc.

« Timeo cervicem, ne margaritarum et smaragdorum laqueis occupata, locum spathæ « non det. » (Tertull., *de Cultu fem.*)

XIXᵉ.

Page 183. Pour un chrétien, etc.

« Auferamus carceris nomen, secessum vocemus. Etsi corpus includitur, etsi caro deti-« netur, omnia spiritui patent. Vagare spiritu, spatiare spiritu, et non stadia opaca aut « porticus longas proponens tibi, sed illam viam quæ ad Deum ducit. Quotiens eam spi-« ritu deambulaveris, totiens in carcere non eris. Nihil crus sentit in nervo, cum animus « in cœlo est. Totum hominem animus circumfert, et quo velit transfert. » (Tertull., *ad Martyr.*)

XXᵉ.

Page 185. Les portes de l'église s'ouvrent, et l'on entend... une voix, etc.

« Ceux à qui il était prescrit de faire pénitence publique, venaient le premier jour du « carême se présenter à la porte de l'église, en habits pauvres, sales et déchirés... Étant « dans l'église, ils recevaient de la main du prélat des cendres sur la tête, et des cilices « pour s'en couvrir; puis demeuraient prosternés, tandis que le prélat, le clergé et tout « le peuple faisaient pour eux des prières à genoux. Le prélat leur faisait une exhortation, « pour les avertir qu'il allait les chasser pour un temps de l'église, comme Dieu chassa « Adam du paradis pour son péché, leur donnant courage, et les animant à travailler, « dans l'espérance de la miséricorde de Dieu. Ensuite il les mettait en effet hors de l'é- « glise, dont les portes étaient aussitôt fermées devant eux. » (FLEURY, *Mœurs des Chrétiens*.)

XXIᵉ.

Page 185. Tel est le lis entre les épines, etc.

Ce chant est tiré du cantique de Salomon. Le chant païen qui suit est imité de l'épithalame de Manlius et de Julie, par Catulle. Ce ne sont point des objets de comparaison, ce sont des beautés d'un genre différent. Les images orientales prêtent facilement à la parodie; et Voltaire s'est égayé sur le Cantique des Cantiques. Il suffit d'omettre quelques traits qui choquent notre goût, pour faire de cette élégie mystique ce qu'elle est, un chef-d'œuvre de passion et de poésie. Au reste, j'ai beaucoup abrégé les deux imitations dans la présente édition.

XXIIᵉ.

Page 186. La tombe de Léonidas.

Les os de Léonidas furent rapportés des Thermopyles quarante ans après le fameux combat, et enterrés au-dessous de l'amphithéâtre, derrière la citadelle, à Sparte. J'ai cherché longtemps cette tombe, un *Pausanias* à la main. Il y a dans cet endroit six grands monuments aux trois quarts détruits. Je les interrogeai inutilement, pour leur demander les cendres du vainqueur des Perses. Un silence profond régnait dans ce désert. La terre était couverte au loin des débris de Lacédémone. J'errais de ruine en ruine avec le janissaire qui m'accompagnait. Nous étions les deux seuls hommes vivants au milieu de tant de morts illustres. Tous deux Barbares, étrangers l'un à l'autre autant qu'à la Grèce, sortis des forêts de la Gaule et des rochers du Caucase, nous nous étions rencontrés au fond du Péloponèse, moi pour passer, lui pour vivre sur des tombeaux qui n'étaient pas ceux de nos aïeux.

XXIIIᵉ.

Page 188. Cymodocée, dit Eudore, ne peut demeurer dans la Grèce, etc.

Ainsi la séparation des deux époux, et le voyage de Cymodocée à Jérusalem, sont très-suffisamment et très-naturellement motivés. Cymodocée est presque chrétienne et presque épouse d'Eudore; les chrétiens sont au moment d'être jugés. A chaque livre l'action fait un pas.

XXIVᵉ.

Page 188. Comme un courrier rapide.

« Transierunt omnia illa tanquam umbra et tanquam nuntius percurrens. » (*Sap.*, cap. v, v. 7.)

SUR LE QUINZIÈME LIVRE

Ce livre n'a pas un besoin essentiel de notes, hors sur deux points : 1° Piste était en effet évêque d'Athènes à l'époque dont je parle, et il parut au concile de Nicée; 2° il y a plusieurs anachronismes, par rapport à Julien et aux grands hommes de l'Église, que je représente au jardin de Platon. J'ai fait çà et là des corrections de style, supprimé quelques phrases, etc., etc. Je remplacerai les notes par un long morceau de mon *Itinéraire* ; il servira de commentaire au voyage d'Eudore.

PREMIÈRE REMARQUE.

Page 189. Il marchait vers Argos, par le chemin de la montagne.

De Sparte à Argos, il y a deux chemins : l'un s'enfonce dans le vallon de Tégée; l'autre traverse les montagnes qui bordent le golfe d'Argos. J'ai suivi le dernier, et c'est celui que j'ai fait prendre à Eudore. Avant de citer mon *Itinéraire*, je dois observer qu'Argos était déjà en ruine du temps de Pausanias. Elle était si pauvre, sous le règne de Julien l'Apostat, qu'elle ne put pas contribuer aux frais et rétablissement des jeux Isthmiques. Julien plaida sa cause contre les Corinthiens : nous avons ce singulier monument littéraire dans les ouvrages de cet empereur. (*Epist.* xxv.) Argos, la patrie du roi des rois, devenue, dans le moyen âge, l'héritage d'une veuve vénitienne, fut vendue par cette veuve à la république de Venise, pour deux cents ducats de rente viagère, et cinq cents une fois payés. Coronelli rapporte le contrat. Voilà ce que c'est que la gloire!

Itinéraire. — « Des ruines de Sparte, je partis pour Argos sans retourner à Misitra. J'a-
« vais dit adieu à Ibrahim-Bey. J'abandonnai Lacédémone sans regret; cependant je ne
« pouvais me défendre de ce sentiment de tristesse qu'on éprouve en présence d'une
« grande ruine, et en quittant des lieux qu'on ne reverra jamais. Le chemin qui conduit
« de la Laconie dans l'Argolide était, dans l'antiquité, ce qu'il est encore aujourd'hui,
« un des plus rudes et des plus sauvages de la Grèce. Nous traversâmes l'Eurotas à l'en-
« trée de la nuit, dans l'endroit où nous l'avions déjà passé en venant de Tripolizza ; puis,
« tournant au levant, nous nous enfonçâmes dans des gorges de montagnes. Nous mar-
« chions rapidement dans des ravines, et sous des arbres qui nous obligeaient de nous
« coucher sur le cou de nos chevaux. Je frappai si rudement de la tête contre une
« branche de ces arbres, que je fus jeté à dix pas sans connaissance. Comme mon cheval
« continuait de galoper, mes compagnons de voyage, qui me devançaient, ne s'aperçu-
« rent pas de ma chute; leurs cris, quand ils revinrent à moi, me tirèrent de mon éva-
« nouissement.

« A une heure du matin, nous arrivâmes au sommet d'une haute montagne, où nous
« laissâmes reposer nos chevaux. Le froid devint si piquant, que nous fûmes obligés d'al-
« lumer un feu de bruyère. Je ne puis assigner de nom à ce lieu peu célèbre de l'antiquité,
« mais nous devions être vers les sources de Lœnus, dans la chaîne du mont Éva, et peu
« éloignés de Prasiæ, sur le golfe d'Argos.

« Nous arrivâmes, à deux heures du matin, à un gros village appelé Saint-Pierre, assez
« voisin de la mer. On n'y parlait que d'un événement tragique qu'on s'empressa de nous
« raconter :

« Une fille de ce village ayant perdu son père et sa mère, et se trouvant maîtresse
« d'une petite fortune, fut envoyée par ses parents à Constantinople. A dix-huit ans,
« elle revint dans son village. Elle était belle; elle parlait le turc, l'italien et le fran-
« çais; et quand il passait des étrangers à Saint-Pierre, elle les recevait avec une poli-
« tesse qui fit soupçonner sa vertu. Les chefs des paysans s'assemblèrent; et, après avoir
« examiné entre eux la conduite de l'orpheline, ils résolurent de se défaire d'une fille qui
« déshonorait le village. Ils se procurèrent d'abord la somme fixée pour le meurtre d'une
« chrétienne en Turquie; ensuite ils entrèrent pendant la nuit chez la jeune fille, l'as-
« sommèrent, et un homme, qui attendait la nouvelle de l'exécution, alla porter au
« pacha le prix du sang. Ce qui mettait en mouvement tous ces Grecs de Saint-Pierre, ce
« n'était pas l'atrocité de l'action, mais l'avidité du pacha; car celui-ci, qui trouvait
« aussi l'action toute simple, et qui convenait avoir reçu la somme fixée pour un assas-
« sinat ordinaire, observait pourtant que la beauté, la jeunesse, la science, les voyages
« de l'orpheline lui donnaient à lui, pacha de Morée, de justes droits à une indemnité. En
« conséquence, sa seigneurie avait envoyé le jour même deux janissaires pour demander
« une nouvelle contribution.

« Nous changeâmes de chevaux à Saint-Pierre, et nous prîmes le chemin de l'ancienne
« Cynurie. Vers les trois heures de l'après-midi, le guide nous cria que nous allions être
« attaqués. En effet, nous aperçûmes quelques hommes armés dans la montagne : après
« nous avoir regardés longtemps, ils nous laissèrent tranquillement passer. Nous en-
« trâmes dans les monts Parthénius, et nous descendîmes au bord d'une rivière dont le
« cours nous conduisit jusqu'à la mer. On découvrait la citadelle d'Argos, Nauplia en
« face de nous, et les montagnes de la Corinthie vers Mycènes.

« Du point où nous étions parvenus, il y avait encore trois heures de marche jusqu'à
« Argos; il fallait tourner le fond du golfe, en traversant le marais de Lerne, qui s'éten-
« dait entre la ville et le lieu où nous nous trouvions. La nuit vint, le guide se trompa
« de route, nous nous perdîmes dans les rizières inondées, et nous fûmes trop heureux
« d'attendre le jour sur un fumier de brebis, lieu le moins humide et le moins sale que
« nous pûmes trouver.

« Je serais en droit de faire une querelle à Hercule, qui n'a pas bien tué l'hydre de
« Lerne, car je gagnai dans ce lieu malsain une fièvre qui ne me quitta tout à fait qu'en
« Égypte.

« J'étais, au lever de l'aurore, à Argos. Le village qui remplace cette ville célèbre est
« plus propre et plus animé que la plupart des autres villages de la Morée. Sa position
« est fort belle au fond du golfe de Nauplia ou d'Argos, à une lieue et demie de la mer.
« Il a d'un côté les montagnes de la Cynurie et de l'Arcadie, et de l'autre les hauteurs
« de Trézène et d'Épidaure.

« Mais, soit que mon imagination fût attristée par le souvenir des malheurs et des fu-
« reurs des Pélopides, soit que je fusse réellement frappé par la vérité, les terres me pa-
« rurent incultes et désertes, les montagnes sombres et nues; sorte de nature féconde en
« grands crimes et en grandes vertus. Je visitai les restes du palais d'Agamemnon, les
« débris du théâtre et d'un aqueduc romain; je montai à la citadelle : je voulais voir
« jusqu'à la moindre pierre qu'avait pu remuer la main du roi des rois.

« Qui peut se vanter de jouir de quelque gloire auprès de ces familles chantées par
« Homère, Eschyle, Sophocle, Euripide et Racine? Et quand on voit pourtant, sur les
« lieux, combien peu de chose reste de ces familles, on est merveilleusement étonné.

. . . .

« Je laissai la forêt de Némée à ma gauche, et j'arrivai à Corinthe par une espèce de
« plaine semée de montagnes isolées et semblables à l'Acro-Corinthe, avec lequel elles se
« confondent. Nous aperçûmes celui-ci longtemps avant d'y arriver, comme une masse
« irrégulière de granit rougeâtre, avec une ligne de murs sur son sommet. Le village de
« Corinthe est au pied de cette citadelle.

. . . .

« Nous quittâmes Corinthe à trois heures du matin. Deux chemins conduisent de cette
« ville à Mégare : l'un traverse les monts Géraniens, par le milieu de l'isthme; l'autre
« côtoie la mer Saronique, le long des roches Scironiennes. On est obligé de suivre le pre-
« mier, afin de passer la grand'garde turque placée aux frontières de la Morée. Je m'ar-
« rêtai à l'endroit le plus étroit de l'isthme, pour contempler les deux mers, la place où
« se donnaient les jeux, et pour jeter un dernier regard sur le Péloponèse.
 « Nous entrâmes dans les monts Géraniens, plantés de sapins, de lauriers et de myrtes.
« Perdant de vue et retrouvant tour à tour la mer Saronique et Corinthe, nous attei-
« gnîmes le sommet des monts. Nous descendîmes à la grand'garde. Je montrai mon
« firman du pacha de Morée; le commandant m'invita à fumer la pipe, et à boire le café
« dans sa baraque.

. . . .

 « Trois heures après nous arrivâmes à Mégare. Je n'y demandai point l'école d'Euclide;
« j'aurais mieux aimé y découvrir les os de Phocion, ou quelque statue de Praxitèle et
« de Scopas. Tandis que je songeais que Virgile, visitant aussi la Grèce, fut arrêté dans
« ce lieu par la maladie dont il mourut, on vint me prier d'aller visiter une malade.
 « Les Grecs, ainsi que les Turcs, supposent que tous les Francs ont des connaissances
« en médecine et des secrets particuliers. La simplicité avec laquelle ils s'adressent à un
« étranger, dans leurs maladies, a quelque chose de touchant, et rappelle les anciennes
« mœurs : c'est une noble confiance de l'homme envers l'homme. Les Sauvages en Amé-
« rique ont le même usage. Je crois que la religion et l'humanité ordonnent dans ce cas
« au voyageur de se prêter à ce qu'on attend de lui : un air d'assurance, des paroles de
« consolation, peuvent quelquefois rendre la vie à un mourant, et mettre toute une
« famille dans la joie.
 « Un Grec vint donc me chercher pour voir sa fille. Je trouvai une pauvre créature
« étendue à terre sur une natte, et ensevelie sous les haillons dont on l'avait couverte.
« Elle dégagea son bras, avec beaucoup de répugnance et de pudeur, des lambeaux de la
« misère, et le laissa retomber mourant sur la couverture. Elle me parut attaquée d'une
« fièvre putride. Je fis dégager sa tête des petites pièces d'argent dont les paysannes alba-
« naises ornent leurs cheveux : le poids des tresses et du métal concentrait la chaleur au
« cerveau. Je portais avec moi du camphre pour la peste; je le partageai avec la malade.
« On l'avait nourrie de raisin; j'approuvai le régime. Enfin, nous priâmes Christos et la
« Panagia (la Vierge), et je promis prompte guérison. J'étais bien loin de l'espérer; j'ai
« tant vu mourir, que je n'ai là-dessus que trop d'expérience.
 « Je trouvai en sortant tout le village assemblé à la porte. Les femmes fondirent sur
« moi, en criant : *Crasi! crasi!* du vin! du vin! Elles voulaient me témoigner leur recon-
« naissance en me forçant à boire. Ceci rendait mon rôle de médecin assez ridicule; mais
« qu'importe, si j'ai ajouté, à Mégare, une personne de plus à celles qui peuvent me sou-
« haiter un peu de bien dans les différentes parties du monde où j'ai erré? C'est un pri-
« vilége du voyageur, de laisser après lui beaucoup de souvenirs, et de vivre dans le
« cœur d'un étranger, souvent, hélas! plus longtemps que dans la mémoire de ses amis!
 « Nous couchâmes à Mégare. Nous n'en partîmes que le lendemain à deux heures de
« l'après-midi. Vers les cinq heures du soir, nous arrivâmes à une plaine environnée de
« montagnes au nord, au couchant et au midi. Un bras de mer, long et étroit (le détroit
« de Salamine), baigne cette plaine au levant, et forme comme la corde de l'arc des mon-
« tagnes; l'autre côté de ce bras de mer est bordé par les rivages d'une île élevée (Sala-
« mine) : l'extrémité orientale de cette île s'approche d'un des promontoires du continent;
« on remarque entre les deux pointes un étroit passage. Comme le jour était sur son dé-
« clin, je résolus de m'arrêter dans un village (Éleusis) que je voyais sur une haute col-
« line, laquelle terminait au couchant près de la mer le cercle des montagnes dont j'ai
« parlé.
 « On distinguait dans la plaine les restes d'un acqueduc, et beaucoup de débris épars au
« milieu du chaume d'une moisson nouvellement coupée. Nous descendîmes de cheval au

« pied du monticule, et nous grimpâmes à la cabane la plus voisine : on nous y donna
« l'hospitalité.

. . . .

« Nous partîmes d'Éleusis à la pointe du jour. Nous tournâmes le fond du canal de Sa-
« lamine, et nous nous engageâmes dans le défilé qui passe entre le mont Icare et le
« mont Corydalus, et débouche dans la plaine d'Athènes, au petit mont Pœcile. Je décou-
« vris tout à coup l'Acropolis, présentant dans un assemblage confus les chapiteaux des
« Propylées, les colonnes du Parthénon et du temple d'Érechthée, les embrasures d'une
« muraille chargée de canons, les débris gothiques du siècle des ducs, et les masures des
« Musulmans. Deux petites collines, l'Anchesme et le Lycabettus, s'élevaient au nord de
« la citadelle, et c'était entre les dernières et au pied de la première qu'Athènes se mon-
« trait à moi. Ses toits aplatis, entremêlés de minarets, de palmiers, de ruines et de
« colonnes isolées, les dômes de ses mosquées couronnés par de gros nids de cigognes,
« semblables à des corbeilles, faisaient un effet agréable aux rayons du soleil levant. Mais
« si l'on reconnaissait encore Athènes à quelques débris, on voyait aussi, à l'ensemble de
« l'architecture et au caractère général des monuments, que la ville de Minerve n'était
« plus habitée par son peuple.

« Une enceinte de montagnes, qui se termine à la mer, forme la plaine ou le bassin
« d'Athènes. Du point où je voyais cette plaine au petit mont Pœcile, elle paraissait
« divisée en trois bandes ou régions, courant dans une direction parallèle du nord au
« midi. La première de ces régions, et la plus voisine de moi, était inculte et couverte de
« bruyères; la seconde offrait un terrain labouré où l'on venait de faire la moisson; la
« troisième présentait un long bois d'oliviers qui s'étendait un peu circulairement depuis
« les sources de l'Ilissus, en posant au pied de l'Anchesme, jusque vers le port de Pha-
« lère. Le Céphise coule dans cette forêt, qui, par sa vieillesse, semble descendre de l'o-
« livier que Minerve fit sortir de la terre. L'Ilissus a son lit desséché de l'autre côté
« d'Athènes, entre le mont Hymette et la ville.

« La plaine n'est pas parfaitement unie : une petite chaîne de collines détachées du
« mont Hymette en surmonte le niveau, et forme ces différentes hauteurs sur lesquelles
« Athènes plaça peu à peu ses monuments.

« Ce n'est pas dans le premier moment d'une émotion très-vive que l'on jouit le plus de
« ses sentiments. Je m'avançais vers Athènes dans une espèce de trouble qui m'ôtait le
« pouvoir de la réflexion. Nous traversâmes promptement les deux premières régions, la
« région inculte et la région cultivée, et nous entrâmes dans le bois d'oliviers. Je des-
« cendis un moment dans le lit du Céphise, qui était alors sans eau, parce que dans cette
« saison les paysans la détourne pour arroser leurs oliviers. En sortant du bois., nous
« trouvâmes un jardin environné de murs, et qui occupe à peu près la place du Céra-
« mique. Nous mîmes une demi-heure pour nous rendre à Athènes, à travers un chaume
« de froment. Un mur moderne renferme la ville. Nous en franchîmes la porte, et nous
« pénétrâmes dans de petites rues champêtres, fraîches et assez propres. Chaque maison a
« son jardin planté d'orangers et de figuiers. Le peuple me parut gai et curieux, et n'avait
« point l'air avili et abattu des Moraïtes. On nous enseigna la maison de M. Fauvel,
« qui demeure près du portique d'Adrien, dans le voisinage du Pœcile et de la rue des Tré-
« pieds. »

SUR LE SEIZIÈME LIVRE.

La question touchant le polythéisme, la religion naturelle et le christianisme, est la plus grande question qu'on puisse soumettre au jugement des hommes. Elle fournirait la matière de plusieurs volumes, et je ne pouvais y consacrer que quelques pages.

La scène est fondée sur deux faits historiques :

1° Il est vrai que Dioclétien délibéra pendant tout un hiver, avec son conseil, sur le sort des chrétiens ;

2° Sous l'empire d'Honorius, on voulut ôter du Capitole l'autel de la Victoire. Symmaque, pontife de Jupiter, prononça à ce sujet un discours qui nous a été conservé dans les œuvres de saint Ambroise. Saint Ambroise répondit à Symmaque, et nous avons aussi la réponse de l'éloquent archevêque de Milan.

PREMIÈRE REMARQUE.

Page 204. Je suppose que Rome chargée d'années, etc.

Ceci est emprunté du discours du vrai Symmaque. Je ne sais si l'on a jamais remarqué que le fameux morceau de Massillon, dans son sermon du *Petit nombre des Élus*, est imité du beau mouvement oratoire du prêtre des faux dieux. C'est le cas de dire, comme les Pères, qu'il est permis quelquefois de dérober l'or des Égyptiens.

II°.

Page 205. Nous ne refusons point de l'admettre dans le Panthéon, etc.

Tibère avait voulu mettre Jésus-Christ au rang des dieux ; Adrien lui avait élevé des temples, et Alexandre Sévère le révérait avec les images des âmes saintes.

III°.

Page 205. Galérius laissait un libre cours aux blasphèmes de son ministre.

Cela seul suffirait pour établir la vraisemblance *poétique*, et faire tomber la critique de ceux qui disent qu'Hiéroclès ne pouvait pas parler si librement dans le sénat romain. Mais l'auteur de la brochure que j'ai citée a très-bien montré que je n'étais pas sorti des bornes de la vérité historique.

« Sous Dioclétien, dit-il, il n'y avait guère à Rome que le peuple qui suivît de bonne
« foi le culte des idoles. Des systèmes philosophiques plus absurdes peut-être que le poly-
« théisme étaient professés publiquement, et l'on jouissait sur ce point de la liberté la
« plus absolue, pourvu qu'on rendît un hommage extérieur aux dieux de l'empire. Qui
« ignore que, même longtemps avant cette époque, la philosophie athée d'Épicure et de
« Lucrèce était à la mode ? Et, pour donner un exemple plus décisif, qui ne se rappelle
« le discours que César prononça *en plein sénat* lors de la conjuration de Catilina, et dans
« lequel, niant les dogmes les plus importants pour le maintien de l'ordre social, il dit
« en propres termes que la mort est la fin de toutes les inquiétudes, au lieu d'être un
« supplice, et qu'au delà du tombeau il n'y a ni peines ni plaisirs ? »

IV°.

Page 207. Ce jardin délicieux était la stérile Judée.

Ce sont là les plaisanteries de Voltaire sur la Judée. Eudore répond à ces plaisanteries. Je n'ignore pas qu'il eût pu répliquer que la Judée était très-fertile ; et, sans beaucoup de travail, j'aurais trouvé les preuves réunies de ce fait dans l'abbé Fleury, et surtout dans le docteur Shemd. Mais, selon moi, une simple observation peut concilier les autorités qui ont l'air de se contredire; car si plusieurs auteurs anciens parlent de la fécondité de la Judée, Strabon dit en toutes lettres qu'on n'était point tenté de disputer aux Juifs des rochers déserts. L'Écriture offre sur le même sujet des passages si contradictoires, que saint Jérôme a cru que la fertilité de la Judée devait s'entendre dans le sens spirituel. La vue des lieux résout sur-le-champ la difficulté. La Judée *proprement dite* était certainement un pays sec et ingrat, à l'exception de quelques vallées, telles que celles de Bethléem, d'Engaddi et de Béthanie; mais le *pays des Hébreux* était une terre d'abondance. La Galilée au nord; l'Idumée et la plaine de Saron au midi; au levant, les environs de Jéricho, sont des pays excellents. Jérusalem était bâtie sur un rocher, dans les montagnes, au centre d'un pays fertile qui la nourrissait. Voilà la vérité. Pourquoi les législateurs des Juifs placèrent-ils, par l'ordre de Dieu, la cité sainte dans un lieu sauvage? Eudore en donne, *humainement* parlant, la raison principale.

Vᵉ.

Page 208. Les chrétiens s'assemblent la nuit, etc.

Les anciens Apologistes font mention de ces calomnies. On voit bien que le mystère de l'Eucharistie avait pu faire naître la fable des repas de chair humaine; mais on ne sait pas ce qui pouvait avoir donné lieu à l'histoire du chien, des incestes, etc. Fleury remarque judicieusement que les païens, accoutumés aux abominations des fêtes de Flore et de Bacchus, avaient naturellement supposé que les chrétiens se livraient dans leurs assemblées secrètes aux mêmes crimes.

VIᵉ.

Page 208. Partout où ils se glissent, ils font naître des troubles.

Voilà les véritables armes des sophistes. Ils combattent leurs adversaires en les dénonçant.

VIIᵉ.

Page 209. Comme le sabot circule, etc.

Comparaison employée par Virgile et par Tibulle.

VIIIᵉ.

Page 210. Auguste, César, etc.

Ce début est celui de l'Apologie de saint Justin le philosophe.

IXᵉ.

Page 210. Toutefois l'effet d'une religion...

On a trouvé cela adroit : cela n'est que juste.

Xᵉ.

Page 210. Nous ne sommes que d'hier...

Beau mot de Tertullien : *Sola relinquimus templa*.

XIᵉ.

Page 211. Tout se borne à savoir, etc.

Eudore va droit au but, parce qu'il parle devant un prince politique, qui réduit là toute la question.

XIIe.

Page 211. La raison politique de l'établissement.

Voyez ci-dessus, note vi^e.

XIIIe.

Page 211. Publius, préfet de Rome.

Ce mot sur Publius, jeté en passant, n'est pas inutile. Il amène en scène un personnage déjà nommé dans le quatrième livre, et qui va bientôt jouer un rôle important.

XIVe.

Page 212. Lorsqu'une neige éclatante, etc.

L'éloquence d'Ulysse est comparée à des flocons de neige, dans *l'Iliade*; mais la comparaison est d'une tout autre espèce, et présentée sous d'autres rapports.

XVe.

Page 212. Une longue suite de prophéties vérifiées.

Ce sont là les preuves qui manquent ici, et que j'avais développées. J'ai été obligé de les retrancher ; *non erat hic locus*.

XVIe.

Page 212. Plusieurs empereurs romains, etc.

Voyez la note IIe de ce livre. La lettre de Pline le jeune à Trajan en faveur des chrétiens est bien connue ; elle fait partie des notes du *Génie du Christianisme*.

XVIIe.

Page 213. Mais auparavant, venez reprendre dans nos hôpitaux.

Les chrétiens avaient déjà des hôpitaux, et l'argent des agapes servait à secourir les pauvres. L'Église prenait les pauvres sous sa protection : témoin l'histoire de saint Laurent, que j'ai attribuée à Marcellin. Galérius, dans ce moment même, faisait noyer les pauvres pour s'en délivrer. On reviendra là-dessus.

XVIIIe.

Page 213. Elles croient peut-être qu'ils sont tombés dans ces lieux infâmes, etc.

On mettait les enfants trouvés dans des lieux de prostitution. *Voyez* l'Apologie de saint Justin.

XIXe.

Page 213. Princes, que ne m'est-il permis, etc.

Voilà précisément où Hiéroclès attendait Eudore. Il savait qu'un chrétien était obligé de garder le secret sur ces mystères, et que ce raisonnement se présentait à l'esprit : « Vos mystères sont des abominations. Vous le niez ; mais vous ne voulez pas expliquer ces mystères : donc vos mystères sont des crimes. » Eudore a été obligé de se défendre par des arguments *à posteriori*, ce qui donne prise à son adversaire. La seconde attaque, à laquelle Eudore ne pouvait manquer de succomber, était celle qui se tirait du sacrifice à l'empereur. Aussi Hiéroclès ne l'a pas oublié, bien sûr qu'Eudore refuserait nettement ce sacrifice. Au fait, c'était là que gisait le mal , et ce qui, en dernier résultat, servait de prétexte pour égorger les chrétiens.

D.—MARTYRS, TOME II.

XXe.

Page 213. Ce Dieu, je le sens, pourrait seul me sauver.

Sorte de prophétie qui remet sous les yeux un des plus grands traits de l'histoire ecclésiastique : saint Léon arrêtant Attila aux portes de Rome.

XXIe.

Page 213. Ils n'ont pas même fait entendre le plus léger murmure.

Cette raison est sans réplique, et les Apologistes l'ont employée.

XXIIe.

Page 213. Bien que j'aie quelque raison de regretter à présent la vie.

Seul trait par lequel j'ai rappelé, dans ce livre, l'action fondée sur l'amour d'Eudore et de Cymodocée.

XXIIIe.

Page 214. Dieu se servait de l'éloquence chrétienne, etc.

Eudore et les anges de lumière ne peuvent pas réussir à empêcher la persécution des chrétiens ; mais ils sèment les germes de la foi dans le sénat romain, et préparent ainsi le triomphe futur de la religion. Leurs efforts ne sont donc point inutiles.

XXIVe.

Page 215. Hiéroclès reprenant son audace, etc.

Voyez la note XIXe.

XXVe.

Page 215. Tout à coup le bouclier de Romulus, etc.

> Celsam subeuntibus arcem
> In gradibus summi delapsus culmine templi,
> Arcados Evippi spolium, cadit æneus orbis.
> (STAT.)

XXVIe.

Page 215. Si la sibylle de Cumes, etc.

Cela est historique. Après la délibération de son conseil, Dioclétien voulut encore avoir l'avis des dieux. Il fit consulter l'oracle. La réponse fut à peu près telle qu'on la verra dans le livre suivant.

SUR LE DIX-SEPTIÈME LIVRE.

PREMIÈRE REMARQUE.

Page 216. Terre où règnent un souffle divin et des génies amis des hommes.
PLATON, *in Republ.*

IIe.

Page 216. Qui me donnera des ailes, etc.

(EURIP., *in Iph. Taur.*)

Οἰκείων δ' ὑπὲρ θαλάμων
Πτέρυγας ἐν νώτοις ἁμοῖς
Λήξαιμι θοάζουσα,
Χοροῖς δὲ σταίην ὅθι καὶ
Παρθένος εὐδοκίμων γάμων
Παρὰ πόδ' εἱλίσσουσα φίλας
Ματρὸς ἡλίκων θιάσους,
Ἐς ἁμίλλας χαρίτων
Χαίτας ἁβροπλούτοιο
Ἐς ἔριν ὀρνυμένα, πολυποίκιλα
Φάρεα καὶ πλοκά-
μους περιβαλλομένα,
Γένυσιν ἐσκίαζον.

(EURIP., *In Iph. Taur.*)

Ἦ ῥοθίοις εἰλατίνοις
Δικρότοισι κώπαις
Ἔπλευσαν ἐπὶ πόντια κύματα
Νάϊον ὄχημα
Λινοπόροις αὔραις,
Φιλόπλουτον ἅμιλλαν
Αὔξοντες μελάθροισιν;
. . . .
. . . .
Παράλιον αἰγιαλὸν
Ἐπ' Ἀμφιτρίτας ῥοθίῳ
Δραμόντες; ὅπου πεντήκοντα κορᾶν
Τῶν Νηρῄδων χοροὶ
Μέλπουσιν, etc.

(EURIP., *in Iph. Taur.*)

IIIe.

Page 216. Déjà Sunium.

En sortant d'Athènes, je me rendis à un village nommé Keratria, situé au pied du mont

Laurium, où les Athéniens avaient leurs mines d'argent. Nous allumâmes des feux sur la montagne, pour appeler un bateau de l'île de Zéa, autrefois Céos, patrie de Simonide. Ce fut inutilement. La fièvre que j'avais prise dans le marais de Lerne redoubla, et je passai huit jours dans le village de Keratria, ne sachant si je pourrais aller plus loin. M. Fauvel m'avait donné pour me conduire un Grec qui, me voyant ainsi arrêté, retourna à Athènes, loua une barque au Pirée, et vint me prendre sur la côte dans une anse, à trois lieues de Keratria. Nous arrivâmes, au coucher du soleil, au cap Sunium. Je me fis mettre à terre, et je passai la nuit assis au pied des colonnes du temple. Le spectacle était tel que je le peins ici. Le plus beau ciel, la plus belle mer, un air embaumé, les îles de l'Archipel sous les yeux, des ruines enchantées autour de moi, le souvenir de Platon, etc., ce sont là de ces choses que le voyageur ne trouve que dans la Grèce.

IVe.

Page 216. Prête à descendre avec Pâris, etc.

Voyez *l'Iliade*.

V^e.

Page 217. La veillée des fêtes de Vénus, etc.

Consultez ce que j'ai dit au sujet de cet hymne, et de la méprise des critiques sur la nature de mes imitations. Ce n'est point du tout ici le *Pervigilium Veneris* attribué à Catulle.

VIe.

Page 217. Qu'il aime demain, etc.

> Cras amet qui numquam amavit;
> Quique amavit, cras amet.
>
> (*Pervigil.*)

VIIe.

Page 217. Ame de l'univers, etc.

> Hominum divumque voluptas,
> Alma Venus !
> Te, Dea, te fugiunt venti, te nubila cœli,
> Adventumque tuum...
> Tibi rident æquora ponti.
>
> (Lucret.)

VIIIe.

Page 217. C'est Vénus qui place sur le sein de la jeune fille, etc.

> Ipsa jussit mane ut udæ
> Virgines nubant rosæ,
> Fusæ aprugno de cruore,
> Atque Amoris osculis.
> . . . .
> Totus est armatus idem
> Quando nudus est Amor.
>
> (*Pervigil.*)

IXe.

Page 217. Le fils de Cythérée naquit dans les champs, etc.

> Ipse Amor puer Diones
> Rure natus dicitur.

Ipse florum delicatis
Educavit osculis.
(*Pervigil.*)

Omnis natura animantum
Te sequitur cupide, quocumque inducere pergis, etc.
(LUCRET.

Avia tum resonant avibus virgulta canoris,
Et venerem certis repetunt armenta diebus, etc.
(VIRG., *Georg.*)

X⁰.

Page 217. Ile heureuse, etc.

Cette strophe entière est de moi : j'ai inventé la fiction des Grâces qui dérobent le fuseau aux Parques; on ne s'en est pas aperçu, tant on connaît bien aujourd'hui l'antiquité !

XI⁰.

Page 218. Se réunissent à une troupe de pèlerins, etc.

Il n'y a point ici d'anachronisme. Les pèlerinages à Jérusalem remontent jusqu'aux premiers siècles de l'Église. Saint Jérôme, qui nous a laissé, après Eusèbe, la description des Lieux Saints, dit que de son temps il venait à Jérusalem des pèlerins de toutes les parties du monde. Une autre circonstance heureuse, c'est que j'aie pu et que j'aie dû peindre dans *les Martyrs* Jérusalem en ruines, telle que je l'ai vue. A l'époque de la persécution de Dioclétien, le nom même de Jérusalem était si totalement oublié, qu'un martyr ayant répondu à un gouverneur romain qu'il était de Jérusalem, celui-ci crut que le martyr parlait de quelque ville factieuse bâtie secrètement par les chrétiens Jérusalem s'appelait alors Ælia, du nom d'Aurélien, qui avait rétabli quelques maisons sur les immenses ruines entassées par Titus. Enfin, il n'y a point de contradiction quand je présente de beaux édifices s'élevant à la voix d'Hélène au milieu des débris : d'un côté, le désert et le silence; de l'autre, la population et le bruit. Selon l'histoire, la pieuse mère de Constantin fit bâtir ces grands monuments à Jérusalem, parce qu'elle fut saisie de douleur à la vue *du délaissement et de la pauvreté des Lieux Saints*. On voit encore aujourd'hui à Jérusalem des églises très-riches, une grande foule à quelques époques de l'année, et partout ailleurs, et dans tout autre temps, la désolation et la mort. Au reste, comme Cymodocée suit exactement, et avec beaucoup de détail, mon *Itinéraire*, je n'ai presque rien à ajouter au texte : je ne ferais que me répéter.

XII⁰.

Page 219. Le guide s'écrie : Jérusalem.

Il faut voir comment les chroniqueurs contemporains ont parlé de l'arrivée des croisés à Jérusalem :

« O bone Jesu, ut castra tua viderunt, hujus terrenæ *Jerusalem* muros, quantos exitus
« aquarum oculi eorum deduxerunt! et mox terræ procumbentes sonitu oris et nutu in-
« clinati corporis sanctum sepulchrum tuum salutaverunt; et te qui in eo jacuisti, ut
« sedentem in dextera Patris, ut venturum judicem omnium, adoraverunt. » (Bon.,
Monach., lib. IX.)

« Ubi vero ad locum ventum est, unde ipsam turritam *Jerusalem* possent admirari,
« quis quam multas ediderint lacrymas digne recenseat? Quis affectus illos convenienter
« exprimat? Extorquebat gladium suspiria, et singultus generabat immensa lætitia.
« Omnes, visa *Jerusalem*, substiterunt, et adoraverunt, et, flexo poplite, terram sanctam
« deosculati sunt : omnes nudis pedibus ambularunt, nisi metus hostilis eos armatos in-

« cedere debere præciperet. Ibant, et flebant; et qui orandi gratia convenerant, pugnaturi
« prius pro peris arma deferebant. Fleverunt igitur super illam, super quam et Christus
« illorum fleverat : et mirum in modum, super quam flebant, feria tertia, octavo idus
« junii, obsederunt. Obsederunt, inquam, non tanquam novercam privigni, sed quasi
« matrem filii. » (BALDRIC., *Histor. Jerosol.*, lib. IV.)

Le Tasse a imité ce passage, ainsi que moi :

> Ecco apparir Gerusalem si vede;
> Ecco additar Gerusalem si scorge;
> Ecco da mille voci unitamente
> Gerusalemme salutar si sente, etc., etc.

Les strophes qui suivent sont admirables.

> Al gran piacer che quella prima vista
> Dolcemente spiro nell' altrui petto,
> Alta contrizion successe, etc.

Mais je suis fâché qu'il ait manqué le *non tanquam novercam privigni, sed quasi matrem filii*. Moi qui n'ai peint qu'une caravane paisible, je n'ai pu faire usage de ce beau trait.

XIIIe.

Page 219. Entre la vallée du Jourdain, etc.

Quelques lecteurs se rappelleront peut-être d'avoir vu une partie de cette description dans un article du *Mercure de France* (août 1807).

XIVe.

Page 220. Le bois consacré à Vénus.

Eusèbe, dans la *Vie de Constantin*, dit que c'était un temple, et qu'il fut démoli par ordre de ce prince.

XVe.

Page 220. La vraie croix était retrouvée.

Sainte Hélène, comme on sait, retrouva la vraie croix au bas du Calvaire. On a bâti dans cet endroit une espèce d'église souterraine qui se réunit à l'église du Saint-Sépulcre et à celle du Calvaire.

XVIe.

Page 221. Hélène avait fait enfermer le Sépulcre, etc.

C'est la description exacte de l'église du Saint-Sépulcre telle qu'elle existait lorsque je l'ai vue. Eusèbe nous a laissé de longs détails sur l'église que Constantin, ou plutôt sa mère, fit bâtir sur le saint tombeau ; mais j'ai mieux aimé peindre ce que j'avais examiné de mes propres yeux. Je ne puis m'empêcher de remarquer que j'ai été une espèce de prophète en racontant l'incendie de l'église du Saint-Sépulcre dans *les Martyrs*. Les papiers publics nous ont appris que cette église avait été détruite de fond en comble par un semblable accident, à l'exception du tombeau de Jésus-Christ. Plusieurs personnes m'ont fait l'honneur de m'écrire pour me demander ce que je pensais de ce miracle. Tout ce que je puis dire, c'est que la description de l'église, telle qu'on l'a donnée dans les journaux, est d'une grande fidélité. Le Saint-Sépulcre, environné d'un catafalque de marbre blanc, a pu, à la rigueur, résister à l'action du feu; mais il est pourtant très-extraordinaire qu'il n'ait pas été écrasé par la chute de la coupole embrasée, et qu'en même temps la chapelle des Arméniens, adossée au catafalque, ait été brûlée. Si un pareil malheur était arrivé il y a un siècle, la chrétienté se serait réunie pour faire rebâtir l'église ; mais aujourd'hui j'ai bien peur que le tombeau de Jésus-Christ ne reste exposé aux injures de l'air. A moins toutefois que de pauvres esclaves schismatiques, des Grecs, des Cophtes et des Arméniens, ne se cotisent, à la honte des nations catholiques, pour réparer un tel malheur.

XVII°.

Page 221. On voyait la ville sainte, etc.

C'est la *Jérusalem délivrée*, gravée sur les portes de l'église du Saint-Sépulcre. J'ai ramené dans ce morceau le souvenir de la patrie, et j'ai essayé de traduire les fameux vers :

> Chiama gli abitator dell' ombre eterne
> Il rauco suon della Tartarea tromba, etc.

« Le bruit, d'abîme en abîme, roule et retomb : » *Romor rimbomba*.

XVIII°.

Page 222. Elle était vêtue d'une robe de bysse, etc.

Il est souvent parlé du bysse dans l'Écriture. C'était une étoffe légère, de couleur jaune. Les grenades d'or, les bandelettes de cinq couleurs, les croissants, etc., sont des parures marquées dans les prophètes. Je ne pouvais, au surplus, manquer de peindre la Semaine Sainte à Jérusalem. La sévérité, la grandeur de cette fête chrétienne, forment contraste avec la dissolution des fêtes d'Amathonte. Il y a bien loin du chameau de l'Arabe, des souvenirs de Rachel et de Jacob, des lamentations de Jérémie, aux cérémonies des druides, aux chants de Teutatès, aux tragédies de Sophocle à Athènes, et aux danses de l'île de Chypre. Mais tel est, si je ne me trompe, l'avantage de mon sujet, de pouvoir faire passer sous les yeux du lecteur le spectacle choisi de ce qu'il y a de plus curieux, de plus agréable et de plus grand dans l'antiquité.

XIX°.

Page 222. Comment la ville autrefois pleine de peuple, etc.

« Quomodo sedet sola civitas plena populo?... Quomodo obscuratum est aurum, mu-
« tatus est color optimus? Dispersi sunt lapides sanctuarii... Facta est quasi vidua Domina
« gentium... Viæ Sion lugent... Omnes portæ ejus destructæ. Sacerdotes ejus gementes :
« virgines ejus squalidæ. » (JEREM., *Lament.*) Certes, ce cantique de Jérémie n'a à redouter aucune comparaison des plus beaux morceaux d'Homère et de Virgile.

XX°.

Page 222. Et tes ennemis plantèrent leurs tentes, etc.

Seul trait qui ne soit pas de Jérémie. J'ai profité de la belle remarque de Baronius. Il observe que Titus établit une partie de son camp sur le mont des Oliviers, à l'endroit même où Jésus-Christ pleura sur la cité coupable, et prédit sa ruine. J'ajouterai que la première attaque sérieuse des Romains eut lieu de ce côté.

XXI°.

Page 222. Sur un mode pathétique, transmis aux chrétiens, etc.

J'ai dit, dans le *Génie du Christianisme*, que le chant des Lamentations de Jérémie me paraissait hébreu d'origine.

XXII°.

Page 223. La voie Douloureuse.

J'ai parcouru trois fois la *via Dolorosa*, pour en conserver scrupuleusement la mémoire. Il n'y a pas un coin de Jérusalem que je ne connaisse comme les rues de Paris. Je réponds de la vérité de tout ce tableau.

XXII°.

Page 223. On sort par la porte de Béthléem, etc.

Je faisais tous les matins, en sortant du couvent de Saint-Sauveur, la route tracée dans cette page. J'ai constamment achevé le tour de Jérusalem à pied, dans cinq quarts d'heure, en passant sous le temple, et revenant par la grotte de Jérémie. C'est auprès de cette grotte que se trouve le beau tombeau d'une reine du nom d'Hélène, dont parlent Pausanias et presque tous les voyageurs aux Saints Lieux. Quant aux torrents de Cédron, il roule ordinairement vers Pâques une eau rougie par les sables de la montagne des Oliviers et du mont Moria. Lorsque j'ai vu ce torrent, il était à sec. Il y a encore neuf à dix gros oliviers dans le jardin de ce nom. Ce jardin appartient au couvent de Saint-Sauveur. On sait que l'olivier est presque immortel, parce qu'il renaît de sa couche. On peut donc très-bien croire, comme on l'affirme à Jérusalem, que ces oliviers sont du temps de Jésus-Christ.

XXIV°.

Page 223. Plus loin l'Homme-Dieu dit aux femmes, etc.

La tradition, à Jérusalem, a conservé beaucoup de circonstances de la Passion qui ne sont point dans l'Évangile. On montre, par exemple, l'endroit où Marie rencontra Jésus chargé de la croix. Chassée par les gardes, elle prit une autre route, et se retrouva plus loin sur les pas du Sauveur. La foi ne s'oppose point à ces traditions, qui montrent à quel point cette merveilleuse et sublime histoire s'est gravée dans la mémoire des hommes. Dix-huit siècles écoulés, des persécutions sans fin, des révolutions éternelles, des ruines entassées et toujours croissantes, n'ont pu effacer ou cacher la trace de cette divine mère qui pleurait sur son fils.

XXV°.

Page 224. O fils! ô filles de Sion!

Encore un simple chant de l'Église, rappelé au milieu des beautés des plus grands poëtes. Forme-t-il une si grande disparate? et n'est-il pas simple, noble et poétique?

XXVI°.

Page 224. Déjà s'avance vers Jérusalem, etc.

J'ai déjà fait observer que l'action faisait un pas à chaque livre. On ne peut donc pas se plaindre des descriptions, puisqu'elles n'interrompent jamais la narration.

XXVII°.

Page 224. Il découvre avec complaisance le lac Averne, etc.

Nous voici revenus à Virgile; et après avoir entendu le prophète du vrai Dieu, nous allons voir la prophétesse du démon.

XXVIII°.

Page 224. Les Remords, couchés sur un lit de fer, etc.

> Vestibulum ante ipsum, primisque in faucibus Orci,
> Luctus et ultrices posuere cubilia Curæ;
> Pallentesque habitant Morbi, tristisque Senectus,
> Et Metus, et malesuada Fames, ac turpis Egestas,
> Terribles visu formæ; Letumque, Labosque;
> Tum consanguineus Leti Sopor, et mala mentis
> Gaudia, mortiferumque adverso in limine Bellum,
> Ferreique Eumenidum thalami, et Discordia demens,
> Vipereum crinem vittis innexa cruentis.
>
> (VIRG., *Æneid.*, VI, v. 273.)

J'ai pris à Malherbe la rude et naïve traduction de ce dernier vers :

La Discorde aux crins de couleuvres.

XXIXe.

Page 225. Consacra... ses ailes.

Redditus his primum terris, tibi, Phœbe, sacravit
Remigium alarum.
(*Æneid.*, VI, v. 18.)

XXXe.

Page 225. Quatre taureaux, etc.

Quatuor hic primum nigrantes terga juvencos
Constituit. . . . . . .
Voce vocans Hecaten, Cœloque Ereboque potentem.
. . . . Ipse atri velleris agnam
Æneas matri Eumenidum, magnæque sorori
Ense ferit. . . . . . .
Tum Stygio regi nocturnas inchoat aras.
(*Æneid.*, VI, v. 243 et seq.)

XXXIe.

Page 225. Il est temps, etc.

Poscere fata
Tempus, ait : Deus, ecce deus.
(*Æneid.*, VI, v. 45.)

XXXIIe.

Page 225. Les traits de la sibylle s'altèrent, etc.

. . . . Cui talia fanti
Ante fores, subito non vultus, non color unus,
Non comtæ mansere comæ; sed pectus anhelum,
Et rabie fera corda tument; majorque videri,
Nec mortale sonans.
(*Æneid.*, VI, v. 46.)

XXXIIIe.

Page 225. La prêtresse se lève trois fois, etc.

On voit comme j'ai changé la scène de Virgile : c'est ici une sibylle muette, au lieu d'une sibylle qui déclare l'oracle.

SUR LE DIX-HUITIÈME LIVRE.

PREMIÈRE REMARQUE.

Page 227. Auguste vient de se priver, etc.

Ce projet d'Hiéroclès, mis en avant dès le début de l'ouvrage, pour favoriser l'ambition de Galérius, a été constamment rappelé et poursuivi : le voilà exécuté ; on en va voir les suites.

IIe.

Page 228. Représentez au vieillard, etc.

C'est en effet le motif apparent que Galérius employa pour engager Dioclétien à abdiquer. Je suppose ici que c'est Hiéroclès qui inspire Galérius.

IIIe.

Page 228. Publius, qui, rival de la faveur de l'apostat, etc.

Publius commence à revenir plus souvent en scène; il ne tardera pas à jouer un rôle important pour la punition d'Hiéroclès.

IVe.

Page 228. Tout à coup on annonce Galérius.

Je n'ai pas suivi fidèlement l'histoire pour l'entrevue de Galérius et de Dioclétien. Dans cette fameuse discussion, Dioclétien se montre pusillanime ; il pleure, il ne veut pas abdiquer, il supplie, il cède par peur. Alors Dioclétien cesse d'avoir le caractère propre à l'épopée ; car il est avili aux yeux du lecteur. Ainsi, au lieu de m'attacher scrupuleusement à la vérité, je n'ai fait obéir Dioclétien qu'à la volonté du ciel, et à une voix fatale qui s'élève au fond de sa conscience. Cette idée est, je pense, plus conforme à la nature de mon ouvrage ; mais j'avoue que j'ai eu quelque peine à faire le persécuteur des chrétiens plus grand que l'histoire ne le représente.

Ve.

Page 228. Toujours César !

Galérius, selon l'histoire, fit cette exclamation en recevant une lettre de Dioclétien, avec la souscription : *Cæsari*.

VIe.

Page 228. Et les chrétiens ont eu l'insolence de le déchirer.

En effet, un chrétien arracha l'édit de persécution affiché à Nicomédie, et souffrit le martyre pour cette action. Tous les évêques, en louant son courage, blâmèrent l'indiscrétion de son zèle.

VIIe.

Page 229. Je rétablirai les Frumentaires.

Sorte de délateurs ou d'espions publics que Dioclétien avait supprimés.

VIII°.

Page 229. Ainsi, repartit Dioclétien.

On disait à Dioclétien que Carinus avait donné de belles fêtes au peuple : il fit la réponse que l'on voit ici.

IX°.

Page 230. Vous ne mourrez point sans être la victime, etc.

Maximin Daïa et Maxence, l'un neveu et l'autre gendre de Galérius, se révoltèrent contre lui.

X°.

Page 30. L'édit, publié, etc.

Il était tel qu'on le rapporte dans le texte. (*Voyez* LACTANCE et EUSÈBE.)

XI°.

Page 230. Laurent et l'Église romaine, etc.

On a déjà parlé de saint Laurent. Saint Vincent était de Saragosse. Après avoir subi plusieurs tourments, il fut replongé dans les cachots, où les anges vinrent l'entretenir et guérir ses plaies. Il fut ensuite décapité. Eulalie, vierge et martyre, de Mérida, en Portugal; lorsqu'elle rendit le dernier soupir, on vit une colombe blanche sortir de sa bouche. Pélagie d'Antioche était d'une grande beauté, ainsi que sa mère et ses sœurs. Arrêtées par des soldats, et craignant qu'on n'attentât à leur pudeur, elles se retirèrent à l'écart, sous quelque prétexte, et se jetèrent dans l'Oronte, où elles se noyèrent en se tenant embrassées. On attribue ce martyre volontaire à une inspiration particulière du Saint-Esprit. Félicité et Perpétue ont déjà été nommées dans le livre du *Ciel*; elles reparaîtront à la fin de l'ouvrage. Quant à Théodore et aux sept vierges d'Ancyre, la tragédie de Corneille les a fait connaître à ceux qui ne lisent point la vie de nos saints. L'histoire charmante de deux jeunes époux qui se trouvèrent dans le même tombeau est postérieure à l'époque de mon action; j'ai cru pouvoir la rappeler. On la trouve dans Sidoine Apollinaire.

XII°.

Page 230. Les prêtres renfermaient le viatique, etc.

On voit encore quelques-unes de ces boîtes au musée Clémentin, à Rome, avec les instruments qui servaient à tourmenter les martyrs : les poids pour les pieds, les ongles de fer, les martinets, etc.

XIII°.

Page 230. On nommait les diacres, etc.

Ces préparations à la persécution sont conformes à la vérité historique. La charité de l'Église a toujours surabondé où les maux surabondent; la grâce de Jésus-Christ défie toutes les douleurs humaines.

XIV°.

Page 231. Ce prince habitait, etc.

Il n'y a guère de lieux célèbres dans la Grèce et dans l'Italie qui ne soient peints dans *les Martyrs*. Je renvoie pour Tivoli à ma lettre à M. de Fontanes, déjà citée dans ces notes.

XV°.

Page 231. Vous ne serez point appelé au partage, etc.

Eudore s'était *fait mieux instruire*, et sans doute il avait appris la résolution de Dioclétien par des voies certaines : le palais de l'empereur était rempli de chrétiens; Valérie et Prisca même, fille et femme de Dioclétien, étaient chrétiennes.

XVIe.

Page 232. Vous aurez soin, à chaque mansion, de faire mutiler, etc.

J'ai dit, dans une note sur la carte de Peutinger (liv. vi), que les mansions étaient les relais des postes. Lorsque Constantin s'échappa de la cour de Galérius, il fit couper les jarrets des chevaux qu'il laissait derrière lui, afin de n'être pas poursuivi.

XVIIe.

Page 232. Tel, dans les deserts de l'Arabie, etc.

J'ai mis ici en comparaison la description du cheval arabe que l'on a vue dans mon *Itinéraire*. Le dernier trait : « Il écume, etc. » est du passage de Job sur le cheval.

XVIIIe.

Page 232. Les tombes de Symphorose, etc.

On sait qu'Horace vécut et mourut peut-être à Tibur; mais peu de personnes savent que ce riant Tibur fut immortalisé par les cendres d'une martyre chrétienne. Symphorose, de Tibur, avait sept enfants. Sous le règne d'Adrien, elle refusa, ainsi que ses sept fils, de sacrifier aux faux dieux. Ces nouveaux Macchabées subirent le martyre; ils furent enterrés au bord de l'Anio, près du temple d'Hercule.

XIXe.

Page 233. S'élevait un tribunal de gazon, etc

L'appareil de cette scène est tel dans l'histoire, mais la scène est placée à Nicomédie.

XXe.

Page 235. Force ce nouveau David, etc.

David, contraint de se retirer devant Saül, se cacha dans le désert de Zeila. (*Écriture*.)

XXIe.

Page 235. Constantin disparait.

L'ordre des temps n'est pas tout à fait suivi : Constantin ne s'échappa de la cour de Galérius que longtemps après l'abdication de Dioclétien.

XXIIe.

Page 235. Des dragons semblables, etc.

Si l'on en croit Plutarque et Lucain, Caton d'Utique trouva sur les bords de la Bagrada, en Afrique, un serpent si monstrueux, que l'on fut obligé d'employer pour le tuer les machines de guerre.

XXIII.

Page 235. Des monstres inconnus, etc.

Les anciens disaient que l'Afrique enfantait tous les ans un monstre nouveau.

XXIVe.

Page 236. La persécution s'étend dans un moment, etc.

Tout ce qui suit dans le texte est un abrégé exact et fidèle des passages que je vais citer

La vérité est ici bien au-dessus de la fiction. Je me servirai des traductions connues, afin que tous les lecteurs puissent voir que je n'ai pas inventé un seul mot.

Extrait d'Eusèbe. — « Un grand nombre (de chrétiens) furent condamnés à mourir, les « uns par le feu, et les autres par le fer. On dit que cet arrêt n'eut pas été sitôt prononcé, « qu'on vit une quantité incroyable d'hommes et de femmes se jeter dans le bûcher avec « une joie et une promptitude non pareilles. Il y eut aussi une multitude presque innom- « brable de chrétiens qui furent liés dans les barques, et jetés au fond de la mer.... Les « prisons, qui ne servaient autrefois qu'à renfermer ceux qui avaient commis des meurtres, « ou violé la sainteté des tombeaux, furent remplies d'une multitude incroyable de per- « sonnes innocentes, d'évêques, de prêtres, de diacres, de lecteurs, d'exorcistes ; de sorte « qu'il n'y restait plus de place où l'on pût mettre les coupables.... Quelqu'un peut-il voir « sans admiration la constance invincible avec laquelle ces généreux défenseurs de la reli- « gion chrétienne souffrirent les coups de fouet, la rage des bêtes accoutumées à sucer le « sang humain, l'impétuosité des léopards, des ours, des sangliers et des taureaux, que « les païens irritaient contre eux avec des fers chauds ?... Une quantité presque innom- « brable d'hommes, de femmes et d'enfants, méprisèrent cette vie mortelle pour la dé- « fense de la doctrine du Sauveur. Les uns furent brûlés vifs, et les autres jetés dans la « mer, après avoir été déchirés avec des ongles de fer, et avoir souffert toutes sortes « d'autres supplices. D'autres présentèrent avec joie leur tête aux bourreaux pour être « coupée ; quelques-uns moururent au milieu des tourments ; quelques-uns furent con- « sumés par la faim ; quelques-uns furent attachés en croix, soit en la posture où l'on y « attache d'ordinaire les criminels, ou la tête en bas, et percés avec des clous, et y demeu- « rèrent jusqu'à ce qu'ils mourussent de faim.... Les historiens n'ont point de paroles qui « puissent exprimer la violence des douleurs et la cruauté des supplices que les martyrs « souffrirent dans la Thébaïde. Quelques-uns furent déchirés jusqu'à la mort par tout le « corps avec des têts de pots cassés, au lieu d'ongles de fer. Des femmes furent attachées « par un pied, élevées en l'air avec des machines, la tête en bas, et exposées alors avec « autant d'inhumanité que d'infamie. Des hommes furent attachés par les jambes à des « branches d'arbres que l'on avait courbées avec des machines, et écartelés lorsque ces « branches, étant lâchées, reprirent leur situation naturelle. Ces violences-là furent exer- « cées l'espace de plusieurs années, durant lesquelles on faisait mourir chaque jour, par « divers supplices, tantôt dix personnes, tant hommes que femmes et enfants, tantôt « vingt, tantôt trente, tantôt soixante, et quelquefois même jusqu'à cent. Étant sur les « lieux, j'en ai vu exécuter à mort un grand nombre dans un même jour, dont les uns « avaient la tête tranchée, les autres étaient brûlés vifs. La pointe des épées était émoussée « à force de tuer, et les bourreaux, las de tourmenter les martyrs, se relevaient tour à « tour. J'ai été témoin de la généreuse ardeur et de la noble impatience de ces fidèles.... « Il n'y a point de discours qui soit capable d'exprimer la générosité et la constance qu'ils « ont fait paraître au milieu des supplices. Comme il n'y avait personne à qui il ne fût « permis de les outrager, les uns les battaient avec des bâtons, les autres avec des ba- « guettes, les autres avec des fouets, les autres avec des lanières de cuir, et les autres « avec des cordes, chacun choisissant, selon ce qu'il avait de malice, un instrument par- « ticulier pour les tourmenter. On en attacha quelques-uns à des colonnes, les mains liées « derrière le dos, et ensuite on leur étendit les membres avec des machines. On les dé- « chira après cela avec des ongles de fer, non-seulement par les côtés, comme l'on a « accoutumé de déchirer ceux qui ont commis un meurtre, mais aussi par le ventre, par « les cuisses et par le visage. On en suspendait quelques-uns par la main, au haut d'une « galerie, de sorte que la violence avec laquelle leurs nerfs étaient tendus leur était plus « sensible qu'aucun autre supplice n'aurait pu être. On les attachait quelquefois à des « colonnes, vis-à-vis les uns des autres, sans que leurs pieds touchassent à terre ; tel- « lement que la pesanteur de leur corps serrait extrêmement les liens par où ils étaient « attachés. Ils étaient dans cette posture contrainte, non-seulement pendant que le juge « leur parlait ou qu'il les interrogeait, mais presque durant tout le jour.

« ... Les uns eurent les membres coupés avec des haches, comme en Arabie ; les autres
« eurent les cuisses coupées, comme en Cappadoce ; les autres furent pendus par les
« pieds, et étouffés à petit feu, comme en Mésopotamie ; les autres eurent le nez, les
« oreilles, les mains et les autres parties du corps coupées, comme à Alexandrie. » (Voyez
Eusèbe, chap. vi, vii, viii, ix, x, xi et xii, liv. viii.)

Extrait de Lactance, de la Mort des Persécuteurs. « Parlerai-je des jeux et des divertis-
« sements de Galère ? Il avait fait venir de toutes parts des ours d'une grandeur prodi-
« gieuse, et d'une férocité pareille à la sienne. Lorsqu'il voulait s'amuser, il faisait apporter
« quelques-uns de ces animaux, qui avaient chacun leur nom, et leur donnait des hommes
« plutôt à engloutir qu'à dévorer ; et quand il voyait déchirer les membres de ces mal-
« heureux, il se mettait à rire. Sa table était toujours abreuvée de sang humain. Le feu
« était le supplice de ceux qui n'étaient pas constitués en dignité. Non-seulement il y avait
« condamné les chrétiens, il avait de plus ordonné qu'ils seraient brûlés lentement. Lors-
« qu'ils étaient au poteau, on leur mettait un feu modéré sous la plante des pieds, et on l'y
« laissait jusqu'à ce qu'elle fût détachée des os. On appliquait ensuite des torches ardentes
« sur tous leurs membres, afin qu'il n'y eût aucune partie de leur corps qui n'eût son
« supplice particulier. Durant cette effroyable torture, on leur jetait de l'eau sur le visage,
« et on leur en faisait boire, de peur que l'ardeur de la fièvre ne hâtât leur mort ; qui
« pourtant ne pouvait être différée longtemps, car, quand le feu avait consumé toute leur
« chair, il pénétrait jusqu'au fond de leurs entrailles. Alors on les jetait dans un grand
« brasier, pour achever de brûler ce qui restait encore de leur corps. Enfin, on réduisait
« leurs os en poudre, et on les jetait dans la rivière ou dans la mer.

« Mais le cens qu'on exigea des provinces et des villes causa une désolation générale[1].
« Les commis, répandus partout, faisaient les recherches les plus rigoureuses ; c'était l'i-
« mage affreuse de la guerre et de la captivité. On mesurait les terres, on comptait les
« vignes et les arbres, on tenait registre des animaux de toute espèce ; on prenait les noms
« de chaque individu : on ne faisait nulle distinction des bourgeois et des paysans. Chacun
« accourait avec ses enfants et ses esclaves ; on entendait résonner les coups de fouet ; on
« forçait, par la violence des supplices, les enfants à déposer contre leurs pères, les es-
« claves contre leurs maîtres, les femmes contre leurs maris. Si les preuves manquaient,
« on donnait la question aux pères, aux maris, aux maîtres, pour les faire déposer contre
« eux-mêmes ; et quand la douleur avait arraché quelque aveu de leur bouche, cet aveu
« était réputé contenir la vérité. Ni l'âge ni la maladie ne servaient d'excuse ; on faisait
« apporter les infirmes et les malades ; on fixait l'âge de tout le monde ; on donnait des
« années aux enfants, on en ôtait aux vieillards : ce n'était partout que gémissements,
« que larmes. Le joug que le droit de la guerre avait imposé aux peuples vaincus par
« les Romains, Galère voulut l'imposer aux Romains mêmes ; peut-être fut-ce parce que
« Trajan avait puni par l'imposition du cens les révoltes fréquentes des Daces, dont Ga-
« lère était descendu. On payait de plus une taxe par tête, et la liberté de respirer s'a-
« chetait à prix d'argent. Mais on ne se fiait pas toujours aux mêmes commissaires : on
« en envoyait d'autres, dans l'espérance qu'ils feraient de nouvelles découvertes. Au
« reste, qu'ils en eussent fait ou non, ils doublaient toujours les taxes, pour montrer
« qu'on avait eu raison de les employer. Cependant les animaux périssaient, les hommes
« mouraient : le fisc n'y perdait rien, on payait pour ce qui ne vivait plus ; en sorte qu'on
« ne pouvait ni vivre ni mourir gratuitement. Les mendiants étaient les seuls que le mal-
« heur de leur condition mît à l'abri de ces violences ; ce monstre parut en avoir pitié et
« vouloir remédier à leur misère : il les faisait embarquer avec ordre, quand ils seraient
« en pleine mer, de les y jeter. Voilà le bel expédient qu'il imagina pour bannir la pau-
« vreté de son empire ; et, de peur que sous prétexte de pauvreté quelqu'un ne s'exemptât
« du cens, il eut la barbarie de faire périr une infinité de misérables. »

---

[1] Le cens était une imposition sur les personnes, sur les bêtes, sur les terres labourables, sur les vignes et les arbres fruitiers.

XXV°.

Page 237. Le disciple des sages publia, etc.
Voyez la Préface, à l'article d'Hiéroclès.

XXVI°.

Page 237. J'emploierai, disait-il en lui-même, etc.

Je ne me suis point complu à inventer des crimes inconnus, pour les prêter à Hiéroclès. J'en suis fâché pour la nature humaine, mais Hiéroclès ne dit et ne fait rien qui n'ait été dit et fait, même de nos jours. Au reste, ce moyen affreux que veut employer Hiéroclès lui fait différer le supplice d'Eudore; sans cela, il n'eût pas été naturel que le fils de Lasthénès fût resté si longtemps dans les cachots avant d'être jugé.

XXVII°.

Page 237. Cet impie qui reniait l'Éternel.

Ceci est bien humiliant pour l'orgueil humain ; mais c'est une vérité dont on n'a que trop d'exemples, et je l'ai déjà remarqué dans le *Génie du Christianisme*

XXXIII°.

Page 237. Il y avait à Rome un Hébreu, etc.

Cette machine est justifiée par l'usage que tous les poëtes chrétiens ont fait de la magie. Ainsi Armide enlève Renaud, ainsi le démon du fanatisme arme Clément d'un poignard. Il ne s'agit ici que de porter une nouvelle : Hiéroclès ne voit point lui-même l'Hébreu; il l'envoie consulter par un esclave superstitieux et timide; rien ne choque donc la vraisemblance des mœurs dans la peinture de la scène : et quant à la scène elle-même, elle est du ressort de mon sujet; elle sert à avancer l'action et à lier les personnages de Rome à ceux de Jérusalem.

XXIX°.

Page 238. Il découvre l'urne sanglante.

Hiéroclès est le ministre d'un tyran, persécuteur des chrétiens ; il est donc naturel qu'on évoque le démon de la tyrannie, et que l'évocation se fasse par les cendres du plus célèbre des tyrans et du premier persécuteur des chrétiens.

Selon une tradition populaire qui court à Rome, il y avait autrefois à la *Porta del Popolo* un grand arbre sur lequel venait constamment se percher un corbeau. On creusa la terre au pied de cet arbre, et l'on trouva une urne avec une inscription qui disait que cette urne renfermait les cendres de Néron. On jeta les cendres au vent, et l'on bâtit, sur le lieu où l'on avait trouvé l'urne, l'église connue aujourd'hui sous le nom de Sainte-Marie du Peuple. Le monument appelé le tombeau de Néron, que l'on voit à deux lieues de Rome, sur la route de la Toscane, n'est point le tombeau de Néron.

XXX°.

Page 238. La frayeur pénètre jusqu'aux os.

« Pavor tenuit me et tremor, et omnia ossa mea perterrita sunt.

« Et cum spiritus, me præsente, transiret, inhorruerunt pili carnis meæ.

« Stetit quidam cujus non agnoscebam vultum... et vocem quasi auræ lenis audivi. »
(Job, cap. IV.)

XXXI°.

Page 239. C'était l'heure où le sommeil fermait les yeux, etc.

Tempus erat quo prima quies mortalibus ægris
Incipit.   (*Æneid.*, II, 268.)

XXXII*.

Page 239. Sa barbe était négligée.

> In somnis ecce ante oculos mœstissimus Hector
> Visus adesse mihi, largosque effundere fletus.
> . . . .
> Squalantem barbam. . . . .
> Sed graviter gemitus imo de pectore ducens.
> (*Æneid.*, II, 270 et seq.)

XXXIII*.

Page 239. Fuis, ma fille, etc.

> Heu! fuge. . . . . eripe flammis.
> (*Æneid.*, II, 289.)

XXXIV*.

Page 239. Déjà les galeries étaient désertes.

> Apparet domus intus, et atria longa patescunt.
> . . . .
> Ædibus in mediis, nudoque sub ætheris axe,
> Ingens ara fuit, etc.
> (*Æneid.*, II, 483.)

XXXV*.

Page 240. Euryméduse, votre sort, etc.

Ce personnage disparaît avant la fin de l'action; il s'évanouit comme Céruse; il était de peu d'importance. Il entrait dans mon plan de montrer Cymodocée isolée, tandis qu'Eudore est environné des compagnons de sa gloire; autrement les scènes de la prison de Cymodocée et celles des cachots d'Eudore eussent été semblables.

XXXVI*.

Page 241. Il aperçoit un homme, etc.

Tout le monde connaît la retraite de saint Jérôme dans la grotte de Bethléem; tout le monde a vu les tableaux du Dominiquin, d'Augustin Carrache; tout le monde sait que saint Jérôme se plaint, dans ses lettres, d'être tourmenté au milieu de sa solitude par les souvenirs de Rome. Ce grand personnage, que l'on a quitté au tombeau de Scipion, et que l'on retrouve à Bethléem pour donner le baptême à Cymodocée, a du moins l'avantage de ne rappeler que des lieux célèbres, de grands noms et d'illustres souvenirs.

SUR LE DIX-NEUVIÈME LIVRE.

PREMIÈRE REMARQUE.

Page 244. La trace blanchissante, etc.

Ceux qui ont voyagé sur mer ont vu ces traces de vaisseau que les marins appellent le sillage. Dans les temps calmes, cette ligne blanche reste quelquefois marquée pendant plusieurs heures.

IIe.

Page 244. Dorait et brunissait à la fois, etc.

Je ne suis pas le premier auteur qui ait parlé de ce double effet du soleil levant sur les mers de la Grèce. Chandler l'avait observé avant moi.

IIIe.

Page 244. Des nues sereines, etc.

Expression du grand maître, qui peint parfaitement ces petites nues que l'on aperçoit dans un beau ciel :

> Unde serenas
> Ventus agat nubes.
> (Virg., *Georg.*, I, 461.)

IVe.

Page 245. Et la mère d'Eudore venait de mourir.

Petite circonstance d'où naît la peinture du purgatoire, au xxie livre.

V^e.

Page 245. Le jour s'éteint, le jour renaît, etc.

Je ne sais si c'est ce passage qui fait dire à un critique que Démodocus était un vieil imbécile, ou si c'est à cause de ce même passage qu'un autre critique a bien voulu comparer la douleur de Démodocus à celle de Priam.

VIe.

Page 246. Deux hautes chaînes de montagnes s'étendant, etc.

Ceci est tiré mot pour mot de mon *Itinéraire*; mais comme, dans un sujet si intéressant, on ne saurait avoir trop de détails, je citerai encore un fragment de mon *Voyage*. Ce fragment commence à mon départ de Bethléem pour la mer Morte, en passant par le monastère du Saint-Saba.

« Les Arabes qui nous avaient attaqués à la porte du couvent de Saint-Saba apparte-
« naient à une tribu qui prétendait avoir seule le droit de conduire les étrangers. Les
« Bethléémites, qui désiraient avoir le prix de l'escorte, et qui ont une réputation de
« courage à soutenir, n'avaient pas voulu céder. Le supérieur du monastère avait promis
« que je satisferais les Bédouins, et l'affaire s'était arrangée. Je ne voulais rien leur don-
« ner, pour les punir; mais Ali-Aga (le janissaire) me représenta que, si je tenais à cette

« résolution, nous ne pourrions jamais arriver au Jourdain; qu'ils iraient appeler les
« autres tribus du désert, et que nous serions infailliblement massacrés; que c'était la
« raison pour laquelle il n'avait pas voulu tuer le chef des Arabes; car, une fois le sang
« versé, nous n'aurions eu d'autre parti à prendre que de retourner promptement à Jéru-
« salem.

« Je doute que les couvents de Scété soient placés dans des lieux plus tristes et plus
« isolés que le couvent de Saint-Saba. Il est bâti dans la ravine même du torrent de Cé-
« dron, qui peut avoir trois ou quatre cents pieds de profondeur dans cet endroit. L'église
« occupe une petite éminence dans le fond du lit. De là les bâtiments du monastère
« s'élèvent par des escaliers perpendiculaires et des passages creusés dans le roc, sur le
« flanc de la ravine, et parviennent ainsi jusque sur la croupe de la montagne, où ils se
« terminent par deux tours carrées. Du haut de ces tours on découvre les sommets sté-
« riles des montagnes de Judée; au-dessous de soi, l'œil plonge dans le ravin desséché
« du torrent des Cèdres, où l'on voit des grottes qu'habitèrent jadis les premiers ana-
« chorètes.

« Pour toute curiosité, on montre aujourd'hui à Saint-Saba trois ou quatre cents têtes
« de morts, qui sont celles des religieux massacrés par les infidèles. On m'a laissé un
« quart d'heure seul avec ces saintes reliques. Il semble que les moines qui me donnaient
« l'hospitalité devinassent que j'avais le dessein de peindre la situation de l'âme des soli-
« taires de la Thébaïde.

« Nous sortîmes du monastère à trois heures de l'après-midi, et nous arrivâmes, vers
« le coucher du soleil, au dernier rang des montagnes de Judée, qui bordent à l'occident
« la mer Morte et la vallée du Jourdain. La chaîne du levant, qui forme l'autre bord de
« la vallée, s'appelle les montagnes de l'Arabie, et comprend l'ancien pays des Moabites
« et des Ammonites, etc. . . . .
« . . . .

« Nous descendîmes de la croupe de la montagne pour aller passer la nuit au bord de
« la mer Morte, et remonter ensuite au Jourdain. En entrant dans la vallée, notre petite
« troupe se resserra, et fit silence. Nos Bethléémites armèrent leurs fusils, et marchèrent
« en avant avec précaution. Nous nous trouvions sur le chemin des Arabes du désert qui
« vont chercher du sel au lac, et qui font une guerre impitoyable aux voyageurs. Nous
« marchâmes ainsi pendant deux heures le pistolet à la main, comme en pays ennemi,
« et nous arrivâmes à la nuit close au bord du lac. La première chose que je fis en met-
« tant pied à terre fut d'entrer dans le lac jusqu'aux genoux, et de porter l'eau à ma
« bouche. Il me fut impossible de l'y retenir. La salure en est beaucoup plus forte que
« celle de la mer, et elle produit sur les lèvres l'effet d'une forte solution d'alun. Mes
« bottes furent à peine séchées qu'elles se couvrirent de sel; nos vêtements, nos cha-
« peaux, nos mains, notre visage, furent, en moins de deux heures, imprégnés de ce
« minéral.

« Nous établîmes notre camp au bord de l'eau, et les Bethléémites allumèrent du feu
« pour faire du café. Telle est la force de l'habitude : ces Arabes avaient marché avec
« beaucoup de prudence dans la campagne, et ils ne craignirent point d'allumer un feu
« qui pouvait bien plus aisément les trahir. Vers minuit, j'entendis quelque bruit sur le
« lac; les Bethléémites me dire que c'étaient des légions de petits poissons qui viennent
« sauter au rivage. Ceci contredirait l'opinion généralement adoptée que la mer Morte ne
« produit aucun être vivant. Pococke, étant à Jérusalem, avait entendu dire aussi qu'un
« missionnaire avait vu des poissons dans le lac Asphaltite. Ce savant voyageur avait
« fait analyser l'eau de ce lac : j'ai apporté une bouteille de cette eau, jusqu'à présent fort
« bien conservée.

« Le 6 octobre, au lever du jour, je parcourus le rivage. Le lac fameux qui occupe
« l'emplacement de Sodome et de Gomorrhe est nommé mer Morte ou mer Salée dans
« l'Écriture, Asphaltite par les auteurs grecs et latins, et Almotanach par les Arabes
« (*Voyez* D'ANVILLE). Strabon rapporte la tradition des villes abîmées. Je ne puis être du

« sentiment de quelques voyageurs qui prétendent que la mer Morte n'est que le cratère
« d'un volcan. J'ai vu le Vésuve, la Solfatare, le Monte-Nuovo dans le lac Fucin, le pic
« des Açores, le Mamelife, vis-à-vis de Carthage; les volcans éteints d'Auvergne; j'ai par-
« tout remarqué les mêmes caractères; c'est-à-dire des montagnes creusées en entonnoir,
« des laves et des cendres où l'action du feu ne peut se méconnaître. La mer Morte, au
« contraire, est un lac assez long, encaissé entre deux chaînes de montagnes, qui n'ont
« entre elles aucune cohérence de formes, aucune homogénéité de sol. Elles ne se rejoi-
« gnent point aux deux extrémités du lac; elles continuent, d'un côté, à border la vallée
« du Jourdain, en se rapprochant vers le nord jusqu'au lac de Tibériade; et, de l'autre,
« elles vont, en s'écartant, se perdre au midi dans les sables de l'Yémen. Il est vrai qu'on
« trouve du bitume, des eaux chaudes et des pierres phosphoriques dans la chaîne des
« montagnes d'Arabie, mais je n'en ai point vu dans la chaîne opposée. D'ailleurs la pré-
« sence des eaux thermales, du soufre et du bitume, ne suffit point pour attester l'exis-
« tence antérieure d'un volcan. C'est dire assez que, quant aux villes abîmées, je m'en
« tiens au sens de l'Écriture, sans appeler la physique à mon secours. . . . .
« . . . . Quelques voyageurs prétendent que,
« dans les temps calmes, on aperçoit encore au fond de la mer Morte des débris de mu-
« railles et de palais. C'est peut-être ce qui a donné à Klopstock l'idée bizarre de faire ca-
« cher Satan dans les ruines de Gomorrhe, pour contempler la mort du Christ. Je ne sais
« si ces débris existent. Et comment les aurait-on découverts? De mémoire d'homme, on
« n'a jamais vu de bateaux sur le lac Asphaltite. Les géographes, les historiens, les
« voyageurs, ne parlent point de la navigation de ce lac. Il est vrai que Josèphe le fit
« mesurer; mais il est probable que la mesure fut prise par terre le long du rivage;
« car on ne voit pas que les anciens connussent la manière de relever les distances
« par eau.

« Strabon parle de treize villes englouties dans le lac Asphaltite. La *Genèse* en place
« cinq *in valle silvestri*, Sodome, Gomorrhe, Adam, Seboïm et Bala, ou Segor; mais elle
« ne marque que les deux premières détruites par le feu du ciel. Le *Deutéronome* en cite
« quatre, Sodome, Gomorrhe, Adam et Seboïm; la *Sagesse* en compte cinq, sans les dési-
« gner. *Descendente igne in Pentapolim*.

« Jacques Cerbus ayant remarqué que sept grands courants d'eau tombent dans la mer
« Morte, Reland en conclut que cette mer devait se dégager de la superfluité de ses eaux
« par des canaux souterrains. Sandry et quelques autres voyageurs ont énoncé la même
« opinion; mais elle est aujourd'hui abandonnée, d'après les observations sur l'évapora-
« tion par le docteur Halley : observations admises par Shaw, qui trouve pourtant que le
« Jourdain roule par jour à la mer Morte six millions quatre-vingt-dix mille tonnes d'eau,
« sans compter les eaux de l'Hernon et de sept autres torrents. . . . .
« . . . . Je voulais voir le Jourdain à l'endroit
« où il se jette dans la mer Morte, point essentiel qui n'a pas encore été reconnu; mais
« les Bethléémites refusèrent de m'y conduire, parce que le fleuve, à une lieue environ
« de son embouchure, fait un long détour sur la gauche, et se rapproche de la montagne
« d'Arabie. Il fallut donc me contenter de marcher vers la courbure du fleuve la plus
« rapprochée du lieu où nous nous trouvions. Nous levâmes le camp, et nous chemi-
« nâmes pendant deux heures avec une peine excessive dans des dunes de sable et des
« couches de sel; je vis tout à coup les Bethléémites s'arrêter, et me montrer de la
« main, parmi les arbrisseaux, quelque chose que je n'apercevais pas : c'était le
« Jourdain.

« J'avais vu les grands fleuves de l'Amérique avec le plaisir qu'inspirent la solitude et
« la nature; j'avais visité le Tibre, et recherché avec le même intérêt l'Eurotas et le Cé-
« phise; mais je ne puis dire ce que j'éprouvai à la vue du Jourdain. Non-seulement ce
« fleuve me rappelait une antiquité fameuse, mais ses rives m'offraient encore le théâtre
« des miracles de ma religion. La Judée est le seul pays de la terre qui offre à la fois au
« voyageur chrétien le souvenir des affaires humaines et des choses du ciel, et qui fasse

« naître au fond de l'âme, par ce mélange, un sentiment et des pensées qu'aucun autre
« lieu ne peut inspirer. »

VIIe.

Page 247. Un fruit semblable à un citron doré.

J'ai rapporté ce fruit, qui a passé longtemps pour n'exister que dans l'imagination des missionnaires. Il est bien connu aujourd'hui des botanistes. On a rangé l'arbuste qui le porte dans la classe des *solanées*, sous le nom de *solanum sodomœum*; quand j'ai dit, dans la Préface des premières éditions, que ce fruit ressemble à un citron dégénéré par la malignité du sol, je n'ai eu l'intention que de parler de l'apparence et non de la réalité.

VIIIe.

Page 248. Les chameaux seuls, etc.

Je me sers ici d'une anecdote que j'ai rapportée dans l'*Itinéraire*, et dont j'ai presque été le témoin.

IXe.

Page 248. On s'assied autour d'un bûcher.

C'est une scène de mœurs arabes dans laquelle j'ai figuré moi-même, et qu'on peut voir dans le passage cité à la note précédente.

X[e].

Page 249. Des lettres pour les principaux fidèles.

Ces lettres de voyage ou de recommandation étaient données par les évêques. J'ai cru pouvoir les faire donner par saint Jérôme, prêtre et docteur de l'Église latine.

XIe.

Page 249. Reine de l'Orient.

<blockquote>
Quelle Jérusalem nouvelle
Sort du fond du désert, brillante de clartés, etc.
(Racine, <i>Ath.</i>, III, 7.)
</blockquote>

XIIe.

Page 249. La nouvelle Jérusalem ne pleure point.

Allusion à une belle médaille de Titus : un palmier, une femme assise et enchaînée au pied de ce palmier; pour légende : *Judæa capta*.

XIIIe.

Page 249. La souveraine des anges, etc.

Ceci rend naturelles et vraisemblables les courses de Cymodocée.

XIVe.

Page 249. Je suis Pamphile de Césarée.

Pamphile le martyr, disciple de Timothée et condisciple d'Eusèbe, a été nommé parmi les grands hommes chrétiens qu'Eudore rencontre à Alexandrie.

XVe.

Page 250. Au pied du mont Aventin, etc.

On montre encore cette prison à Rome.

XVIe.

Page 251. Voit arriver tour à tour des amis, etc.

Ainsi, tous les personnages se retrouvent à Rome par un même événement : Démodocus, Cyrille, Zacharie, l'ermite du Vésuve, etc.; et, dans un moment, le ciel va amener Cymodocée au lieu du sacrifice.

XVIIe.

Page 251. Ces confesseurs avaient transformé la prison en une église, etc.

Cette peinture du bonheur des prisons est fidèle. Fleury seul donnera au lecteur curieux le moyen de vérifier tout ce que j'avance. (*Mœurs des Chrét.* et *Hist. eccl.*)

XVIIIe.

Page 251. Du fond d'une retraite ignorée, le pontife de Rome.

Dans les calamités publiques, il y a toujours des victimes qui échappent; tous les chrétiens, tous les chefs des chrétiens, n'étaient pas dans les cachots pendant les persécutions, comme tous les Français n'étaient pas emprisonnés sous le règne de la Terreur.

XIXe.

Page 251. La belle et brillante Aglaé.

Voilà la fin de l'histoire d'Aglaé, de Pacôme et de Boniface, dont on a vu le commencement au cinquième livre; on va voir aussi la fin de l'histoire de Genès.

XXe.

Page 253. Mon fils, répond le descendant, etc.

Ce simple récit de Zacharie est fondé sur l'histoire. Constance subjugua en effet quelques tribus des Francs, et les transporta dans les Gaules, aux environs de Cologne.

XXIe.

Page 253. L'heureuse arrivée de Constantin.

Par là le dénoûment est préparé, et le triomphe de la religion annoncé.

XXIIe.

Page 253. Valérie avait été exilée en Asie.

Cela est conforme à la vérité. Ces deux personnages, n'étant plus nécessaires, sont mis à l'écart. On ne les a appelés ici que pour satisfaire le lecteur, qui aurait pu demander ce qu'ils étaient devenus.

XXIIIe.

Page 253. Il voulait engager Dioclétien, etc.

On verra Eudore se reprocher ce dessein comme criminel; mais ce dessein entretient l'espérance dans l'esprit du lecteur jusqu'au dernier moment, et rappelle en même temps le trait le plus connu et le plus frappant de l'histoire de Dioclétien. Il fallait d'ailleurs, selon la règle dramatique, que le héros fût coupable d'une légère faute.

XXIVe.

Page 253. Ils s'aperçurent bientôt, etc.

En passant en Amérique avec des prêtres qui fuyaient la persécution, j'ai été témoin d'une scène à peu près pareille. Quand il survenait un orage, les matelots se confessaient aux mêmes hommes qu'ils venaient d'insulter.

Page 254. Le Sauveur aperçoit le vaisseau de Cymodocée, etc.

L'intervention du merveilleux était absolument nécessaire ici. Sans blesser toutes les convenances, et même toutes les vraisemblances, Cymodocée ne pouvait aller de son propre mouvement chercher Eudore en Italie; mais le ciel, qui veut le triomphe de la croix, conduit cette innocente victime au lieu du sacrifice.

XXVIe.

Page 254. Le vent, qui jusqu'alors, etc.

Je ne peins dans ce naufrage que ma propre aventure. En revenant de l'Amérique, je fus accueilli d'une tempête de l'ouest qui me conduisit en vingt et un jours de l'embouchure de la Delaware à l'île d'Origny, dans la Manche, et fit toucher le vaisseau sur un banc de sable. Dans mon dernier voyage sur mer, j'ai mis soixante-deux jours à aller d'Alexandrie à Tunis; toute cette traversée, au milieu de l'hiver, fut une espèce de continuel naufrage; nous vîmes périr trois gros vaisseaux sur Malte, et le nôtre était le quatrième en danger. C'est peut-être acheter un peu cher le plaisir de ne peindre que d'après nature.

XXVIIe.

Page 255. Les flots se déroulaient avec uniformité.

Il faut l'avouer, au milieu des plus furieuses tempêtes, je n'ai point remarqué ce chaos, ces montagnes d'eau, ces abîmes, ce fracas qu'on voit dans les orages des poëtes. Je ne trouve qu'Homère de vrai dans ces sortes de descriptions, et elles se bornent presque toutes à un trait, la noirceur des ondes. J'ai bien remarqué, au contraire, ce silence et cette espèce de régularité que je décris ici, il n'y a peut-être rien de plus effrayant. Des marins à qui j'ai lu cette tempête m'ont paru frappé de la vérité des accidents. Les critiques qui pensent qu'on peut bien imiter la nature sans sortir de son cabinet sont, je crois, dans l'erreur. Que l'on copie tant qu'on voudra un portrait fidèle, on n'attrapera jamais ces nuances de la physionomie que l'original seul peut donner.

XXVIIIe.

Page 256. L'écueil voisin semble changer de place.

Il faut avoir été dans une position semblable pour bien juger de la joie et de la terreur d'un pareil moment. Je regrette de n'avoir point la lettre que j'écrivis à M. de Châteaubriand, mon frère, qui a péri avec son aïeul M. de Malesherbes. Je lui rendais compte de mon naufrage. J'aurais retrouvé dans cette lettre des circonstances qui ont sans doute échappé à ma mémoire, quoique ma mémoire m'ait bien rarement trompé.

XXIXe.

Page 256. On précipite au fond de la mer des sacs remplis de pierres.

Les anciens arrêtaient ainsi leurs vaisseaux sur les fonds vaseux, lorsque l'ancre glissait, ou, comme parlent les marins, lorsque le vaisseau filait sur son ancre. L'ancre sacrée était une ancre réservée pour les naufrages. On l'appelle parmi nous l'ancre de salut. Les anciens ont fait souvent allusion à cette ancre sacrée, entre autres Plutarque, qui se sert volontiers d'images empruntées de la navigation et des vaisseaux.

SUR LE VINGTIÈME LIVRE.

PREMIÈRE REMARQUE.

Page 257. On n'envoya point au-devant de Cymodocée, etc.

Il y a plusieurs exemples de ces honneurs poétiques rendus par l'antiquité à des personnages remarquables. Pour n'en citer qu'un, ce fut de cette manière que Denys reçut Platon à son second voyage de Sicile.

IIe.

Page 257. Architas.

Grand mathématicien et célèbre philosophe pythagoricien. Il était de Tarente. On lui avait élevé dans sa patrie un monument qui se voyait de loin.

IIIe.

Page 257. C'était une de ces galères, etc.

(*Voyez* le livre XVIII, et la note XXIVe du même livre.)

IVe.

Page 258. Il faut que Tarente conserve ses dieux irrités.

On proposa à Marcellus d'enlever les statues de Tarente, infidèle à ses serments. Il répondit : « Laissons aux Tarentins leurs dieux irrités. »

V^e.

Page 259. Tel le chantre d'Ilion, etc.

> Pluton sort de son trône; il pâlit, il s'écrie, etc.
> (BOILEAU.)

VIe.

Page 246. Le *Mercure* de Zénodore, etc.

J'ai choisi de préférence, pour les décrire, les chefs-d'œuvre que nous n'avons plus : j'en ai pris la liste dans Pline. Je me suis permis seulement de peindre d'après mon imagination le *Satyre mourant* de Protogène, dont l'histoire ne nous a conservé que le nom.

VIIe.

Page 261. Respirait l'*Apollon*... à l'extrémité opposée s'élevait le groupe de *Laocoon*, etc.

Nous avons ces deux chefs-d'œuvre. Le *Laocoon* a été trouvé dans les ruines des Thermes ou du palais de Titus.

VIIIe.

Page 261. Tu sais que je t'aime, etc.

Il y avait après cette phrase : « Un amant est-il donc si redoutable ? » J'ai fait disparaître ces tours, qui sentaient trop la manière du roman. En général, ce morceau a été fort adouci.

Après le dernier mot qui termine l'alinéa, il y avait une demi-page du même langage amoureux; je l'ai supprimée pour la même raison. C'est un grand bonheur pour moi quand je puis être plus rigoureux que les critiques.

IXe.

Page 262. Par des philtres et des enchantements.

Après ces mots, il y avait une réponse de Cymodocée, qui n'était qu'une imitation de deux vers d'Othello : je n'ai pas cru devoir la conserver, quoique louée par La Harpe, et digne certainement d'être louée.

X^e.

Page 262. La sagesse, enfant trop aimable, etc.

Cela n'est pas plus odieux que le langage du *Tartufe*. La philosophie, comme la religion, a ses monstres.

XIe.

Page 262. Il meurt, si tu n'es à moi.

Encore une fois, je n'ai point inventé cette horrible scène. Plût à Dieu que cela ne fût qu'une fiction !

XIIe.

Page 263. Il dit, et poursuit Cymodocée, etc.

Après ces mots, on lisait sept lignes où je peignais la course d'Hiéroclès et de Cymodocée : j'ai supprimé cette peinture, quoique cela m'ait fait perdre une comparaison que je regrette.

XIIIe.

Page 264. Démodocus reconnaît sa fille.

On voit que je me suis souvenu de l'histoire de Virginius, si admirablement racontée par Tite-Live.

XIVe.

Page 264. La Reine des anges l'y retient.

L'intervention du merveilleux était ici absolument nécessaire; il achève, avec les autres raisons tirées de la nature de la scène, de rendre vraisemblable la présence de Cymodocée sur la galerie.

XVe.

Page 264. Le préfet de Rome, qui favorisait, etc.

Ceci rend naturelle cette sédition, et lui ôte ce qu'elle eût pu avoir de romanesque ou d'invraisemblable. Dieu, qui va châtier Hiéroclès, se sert, comme cela arrive souvent, des passions des hommes et d'un incident étranger au crime qu'il punit.

XVIe.

Page 264. Ta fille est-elle chrétienne ?

Terrible question, qui décide du sort de Cymodocée.

XVIIe.

Page 266. Mais comme ses trahisons ne sont pas assez prouvées, etc.

On voit ici les lâches arrangements de la conscience d'un homme qui n'a pas la force d'être tout à fait vertueux ni tout à fait criminel.

XVIIIᵉ.

Page 267. Lorsqu'un vaisseau, etc.
Odyssée, livre XXIII.

XIXᵉ.

Page 267. Chantez, dit-il, mes frères.

Cette annonce du martyre par Zacharie, et ensuite par le licteur, produit un genre de pathétique inconnu au polythéisme, et qui sort des entrailles mêmes de notre admirable religion.

XXᵉ.

Page 268. Ange des saintes amours.

C'est l'ange qui a blessé Eudore par l'ordre de Dieu. Il était naturel qu'on s'adressât à lui pour apprendre les sentiments d'Eudore.

XXIᵉ.

Page 268. Eudore, serviteur de Dieu, etc.

C'est la formule des lettres des premiers chrétiens. On peut voir les Épîtres des apôtres, et surtout celles de saint Paul, dont cette formule est tirée mot à mot. Le *nous* était aussi d'usage dans cette communauté de frères malheureux.

XXIIᵉ.

Page 269. Il faut qu'il coupe le fil, etc.
(Voyez Job, Ézéchias, J.-B. Rousseau.)

XXIIIᵉ.

Page 269. La première année de la persécution.

La persécution de Dioclétien devint une ère par laquelle on a daté plusieurs écrits de cette époque.

XXIVᵉ.

Page 269. Hélas ! il vous perdra peut-être, et il n'est pas chrétien !

Eudore est chrétien : voilà pourquoi il est au-dessus du malheur, sans toutefois y être insensible.

XXVᵉ.

Page 269. Voici la salutation, etc.
Formule des Épîtres apostoliques.

SUR LE VINGT ET UNIÈME LIVRE.

PREMIÈRE REMARQUE.

Page 270. Les mains chargées de branches d'anet, le front ceint d'une couronne de roses et de violettes, etc.

On peut voir dans Athénée tous les détails sur les banquets et les couronnes des anciens. L'anet dont on se servait dans les festins ressemblait assez au fenouil.

IIe.

Page 270. Aussi profonde que celle de Nestor, etc.

Πάρ δὲ δέπας περικαλλὲς, ὁ οἴκοθεν ἦγ' ὁ γεραιὸς,
Χρυσείοις ἥλοισι πεπαρμένον· οὔατα δ' αὐτοῦ
Τέσσαρ ἔσαν, δοιαὶ δὲ πελειάδες ἀμφὶς ἕκαστον
Χρύσειαρ νεμέθοντο· δύω δ' ὑπὸ πυθμένες ἦσαν.
Ἄλλος μὲν μογέων ἀποκινήσασκε τραπέζης
Πλεῖον ἐόν· Νέστωρ δ' ὁ γέρων ἀμογητὶ ἄειρεν.
(*Iliad.*, lib. xi, v. 632.)

IIIe.

Page 270. Comme au banquet d'Alcibiade, etc.

Le *Banquet de Platon* a été traduit par l'abbesse de Fontevrault et par Racine. Le discours d'Alcibiade manquait; M. Geoffroy l'a donné dans son *Commentaire* sur Racine.

IVe.

Page 270. On eût dit qu'ils marchaient au martyre, etc.

On aura pu remarquer que c'est le beau tableau de Le Sueur.

V^e.

Page 271. Sublime invention de la charité, etc.

« On a vu des prélats, faute d'autel, consacrer sur les mains des diacres; et l'illustre « martyr saint Lucien d'Antioche consacra sur sa poitrine, étant attaché de sorte qu'il ne « pouvait se remuer. » (FLEURY, *Mœurs des Chrétiens.*)

VIe.

Page 272. La frise en était ornée, etc.

On sait comment Homère, Virgile, le Tasse, ont fait usage de ces détails poétiques. Les traits que j'ai placés dans les bas-reliefs sont puisés dans l'histoire romaine. Je ne leur ai point donné un rapport direct avec la position de Démodocus. J'ai trouvé plus naturel de suivre l'exemple d'Homère, qui peint des scènes variées sur le bouclier d'Achille.

VIIe.

Page 274. Cette chrétienne timide, etc.

Le petit rôle de Blanche est peut-être dans la nature. On trouve, surtout parmi le peuple, un grand nombre de ces femmes qui ont un cœur compatissant, mais dont le caractère est faible et timide, et qui n'osent pour ainsi dire faire de bonnes actions qu'à la dérobée. Il ne faut pas croire d'ailleurs qu'à cette époque tous les chrétiens fussent des héros et toutes les chrétiennes des héroïnes. Il y eut beaucoup de chutes pendant la persécution de Dioclétien. Comment, après cela, a-t-on pu trouver que Cymodocée, qui donne son sang avec tant de simplicité, n'est pas assez courageuse?

VIIIe.

Page 274. Festus, suivant les formes usitées, dit, etc.

J'aurais cru commettre un sacrilége si j'avais osé changer un mot à cette grande tragédie du martyre, dont les témoins du Dieu vivant furent les sublimes acteurs. J'ai conservé, et j'ai dû conserver la simplicité du dialogue, la majesté des réponses, l'atrocité des tourments. Pourquoi me serais-je montré plus délicat que la peinture? Et cependant j'ai tout adouci, tout dérobé aux yeux. J'ai écarté ce qui pouvait révolter les sens, comme l'odeur des chairs brûlées, et mille autres détails qu'on lit dans l'histoire. J'ai, par des comparaisons riantes, par la présence des anges, par l'espèce d'impassibilité d'Eudore, diminué l'horreur des tortures. Ce sont les hommes de l'art que je désire surtout avoir ici pour juges ; eux seuls peuvent connaître la difficulté du sujet. Je renvoie le lecteur aux *Actes des Martyrs*, recueillis par dom Ruinart, et traduits par Maupertuis ; à l'*Histoire ecclésiastique* de Fleury, et aux *Mémoires* de Tillemont.

IXe.

Page 276. Remarquez bien mon visage, etc.

Ce mot d'Eudore était tiré des *Machabées*, mais un critique m'a fait l'honneur de le croire de mon invention : ce mot se retrouve dans le martyre de sainte Perpétue. N'est-il pas aussi bien étrange qu'on ait ignoré que la torture précédait toujours la mort des chrétiens accusés? Il y a tel confesseur qui fut appliqué trois et quatre fois à la question avant d'être condamné à mort. Que penser de ceux qui, prenant contre moi la *défense de la religion*, montrent à la fois leur ignorance et leur impiété dans de honteuses plaisanteries sur les souffrances des martyrs?

X^e.

Page 276. Eudore, dans le cours de ses actes glorieux, etc.

Là commence l'épisode du purgatoire. Je n'ai point eu d'appui pour ce travail, et il a fallu tout tirer de mon fond. Le purgatoire du Dante ne m'a pas offert un seul trait dont je pusse profiter.

XIe.

Page 278. Que les anges ont appelée Belle, etc.

Toutes ces saintes femmes sont trop connues pour qu'on ait besoin d'un commentaire.

XIIe.

Page 278. L'enfer étonné crut voir entrer l'Espérance.

Le Dante a dit :
Lasciate ogni speranza, voi ch' entrate.

XIIIe.

Page 279. A mesure qu'on s'élève, etc.

Après cette phrase se trouvait la description de la demeure des sages. Bien des personnes ont pensé que j'aurais pu, même théologiquement, être moins rigoureux, et conserver le morceau ; mais il ne faut point discuter avec la religion.

XIVᵉ.

Page 279. Les mondes divers, etc.

« Benedicite omnia opera Domini. » (*Ps.*)

XVᵉ.

Page 279. Ouvrez-vous, etc.

« Attollite portas... Et elevamini portæ æternales. » (*Ps.* XXIII, 7), que Milton a si bien imité :

Open ye everlasting doors!

XVIᵉ.

Page 279. Je vous salue, Marie, etc.

« Ave, Maria, etc. »

XVIIᵉ.

Page 179. Vous qui êtes bénie entre toutes les femmes, refuge des pécheurs, etc.

« Benedicta tu in mulieribus, consolatrix afflictorum, refugium peccatorum. »

Et toujours nos plus simples prières fournissent les traits les plus nobles, les plus sublimes ou les plus touchants!

SUR LE VINGT-DEUXIÈME LIVRE.

PREMIÈRE REMARQUE.

Page 280. D'une main il prend une des sept coupes d'or pleines de la colère de Dieu.

On ne me contestera pas cet ange, les coupes d'or, etc., fors qu'on n'ait pris encore tout cela pour mes vaines imaginations. N'est-il pas honteux que des hommes qui se mêlent de critique ignorent pourtant la religion au point de ne pas connaître les choses les plus communes? Qu'ils imitent Voltaire, et s'ils ne lisent pas la Bible comme chrétiens, qu'ils l'étudient du moins comme littérateurs.

« Et unum de quatuor animalibus dedit septem angelis septem phialas aureas plenas
« iracundiæ Dei. » (*Apocal.*, cap. XV, v. 7.)

IIᵉ.

Page 280. De l'autre, il saisit le glaive, etc.

« Factum est autem in noctis medio : percussit Dominus omne primogenitum in terrâ
« Ægypti...

« Et ortus est clamor magnus in Ægypto. » (*Exod.*, cap. XII, v. 29 et 30.)

« ... Venit Angelus Domini et percussit in castris Assyriorum centum octoginta quin-
« que millia. » (*Reg.*, lib. IV, cap. XIX, v. 35.)

IIIe.

Page 280. La faux qui vendange, et la faux qui moissonne.

« Et alius angelus exivit de templo, clamans voce magna ad sedentem super nubem :
« Mitte falcem tuam, et mete, quia venit hora ut metatur, quoniam aruit messis
« terræ.....

« Et alius angelus exivit de altari, et clamavit.....

« Mitte falcem tuam acutam, et vindemia botros vineæ terræ... » (*Apocal.*, cap. xiv^e
v. 15 et 18.)

IVe.

Page 281. L'édit te permet de la livrer aux lieux infâmes...

On sait trop que l'effroyable perversité des païens les porta jusqu'à faire déshonorer des vierges chrétiennes, dont la première vertu était la chasteté. Cette espèce de martyre fut employée plusieurs fois, comme on le voit dans l'*Histoire ecclésiastique*. Nous avons une tragédie entière de Corneille fondée sur ce sujet. Je ne me suis servi de ce moyen que pour jeter Eudore dans la plus grande tentation et dans le plus grand malheur qu'un homme puisse éprouver.

V^e.

Page 282. Rendit compte en ces mots de son entrevue avec Dioclétien, etc.

Ce fut Maximien qui engagea Dioclétien à reprendre l'empire, et ce fut aux députés de Maximien que Dioclétien fit la belle réponse que tout le monde connaît : « Plût aux dieux
« que ceux qui vous envoient vissent les légumes que je cultive! etc. »

VIe.

Page 282. Le jardinier Sidonien, etc.

Abdolonyme : les beaux vers de M. Delille, connus de tout le monde, rendent tous les détails superflus.

Dans cette entrevue de Dioclétien et du messager d'Eudore, il n'y a d'historique que la réponse : « Plût aux dieux, etc. »

VIIe.

Page 283. Les évêques craignaient que vous n'eussiez réussi.

Telle est la résignation et la fidélité chrétiennes.

VIIIe.

Page 285. Le repas libre.

« Or, le soir qui précède immédiatement le jour des spectacles, la coutume est de faire,
« à ceux qui sont condamnés aux bêtes, un souper qu'on nomme le Souper libre. Nos
« saints martyrs changèrent, autant qu'il leur fût possible, ce dernier souper en un re-
« pas de charité. La salle où ils mangeaient était pleine de peuple; les martyrs lui adres-
« saient la parole de temps en temps... Ces paroles... jetèrent de l'étonnement et de la
« frayeur dans l'âme de la plupart... Plusieurs restèrent pour se faire instruire, et crurent
« en Jésus-Christ. » (*Act. Mart.*, in sancta Perpetua.)

IXe.

Page 286. Au milieu de cette scène touchante, on voit accourir un esclave, etc.

J'ai tâché de tracer mon tableau de manière qu'il pût être transporté sur la toile sans confusion, sans désordre, et sans changer une seule des attitudes : le peuple romain à genoux, les soldats présentant les aigles; les vieux évêques assis, la tête couverte d'un pan de leur robe; Eudore debout, soutenu par les centurions, et laissant tomber la coupe, au moment où il prononce ce mot : « Je suis chrétien ! » la diversité des costumes ; l'agape servie sous le vestibule de la prison, etc. ; tout cela pourrait peut-être s'animer sous le pinceau d'un plus grand peintre que moi.

SUR LE VINGT-TROISIÈME LIVRE.

PREMIÈRE REMARQUE.

Page 288. A ces mots, le prince des ténèbres disparaît du milieu de la foule.

Rien n'est plus commun dans les poëtes que cette machine d'une divinité qui prend la forme d'un personnage connu pour produire ou diriger un événement : je ne crois pas devoir citer.

II°.

Page 288. Son triomphe sur les Perses.

Crevier pense que Galérius célébra en effet son triomphe sur les Parthes. Cela souffre pourtant des difficultés en critique ; mais j'ai adopté l'opinion qui me convenait le mieux.

III°.

Page 288. Rétablit les fêtes de Bacchus.

L'an 568 de Rome, le sénat découvrit de telles abominations dans les fêtes de Bacchus, qu'il fit supprimer ces fêtes.

IV°.

Page 288. Des courtisanes nues, rassemblées au son de la trompette, etc.

Cette description n'est que trop historique : j'ai seulement omis les infamies les plus révoltantes. Il y eut deux Flores : la première, épouse de Zéphire, reine des fleurs, nymphe des îles Fortunées ; la seconde, courtisane romaine, qui légua sa fortune au peuple, et dont le culte criminel se confondit bientôt avec le culte innocent que l'on rendait à la première Flore.

« Pantomimus a pueritia patitur in corpore, ut artifex esse possit. Ipsa etiam prostibula
« publicæ libidinis hostiæ in scena proferuntur ; plus miseræ in præsentia feminarum,
« quibus solis latebant, perque omnis ætatis, omnis dignitatis ora transducuntur, locus,
« stipes, elogium, etiam quibus opus non est, prædicatur. Taceo de reliquis, etiam quæ
« in tenebris et in speluncis suis delitescere decebat, ne diem contaminarent. » (TERTULL., *de Spect.*, cap. XVII.)

« Celebrantur ergo illi ludi (Florales) cum omni lascivia, convenientes memoriæ mere-
« tricis. Nam præter verborum licentiam, quibus obscœnitas omnis effunditur, exuuntur
« etiam vestibus, populo flagitante, meretrices, quæ tunc mimorum funguntur officio,
« et in conspectu populi usque ad satietatem impudicorum luminum cum pudendis mo-
« tibus detinentur. » (LACTAN., *Div. Inst.*, lib. I, cap. XX.)

Saint Augustin (*Épist.* CCII) parle encore de ces jeux pour les anathématiser. Personne n'ignore l'histoire de Caton. Un jour qu'il était présent aux fêtes de Flore, on n'osait, par respect pour sa vertu, commencer les orgies ; il se retira, afin de ne pas interrompre les plaisirs du peuple. Quel éloge des mœurs de Caton, et en même temps quelle déplorable faiblesse de la morale païenne! Caton approuve moralement ces jeux, puisqu'il y assiste; et les mœurs de ce même Caton empêchent de commencer ces jeux! (SENEC., *Épist.* XLVII.)

V^e.

Page 289. Des outres et des amphores, etc.

J'ai suivi pour tous ces détails les dessins des vases grecs et les bas-reliefs antiques. On peut consulter Catulle, *Noces de Thétis et de Pélée*; Tacite, *sur Claude*, au sujet de Messaline; et Euripide, dans *les Bacchantes*.

VIe.

Page 289. Chantons Évohé, etc.

Ce n'est point ici un chant connu : ce n'est ni l'ode d'Horace, ni l'hymne d'Homère : c'est un chant composé de diverses histoires qui ont rapport à Bacchus, et de l'éloge de l'Italie par Virgile. J'ai déjà dit que, faute d'attention, un critique peu versé dans l'antiquité pourrait se méprendre à ces passages des *Martyrs*, et tomber dans des erreurs désagréables pour lui : au moyen de ces notes, on saura à qui parler. Je ne citerai point les imitations, laissant au lecteur le plaisir de les chercher dans les poëtes que j'ai indiqués, Pindare d'abord, ensuite *l'Hymne à Bacchus*, attribué à Homère; Euripide, Catulle, Horace, Ovide et Virgile, *in Georg.*

VIIe.

Page 290. Qu'il était touchant, dans le délire de Rome païenne, de voir les chrétiens, etc.

De bonne foi, le christianisme n'a-t-il pas ici l'avantage sur le paganisme? Ces larmes du malheur ne sont-elles pas préférables, même poétiquement, à ces cris de la joie? Y a-t-il quelque lecteur qui se sente plus intéressé par l'hymne à Bacchus et les fêtes de Flore que par les prières des chrétiens infortunés?

VIIIe.

Page 291. Festus avait d'ailleurs été frappé des réponses et de la magnanimité d'Eudore.

Il y a mille exemples de juges, de geôliers, de bourreaux même convertis par les paroles et les souffrances des chrétiens qu'ils persécutaient.

IXe.

Page 292. Les chrétiens, dont la charité, etc.

Ce ne sont point des vertus imaginaires : les chrétiens ont été les premiers à secourir les lépreux, qu'on abandonnait au coin des rues; ils bâtirent, pour cette affreuse maladie, des hôpitaux connus sous le nom de léproseries.

X^e.

Page 292. Il expire.

Cette scène terrible d'une âme qui comparaît au jugement de Dieu, retracée par les sermonnaires, n'avait point encore, que je sache, été transportée dans l'épopée chrétienne. En faisant condamner Hiéroclès, je n'ai pas été plus loin que le Dante, qui trouve aux enfers ses contemporains, et même un prélat qui vivait encore.

XIe.

Page 293. Il est dans le ciel une puissance, etc.

Fiction en contraste avec la scène précédente, et qui forme la transition pour revenir du ciel sur la terre. On a souvent peint l'Espérance; j'ai hasardé d'en faire un portrait nouveau.

XIIe.

Page 294. C'était une tunique bleue, etc.

Saint Chrysostome décrit ainsi l'habit des vierges de son temps : « Une tunique bleue « serrée d'une ceinture, des souliers noirs et pointus, un voile blanc sur le front, un « manteau noir qui couvrait la tête et tout le corps. Les peintures que l'on fait de la « sainte Vierge semblent en être venues. » (FLEURY, *Mœurs des Chrétiens*, chap. LII.)

XIIIe.

Page 294. Telle Marcie, etc.

C'est un des plus beaux morceaux de Lucain :

> Sicut erat, mœsti servans lugubria cultus,
> Quoque modo natos, hoc est amplexa maritum.
> Obsita funerea celatur purpura lana.
> Non soliti lusere sales, nec more Sabino
> Excepit tristis convicia festa maritus.
> Pignora nulla domus, nulli coiere propinqui :
> Junguntur taciti, contentique auspice Bruto.
> (LUCAN., *Phars.*, lib. II, v. 365.)

XIVe.

Page 294. Légers vaisseaux de l'Ausonie, etc.

Ce chant est peut-être le morceau que j'ai le plus soigné de tout l'ouvrage. On peut remarquer qu'il ne s'y trouve qu'un seul hiatus, encore glisse-t-il assez facilement sur l'oreille. J'aurais désiré que la chanson de mort de ma jeune Grecque fût aussi douce que sa voix, et aussi harmonieuse que la langue dans laquelle Cymodocée est censée parler. Cette espèce d'hymne funèbre est dans le goût de l'antiquité homérique. Comment Cymodocée eût-elle soupiré ses regrets sur la lyre chrétienne? Seule, plongée au fond d'un cachot, sans maître, sans instruction, sans guide, elle porte de nécessité dans ses sentiments les erreurs de sa première éducation; mais elle s'aperçoit pourtant qu'elle pèche, et elle se reproche innocemment un langage que son ignorance excuse.

XVe.

Page 296. Je vous salue, robe sacrée, etc.

Après avoir vu la femme, on retrouve la chrétienne.

XVIe.

Page 297. Les confesseurs...... ne désiraient point voir couler le sang de leurs frères.

Loin de vouloir qu'on s'exposât au martyre, l'Église condamnait ceux qui s'y livraient inutilement, et conseillait la fuite dans la persécution. (Voyez SAINT CYPRIEN.)

XVIIe.

Page 298. S'élevait une retraite qu'avait habitée Virgile.

On m'a montré à Rome les prétendues ruines de cette maison.

XVIIIe.

Page 298. Un laurier, etc.

J'ai mis à la porte de la maison de Virgile le laurier qui croît à Naples sur son tombeau.

XIXᵉ.

Page 299. Abjure des autels, etc.

Voilà le plus rude assaut que Cymodocée ait eu à soutenir. On doit tout lui pardonner, puisqu'elle ne succombe pas aux prières de son père; elle est assez forte. Sainte Perpétue passe par la même épreuve.

XXᵉ.

Page 300. Il tient à la main son sceptre d'or, etc.

Comme mon jugement particulier n'oblige personne à trouver bon ce que j'écris, je dirai que cet ange du sommeil est, de toutes les fictions des *Martyrs*, celle que je préfère, et celle que j'ai composée avec le plus de plaisir. Je ne puis m'empêcher de croire qu'un homme, avec plus de talent que moi, pourrait tirer, de l'action des anges et des saints, un genre de beautés qui balancerait pour le moins les créations mythologiques. Ce n'est point condamner celles-ci, c'est seulement ajouter aux richesses des poëtes.

SUR LE LIVRE VINGT-QUATRIÈME.

PREMIÈRE REMARQUE.

Page 2. Depuis la ceinture jusqu'à la tête, etc.

Les détails de cette maladie de Galérius sont historiques, et je n'ai fait que traduire Lactance. (*De Mort. Persecut.*) La réponse du médecin, rapportée dans mon texte un peu plus bas, est également vraie.

IIᵉ.

Page 3. Cette franchise plonge Galérius dans des transports de rage.

Il n'en fut pas toujours ainsi : Galérius, dompté par la colère céleste, donna des édits en faveur des chrétiens; mais il était trop tard, et la main de Dieu ne se retira point de dessus la tête du persécuteur.

IIIᵉ.

Page 3. Les monts lointains de la Sabine, etc.

Cette belle couleur des montagnes de la Sabine a pu être remarquée par tous ceux qui ont fait le voyage de Rome.

IVᵉ.

Page 3. Portant sur la tête une ombelle.

Espèce de chapeau romain pour se garantir du soleil.

Vᵉ.

Page 3. La foule vomie par les portiques, etc.

Les ouvertures par où la foule débouchait sur le théâtre s'appelaient vomitoires. J'ai fait cette description d'après la connaissance que j'ai du Colisée à Rome, des arènes à

Nîmes, et de l'amphithéâtre à Vérone. Pour les grilles d'or, les eaux parfumées, les statues, les tableaux, les vases précieux, on peut consulter la plupart des historiens latins; et Gibbon (*Fall of the Roman Empire*) a réuni les autorités. On fit paraître quelquefois des hippopotames et des crocodiles dans des canaux creusés autour de l'arène. Je n'aurais pas osé fixer le nombre des cinq cents lions, si je ne l'avais pas trouvé rapporté dans une description des jeux. Les cavernes où l'on renfermait les bêtes féroces avaient deux issues; l'une s'ouvrant en dehors, et l'autre s'ouvrant en dedans de l'édifice. Certaines voûtes (*fornix*) servaient de lieux de prostitution. (HORACE.)

VIe.

Page 4. Comme aux jours de Néron, etc.

Dans une fête donnée par Tigellin à Néron, les premières dames romaines parurent mêlées dans les loges avec les courtisanes toutes nues.

VIIe.

Page 4. On vous a donné un front de diamant, etc.

Écriture. Ce verset se lit encore aujourd'hui dans la *Fête des martyrs*.

VIIIe.

Page 4. Composé à Carthage par Augustin, ami d'Eudore.

J'ai suivi une tradition qui attribue le *Te Deum* à saint Augustin. Ainsi, des deux amis de la jeunesse d'Eudore, l'un lui envoie son épouse chrétienne pour mourir avec lui, et l'autre compose un hymne pour sa mort.

IXe.

Page 5. Eudore, chrétien.

« On lui fit faire le tour de l'amphithéâtre, ayant devant lui un écriteau où on lisait ces paroles en latin : « Attale, chrétien. » (Martyre de saint Pothin, *Actes des Martyrs*, tom. I, pag. 88.)

X^e.

Page 5. O Rome ! j'aperçois un prince, etc.

Voilà, ce me semble, le règne de Constantin et le triomphe de la religion bien annoncés; et cette prophétie est convenablement placée dans la bouche d'Eudore.

XIe.

Page 5. Vous ne serez point obligés, etc.

Allusion à la mort de Vitellius. Les soldats lui piquaient le menton avec la pointe de leur épée, pour le forcer à lever la tête.

XIIe.

Page 5. Une seule était restée.

Petite circonstance préparée depuis longtemps dans le livre IXe.

XIIIe.

Page 6. Les gladiateurs, selon l'usage, etc.

« Comme ils furent arrivés aux portes de l'amphithéâtre, on voulut leur faire prendre

« des habits consacrés par les païens à leurs cérémonies sacriléges : aux hommes, la robe
« des prêtres de Saturne, etc. » (*Act. Mart.*, in sanct. Perpet.)

XIVe.

Page 6. Il se souvient du pressentiment qu'il eut jadis dans ce même lieu.
(Voyez le ive livre, à la fin.)

XVe.

Page 6. L'empereur n'était point encore arrivé.
Ceci donne le temps de retourner à Cymodocée et de montrer l'accomplissement de la
scène dans le ciel pendant qu'elle s'achève sur la terre.

XVIe.

Page 7. Et vous, honneur de cette pieuse et fidèle cité.
Saint Pothin et saint Irénée, à Lyon.

XVIIe.

Page 7. Ils y mêlèrent trois rayons de la vengeance éternelle, etc.
On voit qu'il n'y a point de beautés dans la mythologie des anciens qu'on ne puisse
transporter dans le merveilleux chrétien. (Voyez VIRGILE sur les foudres de Jupiter.)

XVIIIe.

Page 7. L'archange met un pied sur la mer et l'autre sur la terre.
« Et vidi alium angelum fortem descendentem de cœlo... Et posuit pedem suum dex-
« trum super mare, sinistrum autem super terram. » (*Apocal.*, cap. x, v. 1 et 2.)

XIXe.

Page 7. Rentre dans le puits de l'abîme, où tu seras enchaîné pour mille ans.
« Et vidi angelum descendentem de cœlo, habentem clavem abyssi et catenam magnam
« in manu sua, et apprehendit draconem, serpentem antiquum, qui est diabolus et Sata-
« nas, et ligavit eum per annos mille. » (*Apocal.*, cap. xx, v. 1 et 2.) Voilà l'action surna-
turelle finie : Satan, Astarté; le démon de la fausse sagesse et de l'homicide, sont replon-
gés dans l'abîme. Le lecteur connaît le sort de tous les personnages surnaturels et humains
qu'il a vus figurer dans l'ouvrage.

XXe.

Page 8. Il lève la tête et voit l'armée des martyrs, etc.
L'original de ce tableau est dans Homère, lorsqu'il peint les dieux détruisant la muraille
des Grecs. Virgile l'a imité dans le iie livre de l'*Énéide*. Énée voit les dieux sapant
les fondements de Troie et du palais de Priam. Le Tasse vient ensuite, et montre les mi-
lices célestes donnant le dernier assaut à Jérusalem, avec les croisés vainqueurs. Enfin,
je me suis servi de la même image pour représenter la chute des temples de l'idolâtrie.

XXIe.

Page 8. Une échelle merveilleuse.
« J'aperçus une échelle toute d'or, d'une prodigieuse hauteur, qui touchait de la terre
« au ciel... Asture y monta le premier... Étant heureusement arrivé au haut de l'échelle,
« il se tourna vers moi, et me dit : Perpétue, je vous attends. » (*Act. Mart.*, in sancta
Perpetua.)

XXII⁰.

Page 8. Elle peut à peine étouffer les sanglots de la piété filiale.

Une jeune fille de seize ans mise à une pareille épreuve, et qui la surmonte, ne peut être accusée de faiblesse. J'avoue que je n'aurais pas une opinion bien grande du jugement ni même du courage des chrétiens qui demanderaient plus d'héroïsme; l'exagération en tout annonce la faiblesse :

Rien n'est beau que le vrai; le vrai seul est aimable.

Il nous siérait d'ailleurs assez mal à présent d'affecter le rigorisme en matière de religion : sondons bien nos cœurs, et voyons ce que nous sommes; après cela nous ferons le procès à Cymodocée.

XXIII⁰.

Page 10. J'ai lu dans vos livres saints, etc.

Si la fille d'Homère ne connaît pas bien la religion chrétienne, du moins elle en a appris ce qu'il faut pour mourir.

XXIV⁰.

Page 10. Il tire de son doigt un anneau, etc.

« Ensuite, tirant de son doigt une bague, il la trempa dans son sang, et la donnant à
« Pudens : Recevez-la, lui dit-il, comme un gage de notre amitié, et que le sang dont elle
« est rougie vous fasse ressouvenir de celui que je répands aujourd'hui pour Jésus-
« Christ. » (*Act. Martyr.*, in sancta Perpetua.)

XXV⁰.

Page 11. Votre père... il va connaître la vraie lumière.

Prophétie d'Eudore, qui fait voir la fin de Démodocus, et laisse le lecteur tranquille sur la destinée de ce malheureux vieillard.

XXVI⁰.

Page 11. O Cymodocée ! je vous l'avais prédit, etc.

Dans le XVᵉ livre, lors de la séparation des deux époux à Athènes.

XXVII⁰.

Page 12. Je suis chrétien, je demande le combat.

Rien n'était plus commun que de voir des chrétiens se dénoncer tout à coup eux-mêmes, à l'aspect des tourments qu'on faisait souffrir à leurs frères. Dorothée meurt ici, comme Polyeucte, en renversant les idoles : l'ardeur de son zèle, ses imprécations contre les idoles et les idolâtres, forment contraste avec la patience, la résignation et la modération d'Eudore.

XXVIII⁰.

Page 12. Le pont qui conduisait du palais, etc.

On prétend que Titus se rendait de son palais à l'amphithéâtre par un pont que l'on abaissait. On montre à tous les voyageurs l'endroit où ce pont tombait sur le mur du Colisée.

XXIX⁰.

Page 13. Eudore craignait qu'une mort aussi chaste, etc.

Quelques personnes auraient voulu qu'Eudore ne laissât pas échapper cette espèce de dernier soupir de la faiblesse humaine : il me semble, au contraire, que l'action d'Eudore est conforme à la nature, sans blesser en rien la religion. Lorsque sainte Perpétue marcha au martyre, « elle tenait les yeux baissés, disent les Actes, de peur que « leur grand brillant ne fît, contre sa volonté, ces effets surprenants qu'on sait que deux « beaux yeux sont capables de faire. » (*Act. Martyr.*, in sanct. Perpet., traduct. de Maupertuis, tom. I, pag. 163.) Ceci, je pense, me justifie assez sous les rapports religieux ; car c'est un sentiment tout semblable qu'éprouve Eudore, lorsqu'il ne veut pas que la mort de Cymodocée *soit souillée par l'ombre d'une pensée impure, même dans les autres*. J'espère aussi que ce n'est pas l'*expression* qu'on me reproche ; l'expression des Actes de sainte Perpétue est un peu plus franche et plus naïve que la mienne. Serait-ce le dernier mouvement d'un amour chaste qui brûle dans le cœur d'un époux pour son épouse, que l'on blâmerait dans cette action ? Que penserons-nous alors de l'Olinde du Tasse, qui, attaché sur le bûcher du martyre avec Sophronie, entretient, non son *épouse*, mais son amante de la passion qu'il sent pour elle ? il faudrait bien, quand on se mêle de critiquer, savoir au moins ce que l'on dit, connaître les autorités, et ne pas courir les risques de montrer à la fois son défaut de jugement, son ignorance ou son manque de bonne foi.

XXX°.

Page 13. On le voyait debout, etc.

« On voyait, dit Eusèbe, un jeune homme au-dessous de vingt ans qui se tenait debout « sans être lié, qui avait les mains étendues en forme de croix, et qui priait Dieu en la « même place pendant que des ours et des léopards, qui ne respiraient que le sang, sau« taient sur lui pour le mordre. » (Eusèbe, *Hist. eccl.*, liv. VIII, chap. VII, trad. du présid. Cousin.)

XXXI°.

Page 13. Ah ! sauvez-moi !

C'est le cri de la nature. Si l'on a vu de jeunes missionnaires pousser des cris au milieu des tourments que leur faisaient endurer les Sauvages, une pauvre jeune fille de seize ans ne pourra-t-elle avoir un instant peur d'un tigre qui accourt pour la dévorer ? Disons plus : il y a quelque chose de révoltant à exiger plus de fermeté dans Cymodocée. Puissions-nous en pareil cas mourir avec autant de courage ! Je me défie toujours de cet héroïsme qu'il est si aisé d'avoir au coin de son feu, quand on n'a point à combattre. Souvenons-nous de cette belle parole de l'Écriture : *Nec glorietur accinctus æque ut discinctus.* (*Reg.*, lib. III, cap. xx, v. 2.)

XXXII°.

Page 14. A l'instant la chaleur abandonne, etc.

Le rideau tombe. Il eût été aisé de développer les particularités du martyre ; mais j'aurais présenté un spectacle affreux et dégoûtant. Toute la terreur, s'il y en a ici, se trouve placée avant l'apparition du tigre : le tigre une fois lâché dans l'arène, tout finit ; et l'on ne voit rien de ce qu'on s'attendait à voir. Cette tromperie est tout à fait commandée par l'art, et convient à mon sujet, qui doit montrer le martyre comme un triomphe et non comme un malheur. Ajoutez que, dans les détails de la mort des deux jeunes époux, l'imagination du lecteur eût toujours été plus loin que la mienne.

XXXIII°.

Page 14. Les dieux s'en vont !

L'ouvrage finissait ici ; le paragraphe ajouté rend l'action plus complète.

Je ne puis dire avec quel plaisir je termine ces notes. Avoir à chaque phrase, et pour ainsi dire à chaque mot, à relever une erreur de la critique; être sans cesse obligé de citer les autorités sur des points qui n'auraient pas souffert autrefois la plus légère difficulté; se rendre soi-même le juge de son livre, je ne crois pas qu'il y ait pour un auteur une tâche plus pénible. Quoi qu'il en soit, voilà mes ennemis à leur aise. Je n'attends d'eux aucune justice. Ils savent que je ne leur répondrai plus; qu'ils triomphent en sûreté; qu'ils redoublent leurs outrages : j'aime mieux être la victime que l'auteur de leurs écrits.

FIN DES REMARQUES.

EXAMEN
DES MARTYRS

C'est avec un vrai chagrin que je me vois forcé à me défendre : ce rôle a quelque chose d'embarrassant, et qui répugne surtout à mon caractère. Mais, comme dans tout ce qui me concerne on feint de mêler les intérêts de la religion, ce grand nom m'oblige à des soins que je ne prendrais pas pour moi ; mon devoir me fait une loi de repousser des traits qui peuvent tomber sur des choses saintes. Je vais donc examiner *les Martyrs*.

Cet examen se divise naturellement en trois parties.

1° Examen des objections religieuses et morales faites contre *les Martyrs* ;

2° Examen des objections littéraires ;

3° Changements faits aux premières éditions des *Martyrs*, et remarques ajoutées à chaque livre de l'ouvrage.

OBJECTIONS RELIGIEUSES ET MORALES.

Tout ce qu'on a dit contre *les Martyrs*, on l'a dit également et avec plus de force, contre le *Génie du Christianisme* : « Système dangereux pour le goût ; la religion compromise, moins défendue qu'outragée ; ouvrage déplorable ; ouvrage oublié ; ouvrage mort en naissant, etc., etc. »

Remarquons encore que les personnes qui semblent les plus effrayées des dangers auxquels *les Martyrs* exposent la religion, sont du nombre de celles désignées dans la *Défense du Génie du Christianisme*. « Que les consciences timorées, disais-je, se
« rassurent, ou plutôt qu'elles examinent bien, avant de s'alarmer, si les censeurs
« scrupuleux qui accusent l'auteur de porter la main à l'encensoir, qui montrent une
« si grande tendresse, de si vives inquiétudes pour la religion, ne seraient point des
« hommes connus par leur mépris ou leur indifférence pour elle. Quelle dérision ! »

Ce soupçon tombe beaucoup mieux sur les adversaires des *Martyrs* : car, en prenant contre moi la défense de la morale, de la pudeur et de la religion, ils ont laissé échapper de telles indécences et des plaisanteries si impies, que le fond de leurs sentiments s'est montré à découvert. Ils sont allés jusqu'à provoquer contre moi la censure ecclésiastique. Faydit, dans sa critique du *Télémaque*, emploie les mêmes insinuations : « Autrefois, dit-il, on déposait les évêques qui s'avisaient d'écrire des « romans. » Et à qui Faydit rappelait-il si noblement cet exemple? à Louis XIV, qui n'aimait pas Fénelon, et qui croyait voir dans *Télémaque* la satire indirecte du gouvernement de la France. Quand la critique se sert de pareilles armes, il faut convenir qu'elle est bien forte.

Quel est le but qu'on se propose en m'attaquant ainsi sous les rapports religieux? Un but très-facile à voir. On suppose que mes *prôneurs* sont des *chrétiens ;* que toute ma force est là. Il faut donc me rendre suspect à ce qu'on appelle *mon parti*, faire naître des doutes sur ma sincérité, alarmer des gens simples qui sont assez modestes pour régler leur jugement sur le jugement d'un journal. Mais l'artifice était trop grossier pour réussir. En voulant trop prouver contre *les Martyrs*, on n'a rien prouvé : personne n'a pu croire qu'un homme qui, depuis dix ans, emploie toutes les faibles ressources de son esprit à la défense de la religion, fût tout à coup devenu l'ennemi *adroit* ou *maladroit* de cette même religion.

Je n'avance rien au hasard, et je ne demande pas, comme mes ennemis, d'en être cru sur ma parole, quoique je ne l'aie jamais donnée en vain. Les chrétiens n'ont point trouvé que *les Martyrs* exposassent la religion à des dangers; en voici la preuve :

Il y a en France une gazette appelée *Gazette ecclésiastique* ou *Journal des Curés.* Si quelque journal a le droit d'appeler une cause chrétienne à son tribunal, c'est sans doute celui-là. Il a paru dans cette feuille sept articles sur *les Martyrs ;* ces sept articles sont tous en faveur de l'ouvrage : on en prend la défense contre les journalistes qui l'ont attaqué, on en conseille la lecture, on en fait l'apologie; et c'est vraisemblablement un *prêtre* qui tient ce langage, tandis que des censeurs, qui rient sans doute en eux-mêmes quand ils se font les champions de l'autel, crient de toutes parts au scandale.

J'ai commencé par examiner la compétence de mes juges; passons à leurs objections.

La première roule sur cette question tant débattue depuis l'apparition du *Génie du Christianisme*, savoir : si le merveilleux de notre religion peut être employé dans l'épopée, et s'il offre autant de ressources au poëte que le merveilleux du paganisme?

Une chose singulière se présente au premier coup d'œil. Ne dirait-on pas, à voir la surprise de quelques critiques, qu'avant moi on n'eût jamais entendu parler d'épopée chrétienne? Ne semble-t-il pas que j'aie fait une découverte prodigieuse, inouïe; que j'ai osé le premier mettre en action les anges, les saints, l'enfer et le ciel? Et nous avons le Dante, le Tasse, le Camoëns, Milton, Voltaire, Klopstock, Gessner!

Boileau condamne le merveilleux chrétien. D'accord; mais quelques vers de Boileau anéantiront-ils *la Jérusalem, le Paradis perdu, la Henriade?* Boileau ne peut-il pas être allé trop loin? Boileau a-t-il jugé sans retour le Tasse, Fénelon, Quinault? Il a paru une brochure imprimée à Lyon, où l'auteur, qui m'est inconnu, a bien voulu se déclarer en faveur des *Martyrs.* On ne peut réunir à des autorités plus graves une manière de raisonner plus saine. Je citerai souvent l'ouvrage de mon défenseur, en prenant seulement la liberté de retrancher un nom inutile ici, et d'adoucir l'expression d'une indignation vivement sentie. Cela me sera d'un grand soulagement; car rien n'est plus pénible que de parler de soi, et plus difficile de garder toutes les convenances en plaidant sa propre cause.

Que Boileau n'a pas été suivi aveuglément dans son opinion comme on voudrait le faire entendre, c'est ce que le critique anonyme montre par des exemples frappants.

« Je choisirai, dit-il, mes autorités parmi des hommes qu'on ne saurait accuser d'avoir voulu *égarer* les jeunes littérateurs et corrompre le goût.

« Le véritable usage de la poésie, dit Rollin, appartient à la religion, qui seule
« rappelle à l'homme son véritable bien, et qui ne le lui montre que dans Dieu...
« Aussi n'était-elle, chez le peuple saint, consacrée qu'à la religion... C'est ce qui a
« fait, même chez les anciens peuples, la première matière de leurs vers [1]. »

« Après avoir présenté les preuves de ces vérités, Rollin consacre un chapitre entier à montrer que c'est une erreur de croire qu'il faille *être païen dans la poésie;* et traçant rapidement un plan dont il exclut la *mythologie*, il termine par ces mots remarquables : « Un poëme épique, fait dans ce goût, *plairait certainement*, et
« l'on n'y regretterait, ni les intrigues de Vénus, ni les serpents, ni le venin
« d'Alecto [2]. »

« L'abbé Batteux, dans son *Cours de littérature*, entre dans plus de détails encore pour établir le même principe. On y trouve en quelque sorte le fond des idées qu'a développées M. de Chateaubriand dans son premier ouvrage. Ne pouvant tout citer, je me contenterai de rapporter les traits principaux :

« Malgré le respect que nous avons pour les idées de M. Despréaux, nous ne
« saurions croire que s'il venait au monde un second Homère, il ne trouverait pas
« dans l'histoire de la religion une matière capable d'exercer son génie. » « Ici l'auteur présente la manière dont, en ce cas, le merveilleux chrétien aurait pu être employé, le sujet que le nouvel Homère aurait pu chanter, et il ajoute : « Il aurait
« démontré par l'exécution que le sublime et le sérieux de notre religion, bien loin
« d'être un obstacle invincible à l'épopée, y seraient la source des plus sublimes
« beautés. Quel fondement aurait servi d'appui à ce merveilleux? Le même qui a
« servi aux anciens, je veux dire la *persuasion commune* des peuples pour qui
« on écrit [3]. »

« Il n'est pas hors de propos de remarquer ici que ce sont précisément les écrivains les plus *pieux* qui ont eu les mêmes idées que l'auteur des *Martyrs*. Toutefois ceux de nos littérateurs à qui l'on donne le nom de *philosophes*, n'ont jamais avancé qu'il fallût être *païen* dans l'épopée, et que ce fût là une règle hors de laquelle on ne pouvait que *s'égarer*.

« Marmontel, celui qui a le plus vanté le merveilleux de la mythologie, et dont les écrits fourniront toujours des articles presque tout faits aux critiques qui voudront déclamer contre l'épopée moderne [4]; Marmontel, dis-je, s'exprime ainsi :
« Avec de l'art, du goût et du génie, nos anges, nos démons et nos saints peuvent
« agir *décemment* et *dignement* dans un poëme; et à la maladresse de Sannazar, du

---

[1] *Traité des Études*, tom. I.
[2] *Ibid.*
[3] *Principes de littérature*, tom. II.
[4] Tout ce qu'on a dit de plus fort contre le merveilleux chrétien se trouve dans Marmontel, et souvent exprimé dans les mêmes termes.

« Camoëns, etc., on peut opposer les exemples du Tasse, de Milton, de l'auteur
« d'*Athalie*, de la *Henriade* [1]. »

« Voltaire qui, pour le dire en passant, s'accorde avec Rollin sur l'origine de la poésie, loin de vouloir assujettir les jeunes littérateurs à la prétendue règle des nouveaux censeurs, laisse la plus grande liberté sur ce point :

« La machine du merveilleux, dit-il; l'intervention d'un pouvoir céleste; la
« nature des épisodes ; tout ce qui dépend de la tyrannie de la coutume, et de cet
« instinct qu'on nomme goût, voilà sur quoi il y a mille opinions, et *point de règle*
« *générale* [2]. »

« Le Quintilien français, La Harpe, qui donna, du moins dans un temps, la préférence au merveilleux de la mythologie, déclare formellement qu'il ne prétend pas *exclure la religion de l'épopée ;* et il ajoute :

« J'ose *en cela m'écarter de l'avis de Despréaux*, et l'exemple du Tasse, confirmé
« par le succès, me paraît l'emporter sur l'autorité du critique. »

« Il serait absurde, dit-il ailleurs, d'exiger dans un sujet moderne l'intervention
« des dieux de l'antiquité [3].

Telles sont les autorités rapportées par mon défenseur.

Donc, il est clair que Rollin, Voltaire, Batteux, Marmontel et La Harpe ont pensé qu'on pouvait employer le merveilleux chrétien dans l'épopée. Il y a plus, Voltaire a fait un poëme avec ce merveilleux que l'on veut proscrire, et La Harpe a laissé plusieurs chants manuscrits d'une épopée chrétienne. Dans cette épopée, il y a un livre de l'*Enfer*, un livre du *Ciel ;* on voit agir les saints, les anges et les prophètes ; Dieu parle, Dieu prononce ses décrets ; enfin, c'est un poëme chrétien dans toute l'étendue du mot. Si ce poëme eût paru du vivant de La Harpe, on se serait donc écrié que le Quintilien français était le corrupteur du goût, et qu'il avait profané la religion? Disons la vérité : on n'a jamais voulu m'entendre ; on a toujours fait de la chose la plus simple la question la plus embrouillée.

Voici les faits tels qu'ils sont :

J'ai dit :

1° Si l'on veut traiter un sujet épique tiré de l'histoire moderne, il faut nécessairement employer le merveilleux chrétien, puisque la religion chrétienne est aujourd'hui la religion des peuples civilisés de l'Europe.

J'ai dit :

2° Si nous ne voulons pas faire usage de ce merveilleux, il faut ou renoncer à l'épopée, ou placer toujours l'action de cette épopée dans l'antiquité. Et pourquoi donc abandonner absolument le droit si doux de chanter la patrie?

Que les critiques se contentent de répondre : « Nous convenons qu'on ne peut avoir une épopée moderne sans employer le merveilleux chrétien ; mais nous regrettons le merveilleux du paganisme, parce qu'il offre plus de ressources aux poëtes ; » j'entendrai ce langage.

Je répondrai à mon tour :

« En admettant votre sentiment, tout ce que j'avance se réduit à ceci : Voilà deux lyres, l'une antique, l'autre moderne. Vous prétendez que la première a de plus beaux sons que la seconde ; mais elle est brisée, cette lyre : il faut donc tirer

---

[1] Voyez l'*Encyclopédie*, au mot *Merveilleux*.
[2] *Essai sur la poésie épique*.
[3] *Cours de littérature*, tom. I.

de celle qui vous reste le meilleur parti possible. Or, je veux essayer de vous apprendre que cet instrument moderne, selon vous si borné, a des ressources que vous ne connaissez pas; que vous pouvez y découvrir une harmonie nouvelle; qu'il a des accents pathétiques et divins; en un mot, qu'il peut, sous une main habile, remplacer la lyre antique, bien qu'il donne une suite d'accords d'une autre nature, et qu'il soit monté sur un mode différent. »

Je le demande : cela n'est-il pas éminemment raisonnable? Voilà pourtant tout ce que j'ai dit. Faut-il crier si haut? Qu'y a-t-il dans ces principes de contraire aux saines traditions, au goût même de l'antiquité? Ai-je le droit d'avancer qu'on peut trouver de grandes beautés dans le merveilleux chrétien, quand *la Jérusalem délivrée*, *le Paradis perdu* et *la Henriade* existent?

L'évidence de cette doctrine est telle, que si le critique le plus opposé à mes idées entreprenait de faire demain une épopée sur un sujet français, il serait obligé d'employer le merveilleux qu'il proscrit. Si, par humeur, on s'écrie : « Eh bien ! n'ayons point d'épopée, puisqu'il faut se servir du merveilleux chrétien; » alors je n'ai plus rien à répliquer, et je conviendrai même que c'est être conséquent dans son opinion. Mais que penserait-on d'un homme qui, regrettant un palais tombé en ruines, refuserait de se bâtir un nouvel édifice parce qu'il serait forcé d'employer un autre ordre d'architecture? Un compatriote du Camoëns, du Tasse, de Milton, serait bien surpris de me voir établir en forme une chose qui lui paraîtrait ne pas mériter la peine d'être éprouvée. Nous avons quelquefois en France une horreur du bon sens très-singulière.

On feint de me regarder comme un homme entêté d'un système, qui le suit partout, qui le voit partout : pas un mot de cela. Je ne veux rien changer, rien innover en littérature; j'adore les anciens ; je les regarde comme nos maîtres; j'adopte entièrement les principes posés par Aristote, Horace et Boileau ; *l'Iliade* me semble être le plus grand ouvrage de l'imagination des hommes ; *l'Odyssée* me paraît attachante par les mœurs; *l'Énéide* inimitable par le style ; mais je dis que *le Paradis perdu* est aussi une œuvre sublime, que *la Jérusalem* est un poëme enchanteur, et *la Henriade* un modèle de narration et d'élégance. Marchant de loin sur les pas des grands maîtres de l'épopée chrétienne, j'essaye de montrer que notre religion à des grâces, des accents, des tableaux, qu'on n'a peut-être point encore assez développés : voilà toutes mes prétentions; qu'on me juge.

Quant aux lecteurs véritablement pieux qui pourraient trouver que j'attache trop d'importance à prouver l'excellence du christianisme jusque dans les jeux frivoles de la poésie, je leur mettrai sous les yeux une très-belle réflexion de mon défenseur anonyme :

« Si les écrivains, dit-il, qui proscrivent le merveilleux chrétien eussent sérieusement réfléchi sur l'influence et les résultats de cette doctrine littéraire, il me semble que jamais ils n'auraient eu le courage d'adopter un principe dont les conséquences sont si importantes et si graves. En effet, soutenir une telle opinion, n'est-ce pas dire que le christianisme, en remplaçant les ridicules imaginations du polythéisme, a éteint pour jamais le feu sacré de la véritable poésie, et que la religion et la patrie, c'est-à-dire les deux choses les plus chères au cœur de l'homme, ne peuvent désormais être chantées par ceux auxquels est échue en partage l'espèce de talent qui donne le premier rang parmi les écrivains? N'est-ce pas condamner à l'oubli les événements les plus marqués par l'action de la Providence, les exploits des héros et des guerriers, la gloire des législateurs, des bons princes, des bienfaiteurs des nations? N'est-ce pas décider en quelque sorte que la poésie épique ne saurait reparaître dans tout son éclat, qu'autant que, par l'abrutissement le plus déplorable, nous viendrions à retomber dans l'idolâtrie? idolâtrie qui, par un effet bizarre, donnerait un nouvel essor au génie, en même temps qu'elle anéantirait les plus pures lumières de la raison! N'est-ce pas prétendre que, si le christianisme eût existé au temps d'Homère et de Virgile, ces poëtes immortels n'auraient pu laisser à la postérité des monuments aussi beaux que ceux qu'ils nous ont transmis? En un mot, n'est-ce pas dire que sans le paganisme il n'y eût jamais eu d'épopée, et qu'il fallait que l'univers fût ignorant et barbare pour que nous eussions un chef-d'œuvre? »

Cette dialectique est pressante, et je ne sais pas ce que l'on pourrait répliquer.

Si l'on ne peut, contre les lumières de la raison, proscrire absolument le christianisme de l'épopée moderne, on l'attaque du moins dans ses détails.

« Le dieu des chrétiens, s'écrie-t-on, prévoyant l'avenir et le forçant pour ainsi dire à être, parce qu'il l'a prévu; ce Dieu prononçant sans appel, sans retour, détruit l'intérêt de l'épopée : le lecteur sait tout au premier mot; il n'a plus rien à deviner. Le Jupiter d'Homère, au contraire, tantôt prenant parti pour les Troyens, tantôt pour les Grecs, est lui-même soumis au Destin, etc. »

Je conviens que le dénoûment est prévu dès l'exposition des *Martyrs*; mais c'est un reproche qu'il faut faire à toutes les épopées, ainsi qu'à plusieurs tragédies, entre autres aux chefs-d'œuvre de la scène[1]. Dès les premiers vers de l'*Odyssée* on apprend qu'Ulysse, après avoir renversé les murs de Troie, erre au gré de la fortune chez tous les peuples et sur toutes les mers; un peu plus loin, Jupiter annonce le retour du héros dans sa patrie; Minerve, sous la figure de Mentor, prédit ce retour à Télémaque. Au cinquième livre, Jupiter envoie Mercure déclarer au roi d'Ithaque qu'il doit quitter l'île de Calypso; qu'il arrivera dans l'île de Schérie; qu'il y sera reçu comme un dieu; que les Phéaciens le combleront de présents, le reconduiront dans sa patrie, où il jouira du bonheur de revoir son palais et les champs de ses aïeux.

Dans *l'Iliade*, l'accomplissement de l'action est encore bien plus marqué. Jupiter dit, en toutes lettres, qu'Hector repoussera les Grecs tant que le fils de Pélée ne se montrera pas à la tête de l'armée, et que celui-ci ne prendra les armes que le jour où l'on combattra pour le corps de Patrocle auprès des vaisseaux. Homère a craint que cela ne fût pas encore assez clair : car Jupiter, répétant ailleurs la même déclaration, ajoute que Patrocle tuera Sarpédon; que ce même Patrocle sera tué par Hector; qu'Achille, à son tour, plongera sa lance dans le sein d'Hector; et qu'alors les Grecs renverseront les remparts d'Ilion. *Voyez* le huitième et le quinzième livre de *l'Iliade*.

La Mothe fait à ce sujet contre *l'Iliade* la même objection que l'on fait contre *les Martyrs*. Après le premier passage que j'ai cité, il prétend que tout intérêt est détruit dans *l'Iliade*. Or, ce passage se trouve au huitième livre du poëme; de sorte que les seize derniers livres seraient sans aucun agrément. Cependant, ces seize derniers livres renferment la séduction de Jupiter par le moyen de la ceinture de Vénus, la mort de Patrocle, les funérailles de ce guerrier, la description du bouclier

---

[1] Il y a des tragédies dont le titre seul annonce le dénoûment, telles que *la Mort de César*, *la Mort de Pompée*, etc.

d'Achille, le combat des dieux, la mort d'Hector, la douleur d'Andromaque, et l'entrevue de Priam et d'Achille.

Dans *l'Énéide*, même inconvénient. Les sept premiers vers, en commençant le poëme par *Arma virumque cano*, apprennent aux lecteurs qu'Énée, longtemps poursuivi par la colère de Junon, abordera enfin en Italie, qu'il livrera de rudes combats pour établir ses dieux dans le Latium, et pour y fonder la cité d'où sortira le peuple latin, les rois d'Albe et l'empire de la grande Rome. Jupiter apprend ensuite à Vénus l'histoire entière d'Énée et de ses descendants.

La première strophe de *la Jérusalem* nous annonce que Godefroi délivrera le sépulcre de Jésus-Christ; qu'en vain l'enfer s'armera contre lui, etc.

Milton déclare qu'il chante la désobéissance de l'homme et le fruit défendu qui fit entrer la mort dans le monde, etc.

Ainsi, que le Dieu des chrétiens prononce des arrêts irrévocables, que le Jupiter des païens change de passions ou de projets, il n'en est pas moins vrai que, dans toute épopée, la catastrophe est prévue d'avance. Est-ce un reproche que l'on doive faire à l'art? Je ne le crois pas. Il eût été facile aux poëtes de masquer leur but, et de laisser les lecteurs dans l'incertitude; mais je ne pense point que l'intérêt du poëme épique tienne à de petites surprises de romans, à des péripéties vulgaires. L'épopée tire cet intérêt du pathétique, de la richesse des tableaux, et surtout de la beauté du langage.

Disons quelque chose de plus : il n'est pas rigoureusement vrai que le Dieu de l'Écriture accomplisse toujours ses desseins; saint Augustin reconnaît que Dieu change quelquefois ses conseils. La justice du Tout-Puissant, par rapport à l'homme, n'est souvent que comminatoire; la miséricorde éternelle marche avec l'éternelle justice.

Ce sont là les inconcevables mystères de la grâce, les profondeurs impénétrables de la charité divine; Dieu permet que les prières des hommes ébranlent ses immuables décrets. Abraham ose entrer en contestation avec le Seigneur, sur la destruction des villes coupables :

« Seigneur, dit-il, perdrez-vous le juste avec l'impie? Peut-être y a-t-il cinquante « justes dans cette ville; les ferez-vous aussi périr? »

« Si je trouve dans Sodome cinquante justes, dit le Seigneur, je pardonnerai à « cause d'eux à toute la ville. »

La puissance éternelle, pour ainsi dire vaincue par la voie suppliante du patriarche, se réduit à demander dix justes : ils n'y étaient pas! Ninive fut condamnée; Ninive fut sauvée par la pénitence. Magnifique privilége des larmes de l'homme, que pourrait-on vous préférer dans cette odieuse idolâtrie, où les pleurs coulaient vainement sur des autels d'airain, où des divinités inexorables contemplaient avec joie les inutiles malheurs dont elles accablaient les mortels? Ne renonçons point à nos droits sur les décrets de la Providence : ces droits sont nos pleurs. Qui de nous est assuré de n'en jamais répandre? Qui sait si ce Tout-Puissant, qu'on nous veut peindre inflexible, ne nous a pas pardonné nos excès criminels, par le mérite du sang et des larmes de quelques-unes de nos victimes?

Vient ensuite l'objection contre les fonctions des anges. On s'est avancé jusqu'à dire que les anges présentés dans *les Martyrs* ne sont point les anges honorés par les chrétiens; qu'on peut ainsi se permettre d'en rire, etc.

Il devrait me suffire de citer l'autorité des poëtes. Je ne sache point qu'on ait demandé compte au Tasse, à Milton, à Klopstock, à Gessner, de la manière dont ils font voyager, parler, les messagers du Très-Haut ; mais quand il s'agit de me juger, on dénature toutes les questions. Écoutons donc encore mon défenseur ; c'est lui qui parle :

« Le nom d'*ange* veut dire *envoyé, messager, ambassadeur*[1]. Si l'on eût réfléchi sur cette signification, on n'aurait pas été surpris que des *ambassadeurs* allassent en *ambassade*.

« Si l'on eût jeté un coup d'œil sur le catéchisme, on y aurait remarqué que Dieu *envoie ses anges pour veiller sur nous, et être les ministres de notre salut*[2].

« Si on avait lu la *Bible*, on y aurait vu que quand *le Dieu qui d'un mot a éclairé l'univers jusque dans ses immenses profondeurs* veut faire connaître ses volontés aux hommes, les punir, les récompenser, annoncer la naissance des personnages célèbres, conduire ses serviteurs dans leurs voyages, leur donner des épouses vertueuses, il le fait par le ministère de ses anges[3] ; on y aurait vu les maladies ; les infirmités, la mort, les tempêtes, les stérilités, les guerres, les malheurs attribués aux mauvais anges[4] ; on y aurait vu les anges de lumière en présence des anges de ténèbres, les bons anges luttant contre les mauvais[5] ; on y aurait vu, chose qu'on n'eût pas manqué de reprocher à l'auteur des *Martyrs*, si celui-ci en eût fait usage, les anges prendre quelquefois le nom du Seigneur *Elohim*, et même le nom sacré et incommunicable de *Jehovah*[6].

« Si on eût examiné les passages de saints Pères sur ce point[7], on aurait vu saint Ambroise, saint Hilaire, saint Grégoire de Nazianze, saint Jérôme, parlant, d'après l'Écriture, des anges qui président aux actions des hommes, aux monarchies, aux empires, aux provinces, aux nations, aux lieux saints, etc. ; on aurait vu dans Tertullien l'ange du baptême, l'ange de la prière[8] ; on aurait vu dans Origène l'énumération des mauvais anges, l'ange de l'avarice, l'ange de la fornication, l'ange de l'orgueil, etc.[9] ; et alors on aurait reconnu que les *petits moyens* employés par M. de Chateaubriand lui ont été fournis par le témoignage unanime de l'Écriture et de la tradition.

« Mais peut-être les Pères de l'Église que je viens de citer *ont-ils aussi diminué l'idée que nous devons avoir de notre Dieu*, et peut-être que leurs *anges* ne méritent-ils pas plus de respect que ceux de M. de Chateaubriand ? En ce cas, il me reste encore une autorité à citer.

---

[1] « Voyez, dans le *Dictionnaire hébraïque*, au mot MALACH ; et dans le *Dictionnaire grec*, au mot Ἄγγελος. Les noms propres des anges indiquent également leur ministère. *Michael* signifie semblable à Dieu ; *Gabriel*, force de Dieu, etc. ; ce n'est qu'à cause de la nature de leurs fonctions qu'on les représente avec des ailes.

[2] « Voyez le *Catéchisme*, pag. 173. »

[3] « Voyez, dans la *Bible*, l'histoire d'Isaac, de Samson, de Jean-Baptiste, de Jésus-Christ ; l'histoire de Tobie, l'embrasement de Sodome, la défaite de Sennachérib ; l'apparition des anges à Abraham, à Agar, à Daniel, à Zacharie, etc.

[4] « Voyez, entre autres, le Ier liv. des *Paral.*, XIII, 1 ; le IIIe liv. des *Rois*, chap. XXII, 21 ; et le psaume LXXVII, v. 49, où on lit : *Misit in eos iram indignationis suæ, indignationem et iram et tribulationem, immissiones per angelos malos.* »

[5] « Voyez JOB, chap. I, v. 6 j et ZACHARIE, chap. III, v. 1 et 2. »

[6] « Voyez la *Genèse*, chap. XVI, v. 13 et l'*Exode*, chap. III, v. 4 ; chap. XXII, v. 20. Voyez aussi le *Dictionnaire de la Bible* et la *Dissertation* de dom CALMET sur ces passages. »

[7] « Voyez ces divers passages dans dom CALMET. »

[8] « Voyez TERTULL., *de Oratione*, 12 ; *de Baptis.*, 5, 6. »

[9] « Voyez ORIG., hom. XV, *in Josue.* »

« Si l'on avait lu les écrits immortels d'un homme plus grand en matière de religion que tous les hommes de son siècle, qui cependant porte encore sans réclamation le nom de grand; d'un homme qui a parlé de la Divinité d'une manière si sublime, que la postérité a dit de lui qu'il semblait avoir assisté aux conseils du Très-Haut, on y aurait lu :

« Quand je vois dans les prophètes, dans *l'Apocalypse* et dans *l'Évangile* même,
« cet ange des Perses, cet ange des Grecs, cet ange des Juifs, l'ange des petits en-
« fants qui en prend la défense devant Dieu contre ceux qui les scandalisent; l'ange
« des eaux, l'ange du feu, et *ainsi des autres;* et quand je vois parmi tous ces anges
« celui qui mit sur l'autel le céleste encens des prières, je reconnais dans ces pa-
« roles une espèce de médiation des saints anges, *je vois même le fondement qui*
« *peut avoir donné occasion aux païens de distribuer leurs divinités dans les éléments*
« *et dans les royaumes pour y présider :* car toute erreur est fondée sur quelques
« *vérités dont on abuse.* Mais, à Dieu ne plaise que je voie rien dans toutes ces
« expressions de l'Écriture qui blesse la médiation de Jésus-Christ, que tous les
« esprits célestes reconnaissent comme leur Seigneur, ou qui tienne des erreurs
« païennes, puisqu'*il y a une différence infinie entre reconnaître, comme les païens,*
« *un Dieu dont l'action ne puisse s'étendre à tout,* ou qui ait besoin d'être soulagé
« par des subalternes, à la manière des rois de la terre dont la puissance est bornée,
« et un Dieu qui, faisant tout, et pouvant tout, honore ses créatures en les asso-
« ciant, quand il lui plaît, et à la manière qu'il lui plaît, à son action. »

« L'homme qui *attribue ces petits moyens au suprême Ordonnateur des mondes* et qui *nuit* ainsi *à la poésie et à la religion,* se nomme Bossuet [1]; et je prie de remarquer qu'il n'écrivait ce que l'on vient de lire que « pour combattre *la* GROSSIÈRE « IMAGINATION *de ceux qui croient toujours ôter à Dieu tout ce qu'ils donnent à ses* « *saints et à ses anges dans l'accomplissement de ses ouvrages* [2]. »

Mon défenseur ne me laisse presque plus rien à dire. Comment se fait-il que, dans le siècle où nous sommes, il y ait des critiques assez peu instruits des choses dont ils se mêlent de parler, pour s'exposer à recevoir de pareilles leçons? Y a-t-il des chrétiens assez ignorants des vérités de la foi pour avoir été dupes des assertions de ces théologiens équivoques? Couronnons les autorités produites ci-dessus par une autorité qui seule les vaut toutes.

Le fils de l'Éternel va donner son sang pour racheter les hommes.

« Jésus alla, selon sa coutume, à la montagne des Oliviers... Il se mit à genoux, et fit sa prière en disant :

« Mon père, éloignez de moi, s'il vous plaît, ce calice! Néanmoins, que ce ne « soit pas ma volonté qui se fasse, mais la vôtre. »

« Alors il lui apparut un *ange* du ciel qui le *fortifia.* »

Cet ange agissait donc en contradiction avec la volonté directe et du Fils et du Père? Et combien cet ange doit ici paraître à mes censeurs, petit, faible, déplacé ! Car ce n'est pas un homme qu'il vient secourir, c'est le Fils même de l'Éternel ! Que lui sert d'ailleurs de s'interposer entre les personnes divines, puisqu'il ne peut arracher à la croix le Sauveur du monde? L'Évangile vous répond : Il le *fortifiait !*

Ce dernier mot nous fait voir qu'une critique irréfléchie, en se récriant contre le ministère des anges, a attaqué une des doctrines les plus belles, les plus consolantes, les plus *poétiques* du christianisme.

---

[1] *Voyez* Bossuet, sur *l'Apocal.,* nº XVXII.
[2] *Ibid.*

On a dit : « Le Dieu des chrétiens sachant tout, ordonnant tout, il est ridicule de le voir employer des anges pour exécuter sa volonté, qui s'exécute d'elle-même. C'est bien pis quand ses anges agissent comme s'ils pouvaient changer ses décrets. Les anges qui viennent inspirer Eudore dans le sénat ne jouent-ils pas un rôle absurde, puisque l'Éternel veut laisser triompher l'enfer? etc. »

La première réponse à cette objection se trouve dans l'admirable passage de Bossuet, rapporté plus haut : « Il y a une différence infinie entre reconnaître, « comme les païens, un Dieu dont l'action ne puisse s'étendre à tout, ou qui ait « besoin d'être soulagé par des subalternes, à la manière des rois de la terre dont « la puissance est bornée, et un Dieu qui, faisant tout, et pouvant tout, honore ses « créatures en les associant, *quand il lui plaît*, et à la *manière qu'il lui plaît*, à son « action. »

Oui, Dieu associe *de la manière qu'il lui plaît* ses anges à son action. Comment cela? Le voici :

Dieu a prononcé notre arrêt; mais est-ce tout? Tout est-il fini? De quelle manière cet arrêt s'accomplira-t-il? N'aurons-nous aucun délai? Le coup partira-t-il avec la sentence? Si Dieu est notre juge, n'est-il pas notre père? Il appelle ses anges :

« Allez, leur dit-il, adoucissez mes décrets; portez la consolation dans le cœur « de ceux que je vais affliger pour leur bien; secourez-les contre ma propre colère; « combattez l'enfer qui triomphera, parce que je le veux, mais qui ne fera pas tout « le mal qu'il pourrait faire si vous ne vous opposiez à sa rage; recueillez les larmes « que je vais faire couler; présentez-les à mon tabernacle. Je commets à vos soins « l'empire de ma miséricorde, et je me réserve celui de ma justice. »

Qui rejettera cette doctrine? Qui n'y trouvera une foule de beautés touchantes? Les anges sont des amis invisibles que Dieu nous a donnés pour nous protéger, pour nous consoler ici-bas. Un homme est condamné à perdre la tête sur l'échafaud; il n'a plus qu'un instant à passer sur la terre : ses amis l'abandonnent-ils parce que le juge a prononcé? Ils pénètrent dans les cachots, ils viennent s'associer aux douleurs d'un infortuné, et le soutenir dans ce moment d'épreuve : ces anges de la terre, comme les anges célestes, après lui avoir prodigué les derniers secours de l'amitié, lui promettent de se rejoindre à lui dans des régions plus heureuses.

Je passe à la grande accusation : « J'ai fait, disent les ennemis des *Martyrs*, un mélange profane des divinités païennes et des puissances divines honorées par les chrétiens; j'ai confondu le merveilleux des deux religions, etc. »

Mon défenseur me fournira d'abord une partie de la réponse.

« A l'époque où M. de Chateaubriand place l'action qui fait le sujet de son livre, les chrétiens étaient entourés de païens, et vivaient au milieu d'eux. Quelquefois ils appartenaient à la même famille et habitaient sous le même toit. Liés par une origine commune, par le sang ou par l'amitié, il ne se passait aucun jour qu'il ne fût question de la religion nouvelle, qui faisait alors des progrès si rapides. Il serait même absurde de supposer qu'ils ne s'en entretinssent pas habituellement, les uns pour la propager ou la défendre, les autres pour la connaître ou l'embrasser, et très-souvent pour la combattre et en persécuter les sectateurs. Rien ne devait donc être plus ordinaire que d'entendre parler, dans une même conversation, de Jésus-Christ et des divinités de l'empire, et de voir opposer Jupiter au vrai Dieu.

« Si on eût rappelé ces faits en rendant compte des *Martyrs*; si on eût dit aux lecteurs que les personnages qui figurent dans ce livre professent une religion différente; que chacun y parle conformément à sa croyance, et qu'ainsi, selon le changement d'interlocuteurs, on a tour à tour sous les yeux le langage d'un disciple de Jésus-Christ et celui d'un adorateur des idoles, on eût indiqué, par ce moyen, de la manière la plus simple, ce qu'a fait M. de Chateaubriand. On n'eût vu en cela rien que de naturel, et l'on eût loué l'auteur d'avoir fidèlement suivi une marche qui lui était prescrite par le temps et le lieu de l'action, ainsi que par le caractère de ses héros...

« On a feint constamment d'ignorer que ce n'est pas *confondre* deux objets que de les placer à côté l'un de l'autre, en les présentant avec les différences qui les *distinguent*; et parce que dans la même page une fille d'Homère parle en prêtresse des Muses, et un chrétien en chrétien, il ne lui en faut pas davantage pour assurer que *Jéhovah et Jupiter sont confondus*, et que l'un est *rival* de l'autre. Avec cette logique, on peut faire une imputation tout aussi grave à Corneille dans *Polyeucte*, à Voltaire dans *Zaïre*, et même à Racine dans *Esther*...

— « Le mélange du sacré et du profane est un grand scandale. — Dans ce poème « bizarre, la religion devient une fable. »

« Ne s'imaginerait-on pas, d'après ce langage, que M. de Chateaubriand, à l'exemple de quelques poëtes des siècles passés, faisait revivre les divinités du paganisme pour les associer au vrai Dieu et à ses anges? Qui n'aurait cru que, mettant les uns et les autres sur la même ligne, comme Sannazar ou comme le Camoëns, il leur prêtait indistinctement les mêmes attributs et la même autorité, mettait Jupiter, Mars, Bacchus, avec les saints, et plaçait Pluton, Cerbère et les Centaures à côté de Satan[1]!

« Heureusement ces sottises et ces fables n'existent que dans l'esprit de ceux qui s'en sont rapportés aux journaux. On ne voit dans *les Martyrs* que l'action d'un Dieu unique, employant, conformément à la croyance chrétienne, le ministère des intelligences auxquelles il confie l'exécution de ses volontés. S'il y est question des faux dieux, ce n'est jamais que de la part de ceux qui, étant païens, croient à leur pouvoir; et loin qu'il y ait une *confusion* réelle, la *distinction* ne saurait être mieux établie et la supériorité plus marquée en faveur de la vraie religion. Je me refuse au plaisir de citer; mais on peut, à toutes les pages du livre, vérifier ce que j'avance. Je ne pense pas au reste qu'il en soit besoin. La force de la vérité est telle que, sans le vouloir, ses ennemis lui rendent souvent hommage au moment même où ils ne songent qu'à l'outrager. S'il est un endroit des *Martyrs* qui puisse fournir un prétexte pour accuser M. de Chateaubriand de ce prétendu mélange, c'est sans doute le deuxième livre, dans lequel Cymodocée chante les dieux et les muses, tandis qu'Eudore célèbre la grandeur du Dieu d'Israël en présence de Cyrille[2], et cependant écoutons l'aveu involontairement échappé à un homme qui ne voit que *confusion* partout.

« L'auteur, dit-il, fait un tableau charmant d'une famille chrétienne. La situa« tion est piquante par *le contraste* des deux religions. M. de Chateaubriand s'y « montre avec tout son talent, c'est-à-dire qu'il en a beaucoup. »

« Or, ce *contraste* des deux religions, qui *produit des situations piquantes*, règne d'un bout de l'ouvrage à l'autre. Nulle part on ne les trouve *mêlées et confondues*. »

Ainsi parle mon défenseur.

---

[1] « Voyez le poëme *de Partu Virginis*, et la *Lusiade*. »

[2] « Il est à propos de remarquer qu'en cette circonstance Cyrille ne manque pas de blâmer le sujet des chants de Cymodocée. »

Véritablement, l'objection tirée de la prétendue confusion des cultes dans *les Martyrs* est si peu solide, qu'on s'étonne qu'elle ait jamais été faite : c'est vouloir que le quatrième siècle de notre ère ne soit pas le quatrième siècle. J'ai parlé comme l'histoire, et jamais poëte n'observa plus strictement la vérité des mœurs. Ceux qui ne peuvent lire les originaux, peuvent du moins consulter Crevier : ils y verront à chaque page les chrétiens et les païens figurer ensemble. Ici se forme un concile, là se réunit une assemblée des prêtres de Cybèle; plus loin les chrétiens célèbrent la Pâque, et les païens courent aux temples de Flore et de Vénus; l'autel de la Victoire est au Capitole, celui du Dieu des armées, dans les Catacombes; un édit de Dioclétien porte le sceau des divinités de l'empire, la lettre apostolique d'un évêque est souscrite du signe sacré de la croix. Ce mélange se retrouve jusque dans les Actes des martyrs : le bourreau interroge au nom de Jupiter, et la victime répond au nom de Jésus-Christ. On a dit qu'il fallait ignorer les premiers éléments de l'histoire, ou bien être de la plus insigne mauvaise foi, pour m'accuser d'avoir confondu le profane et le sacré dans *les Martyrs :* je ne vais pas si loin; je crois à la science et à la candeur de certains critiques. A la vérité, ils ne se sont peut-être pas abaissés jusqu'à lire *la Vie des saints;* leur génie est au-dessus d'une pareille étude : mais si mon heureuse étoile leur avait fait jeter un moment les yeux sur ces contes déplorables, ils auraient vu que je ne suis qu'un *copiste* fidèle. On a généralement remarqué le moment où Démodocus, se jetant aux pieds de Cymodocée, la conjure de renoncer à Jésus-Christ : eh bien ! le fond de cette scène est emprunté de l'entrevue de sainte Perpétue et de son père ! Il y a donc confusion de religion, mélange impie dans cette épreuve du martyre de Perpétue ? Le père de cette femme sainte était païen, car Perpétue observe qu'il était le seul de sa famille qui ne tirât aucun avantage de sa mort.

Un peu de cette bonne foi dont mes censeurs parlent tant, un peu de justice leur suffirait pour convenir que ce qui fait l'objet de leur critique devrait être celui de leurs éloges. L'abondance, et, comme auraient dit les Latins, la félicité de mon sujet, tient précisément au choix de ce sujet, qui met à ma disposition, sans profanation et sans mélange, les beautés d'Homère et de la Bible, la peinture d'un monde vieillissant dans l'idolâtrie et d'un monde rajeuni dans le sein du christianisme. Quiconque eût pris comme moi le fond d'une épopée dans l'histoire de Constantin, eût nécessairement montré comme moi la fable auprès de la vérité. Et ne voit-on pas dans *la Jérusalem* des mahométans et des chrétiens? N'y a-t-il pas des mosquées où l'image de Marie est transportée par l'ordre d'un magicien? A-t-on jamais fait au Tasse le reproche bizarre d'avoir confondu Jésus-Christ et Mahomet? Non-seulement le Tasse a eu raison de représenter les deux religions ensemble; mais peut-être a-t-il eu tort de ne pas tirer plus de parti du Coran et des traditions de l'islamisme.

Cette objection, une fois résolue, fait disparaître une misérable chicane, suite naturelle de cette misérable objection :

« Vos personnages, dit-on, ne doivent pas s'entendre. »

Quel homme de bon sens ne voit pas que des hommes vivant sous le même empire, quoique professant différentes religions, ont de nécessité une connaissance générale de leurs cultes respectifs? Au quatrième siècle, Jésus-Christ n'était ignoré de personne, pas même de la plus vile populace, qui criait sans cesse : « Les chrétiens aux bêtes! » Souvent la moitié d'une famille était chrétienne et l'autre païenne, comme nous l'avons déjà montré par l'exemple de sainte Perpétue. Je demande si, lorsque des païens et des chrétiens conversaient ensemble, et qu'ils venaient à nommer Jésus-Christ et Jupiter; je demande s'ils s'interrompaient les uns les autres pour se dire : Qu'est-ce que Jésus-Christ? qu'est-ce que Jupiter? Quand les premiers apologistes portent la parole à des empereurs païens, à des juges païens, à tout un peuple idolâtre, ne s'énoncent-ils pas au nom de Jésus-Christ? Il faut donc soutenir que Tertullien faisait une chose absurde lorsqu'il discourait sur la résurrection, sur l'incarnation et sur plusieurs autres mystères, en s'adressant aux gentils? L'*Apologie* de Minucius Félix est un dialogue à la manière de Platon, dans lequel un philosophe, un païen et un chrétien s'entretiennent du culte des faux dieux et du culte du Dieu véritable. A l'époque de l'action des *Martyrs*, le Rédempteur du monde était si parfaitement connu, que l'on avait égorgé neuf fois ses serviteurs. Franchement, s'il y a une objection raisonnable à faire, c'est plutôt contre l'ignorance où paraît être Cymodocée touchant l'existence des chrétiens. Les Turcs et les Grecs habitent aujourd'hui les mêmes villes. Quand un Turc s'écrie : « Mahomet ! Allah ! » et qu'un pauvre Grec lui répond : « Christos ! » le maître et l'esclave sont-ils si fort étonnés ? Je dis plus : non-seulement des peuples soumis à la même autorité, sans servir les mêmes autels, se comprennent par une suite de l'habitude ; mais la nature apprend encore aux hommes à s'entendre à demi mot, en matière de religion.

Comme j'étais à Sparte, un chef de la loi me fit demander ce que j'étais venu faire en Grèce. L'interprète répondit par mon ordre que j'étais venu voir des ruines. Le Turc se mit à rire aux éclats : il me prit pour un fou ou pour un stupide. J'ajoutai que je ne faisais que passer, et que j'allais en pèlerinage à Jérusalem ; et le Turc de s'écrier en grec : « *Kalo! kalo!* bon ! bon ! » Il ne renouvela point ses questions, et parut complétement satisfait. Cet homme ne put concevoir que j'eusse quitté mon pays pour visiter des monuments peu éloignés de la France ; mais il comprit très-bien que j'abandonnasse mes foyers, que je traversasse la mer, que je m'exposasse aux poignards des Arabes pour aller prier sur un tombeau, et demander à mon Dieu le soulagement de mes peines ou la continuation de mon bonheur. Les peuples, ou tout à fait sauvages, ou demi-barbares, chez lesquels j'ai voyagé, ne m'ont jamais paru attentifs qu'à deux choses, à mes armes et à ma religion. Si j'ôtais les pistolets de ma ceinture, ils s'en emparaient, les examinaient, les maniaient, les retournaient en tous sens ; si je me mettais en prière, ils faisaient silence, paraissaient eux-mêmes se recueillir, et me regardaient avec une sorte de curiosité respectueuse. La religion est la défense de l'âme, comme les armes sont la défense du corps ; et l'homme, lorsqu'il est encore près de la nature, a le sentiment vif et répété de ces deux besoins.

Passons à un autre reproche. En affectant de louer mon talent, fort peu digne de louanges, on prétend tourner contre moi mes propres armes. On dit :

« Vous prouvez précisément le contraire de ce que vous voulez prouver ; vos tableaux empruntés de l'idolâtrie sont supérieurs à ceux que vous tirez de la vraie religion ; on est païen en vous lisant. »

S'il en était ainsi, je répondrais : « Accusez le peintre et non le sujet du tableau. » Mais je soupçonne que les personnes qui m'attaquent de cette manière n'ont pas considéré la question sous son véritable point de vue.

Il ne s'agit pas de comparer dans *les Martyrs*, scène à scène, et page à page : il s'agit de prononcer sur le résultat général. Il est évident que les deux cultes ont des beautés d'un genre très-différent : l'un est riant, l'autre est sévère ; l'un est gracieux et léger, l'autre est grave et dramatique. Les souvenirs de la mythologie, quelques phrases homériques, l'harmonie des noms, le prestige des lieux, peuvent, dans certains livres des *Martyrs*, faire une impression agréable sur l'esprit du lecteur : encore faudrait-il remarquer, pour être juste, que la peinture des mœurs de la famille chrétienne, le portrait de Marie dans le ciel, la cérémonie des fiançailles, la description du baptême de Cymodocée, ont paru, sous les rapports riants, n'avoir rien à craindre des tableaux opposés de l'idolâtrie. Mais, je le demande : en marchant vers la fin de l'ouvrage, l'avantage ne demeure-t-il pas tout entier au christianisme? Qu'est-ce que Jupiter quand on est dans l'infortune? Toutes les fois que l'homme souffre, il faut appeler Jésus-Christ. Est-ce le paganisme qui aurait pu m'offrir les scènes des prisons? Ces vieux évêques abattus aux pieds d'un jeune homme désigné martyr, le banquet funèbre, la tentation, le mariage de Cymodocée et d'Eudore au milieu de l'amphithéâtre, appartiennent-ils à la religion de Mercure et de Vénus? Démodocus pleure, souille ses cheveux de cendres, déchire ses vêtements, maudit les hommes et les dieux; Eudore, qui perd aussi Cymodocée, une grande renommée, la fortune, la beauté, la jeunesse, l'espoir d'être un jour le premier homme de l'empire par la faveur d'un prince héritier des Césars; Eudore expire dans les tourments, pardonnant à ses ennemis, et bénissant la main qui le frappe; il meurt avec le courage d'un héros, ou plutôt d'un martyr. Quelle différence entre deux hommes! Disons plutôt : quelle différence entre deux religions!

Ainsi le paganisme peut, si l'on veut, s'associer au plaisir, mais il est inutile à la douleur; le christianisme, également ami d'une joie modeste et favorable à la sérénité de l'âme, est surtout un baume pour les plaies du cœur : le premier est une religion d'enfants; le second est une religion d'hommes. Ne méconnaissons pas les beautés de la dernière, parce qu'elle semble mieux convenir au deuil qu'aux fêtes : les larmes ont aussi leur éloquence, et les yeux pleurent plus souvent que la bouche ne sourit.

Comparez donc ce que le christianisme a de consolant, de tendre, de sublime, de pathétique dans les peines, à ce que le paganisme a de brillant dans la prospérité : prononcez alors, et voyez si, dans *les Martyrs*, le nombre des images riantes produites par les dieux du mensonge l'emporte sur le nombre des tableaux graves offerts par le Dieu de la vérité. Je ne le crois pas; il me semble même, pour m'appuyer d'un exemple, que les chants de Bacchus au xxiiie livre (imités cependant des plus grands poëtes) sont petits au milieu de cette espèce de haute poésie qui naît de la raison, de la vertu et de la douleur chrétiennes.

Un critique, qui m'a traité d'ailleurs avec une rare politesse, prétend que les Français ne s'accoutumeront jamais à l'emploi du merveilleux chrétien, parce que notre école n'a pas pris cette direction dans le siècle de Louis XIV. « Si Racine (c'est le raisonnement du critique), comme le Tasse en Italie, comme Milton en Angleterre, avait écrit une épopée chrétienne, nous aurions été dès notre enfance accoutumés à voir agir les saints et les anges dans la poésie : cela nous paraîtrait aussi naturel qu'aux Anglais et aux Italiens. » Cet aperçu est très-délicat, très-ingénieux; mais qu'un nouveau Racine paraisse, et j'ose assurer qu'il n'est pas trop tard pour avoir une épopée chrétienne : *Polyeucte*, *Esther*, *Athalie* et *la Henriade* même ne permettent pas d'en douter.

Ceux qui sont encore sous le joug des plaisanteries de Voltaire préféreront sans doute, dans mon ouvrage, le merveilleux païen au merveilleux du christianisme;

FÉNÉLON

mais je m'adresse aux gens raisonnables : le merveilleux proprement dit est-il inférieur, dans *les Martyrs*, aux autres parties de l'ouvrage ? Je puis me tromper, et, dans ce cas, ce ne sera qu'amour-propre d'auteur sans conséquence. Il me semble que la description du Purgatoire (aux erreurs près) a été reçue avec indulgence, comme un morceau pour lequel je n'ai eu aucun secours. Mes plus grands ennemis ont cité avec éloge plusieurs passages du livre de l'*Enfer ;* le livre du *Ciel* a essuyé des critiques; mais certainement, si j'ai jamais écrit quelques pages dignes d'être lues, il faut les chercher dans ce livre. Les discours des puissances incréées n'ont pas paru répondre à la majesté divine. Milton avant moi avait-il mieux réussi? Je m'étais contenté de faire de ces discours un morceau d'art, d'y placer l'exposition de l'action, le motif du récit, l'élection des personnages vertueux, comme on voit dans l'*Enfer* le choix des personnages criminels : c'était sous ces rapports qu'il fallait juger ces discours : c'était ainsi que l'avaient fait les hommes de goût que j'avais pris soin de consulter. Ils avaient examiné le *machine* du poëte, ils n'avaient pas demandé une éloquence qu'on ne pourra jamais rendre digne de Dieu. Quoi qu'il en soit, j'ai retranché ces discours. Si j'avais, comme le Tasse, mis le Mouvement, le Temps, l'Espace aux pieds de l'Éternel; si j'avais, comme le Dante, imaginé un grand cône renversé, où les damnés et les démons sont retenus dans des cercles de douleur, on n'aurait point eu assez de risées pour mes folles imaginations, assez d'insultes pour mon défaut de goût et de convenance : ce que l'on eût trouvé, dans *les Martyrs*, trivial, extravagant, impie, on le trouve excellent dans l'*Enfer* du poëte florentin, et peut-être dans le *Saint-Louis* du père Lemoine.

Je touche à une accusation à laquelle je n'ai rien à répondre. Il est certain qu'en faisant la peinture du Purgatoire j'étais tombé dans de graves erreurs; une entre autres semblait rappeler un peu celle qui fit le succès du *Bélisaire*. J'avouerai à ma honte que j'ai peu lu *Bélisaire :* je m'en souviens à peine, et très-certainement je ne l'ai pas imité. Le duelliste, le prêtre faible, les sages selon la terre, ne pouvaient entrer dans un lieu d'expiation chrétienne. Tout cela est effacé. J'ai porté un œil sévère sur le reste de l'ouvrage; et, ne me fiant plus à mes lumières, j'ai soumis mon nouveau travail à de pieux et savants ecclésiastiques : il ne reste pas désormais dans *les Martyrs* le moindre mot dont la foi puisse s'alarmer.

Je viens à l'épisode de Velléda.

Il semble que, dans la querelle excitée au sujet des *Martyrs*, tout dût avoir un côté dégoûtant et risible. Si les personnes qui se formalisent de l'épisode de Velléda étaient non des prêtres austères, non de rigides solitaires de Port-Royal, mais des auteurs connus par des ouvrages d'une morale peu sévère, que faudrait-il penser de leur bonne foi ?

Depuis l'apparition des *Martyrs*, on a rappelé plusieurs fois dans les journaux la brochure que Faydit publia jadis contre le *Télémaque* [1], et dont j'avais cité des fragments dans la *Défense du Génie du christianisme;* je vais rassembler ici les jugements singuliers de Faydit sur l'épisode de Calypso, et sur le *Télémaque* en général. Les lecteurs y verront une conformité incroyable entre les reproches que l'on me fait et ceux que l'on fit à l'archevêque de Cambrai; ce qui prouve qu'un critique sans bonne foi est bien peu capable de mesure et de décence, puisque les beaux talents de Fénelon n'ont pu le sauver des outrages auxquels la faiblesse des miens m'a naturellement exposé.

---

[1] A la honte de la France, cette brochure a eu trois éditions.

La *Télémacomanie* est un volume in-12 de quatre cent soixante-dix-sept pages, imprimé en 1700 à *Éleutéropole*, chez Pierre *Philalèthe*. Mes censeurs, qui savent le grec, entendront d'abord la bonne plaisanterie renfermée dans ces deux noms. Je saute les épigraphes charmantes du livre, et je passe à l'Avis au lecteur. Il commence ainsi :

« Le profond respect et la haute estime que j'ai toujours eue pour le grand homme
« que la voix publique fait auteur de l'*Histoire des aventures de Télémaque*, m'avaient
« fait prendre une ferme résolution de supprimer et de jeter au feu les critiques que
« j'avais faites de ce livre. » (*Télémacomanie*, pag. 1.)

Faydit déduit les raisons qui l'ont déterminé à publier son libelle, et il ajoute :
« Je l'ai intitulé *Télémacomanie*, pour marquer l'injustice de la passion et de la
« fureur avec laquelle on court à la lecture du roman de *Télémaque*, comme à
« quelque chose de fort beau, au lieu que je prétends qu'il est plein de défauts et
« indigne de l'auteur. » (Pag. 8.)

Après l'Avis au lecteur, on passe à la critique. Faydit démontre que la vogue d'un livre ne signifie rien pour le mérite réel de ce livre.

Le procès aux éditions étant fait, Faydit, homme fort grave, fort scrupuleux, excellent chrétien, s'élève avec force contre les tableaux voluptueux du *Télémaque*.

« Je n'ai presque vu autre chose, dans les premiers tomes du *Télémaque* de M. de
« Cambrai, que des peintures vives et naturelles de la beauté des nymphes et des
« naïades… de leurs intrigues à se faire aimer, et de la bonne grâce avec laquelle
« elles nagent toutes nues aux yeux d'un jeune homme pour l'enflammer….. La
« description de l'île de Chypre et des plaisirs de toutes les sortes qui sont permis
« en ce charmant pays, aussi bien que les fréquents exemples de toute la jeunesse
« qui, sous l'autorité des lois et sans le moindre sentiment de pudeur, s'y livre im-
« punément à toutes sortes de voluptés et de dissolutions, occupe une bonne partie
« du premier et du second tome du roman de votre prélat. » (Pag. 5.)

« Je voudrais bien savoir à quoi peuvent servir de pareilles lectures, qu'à cor-
« rompre l'esprit des jeunes gens qui les font, et qu'à exciter en eux des images
« que la religion nous oblige au contraire d'écarter et d'étouffer. » (Page 6.)

La colère de Faydit va plus loin : il déclare nettement que ce *roman inspire les images du vice et du libertinage* (page 7); et il ajoute « que M. de Cambrai a fait « plus de tort à la religion par son *Télémaque* que par son livre des *Maximes des « saints*, et que le premier est plus pernicieux que le second. » (Page 16.)

Voilà, si je ne me trompe, tout le raisonnement sur Velléda.

Après avoir reproché à Fénelon les longs voyages de Télémaque, Faydit passe à la seconde partie de sa critique. C'est là qu'il étale son érudition, et qu'il montre très-pertinemment que Fénelon ne savait ni l'histoire, ni la Fable, ni la géographie. Anachronisme pour Pygmalion, anachronisme pour Sésostris, anachronisme pour Aceste, etc., etc. (Page 75 et suiv.) Quant à Bocchoris, il y a non-seulement anachronisme, mais faute grossière contre l'histoire, car Fénelon nous le représente comme un insensé, et l'histoire en fait un sage. (Page 313.)

Faydit ne veut pas qu'on emprunte un nom dans l'histoire pour le donner à un personnage d'invention, et il faut absolument que le Bocchoris du *Télémaque* soit le Bocchoris de Diodore de Sicile, comme la Velléda des *Martyrs* est de toute nécessité la Velléda de Tacite.

Ailleurs Faydit trouve en trois mots *trois insignes bévues*. (Page 272.) « C'est le

« reproche qu'on a à faire à M. de Cambrai, de n'avoir su ni la fable ni l'histoire,
« et d'avoir fait presque autant de fausses histoires qu'il a parlé de choses. Fonda-
« tion de villes, invention des arts, portraits des grands hommes, éloge des bons,
« satire contre les prétendus méchants, descriptions des pays, mœurs des peuples,
« tout est faux. » (Page 142.)

« Ce grand homme qui se mêle de parler de tout, de la théologie, de l'histoire
« et de la fable, et même de faire des romans, ne sait pas les premiers éléments
« de la *romanographie*. » (Page 173.)

C'est la cause de la religion, des bonnes mœurs et du bon goût, qui met à Faydit la plume à la main. On ne sait pourtant comment il arrive que certain article inspire au censeur une étrange gaieté : Faydit rencontre sur son chemin les flagellations des prêtres égyptiens, et tout à coup sa verve s'allume. Puis vient l'article de la circoncision :

« Il faut nécessairement que puisque Télémaque eut l'honneur de converser, et
« même de se familiariser avec un prêtre égyptien du temple d'Apollon, nommé
« Termosiris, qu'il se soit fait circoncire. Que dis-je ? circoncire... il faut... (Voyez
« le texte.) A l'égard de Télémaque, il faut que ni Calypso, ni la jeune Eucharis,
« ni la charmante Antiope, fille du roi Idoménée, ni aucune des belles nymphes
« de l'île d'Amour et de Chypre, ni Vénus même, n'aient point eu le vent de son
« infirmité secrète, car assurément elles n'auraient point été si empressées de l'a-
« voir pour époux ou pour galant, et n'auraient pas été si affolées de lui que
« le romain les représente. (Pages 369-70-71.)

Enfin, dans une troisième partie, dont Faydit ne donne cependant qu'une *idée* (et quelle idée !), il attaque *le Télémaque* sous les rapports littéraires.

« Je voulais donc, dit-il, relever en dernier lieu les absurdités, les fatuités et
« pauvretés d'esprit et fautes de jugement qui sont répandues dans cet ouvrage, et
« surtout dans les épisodes, dans les dénoûments des intrigues, dans les portraits
« des personnes vivantes, dans les instructions et les leçons de sagesse et de philo-
« sophie que Mentor donne à son élève. » (Page 452.)

Suit la critique de la scène admirable où Mentor précipite Télémaque dans la mer. Ensuite viennent des plaisanteries sur le naufrage. Mentor et Télémaque sont à *califourchon* sur un mât, « comme font les enfants qui mettent un bâton entre
« leurs jambes, et le tournent comme ils veulent deçà et delà, et l'appellent leur
« petit dada. » (Page 456.) « Mais comment Mentor et Télémaque ne glissaient-ils
« point sur ce mât ? Apparemment qu'ils avaient mis chacun un clou derrière eux,
« qui les empêchait de couler. » (Page 356.)

Plus loin, vous lisez que, « dans le roman de *Télémaque*, tout est hors de sa place
« et de travers. » (Page 464.) « Dans le roman de *Télémaque* tout est guindé, sin-
« gulier, extraordinaire : l'historien est toujours monté sur des échasses ; les
« moindres bergères y parlent toujours phébus et poétiquement. » (*Ibid.*) « Les
« prouesses de don Quichotte et de Gusman d'Alfarache, ni celles des Amadis et de
« Roland le Furieux, n'ont rien de semblable. » (Page 476.)

Enfin, sur quelques expressions employées par Fénelon pour peindre la beauté d'Antiope, Faydit s'écrie :

« A quoi peuvent servir, après cela, toutes les belles instructions de morale et de
« vertu chrétienne et évangélique que M. de Cambrai fait donner par Mentor à Té-
« lémaque ? N'est-ce pas mêler Dieu avec le démon, Jésus-Christ avec Bélial,
« la lumière avec les ténèbres, comme dit saint Paul ; faire un mélange ridicule et

« monstrueux de la religion chrétienne avec la païenne, et des idoles avec la Divi-
« nité?... Bien loin que la vérité, débitée par ces sortes de prêcheurs, fasse impres-
« sion et porte à la dévotion, elle ne peut tout au plus porter les lecteurs qu'à la
« leur rendre suspecte, et même méprisable. » (Page 462.)

Ces derniers passages de *la Télémacomanie* tombent si juste sur *les Martyrs*, c'est
là si parfaitement les reproches que l'on a faits au style, au sujet et à l'effet du livre
(galimatias, phébus, caractères ridicules, péril pour les mœurs et la religion, profanation, scandale), que mes censeurs semblent avoir copié les pensées, les plaisanteries et les phrases même de Faydit.

J'étais destiné à éprouver un genre de critique tout particulier. Il a fallu, pour
m'attaquer, changer de poids et de mesures, et reprocher aux *Martyrs* ce qu'on
approuve partout ailleurs : car ce n'est pas la manière, mais le fond qu'on censure
dans l'épisode de Velléda ; et pourtant Velléda est-elle autre chose que Circé, Didon,
Armide, Eucharis, Gabrielle ? Je n'ai fait que suivre les traces de mes devanciers,
en ajoutant à ma peinture un correctif qu'aucun auteur n'a mis à la sienne. Renaud
ne se repend point de ses erreurs comme amant, il rougit seulement de sa mollesse
comme guerrier. Il retrouve Armide, il la console, il s'en va de nouveau avec elle :
et quel tableau que celui de Renaud couché sur le sein d'Armide, et puisant tous
les feux de l'amour dans les regards de l'enchanteresse ! Si j'avais retracé de pareilles images, que n'eût-on point dit, que n'eût-on point fait ? Et remarquez toutefois que l'écrivain de ces scènes voluptueuses allait être couronné de la main d'un
pape au Capitole, lorsqu'il mourut la veille de sa gloire. Eudore se repent, Eudore
combat sa faiblesse; après sa chute, il la déplore, il se soumet à une pénitence publique, il retourne à la religion ; et son repentir est si grand, si sincère, qu'il le
conduit au martyre. Les saints eux-mêmes, et les plus grands, ont donné de pareils
exemples de faute et d'expiation. Saint Augustin ne nous a-t-il pas peint ses désor-
dres? Son fils Adéodat ne fut-il pas le fruit d'un amour criminel? Soit qu'on examine l'épisode de Velléda dans ses conséquences pour Eudore, soit qu'on le consi-
dère sous d'autres rapports, cet épisode n'a aucun danger; l'effet même de la passion
de la druidesse en amortit sincèrement l'effet pour le lecteur. L'espèce de folie dont
Velléda est atteinte, le malheur de cette femme, l'indifférence d'Eudore, ses
remords après sa chute, ne laissent que de la tristesse au fond de l'âme. Observons
de plus que Velléda ne détruit point l'intérêt pour Cymodocée, comme Didon pour
Lavinie. C'est peut-être la première fois que la passion a moins intéressé que le devoir, et l'amante moins que l'épouse : espèce de tour de force dans ce genre, qui
rend l'épisode très-moral. Cette observation n'est pas de moi; elle est d'un homme
supérieur, sur l'autorité duquel j'aime à m'appuyer.

Il faut dire pourtant que j'ai remarqué dans le dixième livre des tours un peu
trop vifs, des expressions qui pouvaient être adoucies sans rien perdre de leur chaleur. J'ai retranché les blasphèmes et les imprécations d'Eudore au moment de sa
chute; j'ai épaissi les voiles; en un mot, tel que cet épisode reparaît aujourd'hui,
il serait impossible au chrétien le plus scrupuleux de s'en plaindre ; à plus forte
raison à des critiques qui visiblement ne sont pas fort chrétiens.

Si j'examine ensuite le caractère de l'autre héroïne des *Martyrs*, je vois que
Cymodocée a trouvé grâce aux yeux de la plupart des critiques; mais on s'écrie :
« Cymodocée ne meurt pas chrétienne : elle meurt pour son époux. »

Je ne m'attendais pas à ce reproche. Si je croyais mériter quelque louange, c'était
précisément par ce côté. Des hommes faits pour avoir une opinion en littérature en

avaient jugé ainsi. Quoi! on voudrait que Cymodocée, à peine âgée de seize ans, élevée toute sa vie dans le paganisme, ayant à peine reçu au milieu des persécutions quelques instructions chrétiennes; on voudrait qu'elle fût tout à coup aussi ferme dans la foi qu'une sainte Félicité ou qu'une sainte Eulalie! On a vu, dit-on, de pareils miracles. D'accord; mais en poésie il faut suivre la règle :

Le vrai peut quelquefois n'être pas vraisemblable.

Ce mélange de timidité et de fermeté, d'ignorance et de lumières; ces hésitations d'une femme demi-païenne, demi-chrétienne, qui confond dans son amour et sa religion nouvelle et son nouvel époux, sont des traits qu'il m'était impossible d'omettre, si je voulais conserver la vraisemblance du caractère. Cymodocée subitement inspirée, renversant les idoles, demandant le martyre, bravant les bourreaux, maudissant la religion de son père, eût été le comble de l'absurdité en fait d'art et de mœurs. Outre que la violence ne plaît point dans les femmes, et qu'en général on aime peu les héroïnes, Cymodocée eût encore offert le grand inconvénient d'une ressemblance parfaite avec Eudore. Que fût-il resté à celui-ci, si la fille d'Homère eût lutté avec lui de courage et de zèle? Cymodocée meurt, c'est assez. Dieu accepte le sacrifice de cette colombe : son ingénuité et son innocence seront comptées pour ce qui manque à la perfection de sa foi. Tous les saints ne vont pas au ciel par la même vertu : les uns brillent par la charité, les autres éclatent par la simplicité du cœur. Il ne faut pas croire aussi que tous les martyrs apportent au combat la même ardeur et la même force : on a vu dans les forêts du Canada de jeunes missionnaires pousser des cris dans l'excès des tourments que leur faisaient souffrir les Sauvages, tandis qu'auprès d'eux un vieil apôtre expirait sans faire entendre d'autres soupirs que ceux de l'amour divin[1]. Faites de Cymodocée une chrétienne emportée et farouche, il faudra jeter le livre au feu.

Cependant, on doit toujours reconnaître ce qu'il peut y avoir de fondé en raison, même dans la critique la moins raisonnable. Pour éviter tout reproche, j'ai fait un changement considérable dans cette édition. Cymodocée n'est plus demandée *directement* par le ciel, comme victime expiatoire, mais *indirectement*, comme une victime dont le sacrifice doit augmenter le sacrifice d'Eudore, et rendre plus efficace l'holocauste du martyr. La foi de Cymodocée n'exige plus, dans ce plan, la même force, et la religion et l'art sont satisfaits.

Telles sont à peu près les objections morales et religieuses que l'on a faites aux *Martyrs*. Veut-on savoir la vérité? Si j'avais originairement retranché une douzaine de lignes de la Préface, et si j'avais donné un autre titre à l'ouvrage, je ne sais pas sur quoi on se serait disputé. On s'est jeté sur le passage où je parlais du merveilleux chrétien, et l'on s'est battu contre ce qu'on appelle mon système : il ne s'agissait point d'un système; il n'était question que de juger un livre, d'en considérer le style et le plan, d'en examiner les transitions; de voir si j'avais heureusement rajeuni des comparaisons antiques, trouvé des comparaisons nouvelles; de prononcer sur la vérité des tableaux; de dire en quoi je différais de mes prédécesseurs, en quoi je leur ressemblais; de montrer les écueils que j'avais évités, ceux où j'avais fait naufrage : on n'a point songé à tout cela. Qu'importent à la critique la bonne foi et la justice quand elle veut aveuglément condamner? On saisit

---

[1] Voyez l'histoire du Père Brébeuf et de son jeune compagnon, citée dans le *Génie du Christianisme*, d'après l'*Histoire de la Nouvelle-France*, par CHARLEVOIX.

quelques phrases au hasard, on ferraille avec l'auteur, et l'examen se réduit à une amplification injurieuse, où l'on tâche de faire briller par-ci par-là un peu d'esprit.

Il est certain aussi que le titre du livre, connu d'avance, avait préparé l'esprit du public chrétien à un ouvrage d'un tout autre genre. On s'attendait à trouver une espèce de martyrologe, une narration historique des persécutions de l'Église, depuis Néron jusqu'à Robespierre. La surprise a été grande lorsque, frappées de cette idée, des personnes simples se sont trouvées, en ouvrant le livre, au milieu de la famille d'Homère. Des gens un peu moins simples se sont vite aperçus de cette surprise, et ils en ont profité pour augmenter l'humeur qui s'empare involontairement de notre esprit lorsque nous sommes trompés en quelque chose. Si j'avais intitulé mon livre *les Aventures d'Eudore*, on n'y aurait cherché que ce qui s'y trouve. Il est trop tard pour revenir à ce titre; et d'ailleurs le véritable titre de l'ouvrage est certainement celui qu'il porte. La surprise passera; elle est déjà passée; et l'ouvrage ne tardera pas à être considéré sous son véritable jour.

Si le *Génie du Christianisme* a été de quelque utilité à la religion, *les Martyrs*, je l'espère, partageront avec lui cet inestimable honneur. L'homme est plus sensible aux exemples qu'aux préceptes. La peinture des souffrances de tant de martyrs (car, après tout, cette peinture n'est pas une fiction) ne sera point sans effet sur les lecteurs. Heureux si j'ai prouvé que notre religion peut lutter sans crainte avec les plus grandes beautés d'Homère, et qu'elle donne, dans l'infortune, un courage au-dessus de la rage des persécuteurs et de la cruauté des bourreaux!

OBJECTIONS LITTÉRAIRES.

Un homme de beaucoup d'esprit, de goût et de mesure, et qui de plus est poëte, et poëte d'un vrai talent, ce qui ne gâte rien à la présente discussion, n'a fait que trois objections contre *les Martyrs*, après lesquelles il semble tout approuver :

1° Le héros n'est pas historique;
2° Le triomphe de la religion, ou le but de l'ouvrage, n'est pas assez annoncé;
3° Le récit n'est point assez lié à l'action.

Il y a en littérature des principes immuables, et d'autres qui n'ont pas la même certitude. La règle des trois unités, par exemple, est de tout temps, de tout pays, parce qu'elle est fondée sur la nature et qu'elle produit la plus grande perfection possible. Je crois qu'il n'en est pas ainsi de la règle du personnage historique, parce qu'il est prouvé qu'on peut intéresser aussi vivement pour un personnage d'invention que pour un personnage réel. Aussi voyons-nous qu'Aristote et Horace laissent à ce sujet plus de liberté à l'auteur.

On convient que la plupart des préceptes d'Aristote pour la tragédie s'appliquent également à l'épopée. Dacier, dont j'emprunterai la traduction, s'explique ainsi en commentant le vingt-quatrième chapitre de la *Poétique :*

« Aristote a dit, dans le cinquième chapitre, que l'épopée a cela de commun avec
« la tragédie qu'elle est une imitation des actions des plus grands personnages, et
« il a eu soin de nous avertir que toutes les parties de ce poëme héroïque se trou-
« vent dans la tragédie. Ainsi, ayant expliqué parfaitement et en détail tout ce qui
« regarde la composition du poëme dramatique, il n'a presque plus rien à dire de
« l'épopée. Voilà pourquoi il est si court dans le traité; il n'y emploie que deux

« chapitres, qui ne sont, à proprement parler, qu'une récapitulation sommaire, et
« une *application qu'il fait à l'épopée des règles qu'il a données à la tragédie.* »
(*Poétiq.* d'Arist., pag. 371.)
　　Ce point établi, nous trouvons qu'Aristote dit :
　　« Il arrive fort souvent que dans les tragédies on se contente d'un ou de deux
« noms connus, et que tous les autres sont inventés. Il y a même des pièces où pas
« un mot n'est connu, comme dans la tragédie d'Agathon, qu'il a appelée *la Fleur;*
« car, dans cette pièce, tous les noms sont feints comme les choses, et elle ne laisse
« pas de plaire.
　　« C'est pourquoi il n'est pas nécessaire de s'attacher scrupuleusement à suivre
« toujours les fables reçues d'où l'on tire ordinairement les sujets de tragédie. *Cela*
« *serait ridicule ; car ce qui est connu l'est ordinairement de peu de personnes, et ce-*
« *pendant il divertit tout le monde également.*
　　« Il est donc évident par là, que le poëte doit être l'*auteur de son sujet*, encore
« plus que de ses vers. » (*Poétiq.* d'Arist., chap. IX, pag. 126 et 127.)
　　En examinant ce passage, où brille l'excellent jugement d'Aristote, le savant traducteur observe « qu'Horace était du même sentiment ; mais qu'il s'est cru obligé
« d'avertir les Romains, que ces sujets, entièrement inventés, *étaient plus difficiles*
« à traiter que les autres, et de leur conseiller de s'attacher plutôt à des sujets
« connus :

> Difficile est proprie communia dicere, tuque
> Rectius Iliacum carmen deducis in actus,
> Quam si proferres ignota indictaque primus. »

　　Ainsi, d'après le premier législateur du Parnasse, j'ai pu inventer mon sujet et
mes personnages, et d'après le second, cela m'a jeté seulement dans une route *plus*
difficile. Aristote cite Agathon, qui réussit en inventant ses héros ; et parmi nous
on peut s'autoriser de l'exemple de Voltaire, dans *Zaïre*, *Alzire* et *Tancrède*, et
même de celui de Racine, dans *Bajazet*.
　　Appliquons cette règle à l'épopée, et attachons-nous à ces mots remarquables du
Stagyrite : « Ce qui est connu l'est ordinairement de peu de personnes, et cependant
« il divertit tout le monde également. »
　　En effet, tous ces grands personnages de l'épopée, que nous regardons aujourd'hui
comme historiques, le sont-ils bien réellement ? Seraient-ils connus comme
Alexandre et César, s'ils n'avaient été chantés par les poëtes ? Prenons le premier de
tous, Achille : je doute fort que, sans Homère, son nom fût venu jusqu'à nous.
Allons plus loin : connaissions-nous beaucoup Télémaque avant que Fénelon nous
eût donné son épopée ? Cependant Télémaque, nommé deux fois dans *l'Iliade*, est
encore un des acteurs de *l'Odyssée*. Si l'on veut juger cette question, que l'on con-
sidère combien peu de gens savent qu'il existe dans les poëmes d'Homère un personnage appelé Eumée. Ce personnage joue toutefois dans *l'Odyssée* un rôle aussi
important que celui de Télémaque ; et, quoique pasteur de troupeaux, Eumée est
le descendant d'un roi. Si quelque poëte chantait aujourd'hui le fidèle serviteur
d'Ulysse, pourrait-on dire que ce poëte n'aurait pas créé son héros ? Et ce même
Eumée, historique par l'autorité d'Homère, n'est-il point, dans l'origine, un personnage d'invention ? On rencontre dans l'histoire de l'enfance des peuples une
foule de noms que la mémoire laisse échapper. L'auteur qui s'en empare pour les
placer sur la scène épique, et qui les fait passer de l'oubli à la gloire, en doit être

regardé comme le véritable créateur. Si le pieux Énée ne se trouvait pas dans *l'Iliade*, et surtout dans *l'Énéide*, beaucoup de lecteurs se souviendraient-ils de l'avoir entrevu dans Tite-Live et dans Denys d'Halicarnasse ?

On convient que des noms trop éclatants, trop historiquement connus, ne sont pas favorables à l'épopée. Que gagne-t-on alors à ne pas inventer ses héros ?

Addison et Louis Racine ont fort bien démontré, au sujet du *Paradis perdu*, que c'est l'action et non pas le héros qui fait l'épopée. Homère chante la *colère* d'Achille ; il ne chante pas Achille : cela est si vrai, que si vous ôtez de *l'Iliade* le nom d'Achille, et que vous donniez à la colère d'un autre Grec l'influence que celle du fils de Pélée a sur les événements du siége de Troie, le poëme existe encore avec tout son intérêt et toutes ses beautés. Le héros est donc en soi-même peu de chose dans l'épopée, pourvu que l'action soit grande et intéressante. Et de quelle complaisance Aristote n'use-t-il pas alors envers les poëtes, puisqu'il leur permet d'inventer même leur action !

Je soumets ces doutes à l'excellent critique dont j'ose me permettre de combattre l'opinion. Je me suis appuyé, 1° de l'autorité d'Aristote, qui permet d'inventer les personnages et le sujet ; j'ai fait voir, 2° que les personnages épiques doivent être regardés presque tous comme des créations du poëte ; je vais ajouter l'autorité d'un grand exemple : le Renaud du Tasse est un personnage d'invention.

On trouve dans les historiens des croisades six Godefridi, neuf Gaudefridi, quatorze Baudouin, un Tancrède, vingt-deux Roger, sept Raimond, une foule de Robert, de Gautier, de Richard et de Guillaume ; cinq Renaud écrits Rainaldi, un écrit Reinoldus, un autre Rainoldus, et trois écrits Reinauldi.

Ces chevaliers et comtes du nom de Renaud sont répandus dans les historiens des croisades ; l'Anonyme donné par Campden, Robert Moine, Baldric, Raimond d'Agiles, Fulcher, Gautier, Guibert et Guillaume de Tyr. De tous les Renaud qui se montrent à diverses époques, dans les différentes croisades, aucun ne paraît avoir été de la maison d'Est. Il faudrait surtout chercher le Renaud du Tasse au temps de l'entreprise de Pierre l'Ermite. Or, on ne rencontre dans l'Anonyme de Campden, Robert Moine et Baldric, historiens de cette première croisade, qu'un seul Renaud : ce Renaud trahit les croisés, se fit mahométan, et ne semble pas avoir porté un grand nom. Besoldo, dans son histoire *de Regibus Hierosolymorum*, garde le même silence. Quand, en fouillant les vieilles chroniques et les titres des grandes maisons d'Italie, on découvrirait qu'un Renaud de la maison d'Est accompagna Godefroi de Bouillon à Jérusalem, de bonne foi serait-ce un personnage historique ? Dans ce cas, il y a tel gentilhomme breton ou périgourdin qui pourrait figurer dans l'épopée. Le nom du comte de Saint-Gilles est certainement beaucoup plus connu dans la première croisade que la plupart des noms que j'ai cités, parce qu'il se lit à la fois dans Anne Comnène et dans les chroniqueurs latins, et pourtant combien y a-t-il de lecteurs qui aient entendu parler du comte de Saint-Gilles ?

Ainsi ce fameux Renaud d'Est est sorti tout entier du cerveau du poëte, puisque son nom n'est pas même dans les récits du temps. Quant à Soliman, son rival de gloire, on trouve un Solimau, fils d'un soudan de Nicée, qui battit le renégat Renaud ; mais c'est tout, et le reste du caractère est formé d'après celui de Saladin. Et Argant, Clorinde, Herminie, sont-ils des noms historiques ? Et Armide, qu'en dirons-nous ? Ce n'est point un personnage épisodique ; car, si on le retranche du poëme, le poëme n'existe plus. Armide cause l'absence de Renaud, et l'absence de Renaud établit l'action de *la Jérusalem*, comme le repos d'Achille donne naissance à *l'Iliade*. Ainsi, le premier héros du Tasse est d'invention [1]; la plupart des caractères inférieurs sont d'invention; et Armide, sur qui roule la machine poétique, doit également sa naissance aux muses. Observons que le roi de Jérusalem, Aladin, est encore un enfant du poëte. Le père Maimbourg avait remarqué avant moi les *imaginations* du Tasse : « Le fameux bois enchanté, dit-il, Ismen, Clorinde, *Renaud*, Armide et cent autres pareilles choses, de *l'invention* du Tasse, ne sont que d'agréables visions d'un poëte qui prend plaisir, pour en donner aux autres, à faire de *nouvelles créatures qui ne furent jamais.* » (*Hist. des crois.*, liv. III.)

Muratori et Gibbon conviennent aussi que le Tasse a inventé son héros.

Si je passe de ces autorités à mon sujet, on va voir que tout me faisait une loi d'inventer mon principal personnage.

Le caractère grave, froid et tranquille de Constantin, est précisément l'opposé du caratère épique. Qui pourrait se représenter le père temporel du concile de Nicée livré à ces aventures de guerre et d'amour qu'amène le développement d'une épopée? La vie de ce prince est d'ailleurs trop connue, et malheureusement un crime pèse sur elle. Le poëme héroïque exige des passions, mais il rejette les crimes : noble dédain des muses qui n'accordent leur plus beau chant qu'à la vertu !

Je voulais en outre peindre les mœurs homériques et les scènes tranquilles de *l'Odyssée*, au milieu des scènes sanglantes d'une persécution. Comment, sans absurdité, conduire Constantin sous le toit de Démodocus? Comment produire des rivalités, des jalousies? Aurais-je jeté tout cela dans les épisodes? Dans ce cas, l'unité d'action était détruite. J'avais pour but de retracer la persécution des fidèles sous Dioclétien. Où l'aurais-je placée, cette persécution? Constantin, trop jeune alors, n'y joua aucun rôle. Si l'on dit que j'aurais pu mettre le massacre des chrétiens sur l'avant-scène, en le comprenant dans le récit, mon sujet n'aurait donc pas été la dernière persécution de l'Église? Et c'est pourtant le sujet que je me proposais de traiter. On pouvait trouver autre chose dans la vie de Constantin. Sans doute il y a mille plans, qui tous peuvent être meilleurs que le mien; mais enfin c'est sur le mien qu'il faut me juger. Combien de fois n'a-t-on pas refait *l'Énéide* et *la Henriade!*

Il demeure à peu près certain que Constantin, pour des raisons tirées de son caractère et de la nature du sujet, ne pouvait pas être mon héros. Qui donc aurais-je choisi à cette époque? Un martyr connu? C'est ici que les jeux de l'imagination sont impérieusement interdits; c'est ici qu'on aurait crié avec raison au sacrilège. Un confesseur de la foi, devenu l'objet d'un culte sacré, a ses traditions immuables, dont on ne peut s'écarter sans impiété; les actes de son martyre sont là : les éloquents témoins de Dieu s'élèveraient contre la muse qui oserait changer un seul mot à l'histoire de la religion et du malheur.

D'après ces considérations, je n'avais plus qu'une ressource : celle d'inventer mes principaux personnages; il nous reste à voir si, dans ce cas, j'ai usé de tous les moyens de l'art.

Afin d'ennoblir Eudore, et de le rendre, pour ainsi dire, historique, je le fais descendre d'une famille de héros, et surtout du dernier des Grecs, Philopœmen. Racine emploie le même artifice pour rehausser l'importance de Monime. Ainsi c'est dans Eudore que l'Évangile va faire la conquête du sang de ces grands hommes

---

[1] Le critique à qui je m'adresse ici a trop de candeur pour m'objecter que c'est Godefroi qui est le premier héros de *la Jérusalem*. Je sais bien que le Tasse chante *il gran Capitano*; mais c'est à Renaud que le sort de Jérusalem est attaché, comme celui de Troie au fils de Pélée.

dont Plutarque nous a transmis l'histoire. Inventée sur le même modèle, Cymodocée est la fille d'Homère ; et c'est en elle que le christianisme doit triompher des grâces, des beaux-arts et des divinités de la Grèce. Le critique a déjà trouvé cette réponse assez ingénieuse ; il semble même, en ce cas, approuver mes personnages d'invention : mais il aurait voulu que j'eusse insisté davantage sur mon idée, et qu'elle eût été mise d'une manière plus frappante sous les yeux du lecteur. Il a raison ; et c'est ce que j'ai fait dans cette édition nouvelle [1].

Si l'art trouve ces explications suffisantes, on doit remarquer que la religion, et c'est la chose importante, est pleinement satisfaite par l'invention de mon héros.

Dieu choisit souvent dans les conditions les plus humbles l'homme dont les épreuves attirent la bénédiction du ciel sur les nations.

« Dieu a choisi ce qu'il y a d'insensé, selon le monde, pour confondre les sages ;
« et ce qui est faible, selon le monde, pour confondre ce qu'il y a de fort.

« Et il a choisi ce qu'il y a de vil et de méprisable, selon le monde, et ce qui
« n'est rien, pour détruire ce qui est grand [2]. »

Cette première vérité reconnue, on voit ensuite que la hiérarchie des vertus, et conséquemment l'efficacité plus ou moins grande des sacrifices, est admise par tous les Pères d'après l'histoire de Caïn et d'Abel.

Je puis donc supposer, dans toutes les analogies de la foi, qu'au temps de la persécution, un martyr dont les actes se sont perdus s'offrit en holocauste volontaire, et que cet holocauste, par un mérite intérieur connu de Dieu seul, parut plus agréable au Très-Haut que toutes les autres victimes. Combien, en effet, de confesseurs obscurs moururent sous Dioclétien, pour la conversion du monde ! Outre les fameux athlètes qui brillent dans l'histoire, et qui révélèrent leurs cendres à l'Église par des miracles, « Que de saintes reliques, s'écrie Prudence, la terre dérobe « à nos hommages ! O Italie, qui dira les tombes sans honneurs dont tes champs sont « couverts [3] ! » Eudore sera donc le représentant des héros des deux religions : les uns ignorés du monde, mais couronnés de gloire dans le ciel ; les autres, illustres sur la terre, mais privés de la gloire divine. J'aurai célébré dans sa personne ces pauvres que Galérius faisait jeter dans la mer, ces milliers de chrétiens attachés à des gibets, brisés par des roues, déchirés par des ongles de fer : sublimes victimes, qui, ne prononçant à la mort que le nom de Jésus-Christ, ont laissé leurs propres noms inconnus aux hommes : *Stat nominis umbra !*

Je passe à l'objection touchant le but de l'ouvrage.

Dans aucune épopée le résultat de l'action n'est plus souvent indiqué que dans *les Martyrs*. *L'Énéide* est la fondation de l'empire romain. Virgile en dit un mot au commencement de son poëme ; ensuite Jupiter explique à Vénus la suite des destins d'Énée ; mais, après le premier livre, il est à peine question de ces destins. Si vous retrouvez les Romains sur le bouclier d'Énée et dans les Champs Élysées, ce ne sont que de beaux épisodes ; ce n'est point une marche directe vers le but que le poëte a d'abord marqué. A chaque pas, au contraire, le triomphe de la religion est rappelé dans *les Martyrs :* il est annoncé dans l'exposition ; il est prédit dans le ciel : je répète en vingt endroits que Constantin régnera sur les nations devenues chrétiennes ; que l'ambition de ce prince est l'espoir du monde : j'avertis sans cesse que l'enfer sera confondu. Dans le dernier livre, Michel, en précipitant les démons

---
[1] Voyez le livre du *Ciel*.
[2] S. Paul., *Epist. ad Corinth.*, I, cap. I.
[3] *Lib. Coron.*

dans l'abime, déclare que leur empire est passé, que le règne du Christ est établi. Eudore, en allant au supplice, prophétise le règne de Constantin; et Galérius, en se rendant à l'amphithéâtre, apprend que Constantin, proclamé César, marche à Rome, et s'est déclaré chrétien. Jamais rien fut-il plus clair, plus précis? Toutefois, j'ai cru devoir céder encore à la critique : après ces mots, *les dieux s'en vont*, j'ai ajouté quelques lignes qui justifient mieux le second titre de l'ouvrage : Galérius meurt; Constantin arrive à Rome, il venge les martyrs; il reçoit la dignité d'Auguste sur la tombe d'Eudore, et la religion chrétienne est proclamée religion du monde romain.

Cette nouvelle conclusion satisfera surtout ceux qui, daignant applaudir aux *Martyrs*, ne leur reprochaient qu'une seule chose : c'était d'intéresser le lecteur aux scènes d'une action *privée*, plutôt qu'au développement d'une action *publique*. Mais en contentant sur ce point quelques esprits éclairés, je dois dire toutefois que l'action *publique* n'est point une règle de l'épopée; il serait même aisé de prouver la vérité contraire. Toute action, fondement de l'épopée, du moins de l'épopée telle qu'elle existe dans *l'Iliade*, *l'Odyssée*, *l'Énéide* et le *Télémaque*, tient à une action publique; mais cette action en elle-même est une action privée. Ainsi la colère d'Achille n'est point la journée fatale d'Ilion, et l'arrivée d'Énée en Italie n'est point la fondation de Rome, qui n'eut lieu que longtemps après. Dans *l'Odyssée* et dans le *Télémaque*, l'action est encore bien plus particulière, bien plus domestique : c'est un fils qui cherche son père; c'est un mari qui retrouve sa femme dans une petite île obscure; et tout cela sans qu'il en résulte aucun événement dans l'avenir. L'action d'Eudore est absolument de la même nature que celle d'Achille et d'Énée : elle tient à une action publique, mais elle est privée; elle produit ensuite le règne de Constantin et le triomphe de la religion, comme la colère du fils de Pélée et l'exil du fils de Vénus amènent la chute de Troie et l'établissement de l'empire romain. Si *la Pharsale* et *la Jérusalem* ont pour sujet une action historique achevée dans le cours de ces deux poëmes, l'autorité de Lucain et du Tasse ne peut balancer celle d'Homère et de Virgile.

C'est encore une erreur de croire que le héros d'une épopée doit être nécessairement roi ou fils de roi. Renaud et Godefroi même ne sont que de simples chevaliers, ou de très-petits souverains, et leur naissance n'a pas plus d'éclat que celle du descendant de Phocion et de Philopœmen. Les personnes qui ont pris quelque plaisir à la lecture des *Martyrs* peuvent être tranquilles : elles se sont *amusées dans les règles*. Jamais ouvrage ne fut plus conforme à la doctrine poétique, plus orthodoxe au Parnasse. Je dirai plus : la conclusion que j'ai ajoutée est, je crois, mieux appropriée au goût du temps où j'écris; mais elle n'eût point été demandée dans le siècle de Louis XIV. Elle n'est point nécessaire selon les lois du genre épique. Homère ne s'est pas donné la peine de faire un seul vers après les funérailles d'Hector, pour annoncer la chute de Troie; et Virgile, après la mort de Turnus, n'a point songé à marier le pieux Énée. Pourquoi cela? Parce que c'est au lecteur à tirer une conclusion trop manifeste, et que le poëte n'est pas obligé de tout achever et de tout dire, comme l'historien et le romancier. Ma complaisance à cet égard a donc été extrême, et je pouvais, sans scrupule, laisser les choses comme elles étaient.

Venons au récit.

J'ose dire encore que dans aucune épopée le récit n'est rattaché aussi fortement à l'action qu'il l'est dans *les Martyrs*.

Le récit de *l'Odyssée* n'a point de rapport à la catastrophe; celui de *l'Énéide* est court et admirable : mais revoit-on, dans la suite du poëme, les principaux acteurs qu'Énée fait agir dans sa narration, et la scène en Italie se lie-t-elle à la scène de Troie? L'épisode de Didon, qui n'est ni de l'action ni du récit, tient-il au fond du sujet, comme l'histoire de Velléda tient au fond des *Martyrs?*

Le récit du *Télémaque* est magnifique; mais les personnages de ce récit, excepté Narbal, qu'on revoit un moment, disparaissent sans retour.

Dans le récit des *Martyrs*, vous trouvez d'abord la peinture des caractères qu'il sera essentiel de connaître dans le développement de l'action; vous y trouvez le tableau du christianisme dans *toute* la terre, au moment d'une persécution qui va frapper *tous* les chrétiens; vous y trouvez l'excommunication d'Eudore, qui fait prendre à l'action le tour qu'elle doit prendre; vous y trouvez la grande faute qui sert à ramener le héros dans le sein de l'Église : faute qui, répandant sur le fils de Lasthénès l'éclat de la pénitence, attire sur lui le regard des chrétiens, et le fait choisir pour défenseur de l'Église; vous y trouvez le commencement de la rivalité d'Eudore et d'Hiéroclès, l'annonce des victoires de Galérius sur les Parthes : ces victoires achèvent de rendre ce prince maître absolu de l'esprit de Dioclétien, et préparent ainsi l'abdication qui amène la persécution; enfin vous y trouvez, par la vision de saint Paul Ermite, la prédiction du martyre d'Eudore, et du triomphe complet de la religion. Pour comble de précautions, ce récit est motivé dans le ciel : Dieu déclare qu'il a conduit Eudore par la main, afin d'éprouver sa foi et de préparer sa victoire. Ajoutons que ce récit a de plus l'avantage de faire naître l'amour de Cymodocée, d'inspirer à cette jeune païenne les premières pensées du christianisme, et de concourir ainsi par un double moyen au but de l'action. Il ne vient donc pas là sans raison, pour satisfaire la curiosité d'un personnage, comme la plupart des récits épiques.

Quant à sa longueur, il n'est pas plus long, proportion gardée, que le récit de *l'Odyssée* et que celui du *Télémaque;* je dis proportion gardée, parce que je crois que les *Martyrs* ont un peu plus d'étendue que ces deux ouvrages. Il me semble, si je ne me trompe, que je suis assez fort sur ce point : une critique généreuse reconnaîtra sans peine que la raison est de mon côté.

Restent quelques difficultés présentées par divers journaux. J'ai répondu à ces chicanes de détails dans les remarques; quant aux caractères de mes personnages, je ne sais trop à quoi m'en tenir. Démodocus est traité, par un censeur, comme un vieillard imbécile et ennuyeux; un autre censeur, très-peu favorable aux *Martyrs*, compare la douleur de Démodocus à celle de Priam, c'est-à-dire au plus beau morceau qui nous soit resté de l'antiquité : comment ferai-je?

Le même critique qui met Démodocus à côté de Priam veut que les *Martyrs* soient une espèce de parc anglais, de vastes campagnes, où l'on trouve des lieux déserts, des lieux parés, des montagnes, des précipices. Il faut bien que je me console : Pope a représenté les poëmes d'Homère sous l'image d'un grand jardin, et Addison se sert de la même comparaison pour le *Paradis perdu.*

Le même critique a dit encore que les *Martyrs* étaient un voyage, et toujours un voyage. Mais *l'Odyssée* est-elle autre chose qu'un voyage? Ulysse touche à tous les rivages connus de son temps. On disait dans l'antiquité : les *Erreurs d'Ulysse.* *L'Énéide* n'est qu'un voyage; *la Lusiade* du Camoëns n'est qu'un voyage : que de voyages dans *la Jérusalem!* Le *Télémaque* est non-seulement un voyage depuis la première ligne jusqu'à la dernière; mais le but de l'ouvrage en lui-même, ou l'action proprement dite, est un voyage. Le critique s'écrie : « L'auteur est allé là, une description; l'auteur est allé ici, son héros y passera. » J'ai une chose bien simple à répondre : les *Martyrs* étaient achevés en grande partie, principalement le récit d'Eudore, lorsque je suis parti pour l'Orient; c'est un fait que beaucoup de témoins pourraient affirmer. Ainsi ce n'est point Eudore qui voyage en Égypte, en Syrie, en Grèce, parce que j'ai voyagé dans ces contrées célèbres ; mais c'est moi qui suis allé voir les bords que mon héros a parcourus. Je ne sache pas qu'on ait jamais reproché à Homère d'avoir visité les lieux dont il nous a laissé d'admirables tableaux. Je n'ai point au reste l'intention de choquer le censeur en répondant à ses objections : je reconnais qu'en attaquant *les Martyrs* il m'a traité avec décence, indulgence même, et avec ces égards qu'un honnête homme doit à un honnête homme. Sa critique est celle d'un écrivain de talent ; et, bien qu'elle m'ait semblé rigoureuse, elle m'a paru très-digne d'être méditée.

Les imitations ont été un autre objet de controverse. Je ne puis mieux faire que de citer à ce sujet mon défenseur :

« La plus ancienne épopée que nous ayons après celle d'Homère, dit-il, c'est *l'Énéide*. Virgile ne se contenta pas d'imiter *l'Odyssée* et *l'Iliade*, il traduisit et abrégea la plupart des batailles du poëte grec ; il copia pour ainsi dire, selon Macrobe, un autre poëte nommé Pisandre, pour en former le deuxième livre. Il prit de nombreux fragments non-seulement dans les écrivains de sa nation qui l'avaient précédé, mais encore dans quelques-uns de ses plus illustres contemporains, tels que Lucrèce, Catulle, Varius, etc. ; en sorte que l'on peut dire que cette épopée fut la première véritable *mosaïque*[1].

« Le Tasse, le plus célèbre poëte épique des temps modernes, enleva à son tour des fragments aux Grecs et aux Latins. Ses héros furent, autant que son sujet le lui permettait, une copie de ceux d'Homère. Il fit passer dans sa *Jérusalem* des tableaux, des comparaisons, des descriptions, tellement imités de Virgile, qu'on reconnaît la construction et l'expression même du poëte latin jusque dans le nouvel idiome dans lequel elles ont été transportées. La *Bible* lui fournit aussi des fragments, et c'est ainsi qu'il légua à M. de Chateaubriand l'exemple d'une seconde véritable *mosaïque*.

« Milton vint ensuite, et prit dans le quatrième livre du Tasse le sujet de son *Paradis perdu*. Il copia le fameux discours de Satan, qui commence par ces mots : *Tartarei Numi* ; il emprunta d'un comique italien quelques pensées qu'il jugea dignes de son sujet ; il ne craignit pas de s'approprier ce qu'il trouva de bon dans la tragédie de Grotius, intitulée *Adam exilé*. La *Sarcotée*, mauvais poëme d'un jésuite allemand nommé Masenius, lui fournit quelques centaines de vers ; il puisa dans la *Bible* plus que tout autre, et son poëme fut la troisième véritable *mosaïque*.

« Il me serait aisé de pousser cet examen jusqu'au *Télémaque* de Fénelon, et même à *la Henriade*, de Voltaire : mais je crois en avoir assez dit. Lorsqu'un écrivain traite un sujet sur lequel d'autres se sont déjà exercés, il y a certaines idées principales qui doivent nécessairement se présenter, qui par là même sont à tout le

---

[1] Mon défenseur ne va pas assez loin. *Les Argonautes* d'Apollonius de Rhodes, *Médée* d'Euripide, *la Guerre de Troie* de Quintus de Smyrne (c'est l'opinion de Lacerda), ont été mis à contribution par Virgile. Croira-t-on qu'on reprochait à *l'Énéide* d'être écrite d'un style commun, et de tenir le milieu entre l'enflure et la sécheresse ? Périlius Faustinus avait fait un livre pour rassembler tous les vols de Virgile ; Octavius Avitus composa plusieurs volumes des seuls vers pillés et des passages des divers auteurs imités par ce grand poëte. On sait généralement que Virgile a traduit Homère, mais on ne sait pas jusqu'à quel point cela est porté. Si on entreprenait de vérifier les imitations, la plume à la main, je ne sais pas s'il resterait vingt vers de suite, je ne dis pas seulement à *l'Énéide*, mais encore aux *Bucoliques* et aux *Géorgiques*. Qu'est-ce que tout cela prouve contre Virgile ? Rien du tout.

monde. Les poëtes ne diffèrent entre eux sur ce point que par les couleurs dont ils ornent leurs tableaux. Personne d'ailleurs, avant les censeurs des *Martyrs*, ne leur a contesté le privilége de transporter dans leurs ouvrages les beautés de ceux qui les ont précédés, pourvu qu'ils sachent se les rendre propres par la manière dont ils les emploient.

« On sait, dit M. de La Harpe, que faire passer ainsi dans sa langue les beautés
« d'une langue étrangère, a toujours été regardé comme une des conquêtes du gé-
« nie; et, pour juger si cette conquête est aisée, il n'y a qu'à se rappeler ce que
« disait Virgile, qu'il était moins difficile de prendre à Hercule sa massue que de
« dérober un vers à Homère. »

« Longin, dans son *Traité du Sublime*, va plus loin encore que M. de La Harpe :
« parmi les Grecs, il cite Hérodote, Stésichore et Archiloque ; puis il ajoute : « Platon
« est celui de tous qui a le plus imité Homère; car il a puisé dans ce poëte comme
« dans une vive source *dont il a détourné un nombre infini de ruisseaux...* Au reste,
« on ne doit point regarder cela comme un larcin, mais comme une belle idée
« qu'il a eue, et qu'il s'est formée sur les mœurs, l'invention et les ouvrages d'au-
« trui [1]. »

Le choix des autorités citées par mon défenseur est excellent, et me justifie assez sur un point qui ne méritait guère la peine qu'on s'y arrêtât.

Quelques lecteurs ont cru que j'avais transporté trop littéralement dans mon ouvrage des morceaux choisis de poésie antique; c'est une erreur que les notes dissiperont : ces lecteurs ont été trompés par un ou deux vers placés dans les strophes ou dans les chœurs des hymnes à Diane, à Bacchus, à Vénus. Pour en donner un exemple, le *Pervigilium Veneris*, chanté dans l'île de Chypre, n'est point le *Pervigilium* faussement attribué à Catulle ; je n'ai emprunté de lui que le *Cras amet* et un demi-couplet. La première strophe est imitée en grande partie de Lucrèce, et la seconde entière est de moi.

J'ai peu puisé chez les anciens pour les comparaisons : celles des *Martyrs* m'appartiennent presque toutes. Les personnes dont le jugement fait ma loi pensent que c'est peut-être, avec les transitions, la partie la plus soignée de l'ouvrage. On paraît surtout avoir remarqué la comparaison du lion dans la bataille des Francs, celle de la voile repliée autour du mât pendant la tempête, celle du chant du coq sur un vaisseau, celle de l'homme qui remonte les bords d'un torrent dans la montagne, et qui arrive à la région du silence et de la sérénité; mais enfin j'ai dérobé quelques comparaisons à la *Bible*, à Homère, à Virgile ; et la critique, qui prend tout cela pour imitation littérale, ne s'aperçoit pas que ces comparaisons sont totalement changées.

La comparaison de l'Égypte à une génisse est de l'Écriture. Ayant à peindre l'Égypte après l'inondation, j'ai ajouté : « L'Égypte, toute brillante d'une inondation
« nouvelle, ressemble à une génisse féconde qui *vient de se baigner dans les flots du*
« *Nil.* » Ai-je eu tort d'imiter ainsi, et ne pourrais-je pas revendiquer la comparaison entière?

On connaît la description du chêne dans les *Géorgiques*; description qui, pour le dire en passant, est tirée d'une comparaison de *l'Iliade*. Comme Homère, j'ai mis cette description en comparaison; et voulant peindre la fortune décroissante d'Hiéroclès, j'ai dit : « Le pâtre qui contemple le roi des forêts du haut de la colline, le

---

[1] *Traité du Sublime*, chap. xi.

« voit élever au-dessus de ses rameaux verdoyants une couronne desséchée. » Ce trait ne me rend-il pas propre le passage imité?

On a blâmé ma comparaison d'Homère avec un serpent qui fascine par ses regards une colombe, et la fait tomber du haut des airs. La colombe est Cymodocée. Cette critique, si je ne m'abuse, est peu raisonnable. Le serpent, chez les poëtes, est un animal fort noble. Hector, dans *l'Iliade*, est comparé à un serpent. Le serpent était mêlé à toutes les choses sacrées : un serpent sort du tombeau d'Anchise, en Sicile, et vient goûter aux gâteaux des sacrifices. Le serpent était l'emblème du génie : cela convient-il à Homère? Le serpent était consacré à Apollon : Apollon n'a-t-il aucune analogie avec Homère? Au temple de Delphes, l'oracle, dans les premiers âges, était rendu par un serpent : ce serpent ne peut-il être l'emblème du plus grand des poëtes, inspiré par le souffle du dieu des vers? Le serpent était l'image de l'univers et de l'éternité : cela convient-il mal à un poëte dont les ouvrages dureront autant que le monde? Enfin, dans l'Écriture, le serpent, animé par le *père des mensonges*, séduit la belle compagne de l'homme : Homère, *père des fables*, qui charme l'esprit de Cymodocée, n'offre-t-il pas ainsi tous les rapports nécessaires à la comparaison qu'on attaque?

Si d'une part on a cru que j'imitais, quand je n'imitais pas, de l'autre on a mis sur mon compte des choses qui appartenaient à l'antiquité. Eudore, au milieu de son épreuve, dit à Festus : « Regardez bien mon visage, afin de me reconnaître au « jugement de Dieu. » Je ne sais pas ce que cela peut avoir de risible ; mais je sais que quand on se mêle de critiquer, il ne faut pas pousser le défaut de mémoire jusqu'à méconnaître un passage de l'Écriture; passage qui se retrouve mot à mot dans le *Martyre de sainte Perpétue*[1]. J'aurais ici un beau sujet de triomphe : je ne triompherai point cependant, car le plus habile homme se trompe quelquefois, quoique la méprise soit un peu forte; il n'y a qu'un certain ton qu'un habile homme ne prend jamais.

Au reste, mes remarques épargneront à Homère, à Moïse, aux prophètes, mille petites tracasseries qu'on leur a faites sous mon nom : ils ont bien de quoi se défendre par eux-mêmes; et vraiment je suis trop sujet à faillir pour me charger encore des sottises de *l'Iliade* et des erreurs de la *Bible*. On saura donc, en consultant la note, s'il y a sûreté, et si l'on peut me traiter comme je le mérite. Toutefois, je m'accuserai d'un peu de malice : je n'ai pas tout cité dans les remarques; et je ne serais pas surpris que tel malheureux fragment que j'aurais négligé de dénoncer à la critique n'attirât aux anciens une nouvelle avanie. Dans ce cas, je promets le silence : je recevrai avec humilité les réprimandes adressées à Platon, Sophocle, Euripide; je serai même charmé qu'on apprenne à vivre à tous ces Grecs imprudents fourvoyés dans *les Martyrs*.

Il me reste à dire quelques mots du style des *Martyrs*: on l'a beaucoup moins attaqué que celui de mes premiers ouvrages. Autrefois on me battait avec mes propres armes; on citait des phrases, des pages même du *Génie du Christianisme* véritablement répréhensibles. Mais quant aux *Martyrs*, il semble qu'on ait évité avec soin d'en mettre de longs morceaux sous les yeux des lecteurs. Il paraît qu'on s'est généralement accordé, amis et ennemis, à remarquer dans ma manière des progrès du côté du goût et de l'art. Si je m'en tiens au jugement des censeurs opposés aux

---

[1] Notate tamen nobis facies nostras diligenter, ut recognoscatis nos in die illo judicii. (*Act. martyr. Passio sanct. Perpet. et Felicit.*, cap. XVII, pag. 94.)

Martyrs, le second livre, presque tout le récit, le combat des Francs surtout, une partie de l'*Enfer* et du *Purgatoire*, le livre des harangues, le caractère de Cymodocée et de Démodocus, sont les meilleures choses qui soient échappées à ma plume; il n'y a pas assez d'expressions pour les louer. Comment donc croire qu'un livre qui, d'après ses plus violents détracteurs, renferme un personnage comparable à Priam, et un combat qui n'est point effacé par les plus beaux combats d'Homère ; comment croire que ce livre est oublié, mort, enseveli pour jamais ? On va tous les jours à la postérité avec moins de titres; et, grâce à l'imprimerie, l'avenir ne pourra se sauver de nous.

Selon les partisans des *Martyrs*, c'est le second volume qui l'emporte : le livre d'Athènes, celui de Jérusalem ; les quatre derniers livres, et particulièrement le dernier, sont ce qu'il y a de préférable dans l'ouvrage. Voilà certes des jugements bien divers, et d'après lesquels il me serait difficile de me corriger. Les opinions semblent d'accord sur quelque partie du travail, par exemple, sur la prophétie de saint Paul, sur la tentation d'Eudore au repas funèbre, et sur les adieux à la muse. Ces adieux n'ont cependant d'autre mérite que d'exprimer un sentiment vrai, et de montrer en moi ce qu'on voit dans tous les hommes, la fuite du temps, le changement des idées, et l'approche rapide de ce moment où tout finit. Si ce n'est pas sans quelques regrets, c'est du moins sans remords que j'ai jeté un regard sur les premiers jours de ma vie; et si j'en vois beaucoup d'inutiles, je n'en compte pas un dont je doive rougir.

Je ne sais si je dois revenir sur la question de l'épopée en prose. Les littérateurs de toutes les opinions semblent l'avoir abandonnée, comme une inutile dispute de mots. Car il est certain que d'un côté (ainsi qu'on le prouve judicieusement) la prose n'est pas des vers, et que de l'autre on ne peut anéantir l'autorité d'Aristote et l'exemple du *Télémaque*. Je renvoie le lecteur à la Préface des premières éditions. Je rapporterai seulement la réflexion d'un critique : « Si la versification fait l'épopée, a-t-il dit, il en résulte que *l'Iliade*, *l'Odyssée*, *l'Énéide*, *la Jérusalem*, sont des romans dans nos traductions en prose, et des poëmes en grec, en latin et en italien. » L'éloge le plus délicat qu'on ait peut-être fait du *Télémaque*, est celui que j'ai lu dans je ne sais quel journal [1]. Le censeur, pour mettre tous les partis d'accord, suppose que les Aventures du fils d'Ulysse sont un beau poëme traduit du grec par Fénelon. On s'est donné la peine de citer Anacréon, pour prouver que les compatriotes d'Homère pouvaient avoir une épopée en prose, mais que nous autres Français, nous ne sommes pas si heureux. On a eu tort d'aller si loin. Les hellénistes se taisent, mais ils rient. Je ne relèverai point des erreurs trop affligeantes. En tout, je veux donner à mes censeurs l'exemple de la modération. S'ils n'ont pas craint de blesser mon amour-propre, je me fais un devoir d'épargner leur vanité. Ils attachent sans doute à leurs ouvrages beaucoup plus d'importance que je n'en attache aux miens : puisqu'ils ont mis leur bonheur dans leurs succès littéraires, à Dieu ne plaise que je prétende le troubler. Ces censeurs ont quelquefois écrit des choses agréables et spirituelles; ce n'est qu'en parlant de moi qu'ils semblent parler de leur talent : je conçois qu'ils doivent me haïr. D'ailleurs, si j'ai sur eux l'avantage de quelques lectures, je n'ai que ce que je dois avoir, puisque je me mêle de faire des livres.

Tout ceci soit dit sans ôter à qui que ce soit le droit de courir sus aux *Martyrs*,

---

[1] Dans *le Mercure*, peut-être; l'article, à ce qu'il me semble, était de M. Auger.

comme épopée. Veut-on que ce soit un *roman?* je le veux bien; un *drame?* j'y consens; un *mélodrame?* de tout mon cœur; une *mosaïque?* j'y donne les mains. Je ne suis point poëte, je ne me proclame point poëte, pas même littérateur, comme on me fait l'honneur de me nommer; je n'ai jamais dit que j'avais fait un poëme; j'ai protesté et je proteste encore de mon respect pour les muses : rien ne m'enchante comme les vers. Et n'ai-je pas passé une grande partie de ma jeunesse à ranger deux à deux des milliers de rimes qui n'étaient guère plus mauvaises que celles de mes voisins? Dans la suite, j'ai préféré un langage inférieur sans doute à la poésie, mais qui me permettait d'exprimer avec moins d'entraves l'enthousiasme que m'inspirent les sentiments des grands cœurs, les caractères élevés, les actions magnanimes, et le mépris souverain que j'ai voué aux bassesses de l'âme, aux petites intrigues de l'envie, et à ces affectations effrontées de courage et de noblesse, que dément à chaque pas une conduite servile.

CHANGEMENTS FAITS A CETTE ÉDITION, ET REMARQUES AJOUTÉES A LA FIN DE CHAQUE LIVRE.

Dans le troisième livre, les discours des puissances divines sont retranchés; comme ces discours contiennent l'exposition complète du sujet, et le mot du récit, j'ai été obligé d'en conserver la substance. M. de La Harpe, dans son chant du *Ciel*, avait commis la même faute que moi, et faisait parler Dieu, à l'exemple du Tasse et de Milton, d'après l'autorité de l'Écriture. On lui fit remarquer que ces discours étaient trop longs, et qu'on ne saurait jamais prêter à Dieu un langage digne de lui. Il changea son plan, et, par une heureuse idée, il mit ce qu'il voulait dire dans la bouche du prophète Isaïe. Debout au milieu des saints et des anges, le fils d'Amos lit dans le *Livre de Vie* les destins de la terre. Je n'ai pu m'approprier cette belle fiction : j'ai eu recours à un autre moyen que l'on jugera.

Dans ce même livre du *Ciel*, Cymodocée n'est plus demandée comme une victime immédiate, mais elle est annoncée comme une victime secondaire, qui doit augmenter le mérite du sacrifice d'Eudore. Les passages de *l'Apocalypse* qui avaient servi de prétexte aux plaisanteries bonnes ou mauvaises d'un journal ont disparu : tout ce qui pouvait blesser la doctrine ou le dogme, dans le *Purgatoire*, l'*Enfer* et le *Ciel*, a été scrupuleusement effacé. Je ne m'en suis pas rapporté là-dessus à mes lumières, je me suis soumis à la censure de quelques savants ecclésiastiques.

J'ai insisté davantage sur la naissance d'Eudore et de Cymodocée, et sur ce qu'ils sont l'un et l'autre, les représentants des grands hommes et des beaux-arts de la Grèce.

Dans le livre de l'esclavage d'Eudore chez les Francs, j'ai rétabli un morceau que j'avais supprimé sur l'épreuve, et que plusieurs personnes regrettaient.

Dans le livre de Velléda, on ne trouvera plus les imprécations d'Eudore; les couleurs trop vives sont adoucies.

J'ai abrégé la scène de l'entrevue de Cymodocée et d'Hiéroclès : elle sentait trop le roman.

J'ai annoncé plus fortement et plus clairement le triomphe de la religion.

J'avais quelquefois parlé moi-même comme poëte (qu'on me passe le mot) le langage de la mythologie : j'ai fait disparaître ces légères inadvertances; j'ai retranché plusieurs comparaisons, abrégé quelques détails de mœurs, et corrigé quelques fautes contre l'histoire et la géographie.

Enfin, j'ai ajouté des remarques à chaque livre.

Ces remarques contiennent les imitations d'Homère, de Virgile, etc., etc. Les autorités historiques se trouveront aussi dans ces notes. On y verra enfin d'assez longs morceaux de mon *Itinéraire de Paris à Jérusalem, en passant par la Grèce, etc.* Ces morceaux serviront de commentaires aux descriptions de la Grèce, de la Syrie et de l'Égypte. Je n'ai passé en Orient que pour visiter les lieux où j'ai placé la scène des *Martyrs;* il est donc tout simple que le voyage justifie les tableaux du voyageur.

J'ai écrit ces notes avec une grande répugnance, et seulement pour obéir au conseil de mes amis. Ils m'ont représenté que beaucoup de lecteurs, étrangers au langage de l'antiquité, avaient besoin d'une espèce d'explication pour lire *les Martyrs;* que c'était l'unique moyen de faire tomber une foule de critiques. J'ai cédé à ces raisons; mais j'aurais mieux aimé que l'avenir, s'il y a un avenir pour moi, se fût chargé du commentaire. J'ai développé mon plan dans ces remarques, et montré la suite de mes idées et de ma composition. Je l'ai fait avec sincérité, et comme j'en aurais agi pour l'ouvrage d'un autre. Ces remarques apprendront du moins quelque chose à quelques lecteurs, et elles seront un monument de ma bonne foi.

Tout ceci prouve, j'espère, ce qui est déjà prouvé, mon obéissance à la critique. Elle est telle, que souvent mes amis n'osent me faire des objections, dans la crainte de me voir changer et bouleverser tout au moindre mot. Je n'ai point cet orgueil qui se complaît dans une erreur. Si quelque chose me rendait indocile à la leçon, c'est la manière dont elle est donnée. Je ne reçois point un conseil sous la forme d'un outrage; autant je pourrais craindre la séduction de la bienveillance, de l'estime, des prévenances, des égards, autant je repousse le ton impérieux et les airs de maître.

Il faut parler à présent de certains reproches qui me sont beaucoup plus sensibles que tous les autres, parce qu'ils semblent tomber sur mes amis.

On a voulu faire entendre que des hommes distingués, dont le jugement est une autorité puissante, après s'être prononcés pour *les Martyrs,* se sont ensuite *prudemment retirés,* lorsqu'ils ont vu déchirer l'ouvrage.

Qu'on sache que les amis qui me restent, tout petit que soit le nombre, ne sont pas de ceux qui se retirent au jour du combat : ils ont un jugement formé, et ils n'attendent point l'approbation ou l'animadversion d'un bureau d'esprit pour savoir à quel rang ils doivent placer un ouvrage : ils regardent *les Martyrs* comme le meilleur, ou, si l'on veut, comme le moins faible de mes très-faibles écrits. Est-ce un homme dont le beau talent, comme écrivain, surpasse encore la pureté du goût comme critique, que l'on a voulu désigner par cette étrange assertion? Mon illustre ami a dit et redit cent fois, à quiconque a voulu l'entendre, ce qu'il pense de mes travaux littéraires; ses sentiments à cet égard sont bien loin d'être changés : le temps et les satires publiées contre mon livre n'ont fait que l'affermir dans l'opinion qu'il a des *Martyrs,* et aucune opinion sur tous les points et sous tous les rapports, ne leur est plus complétement favorable.

Si l'on trouve mauvais que je me vante ici des suffrages que j'ai obtenus; si je sors des bornes d'une modestie que la faiblesse de mes talents me prescrit, et que je n'ai jamais franchies jusqu'à présent, qu'on s'en prenne à l'indigne manière dont on m'a traité. Il est aisé de comprendre pourquoi on avait hasardé une accusation qui jetait de la défaveur sur mon ouvrage, en même temps qu'elle flétrissait le caractère de mes amis. On savait que les dignités dont le premier d'entre eux est revêtu lui interdisaient toute espèce de lutte dans les journaux; on n'a pas craint alors de l'appeler dans une arène où il ne pouvait descendre. Si l'indignation que cause l'injustice l'avait engagé malgré moi dans ce combat, eh bien ! on avait encore tout à gagner : on eût fait du bruit en s'attaquant à un nom célèbre.

Enfin, s'il faut en croire les adversaires des *Martyrs*, ce sont les coteries, les cabales, les partis, qui agissent en ma faveur.

Depuis mon entrée dans la carrière des lettres, tous mes pas ont été marqués par des orages. J'ai été accablé d'injures, de pamphlets, de parodies, de critiques, de plaisanteries en prose et en vers; mes phrases traînent dans toutes les saletés des boulevards; mon nom se rencontre dans toutes les satires. Qu'ai-je opposé à cela? Une seule défense, où, en répondant d'une voix ferme, je n'ai point rendu l'insulte pour l'insulte[1]. Me rencontre-t-on dans ces salons et sur ces théâtres où se forge la renommée? Suis-je de quelque assemblée littéraire? Vais-je lisant mes ouvrages à quiconque veut les écouter? Je vis seul; je n'ai point d'école, point de jeunes gens qui viennent recueillir les paroles du maître. Si j'en crois pourtant la faveur publique, il ne tiendrait qu'à moi de m'entourer de nombreux disciples. Avant la révolution, étant encore dans ma plus grande jeunesse, un heureux hasard me jeta dans la société de M. de La Harpe, et j'eus le bonheur de recevoir les leçons de cet excellent maître. Il a daigné me rappeler dans son testament, et je déplore tous les jours la perte d'un homme si utile aux lettres. Quel défenseur n'ai-je pas perdu! Tout le monde sait l'amitié qui me lie au digne successeur de l'Aristarque français; amitié qui compte déjà bien des années, puisqu'elle remonte à l'époque où j'ai connu M. de La Harpe. D'autres littérateurs distingués, que je fréquentais à cette même époque, ont suivi des routes différentes de la mienne : ils se sont déclarés mes ennemis, sans que je les aie provoqués; ils m'ont attaqué dans leurs écrits avec violence. Je ne me suis pas plaint de leur infidélité au souvenir d'une ancienne liaison; j'ai lu les critiques qu'ils ont faites de mes premiers ouvrages, j'y ai remarqué du goût, de l'esprit, du talent, du savoir. S'ils m'ont paru quelquefois aller trop loin, j'ai pensé ou que mon amour-propre me trompait, ou qu'ils étaient emportés malgré eux au delà des bornes, par cette chaleur d'opinion dont on a tant de peine à se défendre. Je me plais même à reconnaître que les rudes leçons d'une amitié changée m'ont été utiles, et que si *les Martyrs* ont moins de taches que mes précédents écrits, je le dois à ces jugements, peut-être un peu rigoureux. Je ne pense nullement comme ces hommes de lettres en matière de religion; mais cela ne me rend point leur ennemi, et je ne le dis point par une hypocrisie superbe[2].

Ce ton n'est guère, il me semble, celui d'un chef de *parti*, d'un homme de *coterie*. Aujourd'hui que l'on a passé envers moi toutes les bornes; aujourd'hui que l'on a tenu, en parlant des *Martyrs*, un langage que l'on ne m'avait jamais adressé dans la plus grande chaleur de la controverse sur *Atala*, qu'ai-je opposé à cette attaque? Pendant huit mois, un profond silence; maintenant cet *Examen*, où je n'ai pas

---

[1] *Défense du Génie du Christianisme.*

[2] Tandis que j'écrivais ceci, les littérateurs distingués dont je parle avec cette modération remplissaient les almanachs de vers injurieux contre *les Martyrs*. La meilleure réponse que je puisse faire à ces littérateurs, c'est de laisser subsister tel qu'il est le paragraphe qui a donné lieu à cette note.

même employé les réponses personnelles que je trouvais dans la brochure d'un défenseur inconnu.

Ne pourrais-je point, à mon tour, avec plus de justice, accuser mes adversaires de cabale et d'esprit de parti? Je demanderais si des gens pleins de bonne foi et de droiture ne se sont point assemblés pour délibérer sur le sort qu'on ferait aux *Martyrs?* Je demanderais si, dans l'incroyable chaleur de la haine, on n'est point allé jusqu'à proposer d'insulter ma personne autant que mon ouvrage? Ceux qui connaissent à fond l'odieuse intrigue montée contre *les Martyrs*, verront bien que je ne dis pas tout. Et quel moment a-t-on choisi pour m'attaquer! moment où la moindre noblesse de caractère eût suffi pour interdire toute critique injurieuse! Mais on n'a respecté ni ma douleur ni mes regrets.

J'entends d'ici mes adversaires me répondre :

« Vos études, vos voyages, vos sacrifices, vos douleurs, vos regrets ne font rien à l'affaire; le public n'entre point dans toutes ces raisons. *Les Martyrs* sont-ils une bonne ou une méchante épopée? voilà la question. Il n'y a point d'auteur censuré qui ne crie à l'injustice, à la persécution; qui n'en appelle à la postérité; qui ne se compare à Racine outragé, quoiqu'il n'ait rien de commun avec Racine. Les droits de la critique sont de dire nettement et clairement son avis, de juger impitoyablement un livre sans considérations aucunes, sans ménagements, sans égards aux réclamations de l'auteur. »

Non, ce ne sont point là les droits de la critique; et puisqu'elle ignore ses véritables droits, je vais tâcher de les lui faire connaître.

Un homme prend tout à coup le titre d'auteur; il se présente au public sans nom, sans talent, sans bonnes études; tout annonce en lui une incapacité absolue pour l'art du poëte, de l'orateur, de l'historien : c'est alors que la critique a le droit incontestable de repousser cet homme, sans égards, sans ménagements, sans considérations aucunes. Elle peut employer contre lui toutes sortes d'armes, hors celles qu'interdit l'honneur. Raisonnements, plaisanteries, vérités dures et tranchantes, tout est bon, parce qu'elle fait alors une œuvre charitable : elle arrête un malheureux au commencement d'une carrière où l'attendent les humiliations et le ridicule s'il est riche, le mépris et la misère si la fortune lui a refusé ses dons. Les lettres, sans le talent propre à les rendre utiles ou agréables, ne servent qu'à corrompre le cœur, qu'à nous gonfler de haine et d'envie, qu'à nous arracher aux devoirs de la société, et à nourrir en nous un amour-propre féroce aux dépens de tous les sentiments généreux.

Mais quand la critique croit avoir le droit d'user de la même rigueur dans toute occasion et avec toute espèce d'hommes, dès qu'un ouvrage lui déplaît, elle est dans une grossière erreur. Il résulterait de là que Boileau pourrait être traité comme Chapelain, si *le Lutrin* ou *l'Art poétique* encouraient la disgrâce d'un censeur, et que le premier barbouilleur de jugements littéraires pourrait manquer impunément au génie de Corneille.

Il y a donc nécessairement une règle qu'il n'est permis à personne de violer. Or, cette règle, la voici :

Ce qui décide du ton et des égards que l'on doit employer dans l'examen d'un ouvrage, c'est le plus ou moins de renommée, le plus ou moins d'estime qui s'attache au nom de l'écrivain, et, jusqu'à un certain degré, le plus ou moins de temps, de veilles, d'études, de travaux, que cet écrivain a consacrés aux lettres.

Qu'un auteur ait donc obtenu un succès incontestable, puisque c'est un fait;

que ce succès se soutienne après dix ans révolus ; que des éditions sans cesse renouvelées, des traductions dans toutes les langues, aient fait, à tort ou à raison, connaître le nom de cet auteur dans toute l'Europe ; que cet auteur jouisse d'ailleurs de la réputation d'un honnête homme, la critique qui ne lui oppose qu'une parodie burlesque passe les bornes de son pouvoir : elle doit se souvenir que ce n'est plus un écolier qu'elle corrige ; mais qu'elle est appelée à juger un homme vieilli dans l'art, et dont elle ne peut relever les erreurs qu'avec défiance, mesure et politesse ; elle sera d'autant plus tenue à ces égards, que l'auteur aura mieux connu le prix de l'estime publique, et que, respectant cette estime, il n'aura point broché son nouvel ouvrage, mais aura fait tous les sacrifices pour rendre cet ouvrage digne du succès qu'ont obtenu ses premiers écrits. Ajoutons que, dans ce cas, l'auteur a le droit de demander que son juge ait au moins cette compétence qui tient à la gravité des études et du caractère, et d'exiger que le peintre en grotesque ne soit pas admis à prononcer sur les tableaux du peintre d'histoire.

Si cette opinion sur les devoirs des juges littéraires n'était que la mienne, elle ne mériterait pas sans doute la peine qu'on s'y arrêtât ; mais c'est aussi celle du maître de tous les critiques, d'un homme qui se connaissait en bons et en mauvais ouvrages, et qui se fit un jeu toute sa vie de tourmenter les Cassagne et les Cotin. « Traiter de haut en bas, dit Boileau, un auteur approuvé du public, c'est traiter « de haut en bas le public même [1]. »

Tels sont les devoirs que la raison, l'équité, la modération, l'honneur, prescrivent à la critique. Ont-ils été remplis envers moi, ces devoirs, et dois-je être placé ou dans la classe de l'homme nouveau qui cède imprudemment à la dangereuse tentation d'écrire, ou dans celle de l'homme connu qui a fait des lettres l'occupation principale de sa vie ? Ce n'est pas à moi à répondre à cette question.

Disons plutôt, afin de quitter ce triste sujet, et pour faire voir que ce n'est point ma vanité blessée qui se lamente ; disons que, si j'ai le droit d'être choqué de certaines leçons, cela ne me rend point injuste. Je sais que je suis amplement dédommagé d'une persécution passagère, par le suffrage des hommes supérieurs, par les critiques décentes de la plupart des journaux, par le jugement favorable de cette société polie que recherchaient surtout Boileau, Racine et Voltaire ; enfin, par les applaudissements de la grande majorité du public. Je n'ai jamais espéré d'ailleurs que *les Martyrs* obtinssent, dans le premier moment, un succès aussi populaire que celui du *Génie du Christianisme*. Les temps sont changés : l'ouvrage n'est pas du même genre ; il convient à beaucoup moins de lecteurs. Jamais un livre de cette nature ne fut reçu d'abord avec enthousiasme, le *Télémaque* excepté ; et l'on sait que sa prompte renommée tint à des causes indépendantes de son mérite réel. S'il paraissait aujourd'hui, il est hors de doute que le vulgaire des lecteurs et des critiques le trouverait froid, traînant, ennuyeux, et même écrit avec une négligence impardonnable ; et cependant, quel chef-d'œuvre de goût, de style et de simplicité !

Malgré l'opposition de mes ennemis, malgré les préjugés de toute espèce qu'on a voulu faire naître contre *les Martyrs*, j'ai encore réussi beaucoup au delà de mon attente : il s'est plus écoulé d'exemplaires de mon dernier ouvrage en quelques mois, qu'il ne s'est vendu d'exemplaires du *Génie du Christianisme* en plusieurs années. Sans parler des juges qui se sont déclarés pour moi, ceux qui ont condamné

---

[1] *Lettres à Brossette*, tom. I, pag. 64.

les Martyrs m'ont donné, pour ces mêmes *Martyrs*, des éloges que je n'ai jamais obtenus pour mes autres écrits ; éloges tels qu'ils semblaient devoir exclure ensuite le ton qu'on a pris avec moi. Mon amour-propre, comme auteur, a donc de quoi se consoler ; mais je ne puis m'empêcher de gémir sur le misérable esprit qui règne dans notre littérature. Quelle idée doivent prendre de nous les étrangers, en lisant ces critiques, moitié furibondes, moitié bouffonnes, d'où la décence, l'urbanité, la bonne foi, sont bannies ; ces jugements où l'on n'aperçoit que la haine, l'envie, l'esprit de parti, et mille petites passions honteuses ? En Italie, en Angleterre, ce n'est pas ainsi qu'on accueille un ouvrage : on l'examine avec soin, même avec rigueur, mais toujours avec gravité. S'il renferme quelque talent, on s'en fait un titre d'honneur pour la patrie. En France, on dirait qu'un succès littéraire est une calamité pour tous ceux qui se mêlent d'écrire. Je l'avouerai : quand je vois traîner dans la fange les lambeaux de mes ouvrages, je regrette quelquefois cette carrière où personne n'avait le droit de prononcer mon nom publiquement sans mon aveu, et où je disposais seul d'une noble obscurité.

Enfin on a parlé, à mon sujet, de philosophe et de philosophie, et cela d'un ton qui n'a fait tort qu'à celui qui l'a pris. Expliquons-nous :

S'il faut, pour être philosophe, applaudir aux progrès des lumières, honorer les sciences, aimer les lettres et les arts, désirer le bonheur des hommes, idolâtrer la patrie, je suis philosophe.

Si, pour mériter ce titre, il faut mépriser la sagesse et la gloire de nos ancêtres, blasphémer une religion qui a civilisé, éclairé et consolé la terre, substituer à l'éternelle parole et aux commandements immuables de Dieu le vain langage et la raison changeante de l'homme ; s'il faut vanter l'indépendance avec un cœur d'esclave, n'avoir pour soi que les crimes et jamais les vertus d'une opinion, je n'ai point été, je ne suis point, et je ne serai jamais philosophe.

C'est ici mon dernier combat : il est temps de mettre un terme à ces vaines agitations. J'ai passé l'âge des chimères, et je sais à quoi m'en tenir sur la plupart des choses de la vie. Quelle que soit désormais la justice ou l'injustice de la critique, je lui abandonne mes ouvrages : on pourra les ensevelir, les exhumer, les ensevelir de nouveau, je ne réclamerai plus. Je suis las de recevoir des insultes pour remerciements des plus pénibles travaux. Dans aucun temps, dans aucun pays, un homme qui aurait consacré huit années de sa vie à un long ouvrage ; qui, pour le rendre moins imparfait, eût entrepris des voyages lointains, dissipé le fruit de ses premières études, quitté sa famille, exposé sa vie ; dans aucun temps, dis-je, dans aucun pays, cet homme n'eût été jugé avec une légèreté si déplorable. Je n'ai jamais senti le besoin de la fortune qu'aujourd'hui. Avec quelle satisfaction je laisserais le champ de bataille à ceux qui s'y distinguent par tant de hauts faits pour l'honneur des muses et l'encouragement des talents ! Non que je renonçasse aux lettres, seule consolation de la vie ; mais personne ne serait plus appelé, de mon vivant, à me citer à son tribunal pour un ouvrage nouveau.

FIN DE L'EXAMEN DES MARTYRS.

POÉSIES

PRÉFACE

Dans l'Avertissement placé à la tête du premier volume des Œuvres complètes (édition de 1829), j'ai dit : « J'ai longtemps fait des vers avant de descendre à la prose. Ce n'était « qu'avec regret que M. de Fontanes m'avait vu renoncer aux muses : moi-même je ne les ai « quittées que pour exprimer plus rapidement des vérités que je croyais utiles. »

Dans la Préface des ouvrages politiques j'ai dit : « Les muses furent l'objet du culte de ma « jeunesse ; ensuite je continuai d'écrire en prose avec un penchant égal sur des sujets d'ima- « gination, d'histoire, de politique, et même de finances. Mon premier ouvrage, l'*Essai histo-* « *rique*, est un long traité d'histoire et de politique. Dans le *Génie du Christianisme*, la poli- « tique se retrouve partout, et je n'ai pu me défendre de l'introduire jusque dans l'*Itinéraire* « et dans *les Martyrs*. Mais, par l'impossibilité où sont les hommes d'accorder deux aptitudes « à un même esprit, on ne voulut sortir pour moi du préjugé commun qu'à l'apparition de *la* « *Monarchie selon la Charte*. »

Vous avez fait beaucoup de vers, me dira-t-on : soit; mais sont-ils bons ? voilà toute la question pour le public.

Je sais fort bien que ce n'est pas à moi, mais au public, à trancher cette question. Je ne pourrais appuyer mes espérances que sur une autorité grave à la vérité, mais peut-être fascinée par les illusions de l'amitié. Je vais présenter quelques observations dont je ne prétends faire aucune application à ma personne : je le dis avec sincérité, et j'espère qu'on le croira.

Les grands poëtes ont été souvent de grands écrivains en prose ; qui peut le plus peut le moins ; mais les bons écrivains en prose ont été presque toujours de méchants poëtes. La difficulté est de déterminer, lorsqu'on écrit aussi facilement en prose qu'en vers, et en vers qu'en prose, si la nature vous avait fait poëte d'abord et prosateur ensuite, ou prosateur en premier lieu, et poëte après.

Si vous avez écrit plus de vers que de prose, ou plus de prose que de vers, on vous range dans la catégorie des écrivains en vers ou en prose, d'après le nombre et le succès de vos ouvrages.

Si l'un des deux talents domine chez vous, vous êtes vite classé.

Si les deux talents sont à peu près sur la même ligne, à l'instant on vous en refuse un, par *cette impossibilité où sont les hommes d'accorder deux aptitudes à un même esprit*, comme je l'ai déjà remarqué. On vous loue même excessivement de ce que vous avez, pour déprécier ce que vous avez encore, mais ce qu'on ne veut pas reconnaître ; on vous élève aux nues, pour vous rabaisser au-dessous de tout. L'envie est fort embarrassée, car elle se voit obligée d'accroître votre gloire pour la détruire ; et si le résultat lui fait plaisir, le moyen lui fait peine.

Répétez, par exemple, jusqu'à satiété que presque tous les grands talents politiques et militaires de la Grèce, de l'Italie ancienne, de l'Italie moderne, de l'Allemagne, de l'Angleterre, ont été aussi de grands talents littéraires ; vous ne parviendrez jamais à convaincre de cette vérité de fait la partie médiocre et envieuse de notre société. Ce préjugé barbare qui sépare les talents n'existe qu'en France, où l'amour-propre est inquiet, où chacun croit perdre ce que son voisin possède, où enfin on avait divisé les facultés de l'esprit comme les classes des citoyens. Nous avions nos trois ordres intellectuels, le génie politique, le génie militaire, le génie littéraire, comme nous avions nos trois ordres politiques, le clergé, la noblesse et le tiers état ; mais dans la constitution des trois ordres intellectuels, *il était de principe* qu'ils ne pouvaient jamais se trouver réunis dans la même chambre, c'est-à-dire dans la même tête.

Le gouvernement public dont nous jouissons maintenant fera disparaître peu à peu ces notions dignes des Welches. Il était tout simple que dans une monarchie militaire, où l'on n'avait besoin ni de l'étude politique ni de l'éloquence de la tribune, les lettres parussent un amusement de cabinet ou une occupation de collége. Force sera aujourd'hui de reconnaître que le consul Cicéron était non-seulement un grand orateur, mais encore un grand écrivain, comme César était un grand historien et un grand poëte.

De ces considérations (que, pour le dire encore une fois, je présente dans un intérêt général, nullement dans celui de ma vanité) je passe à l'*historique* de mes poésies.

Si j'avais voulu tout imprimer, le public n'en aurait pas été quitte à moins de deux ou trois gros volumes. Je faisais des vers au collége, et j'ai continué d'en faire jusqu'à ce jour : *Je me suis gardé de les montrer aux gens.* Les muses ont été pour moi des divinités de famille, des lares que je n'adorais qu'à mes foyers.

Les poésies, en très-petit nombre, que je me suis déterminé à conserver, sont divisées en deux classes, savoir : les poésies échappées à ma première jeunesse, et celles que j'ai composées aux différentes époques de ma vie. J'en ai marqué les dates autant que possible, afin qu'on pût suivre dans mes vers, comme on a suivi dans ma prose, l'ordre chronologique des idées, et le développement graduel de l'art.

Tous mes premiers vers, sans exception, sont inspirés par l'amour des champs ; ils forment une suite de petites idylles sans *moutons*, et où l'on trouve à peine un *berger*. J'ai compris les vers de 1784 à 1790, sous ce titre : *Tableaux de la nature.* Je n'ai rien ou presque rien changé à ces vers : composés à une époque où Dorat avait gâté le goût des jeunes poëtes, ils n'ont rien de maniéré, quoique la langue y soit quelquefois fortement invertie ; ils sont d'ailleurs coupés avec une liberté de césure que l'on ne se permettait guère alors. Les rimes sont soignées, les mètres, variés, quoique disposés à se former en dix syllabes. On retrouve dans ces essais de ma muse des descriptions que j'ai transportées depuis dans ma prose.

C'est dans ces idylles d'une espèce nouvelle que le lecteur rencontrera les premières lignes qui aient jamais été imprimées de moi. Le neuvième tableau fut inséré dans *l'Almanach des muses* de 1790 ; il y figure à la page 205, sous ce titre que je lui ai conservé : *l'Amour de la campagne*, par le chevalier de C***. On en parla dans la société de Ginguené, de Le Brun, de Chamfort, de Parny, de Flins, de La Harpe et de Fontanes, avec lesquels j'avais des liaisons plus ou moins étroites. Je prenais mal mon temps pour faire *ma veille des armes* dans *l'Almanach des muses* ; on était déjà en pleine révolution, et ce n'était plus avec des quatrains qu'on pouvait aller à la renommée.

Voici ce que je lis dans les Mémoires inédits de ma vie, au sujet de mon début dans la carrière littéraire. Après avoir fait le tableau des diverses sociétés de Paris à cette époque et le portrait des principaux acteurs, je dis :

« On me demandera : Et l'histoire de votre présentation, que devint-elle ? — Elle resta là.

« — Vous ne chassâtes donc plus avec le roi après avoir monté dans les carrosses ? — Pas plus

« qu'avec l'empereur de la Chine. — Vous ne retournâtes donc plus à la cour ? — J'allai deux

« fois jusqu'à Sèvres, et revins à Paris. — Vous ne tirâtes donc aucun parti de votre position

« et de celle de votre frère? — Aucun. — Que faisiez-vous donc? — Je m'ennuyais. — Ainsi
« vous ne sentiez aucune ambition? — Si fait : à force d'intrigues et de soucis, je parvins, par
« la protection de Delisle de Sales, à la gloire de faire insérer dans *l'Almanach des muses* une
« idylle (*l'Amour de la campagne*), dont l'apparition me pensa faire mourir de crainte et
« d'espérance. »

Au retour de l'émigration, mon ami M. de Fontanes, qui connaissait mes secrets poétiques, m'engagea à laisser insérer dans *le Mercure* les vers intitulés *la Forêt*. Tandis que j'étais à Londres, M. Peltier avait publié dans son journal mon imitation de l'élégie de Gray sur un *Cimetière de campagne*. Cette imitation a été réimprimée en 1828 dans les *Annales romantiques*. Les autres pièces ont été publiées pour la première fois, en 1828, dans l'édition de mes Œuvres complètes.

POËMES DIVERS

TABLEAUX DE LA NATURE

(DE 1784 A 1790)

PREMIER TABLEAU.

INVOCATION.

Je voudrais célébrer dans des vers ingénus
Les plantes, leurs amours, leurs penchants inconnus,
L'humble mousse attachée aux voûtes des fontaines,
L'herbe qui d'un tapis couvre les vertes plaines,
Sur ces monts exaltés le cèdre précieux
Qui parfume les airs et s'approche des cieux
Pour offrir son encens au Dieu de la nature,
Le roseau qui frémit au bord d'une onde pure,
Le tremble au doux parler, dont le feuillage frais
Remplit de bruits légers les antiques forêts,
Et le pin qui, croissant sur des grèves sauvages,
Semble l'écho plaintif des mers et des orages :
L'innocente nature et ses tableaux touchants
Ainsi qu'à mon amour auront part à mes chants.

SECOND TABLEAU.

LA FORÊT.

Forêt silencieuse, aimable solitude,
Que j'aime à parcourir votre ombrage ignoré!
Dans vos sombres détours en rêvant égaré,

J'éprouve un sentiment libre d'inquiétude.
Prestige de mon cœur! je crois voir s'exhaler
Des arbres, des gazons, une douce tristesse :
Cette onde que j'entends murmure avec mollesse,
Et dans le fond des bois semble encor m'appeler.
Oh! que ne puis-je, heureux, passer ma vie entière
Ici, loin des humains! — Au bruit de ces ruisseaux,
Sur un tapis de fleurs, sur l'herbe printanière,
Qu'ignoré je sommeille à l'ombre des ormeaux!
Tout parle, tout me plaît sous ces voûtes tranquilles :
Ces genêts, ornements d'un sauvage réduit;
Ce chèvrefeuille atteint d'un vent léger qui fuit,
Balancent tour à tour leurs guirlandes mobiles.
Forêts, dans vos abris gardez mes vœux offerts!
A quel amant jamais serez-vous aussi chères?
D'autres vous rediront des amours étrangères;
Moi, de vos charmes seuls j'entretiens vos déserts [1].

TROISIÈME TABLEAU.

LE SOIR, AU BORD DE LA MER.

Les bois épais, les sirtes mornes, nues,
Mêlent leurs bords dans les ombres chenues.
En scintillant dans le zénith d'azur,
On voit percer l'étoile solitaire;
A l'occident, séparé de la terre,
L'écueil blanchit sous un horizon pur,
Tandis qu'au nord, sur les mers cristallines,
Flotte la nue, en vapeurs purpurines.
D'un carmin vif les monts sont dessinés;
Du vent du soir se meurt la voix plaintive;
Et, mollement l'un à l'autre enchaînés,
Les flots calmés expirent sur la rive.
Tout est grandeur, pompe, mystère, amour :
Et la nature, aux derniers feux du jour,
Avec ses monts, ses forêts magnifiques,
Son plan sublime et son ordre éternel,
S'élève ainsi qu'un temple solennel,
Resplendissant de ses beautés antiques.

---

[1] Vers imprimés dans *le Mercure.* Voyez la Préface.

Le sanctuaire où le Dieu s'introduit
Semble voilé par une sainte nuit ;
Mais dans les airs la coupole hardie,
Des arts divins gracieuse harmonie,
Offre un contours peint des fraîches couleurs
De l'arc-en-ciel, de l'aurore et des fleurs.

QUATRIÈME TABLEAU.

LE SOIR DANS UNE VALLÉE.

Déjà le soir de sa vapeur bleuâtre
Enveloppait les champs silencieux ;
Par le nuage étaient voilés les cieux :
Je m'avançais vers la pierre grisâtre.

Du haut d'un mont une onde, rugissant,
S'élançait : sous de larges sycomores,
Dans ce désert d'un calme menaçant,
Roulaient les flots agités et sonores.
Le noir torrent, redoublant de vigueur,
Entrait fougueux dans la forêt obscure
De ces sapins, au port plein de langueur,
Qui, négligés comme dans la douleur,
Laissent tomber leur longue chevelure,
De branche en branche errant à l'aventure.
Se regardant dans un silence affreux,
Des rochers nus s'élevaient ténébreux.
Leur front aride et leurs cimes sauvages
Voyaient glisser et fumer les nuages :
Leurs longs sommets, en prisme partagés,
Étaient des eaux et des mousses rongés.
Des liserons, d'humides capillaires,
Couvraient les flancs de ces monts solitaires ;
Plus tristement des lierres encor
Se suspendaient aux rocs inaccessibles ;
Et contrasté, teint de couleurs paisibles,
Le jonc, couvert de ses papillons d'or,
Riait au vent sur des sites terribles.

Mais tout s'efface ; et, surpris de la nuit,
Couché parmi des bruyères laineuses,
Sur le courant des ondes orageuses
Je vais pencher mon front chargé d'ennui.

CINQUIÈME TABLEAU.

NUIT DE PRINTEMPS.

Le ciel est pur, la lune est sans nuage :
Déjà la nuit au calice des fleurs
Verse la perle et l'ambre de ses pleurs ;
Aucun zéphyr n'agite le feuillage.
Sous un berceau, tranquillement assis,
Où le lilas flotte et pend sur ma tête,
Je sens couler mes pensers rafraîchis
Dans les parfums que la nature apprête.
Des bois dont l'ombre, en ces prés blanchissants,
Avec lenteur se dessine et repose,
Deux rossignols, jaloux de leurs accents,
Vont tour à tour réveiller le printemps
Qui sommeillait sous ces touffes de rose.
Mélodieux, solitaire Ségrais,
Jusqu'à mon cœur vous portez votre paix !
Des prés aussi traversant le silence,
J'entends au loin, vers ce riant séjour,
La voix du chien qui gronde et veille autour
De l'humble toit qu'habite l'innocence.
Mais quoi, déjà, belle nuit, je te perds !
Parmi les cieux à l'aurore entr'ouverts,
Phébé n'a plus que des clartés mourantes ;
Et le zéphyr, en rasant le verger,
De l'orient, avec un bruit léger,
Se vient poser sur ces tiges tremblantes.

SIXIÈME TABLEAU.

NUIT D'AUTOMNE.

Mais des nuits d'automne
Goûtons les douceurs ;
Qu'aux aimables fleurs
Succède Pomone !
Le pâle couchant
Brille encore à peine ;
De Vénus, qu'il mène,

L'astre va penchant ;
La lune, emportée
Vers d'autres climats,
Ne montrera pas
Sa face argentée.
De ces peupliers,
Au bord des sentiers,
Les zéphyrs descendent,
Dans les airs s'étendent,
Effleurent les eaux,
Et de ces ormeaux
Raniment la séve :
Comme une vapeur,
La douce fraîcheur
De ces bois s'élève.
Sous ces arbres verts,
Qu'un vent frais balance,
J'entends en silence
Leurs légers concerts :
Mollement bercée,
La voûte pressée
En dôme orgueilleux
Serre son ombrage,
Et puis s'entr'ouvrant,
Du ciel lentement
Découvre l'image.
Là, des nuits l'azur
Dans un cristal pur
Déroule ses voiles,
Et le flot brillant
Coule en sommeillant
Sur un lit d'étoiles.

O charme nouveau !
Le son du pipeau
Dans l'air se déploie,
Et du fond des bois
M'apporte à la fois
L'amour et la joie.
Près des ruisseaux clairs,
Au chaume d'Adèle
Le pasteur fidèle
Module ses airs.
Tantôt il soupire,

Tantôt il désire,
Se tait : tour à tour
Sa simple cadence
Me peint son amour
Et son innocence.
Dans son lit heureux
La pauvre attentive
Écoute, pensive,
Ces sons dangereux :
Le drap qui la couvre
Loin d'elle a roulé,
Et son œil troublé
Mollement s'entr'ouvre.
Tout entière au bruit
Qui, pendant la nuit,
La charme et l'accuse,
Adèle au vainqueur
Son aveu refuse,
Et donne son cœur.

SEPTIÈME TABLEAU.

LE PRINTEMPS, L'ÉTÉ ET L'HIVER.

Vallée au nord, onduleuse prairie,
Déserts charmants, mon cœur, formé pour vous,
Toujours vous cherche en sa mélancolie.
A ton aspect, solitude chérie,
Je ne sais quoi de profond et de doux
Vient s'emparer de mon âme attendrie.
Si l'on savait le calme qu'un ruisseau
En tous mes sens porte avec son murmure,
Ce calme heureux que j'ai sur la verdure
Goûté cent fois seul au pied d'un coteau,
Les froids amants du froid séjour des villes
Rechercheraient ces voluptés faciles.

Si le printemps les champs vient émailler,
Dans un coin frais de ce vallon paisible
Je lis assis sous le rameux noyer,
Au rude tronc, au feuillage flexible.
Du rossignol le suave soupir

Enchaîne alors mon oreille captive,
Et, dans un songe au-dessus du plaisir,
Laisse flotter mon âme fugitive.
Au fond d'un bois quand l'été va durant,
Est-il une onde aimable et sinueuse
Qui, dans son cours, lente et voluptueuse,
A chaque fleur s'arrête en soupirant?
Cent fois au bord de cette onde infidèle
J'irai dormir sous le coudre odorant,
Et disputer de paresse avec elle.

Sous le saule nourri de ta fraîcheur amie,
    Fleuve témoin de mes soupirs,
Dans ces prés émaillés, au doux bruit des zéphyrs,
Ton passage offre ici l'image de la vie.
En des vallons déserts, au sortir de ces fleurs,
    Tu conduis tes ondes errantes :
    Ainsi nos heures inconstantes
    Passent des plaisirs aux douleurs.

Mais si voluptueux, du moins dans notre course,
    Du printemps nous savons jouir,
Nos jours plus doucement s'éloignent de leur source,
Emportant avec eux un tendre souvenir :
Ainsi tu vas moins triste au rocher solitaire
    Vers ces bois où tu fuis toujours,
    Si de ces prés ton heureux cours
    Entraîne quelque fleur légère.

De mon esprit ainsi l'enchantement
Naît et s'accroît pendant tout un feuillage.
L'aquilon vient, et l'on voit tristement
L'arbre isolé, sur le coteau sauvage,
Se balancer au milieu de l'orage.
De blancs oiseaux en troupes partagés
Quittent les bords de l'Océan antique :
Tous, en silence à la file rangés,
Fendent l'azur d'un ciel mélancolique.
J'erre aux forêts où pendent les frimas :
Interrompu par le bruit de la feuille
Que lentement je traîne sous mes pas,
Dans ses pensers mon esprit se recueille.

Qui le croirait? plaisirs solacieux,
Je vous retrouve en ce grand deuil des cieux :

L'habit de veuve embellit la nature.
Il est un charme à des bois sans parure :
Ces prés riants entourés d'aunes verts,
Où l'onde molle énerve la pensée,
Où sur les fleurs l'âme rêve, bercée
Aux doux accords du feuillage et des airs ;
Ces prés riants que l'aquilon moissonne
Plaisent aux cœurs. Vers la terre courbés,
Nous imitons, ou flétris ou tombés,
L'herbe en hiver et la feuille en automne.

HUITIÈME TABLEAU.

LA MER.

Des vastes mers tableau philosophique,
Tu plais au cœur de chagrins agité :
Quand de ton sein par les vents tourmenté,
Quand des écueils et des grèves antiques
Sortent des bruits, des voix mélancoliques,
L'âme attendrie en ses rêves se perd,
Et, s'égarant de penser en penser,
Comme les flots de murmure en murmure,
Elle se mêle à toute la nature :
Avec les vents, dans le fond des déserts,
Elle gémit le long des bois sauvages,
Sur l'Océan vole avec les orages,
Gronde en la foudre, et tonne dans les mers.
Mais quand le jour sur les vagues tremblantes
S'en va mourir ; quand, souriant encor,
Le vieux soleil glace de pourpre et d'or
Le vert changeant des mers étincelantes,
Dans des lointains fuyants et veloutés,
En enfonçant ma pensée et ma vue,
J'aime à créer des mondes enchantés,
Baignés des eaux d'une mer inconnue.
L'ardent désir, des obstacles vainqueur,
Trouve, embellit des rives bocagères,
Des lieux de paix, des îles de bonheur,
Où, transporté par les douces chimères,
Je m'abandonne aux songes de mon cœur.

NEUVIÈME TABLEAU.

L'AMOUR DE LA CAMPAGNE.

Que de ces prés l'émail plaît à mon cœur !
Que de ces bois l'ombrage m'intéresse !
Quand je quittai cette onde enchanteresse,
L'hiver régnait dans toute sa fureur.

Et cependant mes yeux demandaient ce rivage ;
Et cependant d'ennuis, de chagrins dévoré,
Au milieu des palais, d'hommes froids entouré,
Je regrettais partout mes amis du village.
Mais le printemps me rend mes champs et mes beaux jours.
Vous m'allez voir encore, ô verdoyantes plaines,
Assis nonchalamment auprès de vos fontaines,
Un Tibulle à la main, me nourrissant d'amours.
Fleuve de ces vallons, là, suivant tes détours,
J'irai seul et content gravir ce mont paisible ;
Souvent tu me verras, inquiet et sensible,
Arrêté sur tes bords en regardant ton cours.

J'y veux terminer ma carrière ;
Rentré dans la nuit des tombeaux,
Mon ombre, encor tranquille et solitaire,
Dans les forêts cherchera le repos.
Au séjour des grandeurs mon nom mourra sans gloire ;

Mais il vivra longtemps sous les toits de roseaux ;
Mais d'âge en âge, en gardant leurs troupeaux,
Des bergers attendris feront ma courte histoire :

« Notre ami, diront-ils, naquit sous ce berceau,
« Il commença sa vie à l'ombre de ces chênes ;
« Il la passa couché près de cette eau,
« Et sous les fleurs sa tombe est dans ces plaines [1]. »

[1] Vers imprimés dans l'*Almanach des muses*, année 1790, pag. 205. Voyez la Préface.

DIXIÈME ET DERNIER TABLEAU.

LES ADIEUX.

Le temps m'appelle : il faut finir ces vers.
A ce penser défaillit mon courage.
Je vous salue, ô vallons que je perds!
Écoutez-moi : c'est mon dernier hommage.
Loin, loin d'ici, sur la terre égaré,
Je vais traîner une importune vie;
Mais, quelque part que j'habite ignoré,
Ne craignez point qu'un ami vous oublie.
Oui, j'aimerai ce rivage enchanteur,
Ces monts déserts qui remplissaient mon cœur
Et de silence et de mélancolie;
Surtout ces bois chers à ma rêverie,
Où je voyais, de buisson en buisson,
Voler sans bruit un couple solitaire,
Dont j'entendais, sous l'orme héréditaire,
Seul, attendri, la dernière chanson.
Simples oiseaux, retiendrez-vous la mienne?
Parmi ces bois, ah! qu'il vous en souvienne.
En te quittant je chante tes attraits,
Bord adoré! de ton maître fidèle
Si les talents égalaient les regrets,
Ces derniers vers n'auraient point de modèle.
Mais aux pinceaux de la nature épris
La gloire échappe, et n'en est point le prix.
Ma muse est simple, et rougissante, et nue;
Je dois mourir ainsi que l'humble fleur
Qui passe à l'ombre et seulement connue
De ces ruisseaux qui faisaient son bonheur.

LES TOMBEAUX CHAMPÊTRES.

ÉLÉGIE IMITÉE DE GRAY [1].

Londres, 1796.

Dans les airs frémissants j'entends le long murmure
De la cloche du soir qui tinte avec lenteur.

---

[1] Cette imitation a été imprimée à Londres, dans le journal de Peltier. Voyez la Préface.

Les troupeaux en bêlant errent sur la verdure;
Le berger se retire, et livre la nature
A la nuit solitaire, à mon penser rêveur.

Dans l'orient d'azur l'astre des nuits s'avance,
Et tout l'air se remplit d'un calme solennel.
Du vieux temple, verdi sous ce lierre immortel,
L'oiseau de la nuit seul trouble le grand silence.
On n'entend que le bruit de l'insecte incertain,
Et quelquefois encore, au travers de ces hêtres,
Les sons interrompus des sonnettes champêtres
Du troupeau qui s'endort sur le coteau lointain.

Dans ce champ où l'on voit l'herbe mélancolique
Flotter sur les sillons que forment ces tombeaux,
Les rustiques aïeux de nos humbles hameaux,
Au bruit du vent des nuits, dorment sous l'if antique.
De la jeune Progné le ramage confus,
Du zéphyr, au matin, la voix fraîche et céleste,
Les chants perçants du coq ne réveilleront plus
Ces bergers endormis sous cette couche agreste.
Près de l'âtre brûlant une épouse modeste
N'apprête plus pour eux le champêtre repas;
Jamais à leur retour ils ne verront, hélas!
D'enfants au doux parler une troupe légère,
Entourant leurs genoux et retardant leurs pas,
Se disputer l'amour et les baisers d'un père.

Souvent, ô laboureurs! Cérès mûrit pour vous
Les flottantes moissons dans les champs qu'elle dore;
Souvent avec fracas tombèrent sous vos coups
Les pins retentissants dans la forêt sonore.
En vain l'ambition, qu'enivre ses désirs,
Méprise et vos travaux et vos simples loisirs :
Eh! que sont les honneurs? l'enfant de la victoire,
Le paisible mortel qui conduit un troupeau,
Meurent également; et les pas de la gloire,
Comme ceux du plaisir, ne mènent qu'au tombeau.
Qu'importe que pour nous de vains panégyriques
D'une voix infidèle aient enflé les accents?
Les bustes animés, les pompeux monuments
Font-ils parler des morts les muettes reliques?

Jetés loin des hasards qui forment la vertu,
Glacés par l'indigence aux jours qu'ils ont vécu,

Peut-être ici la mort enchaîne en son empire
De rustiques Newtons de la terre ignorés,
D'illustres inconnus dont les talents sacrés
Eussent charmé les dieux sur le luth qui respire :
Ainsi brille la perle au fond des vastes mers;
Ainsi meurent aux champs des roses passagères
Qu'on ne voit point rougir, et qui, loin des bergères,
D'inutiles parfums embaument les déserts.

Là, dorment dans l'oubli des poëtes sans gloire,
Des orateurs sans voix, des héros sans victoire :
Que dis-je! des Titus faits pour être adorés.
Mais si le sort voila tant de vertus sublimes
Sous ces arbres en deuil, combien aussi de crimes
Le silence et la mort n'ont-ils point dévorés!
Loin d'un monde trompeur, ces bergers sans envie,
Emportant avec eux leurs tranquilles vertus,
Sur le fleuve du temps passagers inconnus,
Traversèrent sans bruit les déserts de la vie.
Une pierre, aux passants demandant un soupir,
Du naufrage des ans a sauvé leur mémoire;
Une muse ignorante y grava leur histoire,
Et le texte sacré qui nous aide à mourir.

En fuyant pour toujours les champs de la lumière,
Qui ne tourne la tête au bout de la carrière?
L'homme qui va passer cherche un secours nouveau :
Que la main d'un ami, que ses soins chers et tendres
Entr'ouvrent doucement la pierre du tombeau!
Le feu de l'amitié vit encor dans nos cendres.

Pour moi, qui célébrai ces tombes sans honneurs,
Si quelque voyageur, attiré sur ces rives
Par l'amour du rêver et le charme des pleurs,
S'informe de mon sort dans ses courses pensives,
Peut-être un vieux pasteur, en gardant ses troupeaux,
Lui fera simplement mon histoire en ces mots :

« Souvent nous l'avons vu, dans sa marche posée,
« Au souris du matin, dans l'orient vermeil,
« Gravir les frais coteaux à travers la rosée,
« Pour admirer au loin le lever du soleil.
« Là-bas, près du ruisseau, sur la mousse légère,
« A l'ombre du tilleul que baigne le courant,
« Immobile il rêvait, tout le jour demeurant

« Les regards attachés sur l'onde passagère.
« Quelquefois dans les bois il méditait ses vers
« Au murmure plaintif du feuillage et des airs.
« Un matin nos regards, sous l'arbre centenaire
« Le cherchèrent en vain au repli du ruisseau ;
« L'aurore reparut ; et l'arbre et le coteau,
« Et la bruyère encor, tout était solitaire.
« Le jour suivant, hélas ! à la file allongé,
« Un convoi s'avança par le chemin du temple.
« Approche, voyageur ! lis ces vers, et contemple
« Ce triste monument que la mousse a rongé. »

ÉPITAPHE.

Ici dort, à l'abri des orages du monde,
Celui qui fut longtemps jouet de leur fureur.
Des forêts il chercha la retraite profonde,
Et la mélancolie habita dans son cœur.
De l'amitié divine il adora les charmes ;
Aux malheureux donna tout ce qu'il eut, des larmes.
Passant, ne porte point un indiscret flambeau
Dans l'abîme où la mort le dérobe à ta vue :
Laisse-le reposer sur la rive inconnue,
    De l'autre côté du tombeau.

A LYDIE.

IMITATION D'ALCÉE, POETE GREC.

Londres, 1797.

Lydie, es-tu sincère ? excuse mes alarmes :
    Tu t'embellis en accroissant mes feux ;
Et le même moment qui t'apporte des charmes
    Ride mon front et blanchit mes cheveux.

Au matin de tes ans, de la foule chérie,
    Tout est pour toi joie, espérance, amour :
Et moi, vieux voyageur, sur ta route fleurie
    Je marche seul et vois finir le jour.

Ainsi qu'un doux rayon, quand ton regard humide
    Pénètre au fond de mon cœur ranimé,
J'ose à peine effleurer d'une lèvre timide
    De ton beau front le voile parfumé.

Tout à la fois honteux et fier de ton caprice,
  Sans croire en toi je m'en laisse enivrer.
J'adore tes attraits, mais je me rends justice :
  Je sens l'amour, et ne puis l'inspirer.

Par quel enchantement ai-je pu te séduire?
  N'aurais-tu point, dans mon dernier soleil,
Cherché l'astre de feu qui sur moi semblait luire
  Quand de Sapho je chantais le réveil?

Je n'ai point le talent qu'on encense au Parnasse :
  Eussé-je un temple au sommet d'Hélicon,
Le talent ne rend point ce que le temps efface;
  La gloire, hélas! ne rajeunit qu'un nom.

Le *Guerrier de Samos*, le *Berger d'Alphélie*[1],
  Mes fils ingrats, m'ont-ils ravi ta foi?
Ton admiration me blesse et m'humilie :
  Le croirais-tu? je suis jaloux de moi.

Que m'importe de vivre au delà de ma vie?
  Qu'importe un nom par la mort publié?
Pour moi-même un moment aime-moi, ma Lydie,
  Et que je sois à jamais oublié!

MILTON ET DAVENANT.

Londres, 1797.

Charles avait péri : des bourreaux-commissaires,
Des lois qu'on appelait révolutionnaires,
L'exil et l'échafaud, la confiscation...
C'était la France enfin sous la Convention.

Dans les nombreux suivants de l'étendard du crime,
L'Angleterre voyait un homme magnanime :
Milton, le grand Milton (pleurons sur les humains!)
Prodiguait son génie à de sots puritains;
Il détestait surtout, dans son indépendance,
Ce parti malheureux qu'une noble constance
Attachait à son roi. Par ce zèle cruel,
Milton s'était flétri des honneurs de Cromwell.

---

[1] Deux ouvrages d'Alcée.

Un matin que du sang il avait appétence,
Des prédicants-soldats traînent en sa présence
Un homme jeune encor, mais dont le front pâli
Est prématurément par le chagrin vieilli,
Un royaliste enfin. Dans le feu qui l'anime,
Milton d'un œil brûlant mesure sa victime,
Qui, loin d'être sensible à ses propres malheurs,
Semble admirer son juge et plaindre ses erreurs.
« Dis-nous quel est ton nom, sycophante d'un maître,
« Vassal au double cœur d'un esclave et d'un traître.
« Réponds-moi. — Mon nom est Davenant. » A ce nom
Vous eussiez vu soudain le terrible Milton
Tressaillir, se lever, et, renversant son siége,
Courir au prisonnier que la cohorte assiége.

« Ton nom est Davenant, dis-tu? ce nom chéri!
« Serais-tu ce mortel par les Muses nourri,
« Qui, dans les bois sacrés égarant sa jeunesse,
« Enchanta de ses vers les rives du Permesse? »

Davenant repartit : « Il est vrai qu'autrefois
« La lyre d'Aonie a frémi sous mes doigts. »

A ces mots, répandant une larme pieuse,
Oubliant des témoins la présence envieuse,
Milton serre la main du poëte admiré.
Et puis de cette voix, de ce ton inspiré
Qui d'Ève raconta les amours ineffables.
« Tu vivras, peintre heureux des élégantes fables;
« J'en jure par les arts qui nous avaient unis,
« Avant que d'Albion le sort les eût bannis.
« A des cœurs embrasés d'une flamme si belle,
« Eh! qu'importe d'un Pym la vulgaire querelle?
« La mort frappe au hasard les princes, les sujets;
« Mais les beaux vers, voilà ce qui ne meurt jamais,
« Soit qu'on chante le peuple ou le tyran injuste :
« Virgile est immortel en célébrant Auguste!
« Quoi! la loi frapperait de son glaive irrité
« Un enfant d'Apollon?... Non, non, postérité!
« Soldats, retirez-vous; merci de votre zèle.
« Cet homme est sûrement un citoyen fidèle,
« Un grand républicain : je sais de bonne part
« Qu'il s'est fort réjoui de la mort de Stuart.
« — Non! » criait Davenant que ce reproche touche.
Mais Milton, de sa main en lui couvrant la bouche,

Au fond d'un cabinet le pousse tout d'abord,
L'enferme à double tour, puis avec un peu d'or
Éconduit poliment la horde jacobine.

Vers son hôte captif ensuite il s'achemine,
Fait apporter du vin qu'il lui verse à grands flots,
Sème le déjeuner d'agréables propos :
De politique point, mais beaucoup de critiques
Sur l'esprit des Latins et les grâces attiques.
Davenant récita l'idylle du *Ruisseau;*
Milton lui repartit par le vif *Allegro,*
Du doux *Penseroso* redit le chant si triste,
Et déclama les chœurs du *Samson agoniste.*
Les poëtes, charmés de leurs talents divers,
Se quittèrent enfin, en murmurant leurs vers.

Cependant, fatigué de ces longues misères,
Le peuple soupirait pour les lois de ses pères :
Il rappela son roi; les crimes refrénés
Furent par un édit sagement pardonnés.
On excepta pourtant quelques hommes perfides,
Complices et fauteurs des sanglants régicides :
Milton, au premier rang, s'était placé parmi.

Dénoncé par sa gloire, au toit d'un vieil ami
Il avait espéré trouver ombre et silence.
De son sort une nuit il pesait l'inconstance :
D'une lampe empruntée à la tombe des morts,
La lueur pâlissante éclairait ses remords.
Il entend tout à coup vers la douzième heure
Heurter de son logis la porte extérieure;
Les verrous sont brisés par de nombreux soldats,
La fille de Milton accourt; on suit ses pas.
Dans l'asile secret un chef se précipite :
Un chapeau, de ses yeux venant toucher l'orbite,
Voile à demi ses traits; il a les yeux remplis
De larmes qu'un manteau reçoit dans ses replis.

Milton ne la voit point : privé de la lumière,
La nuit règne à jamais sous sa triste paupière.

« Eh bien! que me veut-on? dit le chantre d'Adam.
« Parlez : faut-il mourir? — C'est encor Davenant, »
Répond l'homme au manteau. Milton soudain s'écrie :
« O noire trahison! moi qui sauvai ta vie!

« — Oui, repart le poëte interdit, rougissant
« Mais vous êtes coupable, et j'étais innocent.
« Ferme stoïcien, montrez votre courage !
« Mon vieil ami, la mort est le commun partage :
« Ou plus tôt ou plus tard, le trajet est égal
« Pour tous les voyageurs. Voici l'ordre fatal. »

La fille de Milton, objet rempli de charmes,
Ouvre l'affreux papier, qu'elle baigne de larmes :
C'est elle qui souvent dans un docte entretien
Relit le vieil Homère à l'Homère chrétien ;
Et des textes sacrés, interprète modeste,
A son père elle rend la lumière céleste,
En échange du jour qu'elle reçut de lui.
Au chevet paternel empruntant un appui,
D'une voix altérée elle lit la sentence :
« *Voulant à la justice égaler la clémence,*
« *Il nous plaît d'octroyer, de pleine autorité,*
« *A Davenant, pour prix de sa fidélité,*
« *La grâce de Milton.* CHARLES. »
                                      Qu'on se figure
Les transports que causa la touchante aventure ;
Combien furent de pleurs dans Londres répandus
Pour les talents sauvés et les bienfaits rendus !

CLARISSE.

IMITATION D'UN POËTE ÉCOSSAIS.

Londres, 1797.

Oui, je me plais, Clarisse, à la saison tardive,
Image de cet âge où le temps m'a conduit ;
Du vent à tes foyers j'aime la voix plaintive
    Durant la longue nuit.

Philomèle a cherché des climats plus propices ;
Progné fuit à son tour : sans en être attristé,
Des beaux jours près de toi retrouvant les délices,
    Ton vieux cygne est resté.

Viens, dans ces champs déserts où la bise murmure,
Admirer le soleil qui s'éloigne de nous ;
Viens goûter de ces bois qui perdent leur parure
    Le charme triste et doux.

Des feuilles que le vent détache avec ses ailes
Voltige dans les airs le défaillant essaim :
Ah! puissé-je en mourant me reposer comme elles
    Un moment sur ton sein !

Pâle et dernière fleur qui survit à Pomone,
La veilleuse [1] en ces prés peint mon sort et ma foi :
De mes ans écoulés tu fais fleurir l'automne,
    Et je veille pour toi.

Ce ruisseau sous tes pas cache au sein de la terre
Son cours silencieux et ses flots oubliés :
Que ma vie inconnue, obscure et solitaire,
    Ainsi passe à tes pieds !

Aux portes du couchant le ciel se décolore ;
Le jour n'éclaire plus notre aimable entretien :
Mais est-il un sourire aux lèvres de l'Aurore
    Plus charmant que le tien ?

L'astre des nuits s'avance en chassant les orages :
Clarisse, sois pour moi l'astre calme et vainqueur
Qui de mon front troublé dissipe les nuages,
    Et fait rêver mon cœur.

L'ESCLAVE.

Tunis, 1807.

Le vigilant derviche à la prière appelle
Du haut des minarets teints des feux du couchant.
Voici l'heure au lion qui poursuit la gazelle :
Une rose au jardin moi je m'en vais cherchant.
Musulmane aux longs yeux d'un maître que je brave,
Fille délicieuse, amante des concerts,
Est-il un sort plus doux que d'être ton esclave,
    Toi que je sers, toi que je sers ?

Jadis, lorsque mon bras faisait voler la prame
Sur le fluide azur de l'abîme calmé,
Du sombre désespoir les pleurs mouillaient ma rame :
Un charme m'a guéri, j'aime et je suis aimé.
Le noir rocher me plaît ; la tour que le flot lave

---

[1] Nom populaire du *colchique*.

Me sourit maintenant aux grèves de ces mers :
Le flambeau du signal y luit pour ton esclave,
    Toi que je sers, toi que je sers?

Belle et divine es-tu dans toute ta parure,
Quand la nuit au harem je glisse un pied furtif !
Les tapis, l'aloès, les fleurs et l'onde pure
Sont par toi prodigués à ton jeune captif.
Quel bonheur ! au milieu du péril que j'aggrave,
T'entourer de mes bras, te parer de mes fers,
Mêler à tes colliers l'anneau de ton esclave,
    Toi que je sers, toi que je sers !

Dans les sables mouvants, de ton blanc dromadaire
Je reconnais de loin le pas sûr et léger ;
Tu m'apparais soudain : un astre solitaire
Est moins doux sur la vague au pauvre passager ;
Du matin parfumé le souffle est moins suave,
Le palmier moins charmant au milieu des déserts.
Quel sultan glorieux égale ton esclave,
    Toi que je sers, toi que je sers !

Mon pays, que j'aimais jusqu'à l'idolâtrie,
N'est plus dans les soupirs de ma simple chanson :
Je ne regrette plus ma mère et ma patrie ;
Je crains qu'un prêtre saint n'apporte ma rançon.
Ne m'affranchis jamais ! laisse-moi mon entrave !
Oui, sois ma liberté, mon Dieu, mon univers !
Viens sous tes beaux pieds nus, viens fouler ton esclave,
    Toi que je sers, toi que je sers !

NOUS VERRONS.

Paris, 1840.

Le passé n'est rien dans la vie,
    Et le présent est moins encor :
C'est à l'avenir qu'on se fie
    Pour nous donner joie et trésor.
Tout mortel dans ses vœux devance
    Cet avenir où nous courons ;
Le bonheur est en espérance ;
    On vit en disant : Nous verrons.

Mais cet avenir plein de charmes,
Qu'est-il lorsqu'il est arrivé?
C'est le présent qui de nos larmes
Matin et soir est abreuvé!
Aussitôt que s'ouvre la scène
Qu'avec ardeur nous désirons,
On bâille, on la regarde à peine;
On voit en disant : Nous verrons.

Ce vieillard penche vers la terre;
Il touche à ses derniers instants :
Y pense-t-il? Non, il espère
Vivre encore soixante et dix ans.
Un docteur, fort d'expérience,
Veut lui prouver que nous mourrons,
Le vieillard rit de la sentence,
Et meurt, en disant : Nous verrons.

Valère et Damis n'ont qu'une âme;
C'est le modèle des amis.
Valère en un malheur réclame
La bourse et les soins de Damis :
« Je viens à vous, ami sincère,
« Ou ce soir au fond des prisons...
« — Quoi! ce soir même? — Oui! — Cher Valère,
« Revenez demain : Nous verrons. »

Gare! faites place aux carrosses
Où s'enfle l'orgueilleux manant
Qui jadis conduisait deux rosses
A trente sous, pour le passant!
Le peuple, écrasé par la roue,
Maudit l'enfant des Porcherons.
Moi, du prince évitant la boue,
Je me range, et dis : Nous verrons.

Nous verrons est un mot magique
Qui sert dans tous les cas fâcheux :
Nous verrons, dit le politique;
Nous verrons, dit le malheureux.
Les grands hommes de nos gazettes,
Les rois du jour, les fanfarons,
Les faux amis et les coquettes,
Tout cela vous dit : Nous verrons.

PEINTURE DE DIEU.

TIRÉ DE L'ÉCRITURE.

Paris, 1810.

Savez-vous, ô pécheur! quel est ce Dieu jaloux
Quand l'œuvre de l'impie allume son courroux?
Sur un char foudroyant il roule dans l'espace;
La Mort et le Démon volent devant sa face;
Les trois cieux dont il fait trembler l'immensité
S'abaissent sous les pas de son éternité;
Le soleil pâlissant et la lune sanglante
Marchent à la lueur de sa lance brûlante;
Des gouffres de l'enfer il fait sortir la nuit;
Il parle, et tout se tait; la mer le voit et fuit,
Et l'Abîme, du fond des vagues tourmentées,
Lève en criant vers lui ses mains épouvantées.
Au crime couronné ce Dieu redit : « Malheur! »
Et c'est le même Dieu qui bénit la douleur.

POUR LE MARIAGE DE MON NEVEU.

Au Ménil, 1812.

L'autel est prêt, la foule l'environne :
Belle Zélie, il réclame ta foi.
Viens! de ton front est la blanche couronne
Moins virginale et moins pure que toi.

J'ai quelquefois peint la grâce ingénue,
Et la pudeur sous ses voiles nouveaux :
Ah! si mes yeux plus tôt t'avaient connue,
On aurait moins critiqué mes tableaux.

Mon cher Louis, chez la race étrangère
Tu n'iras point t'égarer comme moi :
A qui la suit la fortune est légère;
Il faut l'attendre et l'enfermer chez soi.

Cher orphelin, image de ta mère,
Au ciel pour toi je demande ici-bas
Les jours heureux retranchés à ton père,
Et les enfants que ton oncle n'a pas.

Fais de l'honneur l'idole de ta vie;
Rends tes aïeux fiers de leur rejeton,
Et ne permets qu'à la seule Zélie
Pour un moment de rougir à ton nom.

POUR LA FÊTE DE MADAME DE***.

Verneuil, 1812.

De tes amis vois la troupe fidèle
Pour te fêter s'unir à tes enfants :
Tu nous parais toujours fraîche et nouvelle
Comme la fleur qu'ils t'offrent tous les ans.
Par la vertu quand la grâce est produite;
Son charme au temps ne peut être soumis;
Des jours pour toi nous seuls marquons la fuite :
Tu restes jeune avec de vieux amis.

VERS

TROUVÉS SUR LE PONT DU RHONE.

1812.

Il est minuit, et tu sommeilles;
   Tu dors, et moi je vais mourir.
Que dis-je? hélas! peut-être que tu veilles!
   Pour qui?... l'enfer me fera moins souffrir.
Demain, quand, appuyée au bras de ta conquête,
Lasse de trop d'amour et cherchant le repos,
Tu passeras ce fleuve, avance un peu la tête,
   Et regarde couler ces flots.

ODE.

LES MALHEURS DE LA RÉVOLUTION.

Paris, 1813.

Sors des demeures souterraines,
Néron, des humains le fléau!
Que le triste bruit de nos chaînes

Te réveille au fond du tombeau.
Tout est plein de trouble et d'alarmes;
Notre sang coule avec nos larmes;
Ramper est la première loi :
Nous traînons d'ignobles entraves;
On ne voit plus que des esclaves ;
Viens, le monde est digne de toi.

Ils sont dévastés dans nos temples
Les monuments sacrés des rois :
Mon œil effrayé les contemple;
Je tremble et je pleure à la fois.
Tandis qu'une fosse commune
Des grandeurs et de la fortune
Reçoit les funèbres lambeaux,
Un spectre, à la voix menaçante,
A percé la tombe récente
Qui dévora les vieux tombeaux.

Sa main d'une pique est armée,
Un bonnet cache son orgueil ;
Par la mort sa vue est charmée :
Il cherche un tyran [1] au cercueil.
Courbé sur la poudre insensible,
Il saisit un sceptre terrible
Qui du lis a flétri la fleur ;
Et d'une couronne gothique
Chargeant son bonnet anarchique,
Il se fait roi de la douleur.

Voilà le fantôme suprême,
Français, qui va régner sur vous.
Du républicain diadème
Portez le poids léger et doux.
L'anarchie et le despotisme
Au vil autel de l'athéisme
Serrent un nœud ensanglanté;
Et, s'embrassant dans l'ombre impure,
Ils jouissent de la torture
De leur double stérilité.

L'échafaud, la torche fumante,
Couvrent nos campagnes de deuil :

---

[1] Louis XI. Ce roi ne fut point enterré à Saint-Denis : peu importe au poëte.

La Révolution béante
Engloutit le fils et l'aïeul.
L'adolescent qu'atteint sa rage
Va mourir au champ du carnage,
Ou dans un hospice exilé;
Avant qu'en la tombe il s'endorme,
Sur un appui de chêne ou d'orme
Il traîne un buste mutilé.

Ainsi quand l'affreuse Chimère [1]
Apparut non loin d'Ascalon,
En vain la tendre et faible mère
Cacha ses enfants au vallon.
Du Jourdain les roseaux frémirent,
Au Liban les cèdres gémirent,
Les palmiers à Jézeraël,
Et le chameau, laissé sans guides,
Pleura dans les sables arides
Avec les femmes d'Ismaël.

Napoléon, de son génie,
Enfin écrase les pervers;
L'ordre renaît : la France unie
Reprend son rang dans l'univers.
Mais, géant, fils aîné de l'homme,
Faut-il d'un trône qu'on te nomme
Usurpateur? Mal fécondé,
L'illustre champ de ta victoire
Devait-il renier la gloire
Du vieux Cid et du grand Condé?

Racontez, nymphe de Vincenne,
Racontez des faits inouïs [2],
Vous qui présidiez sous un chêne
A la justice de Louis!
Oh! de la mort chantre sublime [3],
Toi qui d'un héros magnanime
Rends plus grand le grand souvenir,
Quels cris aurais-tu fait entendre,
Si, quand tu pleurais sur sa cendre,
Ton œil eût sondé l'avenir?

---

[1] Prise ici pour le monstre marin d'Andromède.
[2] Mort du duc d'Enghien.
[3] Bossuet.

Le vieillard-roi, dont la clé sainte
De Rome garde les débris,
N'a pu, dans l'éternelle enceinte,
A son front trouver des abris.
On peut charger ses mains débiles
De fers ingrats[1] mais inutiles;
Car il reste au Juste nouveau
La force de sa croix divine,
Et de sa couronne d'épine,
Et de son sceptre de roseau.

Triomphateur, notre souffrance
Se fatigue de tes lauriers :
Loin du doux soleil de la France
Devais-tu laisser nos guerriers[2]?
La Duna, que tourmente Éole,
Au Neptune inconnu du pôle,
Roule leurs ossements blanchis,
Tandis que le noir Borysthène
Va conter le deuil de la Seine
Aux mers brillantes de Colchis.

A l'avenir ton âme aspire :
Avide encore du passé,
Tu veux Memphis; du temps l'empire
Par l'aigle sera traversé.
Mais, Napoléon, ta mémoire
Ne se montrera dans l'histoire
Que sous le voile de nos pleurs;
Lorsqu'à t'admirer tu m'entraînes,
La liberté me dit ses chaînes,
La vertu m'apprend ses douleurs.

VERS

ÉCRITS SUR UN SOUVENIR[3] DONNÉ PAR MADAME LA MARQUISE DE GROLLIER
A M. LE BARON DE HUMBOLDT.

Paris, 1818.

Vous qui vivrez toujours, comment pourrez-vous croire
Qu'on vous offre des fleurs si promptes à mourir?

---

[1] Le pape à Fontainebleau.
[2] Campagne de Moscou.
[3] Ce *Souvenir* renfermait des pensées de l'illustre voyageur, et était orné de fleurs peintes par madame de Grollier.

« Présentez, direz-vous, ces filles du zéphyr
« A la beauté, mais non pas à la gloire. »
Des dons de l'amitié connaissez mieux le prix ;
　　Dédaignez moins ces fleurs nouvelles :
　　En les peignant sur vos écrits,
J'ai trouvé le secret de les rendre immortelles.

CHARLOTTEMBOURG

ou

LE TOMBEAU DE LA REINE DE PRUSSE.

Berlin, 1821.

LE VOYAGEUR.

Sous les hauts pins qui protégent ces sources,
Gardien, dis-moi quel est ce monument nouveau ?

LE GARDIEN.

Un jour il deviendra le terme de tes courses :
　　O voyageur ! c'est un tombeau.

LE VOYAGEUR.

Qui repose en ces lieux ?

LE GARDIEN.

　　　　Un objet plein de charmes.

LE VOYAGEUR.

Qu'on aima ?

LE GARDIEN.

　　Qui fut adoré.

LE VOYAGEUR.

Ouvre-moi.

LE GARDIEN.

　　Si tu crains les larmes,
N'entre pas.

LE VOYAGEUR.

　　J'ai souvent pleuré.

(Le voyageur et le gardien entrent.)

　De la Grèce ou de l'Italie
On a ravi ce marbre à la pompe des morts.
Quel tombeau l'a cédé pour enchanter ces bords ?
　Est-ce Antigone ou Cornélie !

LE GARDIEN.

La beauté dont l'image excite tes transports
 Parmi nos bois passa sa vie.

LE VOYAGEUR.

Qui pour elle, à ces murs de marbre revêtus,
 A suspendu ces couronnes fanées?

LE GARDIEN.

 Les beaux enfants dont ses vertus
 Ici-bas furent couronnées.

LE VOYAGEUR.

On vient.

LE GARDIEN.

 C'est un époux; il porte ici ses pas,
Pour nourrir en secret un souvenir funeste.

LE VOYAGEUR.

Il a donc tout perdu?

LE GARDIEN.

   Non : un trône lui reste.

LE VOYAGEUR.

Un trône ne console pas.

LES ALPES OU L'ITALIE.

1822.

Donc reconnaissez-vous au fond de vos abîmes
 Ce voyageur pensif,
Au cœur triste, aux cheveux blanchis comme vos cimes,
 Au pas lent et tardif?

Jadis de ce vieux bois où fuit une eau limpide
 Je sondais l'épaisseur,
Hardi comme un aiglon, comme un chevreuil rapide,
 Et gai comme un chasseur.

Alpes, vous n'avez point subi mes destinées;
 Le temps ne vous peut rien;
Vos fronts légèrement ont porté les années
 Qui pèsent sur le mien.

Pour la première fois quand, rempli d'espérance,
 Je franchis vos remparts,

Ainsi que l'horizon, un avenir immense
S'ouvrait à mes regards.

L'Italie à mes pieds, et devant moi le monde,
Quel champ pour mes désirs !
Je volai, j'évoquai cette Rome féconde
En puissants souvenirs.

Du Tasse une autre fois je revis la patrie :
Imitant Godefroi,
Chrétien et chevalier, j'allais vers la Syrie
Plein d'ardeur et de foi.

Ils ne sont plus ces jours que point mon cœur n oublie !
Et ce cœur aujourd'hui,
Sous le brillant soleil de la belle Italie,
Ne sent plus que l'ennui.

Pompeux ambassadeurs que la faveur caresse,
Ministres, valez-vous
Les obscurs compagnons de ma vive jeunesse,
Et mes plaisirs si doux ?

Vos noms aux bords riants que l'Adige décore
Du temps seront vaincus,
Que Catulle est Lesbie enchanteront encore
Les flots du Bénacus.

Politiques, guerriers, vous qui prétendez vivre
Dans la postérité,
J'y consens : mais on peut arriver, sans vous suivre,
A l'immortalité.

J'ai vu ces fiers sentiers tracés par la victoire
Au milieu des frimas,
Ces rochers du Simplon que le bras de la gloire
Fendit pour nos soldats :

Ouvrage d'un géant, monument du génie,
Serez-vous plus connus
Que la roche où Saint-Preux contait à Meillerie
Les tourments de Vénus ?

Je vous peignis aussi, chimère enchanteresse,
Fictions des amours !
Aux tristes vérités le temps qui fuit sans cesse
Livre à présent mes jours.

L'histoire et le roman font deux parts de la vie,
  Qui si tôt se ternit :
Le roman la commence, et lorsqu'elle est flétrie
  L'histoire la finit.

LE DÉPART.

Paris, 1827.

Compagnons détachez des voûtes du portique
Ces dons du voyageur, ce vêtement antique,
Que j'avais consacrés aux dieux hospitaliers.
Pour affermir mes pas dans ma course prochaine,
Remettez dans ma main le vieil appui de chêne
  Qui reposait à mes foyers.

Où vais-je aller mourir? dans les bois des Florides?
Aux rives du Jourdain? Aux monts des Thébaïdes?
Ou bien irai-je encore à ce bord renommé,
Chez un peuple affranchi par les efforts du brave,
Demander le sommeil que l'Eurotas esclave
  M'offrit dans son lit embaumé?

Ah! qu'importe le lieu? Jamais un peu de terre,
Dans le champ du potier, sous l'arbre solitaire,
Ne peut manquer aux os du fils de l'étranger.
Nul ne rira du moins de ma mort advenue;
Du pèlerin assis sur ma tombe inconnue
  Du moins le poids sera léger.

FIN DES POÉSIES DIVERSES.

MOÏSE

TRAGÉDIE

PRÉFACE

Les Israélites, conduits par Moïse et poursuivis par Pharaon, sortirent d'Égypte et passèrent la mer Rouge; ils emportaient avec eux les os de Joseph, selon que Joseph le leur avait fait promettre sous serment, en leur disant : « Dieu vous visitera; emportez d'ici mes os avec « vous. »

Le passage de la mer Rouge accompli, Marie, prophétesse, sœur de Moïse et d'Aaron, chanta le cantique d'actions de grâces au Seigneur, qui avait enseveli Pharaon et son armée dans les flots. Le peuple de Dieu entra dans la solitude de Sur, puis il vint à Mara, où Moïse adoucit les eaux amères. De Mara, les Israélites arrivèrent à Élim ; il y avait là douze fontaines. D'Élim ils passèrent à Sin ; ils y murmurèrent contre Moïse et Aaron, regrettant l'abondance de la terre d'Égypte. Dieu envoya la manne qui tombait le matin comme une rosée, et que l'on recueillait chaque jour. Les Hébreux, partis de Sin, campèrent à Raphidim, où le peuple murmura de nouveau. Moïse, par l'ordre du Seigneur, frappa la pierre d'Oreb avec la verge dont il avait frappé le Nil, et il en sortit de l'eau.

Les Amalécites vinrent à Raphidim attaquer Israël : ils descendaient d'Amalec, petit-fils d'Ésaü. Ésaü, fils d'Isaac, avait été supplanté par son frère Jacob, auquel il avait vendu son droit d'aînesse pour un plat de lentilles. Dans la suite, Dieu voulut que Saül exterminât la race entière des Amalécites.

Josué combattit les ennemis à Raphidim, et remporta la victoire. Moïse priait sur le haut d'une colline, en tenant les mains élevées vers le ciel : Aaron et Hur lui soutenaient les mains des deux côtés, car Amalec avait l'avantage lorsque les mains de Moïse s'abaissaient de lassitude.

De Raphidim, les Hébreux gagnèrent le désert de Sinaï. Moïse alla parler à Dieu, qui l'avait appelé au haut de la montagne : il était accompagné de Josué. Le troisième jour, on commença à entendre des tonnerres et à voir briller des éclairs. Une nuée très-épaisse couvrit la montagne ; une trompette sonnait avec grand bruit ; Moïse parlait à Dieu, et Dieu lui répondait. Le Seigneur promulgua ses lois au milieu de la foudre ; il donna à Moïse les deux tables du Témoignage, qui étaient de pierre, et écrites du doigt de Dieu. Moïse descendit de la montagne avec les tables. Josué ouït du tumulte dans le camp. Moïse reconnut que ce n'étaient point les voix confuses de gens qui poussaient leur ennemi, mais les voix de personnes qui chantaient.

Pendant l'absence de Moïse, le peuple s'était élevé contre Aaron, et lui avait dit : « Faites-« nous des dieux qui marchent devant nous. » Un Veau d'or avait été formé, et les Hébreux l'avaient adoré avec des chants et des danses. Moïse brisa les Tables de la loi et le Veau d'or. Ensuite il se tint à la porte du camp, et dit : « Si quelqu'un est au Seigneur, qu'il se joigne à « moi. » Et les enfants de Lévi s'assemblèrent autour de lui. Moïse ordonna à chacun d'eux de passer et de repasser au travers du camp, d'une tente à l'autre, et de tuer chacun son frère, son ami, et celui qui lui était le plus proche; et il y eut environ vingt-trois mille hommes de tués ce jour-là.

Nadab, fils d'Aaron, ayant offert un feu étranger au Seigneur, fut dévoré par le feu du ciel. Caleb et Josué furent les seuls des Hébreux sortis d'Égypte qui entrèrent dans la Terre Promise; Moïse même n'y entra point, et ne la vit que du sommet du mont Abarim.

C'est de cette histoire que j'ai tiré le fond de la tragédie de *Moïse*. Le sujet de cette tragédie est la *première idolâtrie des Hébreux*, idolâtrie qui compromettait les destinées de ce peuple et du monde. Je suppose que parmi les causes qui précipitèrent Israël dans le péché, il y en eut une principale. Ici même, dans l'invention, je reste encore fidèle à l'Histoire sainte; toute l'Écriture nous apprend que les Hébreux furent entraînés à l'idolâtrie par les femmes étrangères. Il suffit de citer l'exemple de Salomon : « Le roi Salomon aima passionnément plusieurs femmes étrangères... » Le Seigneur avait dit aux enfants d'Israël : « Vous ne prendrez point « des femmes de Moab et d'Ammon, des femmes d'Idumée, des Sidoniennes et du pays « Héthéen, car elles vous pervertiront le cœur pour vous faire adorer leurs dieux... » Salomon servait Astarté, déesse des Sidoniens, et Moloch, l'idole des Ammonites..... Il fit bâtir un temple à Chamos, l'idole des Moabites. »

La tragédie apprendra aux lecteurs quelle est Arzane : je ne sais si l'on a jamais remarqué que Judith, qui cause une si grande admiration aux soldats d'Holoferne, est le premier modèle de l'Armide du Tasse dans le camp de Godefroi de Bouillon. Arzane, reine des Amalécites, environnée de jeunes filles de Tyr et de Sidon, adorant Astarté et les divinités de la Syrie, m'a mis à même d'opposer des fables voluptueuses à la sévère religion des Hébreux. Les personnes versées dans la lecture des livres saints verront ce que j'en ai imité; elles auront lieu de le remarquer dans le rôle entier de Moïse et dans les chœurs. Le chant de la *Courtisane*, dans le chœur des Amalécites, est tiré du chapitre vii des *Proverbes* de Salomon, *Victimas pro salute vovi, hodie reddidi vota mea*. Le chœur du troisième acte rappelle le xviii psaume, *Cœli enarrant gloriam Dei*, et le chœur du iv reproduit le cantique de Marie après le passage de la mer Rouge : *Equum et ascensorem ejus dejecit in mare*.

A Dieu ne plaise que je prétende un seul instant avoir soutenu l'éloquence de l'Écriture! je dis ce que j'ai tenté, non ce que j'ai fait. Racine, tout Racine qu'il était, a quelquefois été vaincu dans ses efforts, comme l'a remarqué La Harpe. Qu'est-ce donc que moi, chétif, qui ai osé mettre en scène, non pas Joad, mais Moïse même, ce législateur aux rayons de feu sur le front, ce prophète qui délivrait Israël, frappait l'Égypte, entr'ouvrait la mer, écrivait l'histoire de la création, peignait d'un mot la naissance de la lumière, et parlait au Seigneur face à face, bouche à bouche : *Ore ad os loquor ei? (Num.*, cap. xii.)

Le lieu de la scène est fixé dès les premiers vers de *Moïse*, l'exposition vient tout de suite après. Les trois unités sont observées, toutes les entrées et les sorties, motivées; enfin c'est un ouvrage strictement classique. L'auteur en demande de grandes excuses :

Pardonne à sa *faiblesse* en faveur de son âge !

J'avais autrefois conçu le dessein de faire trois tragédies : la première sur un sujet antique dans le système complet de la tragédie grecque; la seconde, sur un sujet emprunté de l'Écriture; la troisième, sur un sujet tiré de l'histoire des temps modernes.

Je n'ai exécuté mon dessein qu'en partie : j'ai le plan en prose et quelques scènes en vers de ma tragédie grecque, *Astyanax*. Saint Louis eût été le héros de ma tragédie *romantique*; je n'en ai rien écrit. Pour sujet de ma tragédie hébraïque, j'ai choisi *Moïse*. Cette tragédie en cinq actes, avec des chœurs, m'a coûté un long travail ; je n'ai cessé de la revoir et de la corriger depuis une vingtaine d'années. Le grand tragédien Talma, qui l'avait lue, m'avait donné d'excellents conseils, dont j'ai profité : il avait à cœur de jouer le rôle de *Moïse*, et son incomparable talent pouvait laisser la chance d'un succès.

La tragédie de *Moïse* appartenait, par mon contrat de vente, aux propriétaires de mes œuvres ; je ne m'étais réservé que le droit d'accorder ou de refuser la permission de la mise en scène. Je résistai longtemps aux sollicitations des propriétaires ; mais enfin, soit faiblesse, soit mauvaise tentation d'auteur, je cédai. *Moïse*, lu au comité du Théâtre-Français, en 1828, fut reçu à l'unanimité. M. le vicomte Sosthènes de La Rochefoucauld se prêta avec beaucoup de complaisance à tous les arrangements ; M. Taylor s'occupa des ordres à donner pour les décorations et les costumes avec cet amour des arts qui le distingue ; M. Halevy, dont le beau talent est si connu, se voulut bien charger d'écrire la musique nécessaire ; et les chœurs de l'Opéra se devaient joindre à la Comédie-Française pour l'exécution de la pièce telle que je l'avais conçue.

Plusieurs personnes désiraient encore voir donner *Moïse*, afin d'essayer une diversion en faveur de cette pauvre école classique, si battue, si délaissée, à laquelle je devais bien quelque réparation, moi l'aïeul du romantique par mes enfants sans joug, *Atala* et *René*. Ces personnes espéraient quelque succès dans la pompe du spectacle de *Moïse*, la multitude des personnages, le contraste des chœurs, la manière dont ces chœurs (marquant le midi, le coucher du soleil, le minuit, le lever du soleil) se trouvent liés à l'action. Je pense moi-même, et je puis le dire sans amour-propre, puisqu'il ne s'agit que d'un effet tout matériel indépendant du talent de l'auteur, je pense que la descente de Moïse du mont Sinaï, à la clarté de la lune, portant les Tables de la loi ; que le chœur du troisième acte avec sa double musique, l'une lointaine dans le camp, l'autre grave et plaintive sur le devant de la scène ; que le chœur du quatrième acte, groupé sur la montagne au lever de l'aurore ; que le dénoûment en action amené par le sacrifice ; que les décorations représentent la mer Rouge au loin, le mont Sinaï, le désert avec ses palmiers, ses nopals, ses aloès, le camp avec ses tentes noires, ses chameaux, ses onagres, ses dromadaires ; je pense que cette variété de scène donnerait peut-être à *Moïse* un mouvement qui manque trop, il en faut convenir, à la tragédie classique. Une autre innovation que je conseillais pouvait encore ajouter à cet intérêt de pure curiosité : selon moi, les chœurs doivent être déclamés et non chantés, soutenus seulement par une sorte de mélopée, et coupés par quelques morceaux d'ensemble de peu de longueur : autrement vous mêlez deux arts qui se nuisent, la musique à la poésie, l'opéra à la tragédie. Ainsi, par exemple, la prière du troisième chœur,

> N'écoute point dans ta colère,
> O Dieu, le cri de ces infortunés !

me semblerait d'un meilleur effet débité que chanté.

Quoi qu'il en soit de mes faiblesses et de mes rêves, aussitôt que l'on sut que *Moïse* allait être joué, des représentations m'arrivèrent de toutes parts : les uns avaient la bonté de me croire un trop grand personnage pour m'exposer aux sifflets ; les autres pensaient que j'allais gâter ma vie politique et interrompre en même temps la carrière de tous les hommes qui marchaient avec moi. Quand j'aurais fait *Athalie*, le temps était-il propre aux ouvrages de cette nature, aux ouvrages entachés de classique et de religion ? Le public ne voulait plus que de violentes émotions, que des bouleversements d'unités, des changements de lieux, des entassements d'années, des surprises, des effets inattendus, des coups de théâtre et de poignard. Que serait-ce donc si, menacé même pour un chef-d'œuvre, je n'avais fait (ce qui était possible et même extrêmement probable) qu'une pièce insipide ? car enfin, puisque j'écrivais passablement en prose, n'était-il pas évident que je devais être un très-méchant poëte ? Les considérations qui ne s'appliquaient qu'à moi m'auraient peu touché : je n'avais aucune envie d'être président du conseil, et la liberté de la presse m'avait aguerri contre les sifflets; mais quand je vis que d'autres destinées se croyaient liées à la mienne, je n'hésitai pas à retirer ma pièce ; si je fais toujours bon marché de ma personne, je n'exposerai jamais celle de mes voisins.

La fortune, qui s'est constamment jouée de mes projets, n'a pas même voulu me passer une dernière fantaisie littéraire. Je ne puis plus attendre une occasion incertaine et éloignée de voir jouer *Moïse*. Que de trônes auront croulé avant qu'on soit disposé à s'enquérir comment Nadab prétendait élever le sien ! *Moïse* ne m'appartient pas ; il a dû entrer dans la collection de mes œuvres, qu'il était plus que temps de compléter. On lira donc cette tragédie, si on la lit, dans la solitude et le silence du cabinet, au lieu de la voir environnée des prestiges et du bruit du théâtre ; c'est la mettre à une rude épreuve : si elle était jouée après avoir été imprimée, elle aurait perdu son plus puissant et peut-être son seul attrait, la nouveauté.

MOÏSE

PERSONNAGES :

MOÏSE.
AARON, frère de Moïse.
MARIE, sœur de Moïse et d'Aaron.
NADAB, fils d'Aaron.
CALEB, prince de la tribu de Juda, attaché à celle de Lévi.
DATHAN, compagnon de Nadab.

ARZANE, reine des Amalécites.
NÉBÉE, jeune Tyrienne de la suite d'Arzane.
CHŒUR DE JEUNES FILLES AMALÉCITES.
CHŒUR DE JEUNES FILLES ISRAÉLITES.
CHŒUR DE LÉVITES.
VIEILLARDS, PRINCES DU PEUPLE, PASTEURS, PEUPLE ET SOLDATS.

Le théâtre représente le désert de Sinaï. On voit, à droite, le camp des douze tribus, dont les tentes, faites de peaux de brebis noires, sont entremêlées de troupeaux de chameaux, de dromadaires, d'onagres, de cavales, de moutons et de chèvres. On voit, à gauche, le rocher d'Oreb frappé par Moïse, et d'où sort une source; quelques palmiers. Sous ces palmiers, le cercueil où le tombeau de Joseph, déposé sur des pierres qui lui servent d'estrade. Le fond du théâtre offre de vastes plaines de sable, parsemées de buissons de nopals et d'aloès, terminées d'un côté par la mer Rouge, et de l'autre par les monts Oreb et Sinaï, dont les croupes viennent border l'avant-scène.

La scène est sous les palmiers, près de la source, à la tête du camp.

ACTE PREMIER.

SCÈNE PREMIÈRE

NADAB, seul.

(Il regarde quelque temps autour de lui, comme pour reconnaître les lieux où il se trouve.)

A la porte du camp, sous ces palmiers antiques
Où des vieillards hébreux les sentences publiques
Des diverses tribus terminent les débats,
Par quel nouveau sentier ai-je égaré mes pas?

(Après un moment de silence, en s'avançant sur la scène.)

Silencieux abris, profonde solitude,
Ne pouvez-vous calmer ma noire inquiétude?
Soulève enfin, Nadab, ton œil appesanti;
Vois les fils de Jacob au pied du Sinaï,
Le désert éclatant de miracles sans nombre,
La colonne à la fois et lumineuse et sombre,
L'eau sortant du rocher, des signes dans les airs,

Dieu prêt à nous parler du milieu des éclairs :
Prétends-tu, sourd au bruit de la foudre qui gronde,
Coupable fils d'Aaron, changer le sort du monde?
Mais que te fait, Nadab, le Seigneur et sa loi?
Le monde et les Hébreux ne sont plus rien pour toi.

(Il s'approche du cercueil de Joseph.)

Ma main aux bords du Nil déroba cette cendre;
Je pouvais sans rougir alors m'en faire entendre.
O Joseph, fils aimé, qui dors dans ce tombeau,
A l'épouse du roi toi qui parus si beau,
Rends mon cœur moins ardent ou ma voix plus puissante,
Ou donne-moi ton charme ou ta robe innocente!
De Joseph retrouvé je n'ai point la grandeur,
Mais de Joseph perdu j'ai l'âge et le malheur.

SCÈNE II.

AARON, DATHAN.

AARON, appelant Nadab qui s'éloigne et disparaît sous les palmiers.

Nadab! Il n'entend point! Dans sa mélancolie
Son âme est à présent toujours ensevelie.
O mon cher fils! reçois mes bénédictions :
Tes maux doublent le poids de mes afflictions :
Mes jours ont été courts et mauvais sur la terre,
Et n'ont point égalé ceux d'Isaac mon père.
Nadab, que l'Éternel prenne pitié de toi!

DATHAN.

Sur le sort des Hébreux, Aaron, éclairez-moi.
Par Moïse envoyé vers le Madianite,
Depuis trois mois sorti du camp israélite,
Je trouve à mon retour le peuple menaçant,
L'Iduméen détruit et le prophète absent;
J'ignore également nos maux et notre gloire :
Daignerez-vous, Aaron, m'en raconter l'histoire?

AARON.

Dathan, cher compagnon que regrettait mon fils,
Quand Israël, fuyant les princes de Memphis,
Eut franchi de la mer les ondes divisées,
Nos tribus, par le ciel toujours favorisées,
En suivant du désert le merveilleux chemin,
Non loin du Sinaï s'arrêtèrent enfin.

Ce fut là qu'Amalec, à sa haine fidèle,
Nous chercha pour vider son antique querelle.
Thémar régnait alors sur ce peuple nombreux;
Il vint à Raphidim attaquer les Hébreux.
Aux autels d'Adonis son épouse attachée,
Méprisant du fuseau la gloire humble et cachée,
Arzane, dans l'orgueil de toute sa beauté,
Presse, anime Thémar, et marche à son côté :
De sa main au vainqueur une palme est promise.
La trompette a sonné, les traits sifflent : Moïse,
Sur un mont à l'écart, debout, les bras levés,
Priait le Dieu par qui les flots sont soulevés.
Ses redoutables bras, étendus sur nos têtes,
Paraissaient dans le ciel assembler les tempêtes :
Quand il les abaissait, de fatigue vaincu,
Amalec triomphait d'Israël abattu ;
Mais quand ses bras au ciel reportaient sa prière,
Nos plus fiers ennemis roulaient sur la poussière.
Soutenant dans les airs ce bras fort et puissant,
Qui sans porter de coups versait des flots de sang,
J'achevai parmi nous de fixer la victoire.
Un seul jour vit périr Thémar et sa mémoire :
Sa veuve, à des dieux sourds ayant ses vœux offerts,
N'en fut pas entendue, et tomba dans nos fers.

DATHAN.

Je ne vois jusqu'ici que d'heureuses prémices.

AARON.

Écoute. Après avoir réglé les sacrifices,
Mon frère, qu'en secret appelle l'Éternel,
Moïse se dérobe aux regards d'Israël,
Il monte au Sinaï ; Josué l'accompagne :
Depuis quarante jours caché sur la montagne,
Mille bruits de sa mort dans le camp répandus
Tiennent de nos vieillards les esprits suspendus.
On s'agite au milieu du peuple qui murmure;
Je ne sais quel démon souffle une flamme impure;
Le soldat se soulève, et proclame en ce lieu
Et Nadab pour son chef et Baal pour son dieu.

DATHAN.

Nadab accepte-t-il cet honneur populaire ?

AARON.

De ses mâles vertus rejetant le salaire,
Mon fils porte en son sein un trait qu'il veut cacher,

Et que toi seul, Dathan, tu pourras arracher.
Pâle et silencieux dans sa marche pensive,
Il erre autour du camp comme une ombre plaintive;
Il prononce tout bas le nom de ses aïeux;
Son regard languissant se tourne vers les cieux :
La nuit, à sa douleur se livrant sans obstacles,
On l'a trouvé pleurant auprès des tabernacles.
Mais j'aperçois Caleb, ce flambeau de la loi,
Et ma sœur, dont les chants raniment notre foi.
Dathan, cherche Nadab, et dis-lui que son père
L'attend ici.

SCÈNE III.

AARON, MARIE, CALEB.

AARON, à Marie.

Marie, en qui Jacob espère,
Dans vos yeux attristés quels malheurs ai-je lus?
Qu'allez-vous m'annoncer?

MARIE.

Notre frère n'est plus !
Josué, de Moïse héritier prophétique,
De même a disparu sur la montagne antique :
Ils n'ont pu sans mourir contempler Jéhovah.
Comme ils priaient, dit-on, au sommet du Sina,
Du Seigneur à leur voix la gloire est descendue,
Dans une ombre effrayante, au milieu d'une nue;
La nue en s'entr'ouvrant les a couverts de feux,
Et le ciel tout à coup s'est refermé sur eux;
Ils sont morts consumés.

AARON.

O ma sœur, ô Marie!
O promesse du ciel! ô future patrie!
Par qui du saint prophète a-t-on su le trépas?

MARIE.

Par les chefs envoyés pour découvrir ses pas.

CALEB.

Jeûnons, pleurons, veillons revêtus du cilice;
Crions vers le Très-Haut du fond du précipice.
Le destin de la terre est au nôtre lié...
Et Nadab, que je vois, l'a peut-être oublié.

LE CHAMP DE BATAILLE
(Martyrs.)

SCÈNE IV.

NADAB, AARON, MARIE, CALEB.

NADAB, à Aaron.

Dathan, qui m'a rejoint au mont de la Gazelle
M'a dit que dans ce lieu votre voix me rappelle,
Aaron?

AARON.

Oui, je voulais vous parler sans témoins;
Mais ce moment, Nadab, réclame d'autres soins.

NADAB.

Ma volonté toujours à la vôtre est soumise;
Commandez.

AARON.

L'Éternel nous a ravi Moïse.

NADAB.

(A part.)

Moïse? Est-ce, ô Seigneur, ou grâce ou châtiment?

AARON.

Que de maux produira ce triste événement?

NADAB.

Il change nos devoirs avec nos destinées.
Aux sables d'Ismaël désormais confinées,
Nos tribus, qui n'ont plus les doux regards du ciel,
Ne verront point la terre et de lait et de miel.
De cent peuples voisins calmant la défiance,
Élevons avec eux la pierre d'alliance,
Et fixons de Jacob l'avenir incertain,
Sans regretter le Nil, sans chercher le Jourdain.

CALEB.

Et quoi! le fils d'Aaron tient un pareil langage!
A rester dans ces lieux c'est lui qui nous engage!
Ami, si nous perdons notre libérateur,
Toi, sorti de son sang, sois notre conducteur:
Atteins, perce et détruis cette race proscrite,
Dont au livre éternel la ruine est écrite.

NADAB.

Je laisse à ta valeur ces sanglants embarras.

CALEB.

Ah! je sais quelle main a désarmé ton bras.
Le conseil de nos chefs, par qui tout se décide,
Dira s'il faut sauver une race homicide,
Qui jusque dans ce camp, avec un art fatal,
Introduit et répand le culte de Baal.

NADAB.

Charitable Caleb, sont-ce là les cantiques
Que du temple promis rediront les portiques?
Sur un autel de paix, au Dieu que tu défends,
Tu veux donc immoler des femmes, des enfants?

CALEB.

Quand on est criminel, on subit sa sentence.

NADAB.

Quand on est sans pitié, croit-on à l'innocence?

CALEB.

A de trop doux penchants crains de t'abandonner

NADAB.

Toi, sache quelquefois pleurer et pardonner.

CALEB.

La rigueur est utile.

NADAB.

Et la clémence auguste.

CALEB.

Le faible est méprisable.

NADAB.

Et le fort est injuste.

CALEB.

Retourne à tes devoirs, au Jourdain viens mourir.

NADAB.

Un peu de sable ici suffit pour me couvrir.

AARON.

Jeunes hommes, cessez; n'augmentez pas nos larmes;
Confondez vos regrets et mariez vos armes.
Vous, Caleb, de ma sœur adoucissez l'ennui :
La publique douleur me réclame aujourd'hui.
Que Dieu de ses desseins dissipe les ténèbres!
Vous, Nadab, ordonnez aux trompettes funèbres
De convoquer trois fois, dans un morne appareil,
Les princes des tribus aux tentes du conseil.

SCÈNE V.

MARIE, CALEB.

CALEB.

Exemple d'Israël, prophétesse Marie,
La source de nos pleurs n'est donc jamais tarie?
D'invisibles filets Nadab environné
D'Arzane n'a pu fuir le trait empoisonné.
Je crains encor sur lui la perverse puissance
Du dangereux ami dont il pleurait l'absence,
De l'inique Dathan, froidement factieux,
Ennemi de Moïse et contempteur des cieux.

MARIE.

Et que fait Israël? quel espoir le soulage?

CALEB.

Ce peuple à l'esprit dur, au cœur faible et volage,
Déjà las de la gloire et de la liberté,
Regrette lâchement le joug qu'il a porté.
« Abandonnons, dit-il, ces plages désolées.
« Retournons à Tanis, où des chairs immolées,
« Où des plantes du Nil l'Égyptien pieux
« Nourrissait nos enfants à la table des dieux. »
Peuple murmurateur, race ingrate et perfide !

MARIE.

La terre, cher Caleb, pour le juste est aride ;
Mais il s'élève à Dieu : le palmier de Jeddiel
A ses pieds dans le sable et son front dans le ciel.

CALEB.

Des chefs séditieux pour combattre l'audace
Il est temps qu'au conseil j'aille prendre ma place.
Dans ce triste moment les vierges d'Israël,
Instruites par vos soins à prier à l'autel,
Pour plaindre et partager votre douleur auguste
S'avancent.

(Le chœur des jeunes filles israélites entre dans ce moment sur la scène ; Caleb sort.)

MARIE, au chœur.

Approchez, postérité du juste,
Doux trésor de Jacob, par le ciel réclamé.
Désarmez du Seigneur le carquois enflammé ;

Au père qui nous frappe, au Dieu qui nous châtie,
Présentez de vos pleurs la pacifique hostie;
Il est pour l'affligé des cantiques touchants,
Et souvent la douleur s'exprime par des chants.

SCÈNE VI.

MARIE, LE CHŒUR DES JEUNES FILLES ISRAÉLITES.

(Cette scène est en partie déclamée, en partie chantée. Le chœur est divisé en deux demi-chœurs qui se placent l'un à droite et l'autre à gauche de Marie : le premier demi-chœur tient à la main des harpes, et le second, des tambours.)

PREMIER DEMI-CHŒUR.

Imitons dans nos concerts
Le pélican des déserts;
Jacob, ta gloire est passée,
Et de ton Dieu la clémence est lassée.

SECOND DEMI-CHŒUR.

Au divin Maître ayons recours;
A ses douces lois qu'on se range;
Qu'il soit la vigne de secours
Où le pécheur toujours vendange.
Sa grâce est au cœur pur, au cœur religieux,
Ce qu'est à nos autels un parfum précieux.

UN ISRAÉLITE DU PREMIER DEMI-CHŒUR.

N'espérons rien, pour finir nos souffrances,
De ses bontés.

UNE ISRAÉLITE DU SECOND DEMI-CHŒUR.

A ses clartés
Nous voulons rallumer nos vives espérances.

UNE ISRAÉLITE SEULE.

Suspendons notre harpe, en ces temps de regrets,
Au palmier de la solitude.
Jourdain! fleuve espéré, séjour de quiétude,
Mes yeux ne te verront jamais.
Où sont les cèdres superbes,
Liban, que tu devais au temple projeté;
Jacob, de son Dieu rejeté,
Rampe plus bas que les herbes
Dans le lit du torrent desséché par l'été.

DEUX ISRAÉLITES.

Douloureux mystères

ACTE I, SCÈNE VI.

D'un trépas caché,
Pleurons à la terre
Moïse arraché.

Loin du frais rivage
Où fut son berceau,
L'onagre sauvage
Foule son tombeau.

LA PLUS JEUNE DES ISRAÉLITES.

Mais qui me gardera sous l'aile de ma mère?
Moïse a disparu, Moïse était mon père.
O terre de Gessen! prés émaillés de fleurs
    Où je cueillais ma parure!
Comme un jeune olivier privé d'une onde pure,
    Je languis et je meurs.

TOUT LE CHŒUR.

Dieu nourrit de ses dons l'innocente colombe,
Le juste au temps marqué sortira de sa tombe.
    D'Amalec les dieux mortels
Ne peuvent renverser les desseins éternels.

UNE ISRAÉLITE.

Ma sœur, avez-vous vu cette superbe Arzane?
    De quel regard profane
    Elle insultait nos autels!

UNE AUTRE ISRAÉLITE.

    Plus inconstante que les ondes,
    Ses démarches sont vagabondes;
Ses lèvres et son cœur pour tromper sont d'accord;
Sa douce volupté d'amertume est suivie;
Et quand sa bouche invite à jouir de la vie,
    Ses pas nous mènent à la mort.

UNE TROISIÈME ISRAÉLITE.

De nos jeunes guerriers le prince est le modèle,
    Nadab était auprès d'elle.

TOUT LE CHŒUR.

    Ah! fuyons, fuyons, mes sœurs,
    Des passions les trompeuses douceurs!

TROIS ISRAÉLITES.

Ne vous reposez point à la source étrangère;
    Buvez l'onde de vos ruisseaux.
Qu'une épouse fidèle, à l'ombre des berceaux,
Soit plus belle à vos yeux que la biche légère!

TOUT LE CHŒUR.

Ah! fuyons, fuyons, mes sœurs,
Des passions les trompeuses douceurs!

PREMIER DEMI-CHŒUR.

L'homme marche à travers une nuit importune.

SECOND DEMI-CHŒUR.

Attachons-nous au Dieu qui bénit l'infortune;

UNE ISRAÉLITE.

Qui sur un lit de pleurs mouillé
Retourne le mourant, soutient son front livide;

LA PLUS JEUNE DES ISRAÉLITES.

Qui mesure le vent à l'agneau dépouillé
Par le pasteur avide.

TOUT LE CHŒUR.

Ingrats mortels, en vain vous résistez
Au Dieu qui vous conduit dans ses sublimes voies,
Et qui d'intarissables joies
Rassasiera les cœurs en son nom contristés.

MARIE.

Mes enfants, c'est assez : allez, toujours dociles,
Vous livrer au repos sous vos tentes tranquilles.
Voici l'heure pesante accordée au sommeil :
Tout se tait à présent sous les feux du soleil;
Les vents ont expiré : du palmier immobile
L'ombre se raccourcit sur l'arène stérile;
L'Arabe fuit du jour les traits étincelants,
Et le chameau s'endort dans les sables brûlants.

ACTE SECOND.

SCÈNE PREMIÈRE.

ARZANE, NÉBÉE.

NÉBÉE.

Nadab veut vous parler dans ce lieu solitaire.
Arzane, expliquez-moi cet étonnant mystère.
Quelle joie inconnue éclate dans vos yeux !

ACTE II, SCÈNE I.

Dormirons-nous bientôt aux champs de nos aïeux ?
Par votre ordre à Séir un moment retournée,
Je n'ai point vu d'Oreb la funeste journée ;
Mais je suis revenue au bruit de vos malheurs,
Pour vous offrir du moins le secours de mes pleurs.

ARZANE.

Qu'il en coûte, Nébée, à servir l'infortune !
Qu'un sceptre brisé pèse à l'amitié commune !
La tienne est rare et grande ; oui, tu mérites bien
Que je t'ouvre mon cœur dans un libre entretien.

NÉBÉE.

J'ai su que, par Moïse à mourir condamnées,
Les femmes d'Amalec qui comptaient seize années,
Ou qui du joug d'hymen portèrent le fardeau,
Devaient livrer leur sang au glaive du bourreau.

ARZANE.

On m'arracha des rois les saintes bandelettes,
Et le malheur me mit au rang de mes sujettes.

NÉBÉE.

Ciel !

ARZANE.

Dans un parc formé par d'épineux rameaux,
Nous attendions la mort comme de vils troupeaux.
L'Hébreu vient ; on entend un long cri d'épouvante.
Déjà brillait du fer la lumière mouvante,
Lorsque le fils d'Aaron, que la pitié combat,
Retint le glaive ardent avant qu'il retombât.
Il contemple attendri ces femmes éplorées,
Qui lui tendaient de loin leurs mains décolorées.
Je paraissais surtout attirer ses regards ;
Soit qu'un habit de deuil et des cheveux épars
A ma frêle beauté prêtassent quelques charmes ;
Soit enfin qu'une reine, en répandant des larmes,
Trouve dans ses revers de nouvelles splendeurs,
Et n'ait fait seulement que changer de grandeurs.

NÉBÉE.

Nadab au doux pardon inclina ses pensées ?

ARZANE.

« Femmes, vivez, dit-il : nos tribus offensées
« M'ont vainement chargé d'un devoir trop cruel,
« Et je vais implorer les anciens d'Israël. »
Coré, Sthur, Abiron, dans un conseil propice,

Firent avec Nadab suspendre mon supplice.
D'un ramas d'affranchis digne législateur,
Moïse alla chercher quelque oracle menteur.
Resté maître en ce camp, Nadab, qu'un dieu possède,
De soins officieux incessamment m'obsède :
Il m'aime, et toutefois n'ose me découvrir
Le feu qui le dévore et que j'ai su nourrir.
Aujourd'hui même enfin par sa bouche informée
De la mort du tyran qui gourmandait l'armée,
Ici plus longuement il veut m'entretenir,
Et de ma délivrance avec moi convenir.

NÉBÉE.

Je conçois maintenant l'espoir qui vous enflamme.
Vous êtes adorée et l'amour dans votre âme...

ARZANE.

Non : je n'ai point trahi mes aïeux, mes revers.
Lorsque le sort me livre à ce peuple pervers,
Reine malgré le sort, je n'ai point la faiblesse
De partager les feux d'un amour qui me blesse ;
Mais je sais écouter des soupirs ennemis,
Pour sortir de l'abîme où le ciel nous a mis :
De l'odieux Jacob je troublerai la cendre.

NÉBÉE.

Arzane, de l'amour on ne se peut défendre !

ARZANE.

Tu te trompes, Nébée, et dans mon sein ce cœur
Au nom du peuple juif ne bat que de fureur.
Faut-il te rappeler nos discordes antiques,
Des deux fils d'Isaac les haines domestiques,
Le droit du premier-né si follement vendu,
Et l'innocent festin qui perdit Esaü ?
Nous, d'un prince trahi postérité fidèle,
Lorsque nous embrassons une cause si belle
Nous voyons triompher les ignobles drapeaux
Du gendre vagabond d'un pâtre de chameaux !

NÉBÉE.

Mais Nadab lui succède.

ARZANE.

              A Nadab, à sa gloire
Mon époux doit la mort, et l'Hébreu, la victoire.

NÉBÉE.

Quel est votre projet, votre espoir ?

ARZANE.

　　　　　　　　　　Me venger :
Écouter les aveux du soldat étranger ;
Feindre pour l'asservir, et par quelque artifice
Nous sauver, en poussant Jacob au précipice.
Oui, je triompherai, si Nadab amoureux
Au culte d'Abraham arrache les Hébreux.

NÉBÉE.

Vous croyez donc leur Dieu puissant et redoutable?

ARZANE.

Je sais du moins, je sais qu'il est impitoyable :
Amalec autrefois déserta son autel,
Lorsqu'il maudit Édon et bénit Israël.
Jaloux de son pouvoir, jamais il ne pardonne :
Il frappera Jacob, si Jacob l'abandonne.

NÉBÉE.

Nadab...

ARZANE.

　　　Est l'ennemi du sang de mes aïeux.

NÉBÉE.

Il est sincère.

ARZANE.

　　　　Eh bien ! je le tromperai mieux.

NÉBÉE.

Il fait de vous servir sa plus constante étude,
On vous reprochera...

ARZANE.

　　　　Poursuis !

NÉBÉE.

　　　　　　　L'ingratitude.

ARZANE.

Non, si par le succès mes vœux sont couronnés :
On ne traite d'ingrats que les infortunés.

NÉBÉE.

Nadab...

ARZANE.

　　　M'est odieux.

NÉBÉE.

　　　Sa clémence...

ARZANE.

　　　　　　　M'outrage.

NÉBÉE.

Il veut votre bonheur.

ARZANE.

Ma honte est son ouvrage.

NÉBÉE.

Il vous rendra le trône.

ARZANE.

Il m'a donné des fers.

NÉBÉE.

S'il s'attache à vos pas?

ARZANE.

Je le mène aux enfers.

NÉBÉE.

A vos desseins secrets que je prévois d'obstacles!

ARZANE.

L'amour de la patrie enfante des miracles.
Mais j'aperçois Nadab... Reine de la beauté,
Prête-moi ta ceinture, ô brillante Astarté!
Donne à tous mes discours ta grâce souveraine;
Déesse de l'amour, sers aujourd'hui la haine.
Descends! à ton secours amène tous les dieux :
Si Jéhovah triomphe, ils tomberont des cieux.

SCÈNE II.

NADAB, ARZANE, NÉBÉE.

ARZANE.

De ses destins, Nadab, votre esclave incertaine
Accourt à votre voix près de cette fontaine.
Si par ces yeux baissés je juge de mon sort,
Je crains bien qu'Amalec ne soit pas libre encor.

NADAB.

Étrangère, il me faut vous le dire sans feinte :
Les vieillards de Caleb ont écouté la plainte.
Le conseil, à qui seul le pouvoir appartient,
Pour quelques jours encor dans ce camp vous retient.
Sans gardes cependant vous pouvez de la plage
Parcourir les sentiers et l'arène sauvage.
Dathan, dont l'amitié ne craint aucun péril,

ACTE II, SCÈNE II. 263

Amène auprès de vous vos compagnes d'exil.
On vous rend des honneurs inconnus sous nos tentes,

(Dathan entre en ce moment sur la scène, suivi du chœur des jeunes filles amalécites, il se retire ensuite, et Nébée va se placer à la tête du chœur au fond du théâtre.)

Et bientôt, au milieu des pompes éclatantes,
Rendue à vos sujets, embrassant l'avenir,
Vous perdrez de Nadab l'importun souvenir.

ARZANE.

Arzane par vos mains à la mort fut ravie,
Et d'un nouveau bienfait cette grâce est suivie !
Mon cœur reconnaissant ne peut s'exprimer mieux
Que par mon peu d'ardeur à sortir de ces lieux.

NADAB.

A ce langage adroit je ne puis me méprendre :
Vous flattez l'ennemi dont vous croyez dépendre.
Mais, nourrie à Séir pour plaire et pour aimer,
Nos farouches vertus ne peuvent vous charmer.

ARZANE.

Amalec et Jacob diffèrent de maxime,
Il est vrai : nous croyons, sans nous en faire un crime,
Qu'aimer est le bonheur, plaire, un don précieux,
Et que la volupté nous rapproche des dieux.
Sous des berceaux de fleurs nos heures fortunées
S'envolent mollement l'une à l'autre enchaînées.
Le dieu que nous servons approuve nos désirs :
Dans une île féconde, aux doux chants des plaisirs,
La beauté l'enfanta sur les mers de Syrie ;
Il préside en riant aux banquets de la vie.
Pour attirer sur vous ses bienfaisants regards,
J'ai déjà, les pieds nus et les cheveux épars,
De nos rites sacrés suivant l'antique usage,
Trois fois pendant la nuit conjuré son image...
Mais n'ai-je point, Nadab, armé votre courroux ?
Vous détestez le dieu que je priais pour vous.
Pardonnez à ces vœux que dans mon innocence
M'arracha le transport de la reconnaissance.

NADAB.

Qu'entends-je ! Amalécite, apprenez donc mon sort.
Longtemps de mon amour je captivai l'essor :
Vous adorant toujours, mais respectant vos larmes,
Je n'aurais pas osé vous parler de vos charmes :
Un mot, dont l'homme heureux ne sent pas la valeur

Trop souvent peut blesser l'oreille du malheur.
Quand Moïse vivait vous aviez tout à craindre ;
A cacher mon ardeur je savais me contraindre :
Aujourd'hui que le ciel pour vous se veut calmer,
Votre bonheur me rend le droit de vous aimer.

ARZANE.

Épargnez...

NADAB.

Vous sauver changea ma vie entière,
Ce cœur, que vous avez habité la première,
Vit l'amour se lever terrible et violent
Comme l'astre de feu dans ce désert brûlant.
Le repos pour jamais s'envola de mon âme ;
Mon esprit s'égara dans des songes de flamme.
Abjurant la grandeur promise à nos neveux,
A l'autel des Parfums je n'offrais plus mes vœux ;
Je n'allais plus, lévite innocent et modeste,
Chaque aurore au désert cueillir le pain céleste.
Dans les champs de l'Arabe, et loin des yeux jaloux,
Mon bonheur eût été de me perdre avec vous.
De toi seule connue, à toi seule asservie,
L'Orient solitaire aurait caché ma vie.
Pour appui, du dattier, empruntant un rameau,
Le jour j'aurais guidé ton paisible chameau ;
Le soir, au bord riant d'une source ignorée,
J'aurais offert la coupe à ta bouche altérée,
Et sous la simple tente, oubliant Israël,
Pressé contre mon cœur la nouvelle Rachel.

ARZANE.

Confuse, à vos regards je voudrais disparaître ;
Mais je suis votre esclave, et vous êtes mon maître.

NADAB.

A qui maudit vos fers le reproche est bien dur !
Mais de vous délivrer il est un moyen sûr.
Vous connaissez du camp le trouble et les alarmes :
De la féconde Égypte on regrette les charmes ;
On veut que des tribus je conduise les pas.
Épouse de Nadab, ouvrez-nous vos États ;
D'un peuple de bannis soyez la souveraine :
Le soldat à l'instant va briser votre chaîne.

ARZANE.

Je vois Marie.

SCÈNE III.

MARIE, ARZANE, NADAB, NÉBÉE, CHŒUR DE JEUNES FILLES AMALÉCITES.

MARIE.

Aaron n'est point ici, Nadab?

NADAB.

Il pleure le prophète au torrent de Cédab.

MARIE.

Rendez grâce au Seigneur; sa paix nous accompagne.
Moïse reparaît sur la sainte montagne.
Cherchant partout Aaron, je cours lui répéter
Ce qu'un chef des pasteurs vient de me raconter.

SCÈNE IV.

NADAB, ARZANE, NÉBÉE, CHŒUR DE JEUNES FILLES AMALÉCITES.

ARZANE.

Fils d'Aaron, à mon sort il faut que je succombe!
Vous me parliez d'hymen, et je touche à ma tombe.

NADAB, sans écouter Arzane.

Nous allons te revoir enfin, fameux mortel,
Encor tout éclatant des feux de l'Éternel.
Honneur à tes vertus, et gloire à ton génie!

ARZANE.

Veillé-je? dans mes maux quelle affreuse ironie!
Quoi! Nadab, ces desseins où tous deux engagés,
Ces projets de l'amour...

NADAB.

Ils ne sont point changés.

ARZANE.

Entre Moïse et moi vous tenez la balance :
De votre passion je vois la violence.

NADAB.

Femme, je suis sans force à tes pieds abattu;
Mais ne puis-je du moins admirer la vertu?

ARZANE.

Qui pourra m'arracher de ce sanglant théâtre
Où la mort me poursuit?

NADAB.

Ce cœur qui t'idolâtre.

ARZANE.

Mais les remords viendront arrêter vos efforts.

NADAB.

Mais si je t'obéis, que te font mes remords?

ARZANE.

De ces hauts sentiments je serai la victime.

NADAB.

Laisse-moi m'enchanter d'innocence et de crime,
Connaître mes devoirs sans te manquer de foi,
Apercevoir l'abîme, et m'y jeter pour toi.

ARZANE.

Je ressens vos douleurs, et n'en suis point complice.

NADAB.

Cesse de t'excuser : j'adore mon supplice,
Ma souffrance est ma joie, et je veux à jamais
Conserver la douceur du mal que tu me fais.
Hélas! mon fol amour m'épouvante moi-même;
Je me sens sous le coup de quelque arrêt suprême :
D'involontaires pleurs s'échappent de mes yeux;
La nuit, dans mon sommeil, j'entends parler tes dieux.
Prêt à sacrifier à leurs autels coupables,
Je me réveille au bruit de mes cris lamentables.
Dis : n'est-ce pas ainsi, dans ses tourments divers,
Qu'une âme est par le ciel dévouée aux enfers?

ARZANE.

On va vous délivrer du joug de l'étrangère.

NADAB.

Des légers fils d'Agar la voix est mensongère;
L'Arabe aime à conter : je veux sonder des bruits
Aisément élevés, plus aisément détruits.
De Moïse en ces lieux je viendrai vous apprendre
Le destin. Quel parti qu'alors vous vouliez prendre
Contre tout ennemi prompt à vous secourir;
Arzane, je saurai vous sauver ou mourir.

(Nadab sort.)

SCÈNE V.

ARZANE, NÉBÉE, chœur de jeunes filles amalécites.

ARZANE.

Ah! Nébée, à ce coup je ne saurais survivre!
L'implacable destin s'attache à me poursuivre.

NÉBÉE.

Et moi je ressentais un doux enchantement
En écoutant des vœux si chers!

ARZANE.

Autre tourment,
Incestueux projet, effroyable à mon âme!
Je hais du fils d'Aaron et la main et la flamme.
Amalec recevoir Israël dans ses bras!
Recueillir dans mon sein une race d'ingrats!
Je légitimerais ces exécrables frères
Qui menacent nos fils, qui trahirent nos pères;
Ces esclaves du Nil, bâtisseurs de tombeaux,
Ignobles artisans flétris par leurs travaux,
Qui d'Égypte chassés avec tous leurs prophètes,
Proclament en tremblant d'insolantes conquêtes;
Se disent héritiers des florissants États
De cent peuples divers qu'ils ne connaissent pas!

NÉBÉE.

Sauvez, sauvez vos jours!

ARZANE.

Voudrais-tu donc, Nébée,
Aux autels de Jacob voir Arzane courbée,
Contrainte d'embrasser le culte menaçant
Du Dieu cruel qui veut exterminer mon sang?
S'il faut suivre aujourd'hui la fortune jalouse,
S'il faut que de Nadab je devienne l'épouse,
Que lui-même, parjure au culte de Nachor,
Serve avec moi Baal, et Moloch, et Phogor;
Que son hymen des Juifs brise les lois publiques;
Qu'il me donne sa main aux autels domestiques
Des dieux de mon palais, des dieux accoutumés
A couronner les vœux contre Jacob formés!

NÉBÉE.

Du retour de Moïse on n'a pas l'assurance.
Espérons.

ARZANE.

Laisse là ta menteuse espérance.

NÉBÉE.

L'étoile d'Astarté paraît sur l'horizon :
Pour hâter le retour du jeune fils d'Aaron,
Saluons l'astre heureux par des chants agréables.

ARZANE, au chœur.

Captives, suspendez ces pleurs inépuisables.
Voici l'instant prédit où les filles d'Édom
Vont sauver d'Amalec et la race et le nom.
Nos guerriers ne sont plus, mais vous restez encore :
Formez les chœurs brillants des peuples de l'Aurore.
Des femmes de Byblos répétez les soupirs;
Du farouche Israël enflammez les désirs.
Loin d'ici la pudeur et la froide innocence !
Il nous faut des plaisirs conduits par la vengeance.
Chantez l'amour; c'est lui qui du Dieu d'Israël
Doit corrompre l'encens et renverser l'autel.

LE CHŒUR.

Amour, tout chérit tes mystères,
Tout suit tes gracieuses lois,
L'hirondelle au palais des rois,
L'aigle sur les monts solitaires,
Et le passereau sous nos toits.

UNE AMALÉCITE.

Ton vieux temple, entouré des peuples de la terre,
S'élève révéré de chaque âge nouveau,
Comme au milieu d'un champ la borne héréditaire,
Ou la tour du pasteur au milieu du troupeau.

LE CHŒUR.

Amour, tout chérit tes mystères,
Tout suit tes gracieuses lois,
L'hirondelle aux palais des rois,
L'aigle sur les monts solitaires,
Et le passereau sous nos toits.

UNE AMALÉCITE.

Invoquons du Liban la déesse charmante!
De nos longs cheveux d'or que la tresse élégante

ACTE II, SCÈNE V.

Tombe en sacrifice à l'Amour.
Soulevons les enfers, répétons tour à tour
Du berger chaldéen la parole puissante.

UNE AUTRE AMALÉCITE.

Qui méprise l'Amour dans ses fers gémira.

DEUX AMALÉCITES.

De prodiges divers l'Amour remplit l'Asie,
  Il embauma l'Arabie
 Des pleurs de la tendre Myrrha ;
Du pur sang d'Adonis il peignit l'anémone :
 Fleur des regrets, symbole du plaisir,
Elle vit peu de temps ; et le même zéphyr
  La fait éclore et la moissonne.

UNE AMALÉCITE.

 Prenons notre riche ceinture,
Nos réseaux les plus fins, nos bagues, nos colliers ;
  Vengeons aujourd'hui nos guerriers ;
  Les remparts et les boucliers
Sont vains contre l'Amour dans toute sa parure.

LE CHŒUR.

Que dit à son amant, de plaisir transporté,
  Cette prêtresse d'Astarté
Qui voudrait attirer le jeune homme auprès d'elle,
Et lui percer le cœur d'une flèche mortelle ?

UNE AMALÉCITE.

« Beau jeune homme, dit-elle, arrête donc les yeux
« Sur la tendre Abigail que ta froideur opprime.
  « Je viens d'immoler la victime,
 « Et d'implorer la faveur de nos dieux.
  « Viens, que je sois ta bien-aimée.
« J'ai suspendu ma couche en souvenir de toi ;
  « D'aloès je l'ai parfumée.
« Sur un riche tapis je recevrai mon roi ;
« Dans l'albâtre éclatant la lampe est allumée ;
« Un bain voluptueux est préparé pour moi.
« L'époux qu'on a choisi, mais qui n'a pas mon âme,
« Est parti ce matin pour ses plants d'oliviers :
  « Il veut écouler ses viviers ;
  « Sa vigne ensuite le réclame.
« Il a pris dans sa main son bâton de palmier,
« Et mis deux sicles d'or dans sa large ceinture ;
« Il ne reviendra point que de son orbe entier

« L'astre des nuits n'ait rempli la mesure.
« Tandis qu'en son champ il vendange,
« Enivrons-nous de nos désirs.
« De tant de jours perdus qu'un jour heureux nous venge :
« Il n'est de bon que les plaisirs. »

DEUX AMALÉCITES.

O filles d'Amalec ! si par un tel langage
De nos tyrans nous embrasions les cœurs,
Nous verrions à nos pieds cette race sauvage,
Et les vaincus deviendraient les vainqueurs !

LES MÊMES, AVEC UNE TROISIÈME AMALÉCITE.

Arzane, lève-toi dans l'éclat de tes larmes !
Triomphe par tes charmes !
Que l'amour sur ton front s'embellissant encor
Attaque des Hébreux les princes redoutables,
Et livre tout Jacob à nos dieux formidables,

LE CHŒUR.

Baal, Moloch et Phogor !

ARZANE.

Nadab ne revient pas. Déjà la lune éclaire
Des rochers du Sina le sommet solitaire :
De la garde du camp on voit briller les feux.

(Au chœur.)

Retournez vers Jacob ; mêlez-vous à ses jeux ;
Pour subjuguer son cœur faites briller vos grâces.

(A Nébée.)

Et toi, du fils d'Aaron cherche et poursuis les traces :
J'attendrai ton retour auprès des pavillons
Où depuis si longtemps dans les pleurs nous veillons.

ACTE TROISIÈME.

SCÈNE PREMIÈRE.

MOISE, seul.

(Il fait nuit; on voit à la clarté de la lune Moïse qui descend du mont Sinaï, portant les Tables de la loi. Il s'avance vers le bocage des palmiers, et dépose les Tables de la loi au tombeau de Joseph.)

Sur ces tableaux divins la main de l'Éternel
Grava toutes les lois du monde et d'Israël.
O toi qui déroulas tous les cieux comme un livre,
Qui détruis d'un regard et d'un souffle fais vivre,
Qui traças au soleil sa course de géant,
Qui d'un mot fis sortir l'univers du néant!
Dis par quelle bonté, maître de la nature,
Tu daignais t'abaisser jusqu'à ta créature,
Et parler en secret à mon cœur raffermi
Comme un ami puissant cause avec son ami.
Depuis que je t'ai vu dans les feux du tonnerre,
Je ne puis attacher mes regards à la terre,
Et mon œil cherche encor, frappé de ta splendeur,
Dans ce beau firmament l'ombre de ta grandeur.

(Moïse s'assied sur une pierre auprès du tombeau de Joseph.)

Avant de me montrer à la foule empressée,
Je veux de nos tribus connaître la pensée;
Josué, descendu par un chemin plus court,
Doit avoir à mon frère annoncé mon retour;
Attendons, sous cette ombre au conseil favorable,
Du grand Melchisédech l'héritier véritable.

(Il regarde quelque temps le camp en silence.)

Qu'avec un doux transport je vois ce camp tranquille,
D'un peuple fugitif unique et noble asile!
Peuple que j'ai sauvé, que je porte en mon cœur,
De tous tes ennemis sois à jamais vainqueur!
Servant au monde entier de modèle et d'exemple,
Garde du Tout-Puissant la parole et le temple!
Séparé par ta loi, ton culte, tes déserts
Du reste corrompu de ce vaste univers,
O Jacob, sois en tout digne du droit d'aînesse!

Je veux, en dirigeant ta fougueuse jeunesse,
En profitant du feu de ton esprit hautain,
Te forger en un peuple et de fer et d'airain.
Ouvrage des mortels, et prompt à se dissoudre,
Les empires divers rentreront dans la poudre ;
Toi seul subsisteras parmi tous ces débris ;
Les ruines du temps t'offriront des abris ;
En te voyant toujours, les races étonnées
Iront se racontant tes longues destinées,
Et se montrant du doigt ce peuple paternel
Que Moïse marqua du sceau de l'Éternel !
Mais, Jacob, pour monter où le Seigneur t'appelle,
Il faut à ses desseins n'être jamais rebelle :
Sous le courroux du ciel tu pourrais succomber,
Et la foudre est sur toi toujours prête à tomber.
Prions pour ton salut tandis que tu sommeilles.

(Il se lève, et étend les bras vers le ciel.)

Dieu de paix !...

(On entend des sons lointains de musique, et des bruits de danses.)

Mais quel son vient frapper mes oreilles
Ce n'est point là le cri du belliqueux soldat
Qui chante Sabaoth en courant au combat :
Je reconnais l'accent d'une race coupable.
Quel noir pressentiment et me trouble et m'accable ?
Aaron sous ces palmiers est bien lent à venir.
Fidèle Josué, qui te peut retenir ?
Laissons à ce tombeau ces Tables tutélaires.
Marchons... Qui vient ici ?

SCÈNE II.

NADAB, MOISE.

NADAB, sans voir Moïse, qui reste appuyé sur le tombeau de Joseph.

Ces lieux sont solitaires.
Elle est rentrée au camp... Oui, j'aurai trop tardé.
Le retour de Moïse est un bruit hasardé,
D'un Arabe menteur la nouvelle incertaine.

(Il avance au bord de la scène, et demeure quelque temps en silence.)

Que mon sein oppressé se soulève avec peine !
Que cet air est brûlant ! pour achever son tour,
La nuit semble emprunter le char ardent du jour.
Image de mon cœur cette arène embrasée

ACTE III, SCÈNE II.

Reçoit en vain du ciel la bénigne rosée.
(Autre silence.)
Ici de la beauté j'entendis les accents.
Sur sa trace de feu qu'on répande l'encens !
Qu'on l'adore!... Où m'emporte une imprudente ivresse ?
On n'a point jusqu'ici couronné ma tendresse :
Si j'étais le jouet de quelque illusion !
Connaissons notre sort.
(Il va pour rentrer au camp : en passant devant le bocage de palmiers il aperçoit Moïse.)
O sainte vision !
N'est-ce pas de Joseph l'ombre majestueuse ?
Viens-tu me consoler ? Que ta voix vertueuse
Des chagrins de mon cœur adoucisse le fiel,
Et donne-moi la paix que tu goûtes au ciel !

MOÏSE, sans quitter le tombeau.
Le ciel des passions n'entend point la prière.

NADAB.
Moïse !

MOÏSE, descendant du tombeau.
C'est lui-même.

NADAB.
En touchant la poussière,
Prophète du Seigneur, je m'incline à vos pieds,
Et baisse devant vous mes yeux humiliés.

MOÏSE.
De quelque noir chagrin votre âme est agitée.

NADAB.
Le camp, qui déplorait votre mort racontée,
Voulait mettre en mes mains un dangereux pouvoir.

MOÏSE.
Eh bien ! qu'avez-vous fait ?

NADAB.
J'espérais vous revoir.

MOÏSE.
Et n'avez-vous, Nadab, rien de plus à m'apprendre ?

NADAB.
Sans doute ici bientôt les vieillards se vont rendre.
(On entend la musique du camp.)

MOÏSE.
Vous me dites, Nadab, que les tribus en deuil
Gémissent sur le sort de Moïse au cercueil ;

Et j'entends les concerts, horribles ou frivoles,
Dont les fils de Baal fatiguent leurs idoles.
Qui produit ces clameurs? qui peut y prendre part?

NADAB.

Nos captives souvent, assises à l'écart,
Aiment à répéter les hymnes de leurs pères.

MOÏSE.

Des captives ici? des femmes étrangères?
Arzane n'a donc pas satisfait au Seigneur?
Elle vit; et peut-être, écoutant votre ardeur,
Elle reçoit ces vœux sortis d'une âme impure,
Dont le vent de la nuit m'apportait la souillure
Jusqu'au chaste tombeau du pudique Joseph?

NADAB.

Des Hébreux triomphants le magnanime chef
Craindrait-il une femme esclave de nos armes,
Qui mange un pain amer détrempé de ses larmes?
Sur le compte des grands je ne suis pas suspect :
Leurs malheurs seulement attirent mon respect.
Je hais le Pharaon que l'éclat environne ;
Mais s'il tombe, à l'instant j'honore sa couronne ;
Il devient à mes yeux roi par l'adversité.
Des pleurs je reconnais l'auguste autorité.
Courtisan du malheur, flatteur de l'infortune,
Tel est de mon esprit la pente peu commune :
Je m'attache au mortel que mon bras a perdu,
Et je voudrais sauver la race d'Ésaü.

MOÏSE.

Vous, sauver d'Astarté la nation flétrie!
Regarder sans horreur l'infâme idolâtrie,
Quand j'apporte aux Hébreux les lois de Jéhovah!
Sur ce marbre sacré lui-même les grava;
Lisez : l'astre des nuits vous prête sa lumière.

NADAB, lisant.

N'ADORE QU'UN SEUL DIEU.

MOÏSE.

Telle est la loi première.
Et vous seul, immolant l'avenir d'Israël,
De cet unique Dieu renversez-vous l'autel?
Jacob, trahirais-tu tes hautes destinées?
Ne veux-tu point, courbé sous le poids des années,
T'avancer sur la terre, antique voyageur,

ACTE III, SCÈNE II.

Pour apprendre aux humains le grand nom du Seigneur ?
Tu portes dans tes mains ce livre salutaire
Où je traçai de Dieu le sacré caractère :
Contrat original, titre où l'homme enchanté
Retrouvera ses droits à l'immortalité.
L'infidèle Jacob perdrait son rang suprême !
Mais entrons dans ce camp; voyons tout par nous-même.

NADAB.

Arrêtez !

MOÏSE.

  Et pourquoi ?

NADAB.

    Pour soustraire au danger
Des jours qu'au prix des miens je voudrais protéger.

MOÏSE.

Vous !

NADAB.

 Je dois l'avouer...

MOÏSE.

  Eh bien !

NADAB.

    Dans votre absence
Le camp, s'abandonnant à l'aveugle licence,
A rejeté vos lois.

MOÏSE.

  Par Jacob annoncé,
Dieu ne retranche point l'avenir menacé !

NADAB.

Écoutez un moment.

MOÏSE.

  Laisse-moi, téméraire !
J'ai prévu ta faiblesse, Aaron ! Malheureux frère,
Qu'as-tu fait ?

NADAB.

  Permettez que je guide vos pas.

MOÏSE.

Non : j'affronterai seul tes coupables soldats ;
Demeure, ou va plutôt (car j'entrevois ton crime),
Dans son bercail impur va chercher la victime
Dont le sang répandu peut encor te sauver.

NADAB.

Ne vous obstinez pas, Moïse, à tout braver.
J'irai vous annoncer aux troupes alarmées.

MOÏSE.

Tu n'es plus le soldat du Seigneur des armées.

NADAB.

Vous repoussez mon bras ?

MOÏSE.

Qu'ai-je besoin de toi ?
L'ange exterminateur marchera devant moi.

(Moïse sort.)

SCÈNE III.

NADAB, seul.

Moi, livrer aux bourreaux une femme éplorée !
Que plutôt par l'enfer mon âme dévorée...

SCÈNE IV.

NADAB, ARZANE.

ARZANE.

N'espérant plus, Nadab, votre prochain retour,
J'avais quitté ces lieux avec la fin du jour :
Vainement sur vos pas j'ai fait voler Nébée.
Dans mes pensers amers tristement absorbée,
J'ai mouillé quelque temps ma couche de mes pleurs :
La nuit, en accroissant mes nouvelles douleurs,
A redoublé ma crainte, et je suis revenue
Aux bords où, je le vois, vous m'avez attendue.

NADAB.

Arzane, de nos jours le sort est éclairci :
Avec moi, dans l'instant, Moïse était ici.

ARZANE.

Ici ! quelle fureur sera bientôt la sienne !

NADAB.

Il menace déjà votre vie et la mienne.

ACTE III, SCÈNE IV.

ARZANE.

Eh bien! que ferez-vous?

NADAB.

Ce que j'avais promis.
Devenez mon épouse, et mes nombreux amis,
Annonçant aux soldats la fertile Idumée,
Rangeront à vos pieds le conseil et l'armée.
Je ferai plus : il faut à la fille d'Édom
Un époux revêtu des pompes de Sidon.
Demain, pour égaler l'honneur de ma conquête,
L'huile sainte des rois coulera sur ma tête.
Donnez par votre amour une âme à mes projets,
Et j'abaisse Moïse au rang de mes sujets.

ARZANE.

(A part.) (Haut.)
Ciel! Le dessein est grand! je le pense moi-même;
Il n'est pour nous, Nadab, d'abri qu'au rang suprême.
Mais mesurez la cime avant que d'y monter;
Dans l'arène glissante où vous voulez lutter,
En songeant au succès prévoyez la défaite.
Pourrez-vous étouffer la voix d'un vieux prophète
Parlant au nom des cieux à des hommes tremblants,
Dans l'imposant éclat de ses longs cheveux blancs?

NADAB.

Si vous m'aimez, alors tout me sera facile.

ARZANE.

Voulez-vous, d'un esprit aussi ferme qu'habile,
D'un pouvoir souverain créer les éléments?
De la foi d'Israël changez les fondements.
Si le peuple, poussé vers des dieux qu'il appelle,
Est plus que vous encore à Moïse rebelle,
Les Juifs craignant ce chef implacable et jaloux,
Pour se sauver de lui se donneront à vous.
Tout indique à vos yeux la route qu'il faut suivre :
Onze de vos tribus aujourd'hui veulent vivre
Sous le dieu d'Amalec : secondez leurs efforts;
Dans cette arche nouvelle enfermez des ressorts;
A des miracles feints opposez des miracles;
Comme Moïse, ayez des prêtres, des oracles,
Et bientôt le soleil vous verra dans ces lieux,
Le pontife et le roi d'un peuple glorieux.

NADAB.

Nadab, lâche apostat! Arzane en vain l'espère!

Vous-même chérissez les dieux de votre père :
Si je vous proposais aussi de les quitter?

ARZANE.

Quand auprès d'Astarté je voudrais m'acquitter
Des tendres et doux vœux que son culte réclame,
La faiblesse me sied : et que suis-je ? une femme !
Mais un homme au-dessus des vulgaires mortels
Prend conseil de sa gloire, et choisit ses autels.
Votre Dieu vous menace et sa loi vous condamne;
Vous ne pouvez régner que par le dieu d'Arzane.
Régnez sur elle ; allez au premier feu du jour
Chercher votre couronne au temple de l'Amour;
Et, tandis qu'Amalec frappera la victime,
Vous offrirez des fleurs : ce n'est pas un grand crime.

NADAB.

O magique serpent! décevante beauté,
Par quels secrets tiens-tu tout mon cœur enchanté?
Es-tu fille d'enfer ou des esprits célestes?
Réponds-moi!

ARZANE.

   Du malheur je suis les tristes restes.
Suppliante à vos pieds, sans trône et sans époux,
Je n'ai d'autre soutien ni d'autre espoir que vous.

NADAB.

C'en est fait : il le faut! A toi je m'abandonne!
Qu'importe le poison, quand ta main me le donne?
Mais en goûtant au fruit, présent de ton hymen,
Du moins entre avec moi sous les berceaux d'Éden,
Ève trop séduisante! au jardin des délices
Que nos félicités précèdent nos supplices !
Tu ne m'as point encore révélé tes secrets,
Et même en ce moment tes regards sont muets.
Un mot peut tout fixer dans mon âme incertaine.
Dis : ai-je mérité ton amour ou ta haine?
Si tu l'aimes, Nadab est prêt à s'immoler.

ARZANE.

Que faire?

NADAB.

  Explique-toi.

ARZANE

    Je ne saurais parler.

NADAB.

M'aimes-tu? m'aimes-tu, divine Amalécite?

ARZANE.

Ma voix s'éteint...

NADAB.

Promets à ce cœur qui palpite
Que demain à l'autel...

ARZANE.

A l'autel de mes dieux?...

NADAB.

O douleur!

ARZANE, à part.

En formant un hymen odieux,
Du moins perdons Jacob.

NADAB, à part.

Dans ta juste colère,
Ne te souviens, Seigneur, que d'Abraham mon père.
(A Arzane.)
Achevons.

ARZANE.

Vous m'aimez?

NADAB.

Ah! cent fois plus que moi!
Puisqu'aux feux éternels je me livre pour toi!

ARZANE.

Vous dites que demain, au lever de l'aurore,
A l'autel de mes dieux...

NADAB.

Je n'ai rien dit encore.

ARZANE.

Je mourrai donc?

SCÈNE V.

NÉBÉE, ARZANE, NADAB.

NÉBÉE, accourant précipitamment.

Fuyez! le péril est pressant:
Tout prend autour de vous un aspect menaçant.
Je veillais près d'ici dans mon inquiétude,

Quand j'ai vu s'avancer vers cette solitude,
A pas lents et légers, Caleb avec Lévi.
De cent prêtres armés ce cruel est suivi;
Leurs yeux sinistrement étincellent dans l'ombre;
Ils se parlent tout bas d'une voix triste et sombre.
J'ai surpris quelques mots de leur noir entretien :
De vous donner la mort ils cherchent le moyen.

NADAB.

Contre vos jours, Arzane, un lévite conspire?
Tout est fini; demain je vous rends votre empire.
De Pharaon vaincu prenez le plus beau char;
Des soldats éblouis enchantez le regard.
Je vous déclarerai mon épouse adorée.
Du sceptre d'Ésaü vous serez décorée ;
D'Édom et de Jacob que les dieux fraternels
Soient enfin encensés sur les mêmes autels.

(Arzane et Nébée sortent par un côté du théâtre; Nadab les suit de loin pour les protéger contre les lévites, qui entrent sur la scène du côté opposé. Il s'arrête quand Arzane a disparu, et parle aux lévites du fond du théâtre.)

SCÈNE VI.

NADAB, CALEB, CHŒUR DE LÉVITES.

NADAB.

Lévites! je me ris de vos sourdes pratiques;
Je brave vos poignards et crains peu vos cantiques.
Vous m'y forcez; je vais aussi porter des coups :
Que le crime et la honte en retombent sur vous!

SCÈNE VII.

CALEB, CHŒUR DE LÉVITES.

UN LÉVITE.

Quel reproche insensé! quelle voix! Ce profane
Ne craint plus d'annoncer ses projets pour Arzane.

CALEB.

Josué m'avait dit que notre auguste chef
Devait attendre Aaron au tombeau de Joseph ;
Je venais avec vous lui porter nos épées,
Au sang de l'ennemi plus d'une fois trempées :

Mais déjà dans le camp il aura pénétré.
LE MÊME LÉVITE.
Au négligent pasteur l'aigle enfin s'est montré.
CALEB.
Adultère Israël, dans ton brutal caprice,
Tu désertes d'Abel l'innocent sacrifice,
Et, cessant d'immoler la colombe et l'agneau,
Du meurtrier Caïn tu rejoins le troupeau !
Vous, par qui l'Esprit saint s'explique et prophétise,
Prêtres sacrés, avant d'aller trouver Moïse,
Que l'ange du Seigneur, dans ce ciel de saphirs,
Porte jusqu'au Très-Haut nos chants et nos soupirs.
La lune est au milieu de sa belle carrière,
Et c'est l'heure où des nuits nous offrons la prière.

CALEB.

PRIÈRE.

Dieu, dont la majesté m'accable,
Pure essence, divine ardeur,
Qui peut comprendre la grandeur
De ton nom incommunicable ?

Je me retire à ta lumière,
Au tabernacle de ta loi :
Des nuits où nous veillons pour toi,
C'est peut-être ici la dernière.

Si nous tombons dans les tempêtes
Qu'excitent de noirs assaillants,
Nous dormirons près des vaillants,
Un glaive placé sous nos têtes.

Mais que plutôt par toi nos bras soient affermis,
Et de tes saints dissipe les alarmes ;
Par la bride et le mors dompte tes ennemis !

LES LÉVITES, tirant leurs épées qu'ils élèvent vers le ciel en fléchissant le genou.

Bénis nos armes !

CHŒUR DES LÉVITES.

CHANT NOCTURNE.

Les cieux racontent la gloire
Du souverain Créateur ;
La nuit garde la mémoire
Du sublime Ordonnateur
Qui fit camper sous ses voiles

Cette milice d'étoiles
Dont les bataillons divers,
Dans leur course mesurée,
Traversent de l'empirée
Les magnifiques déserts.

UN LÉVITE.

Le soleil, élevant sa tête radieuse,
Ferme de ce grand chœur la marche harmonieuse;
Ainsi, de l'autel d'or franchissant le degré,
Un pontife éclatant et consomme et termine
Une pompe divine
Dans un temple superbe au Seigneur consacré.

LE PLUS JEUNE DES LÉVITES.

Image de la mort du juste,
Douce nuit, où du ciel éclate la beauté,
Se peut-il que l'impie en son iniquité,
Profane ton silence auguste?

(On entend la musique du camp.)

UN LÉVITE.

Ah! quels horribles sons s'échappent de ce lieu!
Oh! de l'enfer détestable puissance!
Dans ce camp perverti c'est Baal qu'on encense;
Ici nous prions le vrai Dieu!

(Moment de silence, pendant lequel on entend une seconde fois la musique du camp.)

UN AUTRE LÉVITE.

Méchants, votre hymne criminelle
De la nuit des enfers ranime tous les feux :
Vous invoquez Satan; qu'il exauce vos vœux!
Tombez dans la nuit éternelle!

(Nouveau silence et musique du camp.)

UN TROISIÈME LÉVITE.

Ah! retournez plutôt à vos devoirs,
Esclaves malheureux des femmes étrangères!

LE PLUS JEUNE DES LÉVITES.

Prions pour eux, ce sont nos frères;
Ils ont bu comme nous le vin de nos pressoirs,
Et sucé le lait de nos mères!

PRIÈRE GÉNÉRALE, prononcée par Caleb.

N'écoute point dans ta colère,
O Dieu! le cri de ces infortunés :
Prends pitié de leurs nouveau-nés;

Donne la paix à leur misère.

Que le bruit des astres roulants
Te rende sourd aux clameurs de l'impie,
Et n'entends que la voix qui prie
Pour le péché de tes enfants.

La fraîche et brillante rosée,
Au bord des flots les tamarins en fleur,
Le vent qui, perdant sa chaleur,
Glisse sur la mer apaisée.

Tout rit : du firmament serein
S'ouvre à nos yeux le superbe portique ;
O Dieu ! sois doux et pacifique
Comme l'ouvrage de ta main !

ACTE QUATRIÈME.

SCÈNE PREMIÈRE.

MOISE, AARON, DATHAN, VIEILLARDS ET CHEFS D'ISRAEL.

MOÏSE.

Terre, frémis d'horreur ! Pleurez, portes du ciel !
Sur la fleur de Juda l'enfer vomit son fiel.
La maison de Jacob, par Nadab corrompue,
Aux princes des démons ici se prostitue ;
Et déjà, consultant les devins et les sorts,
Rugit devant ses dieux comme au festin des morts.

AARON.

Moïse, ma douleur à la vôtre est égale.
Sitôt que Josué, dans cette nuit fatale,
Est venu m'annoncer votre étonnant retour,
J'ai rassemblé ces chefs, et par un long détour,
Choisissant avec eux les routes les plus sombres,
Je vous ai rencontré seul, errant dans les ombres.
Daignez me pardonner si, malgré mes efforts,
J'ose vous ramener à ces tranquilles bords.
Le conseil des vieillards comme moi vous conjure

D'éviter d'Amalec la faction impure.
Vos jours sont menacés; à des hommes ingrats
La nuit qui règne encore a dérobé vos pas :
Que de périls divers pour mon fils et mon frère!

MOÏSE.

Ne pleurez pas sur moi; pleurez d'un cœur sincère
Sur ce peuple infecté du poison de l'erreur,
Et que Dieu va punir dans toute sa fureur.
Profitez, ô vieillards, du moment qui vous reste,
Et détournez Nadab de son projet funeste.

UN VIEILLARD.

Hélas! nous voudrions secourir Israël,
Mais Dieu même a rompu son pacte solennel.

MOÏSE.

Peuple de peu de foi! vous doutez des oracles!
Vos yeux ont oublié l'éclat de cent miracles!
Dieu vous semble impuissant dans vos dégoûts amers,
Et du haut de ce roc on aperçoit les mers
Naguère sous vos pas par Moïse entr'ouvertes!
Et de la manne encor vos tentes sont couvertes!
Seigneur, ils ont osé murmurer contre toi,
Te trahir à l'instant où j'apportais la loi
Qui promet à Jacob une terre féconde,
Le sceptre à ses enfants, et le Sauveur au monde!

AARON.

Béni soit l'Éternel, qui ne trompe jamais!

DATHAN.

Et pourquoi donc ce Dieu, si prodigue en bienfaits,
Égare-t-il nos pas au désert où nous sommes?

MOÏSE.

Pour t'enseigner les maux et les vertus des hommes;
Pour former aux combats nos faibles légions
Dans le mâle berceau de l'aigle et des lions.
Toi, qui jusqu'au Très-Haut veux porter ton délire,
T'assieds-tu près de lui dans le céleste empire?
Vis-tu le Créateur, dans les premiers moments,
De ce vaste univers creuser les fondements,
Des vents et des saisons mesurer la richesse,
Et jusque sous les flots promener sa sagesse?
Des portes de l'abîme as-tu posé le seuil?
As-tu dit à la mer : « Brise ici ton orgueil? »
Misérable Dathan! quoi! vermisseau superbe,

Tu veux comprendre Dieu quand tu rampes sous l'herbe!
Admire et soumets-toi : le néant révolté
Peut-il dans ses desseins juger l'éternité?

UN CHEF.

J'entends des pas, vers nous quelqu'un se précipite.

AARON.

Qui s'avance? Est-ce toi, mon fils?

UN VIEILLARD.

C'est un lévite.

SCÈNE II.

LES PRÉCÉDENTS, UN LÉVITE.

LE LÉVITE.

Interprète du ciel, confident d'Éloé,
Moïse, je vous cherche : au nom de Josué,
Du progrès de nos maux j'accours pour vous instruire.
L'ouvrage de vos mains est prêt à se détruire;
Le camp vous a proscrit; et ces chefs assemblés,
S'ils reviennent à vous, seront tous immolés.
Marie, avec Caleb, retirés vers l'oracle,
S'efforcent de sauver le sacré tabernacle.
Ici même l'aurore et le nouveau soleil
Des noces de Nadab mèneront l'appareil :
Une idole y sera brillante et parfumée,
Et soudain les tribus marchent vers l'Idumée.
Déjà l'on a donné le signal du départ;
On abaisse la tente, on lève l'étendard,
Et le lâche Israël, que corrompent des traîtres,
Va fuir en reniant le Dieu de ses ancêtres.

LES VIEILLARDS, à Moïse immobile qui commence à sentir l'inspiration.

O Moïse!

AARON.

Il redit l'oracle du saint lieu,
Et pour l'homme attentif il est l'écho de Dieu!

LES VIEILLARDS.

Écoutons!

MOISE, inspiré.

Anathème à ta race volage,
Jacob, si par tes mains tu te fais une image!
Que maudit soit ton champ, ton pavillon, ton lit,

Et que sur Gelboé ton figuier soit maudit!
Tombant dans l'avenir d'abîmes en abîmes,
De malheurs en malheurs et de crimes en crimes,
Un jour on te verra couronner tes forfaits
En égorgeant l'Agneau descendu pour la paix.
Alors, peuple proscrit, dispersé sur la terre,
Tu traîneras partout ta honte et ta misère;
Tu viendras, pauvre et nu, enfant déshérité,
Pleurer sur les débris de ta triste cité,
Dans ces débris épars trouver pour ton supplice
D'un Dieu ressuscité la tombe accusatrice,
Et mourir de douleur près du seul monument
Qui n'aura rien à rendre au jour du jugement.

LES VIEILLARDS.

Ciel!

AARON.

Arrachons Nadab à son indigne flamme.
Je l'ai fait appeler pour attendrir son âme;
Sans doute il va venir, il m'obéit encor.

(A Moïse.)

Prêtez-moi de vos vœux le fraternel accord;
Brisez de Jéhovah la flèche dévorante;
Éteignez le courroux dans sa droite fumante.
Vous avez comme moi de chers et doux liens :
Pensez à vos enfants, vous prierez pour les miens.

MOÏSE.

Il reste au Tout-Puissant une tribu fidèle :
Je vais m'y réunir; je marche où Dieu m'appelle.

AARON.

Prophète, que Nadab ne soit pas condamné!
Si mon fils est coupable, il est infortuné.

MOÏSE.

Vous allez voir Nadab; eh bien! qu'il se repente,
Que du chemin du crime il remonte la pente!
Ce qu'il dénie au ciel, tâchez de l'obtenir;
J'attendrai vos succès pour régler l'avenir :
Adieu. Lévites saints, je vous porte ces Tables,
Que souilleraient ici des hommes détestables.

(Il prend les Tables de la loi au tombeau de Joseph, et s'éloigne suivi du lévite.)

DATHAN, aux vieillards.

Et nous, sans redouter sa menace et ses cris,
De l'union d'Arzane acceptons le haut prix.

(Il sort avec les chefs et les vieillards.)

SCÈNE III.

AARON, seul.

Tout fuit! Moment affreux! la céleste colère
Me laisse seul chargé du destin de la terre.
Pourrai-je triompher d'un amour criminel?
Sauverai-je mon fils en sauvant Israël?
O Père des humains, inspire ma tendresse!

SCÈNE IV.

AARON, NADAB.

NADAB, parlant à des soldats qu'on ne voit pas.

Fidèles compagnons que mon sort intéresse,
Je ne crains plus ici les prêtres conjurés;
N'allez pas plus avant. Vous, Ruben, demeurez.

AARON.

Approche, infortuné; dans le sein de ton père
Viens confesser ta faute et cacher ta misère.

NADAB.

Ciel, qui savez mes maux, fortifiez mon cœur!
(A Aaron.)
Vous désirez me voir?

AARON.

Ferais-tu mon malheur,
Toi dont j'ai soutenu la paisible jeunesse?
Instruisant ton berceau, protégeant ta faiblesse,
C'est moi qui le premier t'appris le divin nom
Du Dieu que tu trahis pour la fille d'Édom.
Non, mon fils bien-aimé n'est point inexorable;
Il m'entendra.

NADAB.

Aaron, votre bonté m'accable.
Craignez mon désespoir; ne me condamnez pas
De conduire aujourd'hui mon Arzane au trépas.

AARON.

Tu peux aimer encor cette femme étrangère?

NADAB.

Comme en ses jeunes ans vous aimâtes ma mère.
Me condamnerez-vous?

AARON.

Je te plains seulement ;
Je te viens consoler dans ton égarement.
Quel mortel ne fut point éprouvé dans sa vie?
Chaque jour à nos cœurs une joie est ravie :
J'ai vu mourir ta mère, et, plein de mes regrets,
Du Seigneur en pleurant j'adore les décrets.
Sache donc, s'il le faut, pour t'épargner un crime,
Souffrir que le ciel rompe un nœud illégitime.

NADAB.

Ma parole est liée.

AARON.

Aurais-tu donc promis
D'abandonner ton Dieu, Moïse et tes amis?

NADAB.

J'ai promis de sauver celle qu'on a proscrite.

AARON.

Ainsi ton cœur se tait quand je le sollicite.

NADAB.

Ne cherchez plus le fils sorti de votre sang.
Un noir feu me consume et s'attache à mon flanc;
J'offre de tous les maux l'assemblage bizarre ;
Je pleure, je souris, et ma raison s'égare ;
Je touche également aux vertus, aux forfaits ;
Des sépulcres, la nuit, je viole la paix ;
Altéré de combats, quelquefois j'en frissonne....
J'irais du Roi des rois attaquer la couronne!
Puis, reprenant soudain des sentiments plus doux,
Je songe à votre peine, et je gémis sur vous.
Longtemps dans ce chaos je tourne, je me lasse.
Enfin, quand mon délire et s'apaise et s'efface,
Dans mon cœur, éclairé d'un tendre et nouveau jour,
Je ne retrouve plus que mon funeste amour.

AARON.

Formidable peinture! étrange frénésie!
Serais-tu donc, Nadab, la victime choisie?
Reviens, prodigue enfant, à tes champs nourriciers.
Si le ciel te frappait, parjure à tes foyers,
Sur ma tête plutôt que ton péché retombe!

Moi, marqué pour la mort, je creuserais la tombe
De cet enfant chéri dont les saintes douleurs
A mon dernier linceul réservaient quelques pleurs :
Jeune guerrier, ma main desséchée et débile
Viendrait t'ensevelir dans ce sable stérile!
Mes os, à ce penser, ont tressailli d'effroi.
Dieu d'Abraham, Dieu fort, Dieu bon, épargne-moi!
Ne me demande pas, souveraine Justice,
Même pour m'éprouver, un cruel sacrifice;
Je me dirais toujours, tremblant et peu soumis,
« Si l'ange va tarder, que deviendra mon fils? »
Je n'ai point, j'en conviens, la fermeté d'un père ;
J'ai plutôt la faiblesse et le cœur d'une mère.
Rachel pleura ses fils au tombeau descendus;
Rien ne la consola, parce qu'ils n'étaient plus.

NADAB.

Père compatissant!

AARON.

Enfant de ma tendresse,
N'es-tu pas le soleil qui charme ma vieillesse,
La lumière du jour, le doux rayon des cieux
Qui réchauffe mon cœur, qui réjouit mes yeux?
Si Nadab à ton joug, Seigneur, est indocile,
Tout homme est ton ouvrage, et tout homme est fragile :
Dans ta miséricorde attends le criminel.
O Dieu! sois patient! n'es-tu pas éternel?

NADAB.

Malheur à moi! d'Aaron je vois couler les larmes!
Il faut de l'étrangère oublier tous les charmes.
Mon père, entre tes bras recueille ton enfant :
Sur ton paisible sein presse mon sein brûlant;
Que j'y trouve un asile, et que dans la tempête
Tes bénédictions reposent sur ma tête!

AARON.

Honneur de mes vieux ans, couronne de mes jours,
Donne à ton repentir un large et libre cours;
Laisse à ton père Aaron achever la victoire.
Nadab, tu t'attendris ; tes pleurs feront ma gloire.
Prie avec moi le Dieu que tu voulais quitter :

(Il prie.)

« Dieu clément, contre nous cesse de t'irriter,
« Reçois dans ton bercail la brebis égarée,
« Par des loups ravissants à moitié déchirée. »

D. — MARTYRS, TOME II.

As-tu prié, mon fils? es-tu calmé? sens-tu
Cette tranquillité que nous rend la vertu?
Moïse nous attend prosterné sur la pierre :
Viens avec le prophète achever ta prière;
Gravissons du Sina le roc silencieux,
Et pour trouver la paix rapprochons-nous des cieux.

<small>(Il entraîne Nadab, et tout à coup il aperçoit Arzane.)</small>

Quel fantôme envieux épouvante ma vue!

SCÈNE V.

AARON, NADAB, ARZANE.

ARZANE, à Nadab.

Ma présence est ici sans doute inattendue;
Mais pardonnez, Nadab, si la fille des rois
Demande à vous parler pour la dernière fois.
On dit que dans ces lieux, écoutant votre père,
Recevant ses conseils, cédant à sa colère,
Vous allez par ma mort noblement consentir
Au pardon qu'on promet à votre repentir.
Voilà ce que Dathan s'est hâté de m'apprendre.
A des reproches vains je ne sais point descendre;
Je dédaigne la vie, et je viens seulement
Entendre mon arrêt, subir mon jugement.

NADAB.

Arzane!

AARON.

Quelle femme insolente et rebelle
Ose mêler sa voix à la voix paternelle?
Du sang et du devoir respecte le lien,
Mon fils.

ARZANE.

Nadab, aussi ne me devez-vous rien?
Moi, des rois d'Amalec et la veuve et la fille,
Je vous livrais mes dieux, mon peuple et ma famille.
Fallait-il, puisqu'enfin vous vouliez m'immoler,
Par des aveux trompeurs chercher à me troubler,
A ternir sur mon front l'éclat du diadème?

NADAB.

Soupçonner mon amour! j'en appelle à vous-même :
Que diriez-vous, Arzane, en cet affreux moment,
Si je vous accusais de me tromper?

ACTE IV, SCÈNE V.

ARZANE, surprise et troublée.

Comment!
Qui? moi?

AARON, à Nadab.

N'en doute pas, c'est le ciel qui t'inspire.
A perdre les Hébreux cette étrangère aspire,
Sans partager ta flamme. Altier, dur et moqueur,
Son regard a trahi le secret de son cœur.
Elle te hait, Nadab, comme elle hait ta race.
Aussitôt qu'à tes yeux elle aura trouvé grâce,
Tu la verras, quittant un langage suspect,
Redevenir pour toi la veuve d'Amalec.
Tes fils, dignes enfants de cette digne mère,
Sortiront de son sein en maudissant leur père;
Et peut-être, effaçant le crime de Caïn,
Ils lèveront sur toi leur parricide main.

ARZANE, à part.

Ne laissons pas la haine altérer mon visage.

(Haut.)

Le ciel lit mieux au fond de ce cœur qu'on outrage.

NADAB.

Aaron aurait-il dit la triste vérité?

ARZANE.

Que son reproche, hélas! n'était-il mérité!
Je m'égare...

NADAB.

Achevez!

ARZANE.

Un dieu qui m'humilie
Me force à révéler ma honte et ma folie,
Cruel, quand, sans remords, tu manques à ta foi.

AARON, l'interrompant.

Nadab, crains des aveux qui ne trompent que toi.

ARZANE.

Jusqu'au fond du tombeau bénissant ta mémoire...

AARON, l'interrompant.

Regarde-la, mon fils, pour cesser de la croire.

ARZANE.

Je ne regretterai, dans le sombre séjour,
Que de ne pouvoir plus t'exprimer mon amour.

NADAB.

Aveux délicieux! douce et divine flamme,

Qui pénètre et descend dans le fond de mon âme!
Qu'est-ce que l'univers au prix d'un tel bonheur?
Et qu'importent Moïse et toute sa grandeur,
Et les desseins du ciel et le sort de la terre?
Nadab, sûr d'être aimé, redevient téméraire.

AARON.

Quel blasphème est sorti de ta bouche, ô Nadab!
(Arzane s'incline aux pieds d'Aaron; Aaron la repousse.)
Fuis, exécrable enfant de Loth et de Moab,
Et reçois, pour présent de l'hymen qui s'apprête,
La malédiction dont je frappe ta tête.
(Arzane se relève.)

NADAB, égaré tout le reste de la scène.
(Arzane le prend par la main.)
Femme, as-tu disparu? Ta main brûle ma main.

ARZANE.

Des tentes d'Israël c'est ici le chemin.

AARON.

N'engage pas mon fils dans le sentier du crime.

NADAB.

Arzane : suis mes pas... Évite cet abîme.
J'entends gronder la foudre, et la terre a tremblé.

AARON.

Malheureux, par l'enfer ton esprit est troublé.

NADAB.

Silence!... c'est sa voix; c'est la voix de Moïse.

AARON.

Il te montre la terre à tes aïeux promise.

NADAB.

Il fait rouler du Nil les flots ensanglantés;
L'ange pâle des morts se tient à ses côtés;
Le feu du ciel descend sur ma tête profane.

AARON.

Demeure avec Aaron.

NADAB.

Il a maudit Arzane!

AARON.

Il bénira Nadab.

NADAB.

Rejeté loin du port,

D'Arzane désormais je partage le sort.

AARON.

Ne revendique point l'anathème d'un père.
J'anéantis l'arrêt lancé dans ma colère,
　S'il atteint jusqu'à toi.

NADAB.

　　　　　Vous ne le pouvez plus :
Par le Dieu paternel vos vœux sont entendus.

(Il suit Arzane.)

Astarté, qu'à tes chants notre union s'achève :
Marchons; l'autel est prêt et l'aurore se lève.

AARON.

Arrête!

NADAB.

　　Il est trop tard.

AARON.

　　　　Viens.

NADAB.

　　　　　　Je suis entraîné.

AARON.

Dieu te pardonnera.

NADAB.

　　　　　Vous m'avez condamné.

AARON, à Marie, qui s'avance à la tête des chœurs

Ma sœur, secourez-moi! Priez tous! Au prophète,
Pour racheter mon fils, je vais offrir ma tête.

SCÈNE VI.

MARIE, CALEB, CHŒUR DE LÉVITES, CHŒUR DE JEUNES FILLES ISRAÉLITES.

(Le jour commence à paraître : les lévites, ceints de leurs épées, tiennent dans la main droite un bâton blanc, et dans la gauche une trompette. Quatre lévites portent le tabernacle qu'ils ont enlevé du camp. Les jeunes filles israélites portent des harpes et des tambourins.)

CALEB.

Moïse nous ordonne, au matin renaissant,
D'aller le retrouver près du puits d'Élissant,
Tandis qu'à nos autels les vierges retirées
Rediront au Seigneur les plaintes consacrées.
Partons. Que de l'enfer soit confondu l'orgueil!

MARIE.

Mais de Joseph ici laissons-nous le cercueil?
Verra-t-il des faux dieux les infâmes emblèmes?
Non : les morts ont horreur de ces dieux morts eux-mêmes.
Dérobons ce cercueil, et courons le cacher
Auprès du tabernacle, à l'abri d'un rocher :
C'est Jacob tout entier qui fuit l'idolâtrie :
Les enfants, les tombeaux, font toute la patrie.

(Caleb à la tête des lévites, Marie à la tête des jeunes filles israélites, gravissent le Sina. Six lévites enlèvent le cercueil de Joseph; quatre autres lévites portent le tabernacle. L'aurore paraît; les lévites sonnent de temps en temps de la trompette; les deux chœurs se groupent diversement sur les rochers, et chantent ou déclament, en marchant, ce qui suit :)

CHŒUR DES LÉVITES.

Emportons les os de nos pères ;
De nos trésors c'est le plus beau.
Joseph vivant fut trahi par ses frères,
Ne trahissons point son tombeau.

CHŒUR DE JEUNES FILLES ISRAÉLITES.

Nous gardons la douceur de nos foyers antiques
Dans les champs de l'exil et sous de nouveaux cieux ;
En conservant nos autels domestiques
Et les cendres de nos aïeux.

DEUX LÉVITES.

Quel pouvoir est le sien! que d'œuvres redoutables
Moïse, aimé du ciel, accomplit à la fois!

DEUX JEUNES FILLES.

Il commande : la mer aux vagues indomptables,
Comme un enfant docile, exécute ses lois.

CALEB.

Que notre bouche répète,
Au fracas des tambours, au son de la trompette,
L'hymne qu'au bord des flots chantait en son honneur
Marie, instruite du Seigneur.

CHŒUR GÉNÉRAL.

Dieu protége et défend l'innocent qu'on opprime :
Du cruel Pharaon pour sauver la victime,
Il a paru comme un guerrier,
Et précipité dans l'abîme
Le cheval et le cavalier.

UN ISRAÉLITE.

Mezraïm disait, dans sa rage :
« Frappons les Hébreux fugitifs;

ACTE IV, SCÈNE VI.

« La mer ne leur ouvre un passage
« Que pour nous livrer nos captifs.
« Qu'Israël au joug indocile,
« De nos murs pétrissant l'argile,
« Accomplisse ses vils destins,
« Et que la Juive la plus fière
« S'épuise à broyer sur la pierre
« Le pur froment de nos festins. »

UN LÉVITE.

Le Seigneur entendit ces clameurs insolentes,
Et, se levant soudain,
Sur la mer, partagée en deux voûtes roulantes,
Il étendit sa main.

UN AUTRE LÉVITE.

De la mer aussitôt les ondes suspendues
Cèdent au bras puissant,
Et sur les Égyptiens les vagues épandues
Tombent en mugissant.

CHŒUR GÉNÉRAL.

Oh ! quel spectacle !
Les chars, les javelots,
Engloutis au sein des flots,
Les hurlements et les sanglots,
La noire mort croissant dans ce chaos,
Du vengeur d'Israël attestent le miracle.

CHŒUR DE JEUNES ISRAÉLITES.

Oh ! des méchants inutiles complots !

CHŒUR DES LÉVITES.

Oh ! quel spectacle !

UN LÉVITE.

Des ossements muets les arides monceaux
S'entassèrent au bord où tant de voix gémirent.

UNE ISRAÉLITE.

Les princes de Tanis aux enfers descendirent
Comme une pierre au fond des eaux.

CHŒUR GÉNÉRAL.

Dieu protége et défend l'innocent qu'on opprime :
Du cruel Pharaon pour sauver la victime,
Il a paru comme un guerrier,
Et précipité dans l'abîme
Le cheval et le cavalier.

MARIE.

Du favori de Dieu vive l'antique gloire,
Qui présage à nos cœurs sa nouvelle victoire !
Que du lâche Éphraïm nos concerts méritants
Attirent les regards sur ces sommets distants ;
Qu'il voie avec remords nos cohortes fidèles
Couronnant du Sina les roches éternelles ;
Abraham et Jacob penchés du haut des cieux ;
Les anges se mêlant à nos hymnes pieux ;
Et Moïse à l'écart, prosterné sur la poudre,
Suppliant le Seigneur et retenant la foudre.

(Les chœurs disparaissent peu à peu derrière les rochers.)

ACTE CINQUIÈME.

SCÈNE PREMIÈRE.

NADAB, DATHAN.

(Dans cet acte, Nadab est revêtu d'armes brillantes, et porte le manteau royal.)

DATHAN.

Votre absence, Nadab, va surprendre l'armée ;
Elle en paraît déjà justement alarmée :
Objet de tant de vœux, vous les devez combler.

NADAB.

N'est-ce donc pas ici qu'on se doit rassembler ?

DATHAN.

Sans doute ; mais du camp, que votre absence trompe,
Il ne vous convient pas de devancer la pompe.
Montrez-vous radieux aux soldats satisfaits.

NADAB.

Sais-je ce que je veux ? sais-je ce que je fais ?
A ces bords où mes pas et mes destins s'enchaînent,
L'amour et le remords tour à tour me ramènent.

DATHAN

Cachez du moins le trouble où flotte votre esprit.

ACTE V, SCÈNE I.

NADAB.

Que plutôt sur mon front ce trouble soit écrit!

DATHAN.

Les conseils éternels ont rejeté Moïse;
Et c'est vous à présent que le ciel favorise.

NADAB.

Pure religion, dont je souille l'autel,
J'entends en ce moment ton soupir maternel.
Combien j'étais heureux quand tes chastes entraves
Au pied d'un Dieu jaloux tenaient mes sens esclaves;
Quand un simple bandeau, déroulé par ta main,
Sous un lin virginal cachait mon front serein!
Dathan, j'ai tout perdu par ma coupable audace;
J'ai trahi le passé, l'avenir et ma race.
Oh! que le premier crime est pesant sur mon cœur!

DATHAN.

Calmez l'emportement d'une injuste douleur :
Aux rives de Séir tout vous sera prospère.

NADAB.

Je ne chanterai point dans la terre étrangère.

DATHAN.

Sous le manteau des rois le chagrin est léger.

NADAB.

Que ne suis-je vêtu du sayon du berger!
Et que n'ai-je, innocent au jour de la tempête,
Une pierre au désert pour reposer ma tête!

DATHAN.

Venez : pour votre hymen tout s'apprête en ce lieu.

NADAB.

Il ne manque à l'autel que mon père et mon Dieu.

DATHAN.

Éloignez ces ennuis : voilà, plein d'espérance,
Au-devant de vos pas le peuple qui s'avance.

NADAB.

Quel charme! quel éclat! Fuyez, tristes remords!
L'aspect de la beauté me rend tous mes transports.

SCÈNE II.

NADAB, ARZANE, NÉBÉE, DATHAN, chœur de jeunes filles amalécites, soldats, peuple, etc.

(Arzane paraît traînée sur un char; onze drapeaux annoncent les onze tribus présentes au sacrifice. Les jeunes Amalécites déposent au milieu du théâtre un autel sur lequel on voit une idole : elles placent devant cet autel un trépied allumé; quelques-unes tiennent les corbeilles des offrandes. Dathan porte le flambeau nuptial, et Nébée, le vase à l'encens.)

NADAB, à Arzane.

Arzane, qu'au bonheur l'heureux Nadab invite,
Sous le sceptre d'Édom rangez l'Israélite.

(Aux soldats.)

Soldats, que votre sort à mon sort doit unir,
N'accusez plus vos chefs : tous vos maux vont finir.
Vous avez demandé des dieux dont la puissance
Vous guidât à des lieux de paix et d'abondance,
Où vous puissiez fixer, à l'abri des tyrans,
Vos tombeaux voyageurs et vos berceaux errants :
Ces biens, qu'en soupirant vous espériez à peine,
Vous sont tous accordés par une grande reine.
Née aux monts de Séir, du sang de nos aïeux,
Elle va réunir notre race et nos dieux.

UN DES CHEFS DES SOLDATS.

Qu'Arzane et que Nadab règnent pour nos délices,
Et conduisent nos pas sous des cieux plus propices!

UN DES PRINCES DU PEUPLE.

Sauvez-nous du désert; nous vous en prions tous,
Et faites-nous des dieux qui marchent devant nous.

NADAB, à Dathan.

Cher Dathan, préparez la pompe nuptiale.

ARZANE, à part.

Je règne, et meurs.

NADAB, à part.

D'où sort cette nuit infernale?

(Dathan allume le flambeau nuptial; les Amalécites déposent les offrandes au pied de l'idole; le peuple les imite. Nébée présente l'encens à Arzane. Arzane prend l'encens des mains de Nébéo, l'élève au-dessus du trépied devant l'idole, et dit :)

ARZANE.

Puissant Dieu d'Amalec, dont Jacob aujourd'hui
Reconnaît la grandeur et recherche l'appui,
Ouvre tes bras d'airain, ta poitrine enflammée,

Pour verser sur Jacob la faveur réclamée.
O Moloch! sois propice à tes nouveaux sujets :
Les mères d'Israël payeront tes bienfaits.

<small>(Elle répand l'encens sur le trépied, et passe l'urne à Nadab.)</small>

NADAB.

Nadab sacrifier au dragon de l'abîme!

DATHAN.

Le temps fuit.

NADAB.

Puisse-t-il toujours manquer au crime!

DATHAN.

Tous les yeux sont sur vous.

NADAB.

Sinaï! Sinaï!

ARZANE.

Répandez donc l'encens.

NADAB.

Jacob, je t'ai trahi!

ARZANE.

Achevez.

NADAB.

Je ne puis.

ARZANE.

Qu'attendez-vous?

NADAB.

Mon père.

ARZANE.

Couronne mon amour.

NADAB.

Et s'il me trompe!

ARZANE.

Espère.

NADAB.

Pense au ciel qui me voit!

ARZANE.

Songe à tes derniers vœux!

NADAB.

Consommons le forfait!

<small>MOISE, du haut du Sinaï, où il apparaît tenant les Tables de la loi.</small>

Arrête, malheureux!

<small>(L'urne à l'encens tombe des mains de Nadab : il se fait un moment de silence.)</small>

SCÈNE III.

MOISE, NADAB, ARZANE, DATHAN, NÉBÉE, soldats, peuple, etc.

ARZANE.

Jacob! je reconnais ton malfaisant génie.

MOISE, toujours sur les rochers.

De mon front sillonné dernière ignominie!
Veillé-je, ou n'est-ce pas l'idolâtre Israël
Qui d'un monstre du Nil environne l'autel?
O Tables de la loi, du ciel présent insigne,
De vos commandements ce peuple n'est plus digne!
Tombez, et brisez-vous!

(Il brise les Tables de la loi, descend des rochers, et marche à l'autel.)

Disparais à mes yeux,
Disparais à jamais, simulacre odieux.

(Il renverse l'autel et l'idole.)

Vous qu'un ange toujours protége de son aile,
Lévites, accourez : Moïse vous appelle.
Et toi, noble Marie, amène dans ce lieu
Ton faible bataillon, si puissant devant Dieu.

(Les lévites et les jeunes Israélites, entrant de tous côtés sur la scène, se rangent autour de Moïse.)

NADAB, tirant son épée.

Soldats! livrerez-vous mon épouse à ces traîtres?
Défendez votre roi contre la main des prêtres.

MOÏSE.

Que tout fidèle Hébreu, par son zèle emporté,
D'un repentir soudain passe de mon côté.

(Le peuple fait un mouvement.)

NADAB.

Infâmes déserteurs!

MOÏSE.

N'écoutez point l'impie,
Et qu'à la voix des saints Israël se rallie!

(Le peuple et les soldats passent du côté de Moïse.)

NADAB, à Arzane.

Je te défendrai seul, objet cher et cruel,
Contre ce peuple entier, Moïse et l'Éternel.

MOÏSE.

Vengeurs du sanctuaire, entourez la victime,

ACTE V, SCÈNE III.

Et désarmez le bras qu'avait armé le crime.

(Des lévites environnent Arzane et désarment Nadab, d'autres emmènent Dathan.)

ARZANE.

Cessez, vils meurtriers; je saurai bien sans vous
Mourir comme une reine. Oui, je vous brave tous.
Heureuse, en expirant j'ai vengé ma patrie;
C'est par moi que Jacob connaît l'idolâtrie.
Retourne si tu veux, ô peuple renié,
A ton Dieu dévorant, à ton Dieu sans pitié.
Je te livre à l'arrêt qui déjà te condamne.
Et ton sang va couler après celui d'Arzane.

MOÏSE.

Qu'on l'entraîne!

NADAB, s'arrachant des mains des lévites et se précipitant vers Arzane.

Sur moi tournez votre poignard!
Arzane, que mon corps te serve de rempart;
Permets avec le tien que mon sang se confonde;
Que nos âmes ensemble abandonnent le monde,
Et que le dernier souffle exhalé de mon cœur
Des feux qui me brûlaient te porte encor l'ardeur.

ARZANE, le repoussant.

Quoi! jusque dans la mort m'accabler de ta flamme!
Laisse, laisse aux enfers descendre en paix mon âme.
Disons-le maintenant à la face des cieux :
Comme tout Israël tu m'étais odieux.
Fils d'Aaron, dans l'espoir de te perdre toi-même,
J'avais, pour mon supplice, eu la faiblesse extrême
De me vouloir sauver en me donnant à toi;
Mais cet effort était trop au-dessus de moi;
Et lorsque de l'amour j'affectais le langage
Les pleurs le démentaient sur mon pâle visage.
Je suis enfin soustraite à ces secrets tourments;
Le tombeau me dérobe à tes embrassements.
Quel bonheur d'échapper à l'amant qu'on déteste!
Adieu, parjure enfant d'une race funeste;
De mon dernier aveu que le dur souvenir
Augmente la douleur de ton dernier soupir;
Et songe, en expirant à ton culte infidèle,
Que je n'avais pour toi qu'une haine immortelle!

(Elle arrache son voile, et sort avec les Amalécites sous la garde d'une troupe de lévites.)

MOÏSE.

Allez, brisez la tête à cet ingrat serpent,
Et tarissez les flots du venin qu'il répand.

SCÈNE IV.

MOISE, NADAB, MARIE, peuple et soldats.

MARIE.

Du Très-Haut, pour Nadab, implorons la clémence.

NADAB, dans la stupeur.

Mon songe disparaît dans un abîme immense.
Ta malédiction, Aaron infortuné,
Comme un manteau brûlant couvre ton premier-né.
Tu ne m'entendras plus te parler, te sourire ;
Tu ne me verras plus chaque matin te dire :
« Viens, mon père, au soleil réchauffer tes vieux ans ;
« Viens prier l'Éternel et bénir tes enfants. »

(Il fait quelques pas sur le théâtre.)

Mais par quel corps sanglant est ma marche heurtée ?
Aux corbeaux du désert une femme jetée !...
Noirs vautours attachés à ce sein éclatant,
Je demande ma part du festin palpitant.
Tu ne peux plus du moins repousser ma tendresse,
Arzane ; dans mes bras je te tiens, je te presse.
Nous aurons au soleil montré dans un seul jour
Des prodiges nouveaux et de haine et d'amour.
Jéhovah ! puisqu'Arzane à ma flamme est ravie,
Je te rends tes présents, je renonce à la vie :
Pour aller aux enfers m'unir à la beauté,
Je cours t'offrir l'encens que respire Astarté.

(Il fuit.)

MOÏSE, aux lévites.

Suivez-le, gardez-le de sa propre misère.
Ne verse point sur lui, Seigneur, dans ta colère
Les feux dont Séboïn jadis fut consumé,
Et que de ton courroux le trésor soit fermé !

(Les lévites suivent Nadab. Moïse parlant à Marie :)

Vous, femme forte et sage, à la vertu nourrie,
Soignez l'âme d'Aaron d'un coup affreux meurtrie :
Par mes ordres secrets Benjamin et Caleb.
Ont arrêté mon frère à la source d'Oreb.

(Marie sort ; le ciel commence à se couvrir ; on entend un coup de tonnerre. Moïse, après avoir regardé le ciel e la montagne, dit :)

Quel présage effrayant ! Dieu vient : à sa présence
La mer a fui ; la terre attend dans le silence ;

Et les cieux, dont il fait trembler l'immensité,
S'abaissent sous les pas de son éternité.

SCÈNE V.

LES PRÉCÉDENTS, UN LÉVITE.

LE LÉVITE.

Par la fureur du peuple Arzane lapidée
Est rendue aux démons qui l'avaient obsédée.
Mais Nadab l'a suivie : en proie au désespoir,
Chargeant de feux impurs un impur encensoir,
Il souillait l'holocauste, alors que sur la poudre
Il est tombé soudain.

MOÏSE.

Qui l'a frappé?

LE LÉVITE.

La foudre.

MOÏSE.

O Justice incréée, Arbitre souverain,
Je n'ai donc plus l'espoir de désarmer ta main!
(Au peuple.)
Oui, vous serez punis : il faudra que l'épée
Cherche encor parmi vous la victime échappée.
Vous mourrez au désert, et vos jeunes enfants
Dans Jéricho sans vous entreront triomphants.
Caleb et Josué, sauvés par le Dieu juste,
Seuls du sacré Jourdain passeront l'onde auguste.
Moi-même, tout flétri de votre iniquité,
Du pays de Jacob je serai rejeté.
Salut, mont Abarim, d'où les yeux de Moïse
Découvriront les bords de la Terre Promise;
Abarim, où, chantant mon cantique de mort,
Je bénirai ce peuple en un tendre transport.

(Il étend les mains vers le peuple, qui s'incline.)

Tribus, je vous bénis comme à ma dernière heure.
Au sein de mes enfants que je vive et je meure,
Et qu'après mon trépas un voyageur divin
Des vrais champs d'Abraham leur montre le chemin!

FIN DE MOÏSE.

POËMES

TRADUITS DU GALLIQUE EN ANGLAIS

PAR JOHN SMITH

PRÉFACE

  Le succès des poëmes d'Ossian en Angleterre fit naître une foule d'imitateurs de Macpherson. De toutes parts on prétendit découvrir des poésies erses ou galliques; trésors enfouis que l'on déterrait, comme ceux de quelques mines de la Cornouailles, oubliées depuis le temps des Carthaginois. Les pays de Galles et d'Irlande rivalisèrent de patriotisme avec l'Écosse; toute la littérature se divisa : les uns soutenaient avec Blair que les poëmes d'Ossian étaient originaux; les autres prétendaient avec Johnson qu'Ossian n'était autre que Macpherson. On se porta des défis; on demanda des preuves matérielles : il fut impossible de les donner, car les textes imprimés des chants du fils de Fingal ne sont que des traductions galliques des prétendues traductions anglaises d'Ossian.
  Lorsqu'en 1793 la révolution me jeta en Angleterre, j'étais grand partisan du barde écossais : j'aurais, la lance au point, soutenu son existence envers et contre tous, comme celle du vieil Homère. Je lus avec avidité une foule de poëmes inconnus en France, lesquels, mis en lumière par divers auteurs, étaient indubitablement, à mes yeux, du père Oscar tout aussi bien que les manuscrits runiques de Macpherson. Dans l'ardeur de mon admiration et de mon zèle, tout malade et tout occupé que j'étais[1], je traduisis quelques productions *ossianiques* de John Smith. Smith n'est pas l'inventeur du genre; il n'a pas la noblesse et la verve épique de Macpherson; mais peut-être son talent a-t-il quelque chose de plus élégant et de plus tendre. Au reste, ce pseudonyme, en voulant peindre des hommes barbares et des mœurs sauvages, trahit à tout moment, dans ses images et dans ses pensées, les mœurs et la civilisation des temps modernes.
  J'avais traduit Smith presque en entier : je ne donne que les trois poëmes de *Dargo*, de *Duthona* et de *Gaul*. C'est pour l'art une bonne étude que celle de ces auteurs ou de ces langues qui commencent la phrase par tous les bouts, par tous les mots, depuis le verbe jusqu'à la conjonction, et qui vous obligent à conserver la clarté du sens, au milieu des inversions les plus audacieuses. J'ai fait disparaître les redites et les obscurités du texte anglais : ces chants qui sortent les uns des autres, ces histoires qui se placent comme des parenthèses dans

---

[1] Voyez la préface de l'*Essai historique*

des histoires, ces lacunes opposées d'un manuscrit inventé, peuvent avoir leur mérite chez nos voisins; mais nous voulons en France des choses *qui se conçoivent bien et qui s'énoncent clairement.* Notre langue a horreur de ce qui est confus, notre esprit repousse ce qu'il ne comprend pas tout d'abord. Quant à moi, je l'avoue, le vague et le ténébreux me sont antipathiques : un nominatif qui se perd, des relatifs qui s'embarrassent, des amphibologies qui se forment, me désolent. Je suis persuadé qu'on peut toujours dégager une pensée des mots qui la voilent, à moins que cette pensée ne soit un lieu commun guindé dans des nuages : l'auteur qui a la conscience de ce lieu commun n'ose le faire descendre du milieu des vapeurs, de crainte qu'il ne s'évanouisse.

Je répète ici ce que j'ai dit ailleurs : je ne crois plus à l'authenticité des ouvrages d'Ossian, e n'ai plus aussi pour eux le même enthousiasme : j'écoute cependant encore la harpe du barde, comme on écouterait une voix monotone, il est vrai, mais douce et plaintive. Macpherson a ajouté aux *chants des Muses* une note jusqu'à lui inconnue ; c'est assez pour le faire vivre. *OEdipe* et *Antigone* sont les types d'Ossian et de Malvina, déjà reproduits dans *le Roi Léar.* Les débris des tours de Morven, frappés des rayons de l'astre de la nuit, ont leur charme ; mais combien est plus touchante dans ses ruines la Grèce éclairée, pour ainsi dire, de sa gloire passée !

DARGO

POÈME

CHANT PREMIER.

Dargo est appuyé contre un arbre solitaire ; il écoute le vent qui murmure tristement dans le feuillage : l'ombre de Crimoïna se lève sur les flots azurés du lac. Les chevreuils l'aperçoivent sans en être effrayés, et passent avec lenteur sur la colline ; aucun chasseur ne trouble leur paix, car Dargo est triste, et les ardents compagnons de ses chasses aboient inutilement à ses côtés. Et moi aussi, ô Dargo ! je sens tes infortunes. Les larmes tremblent dans mes yeux comme la rosée sur l'herbe des prairies, quand je me souviens de tes malheurs.

Comhal était assis au lieu où les daims paissent maintenant sur sa tombe : un chêne sans feuillage, et trois pierres grisâtres rongées par la mousse des ans, marquent les cendres du héros. Les guerriers de Comhal étaient rangés autour de lui : penchés sur leurs boucliers, ils écoutaient la chanson du barde. Tout à coup ils tournent les yeux vers la mer : un nuage paraît parmi les vagues lointaines ; nous reconnaissons le vaisseau d'Inisfail ; au haut de ses mâts est suspendu le signal de détresse. « Déployez mes voiles ! s'écrie Comhal ; volons pour secourir nos amis ! »

La nuit nous surprit sur l'abîme. Les vagues enflaient leur sein écumant, et les vents mugissaient dans nos voiles : la nuit de la tempête est sombre, mais une île déserte est voisine, et ses bras se courbent comme mon arc lorsque j'envoie la mort à l'ennemi. Nous abordons à cette île ; là nous attendons le retour de la lumière ; là les matelots rêvent aux dangers qui ne sont plus.

Nous sommes dans la baie de Botha. L'oiseau des morts crie ; une voix triste sort du fond d'une caverne. « C'est l'ombre de Dargo qui gémit, dit Comhal ; de Dargo que nous avons perdu en revenant des guerres de Lochlin.

« Les vagues confondaient leurs sommets blanchis parmi les nuages, et leurs flancs bleuâtres s'élevaient entre nous et la terre. Dargo monte au haut du mât pour découvrir Morven, mais il ne voit point Morven. Les cuirs humides glissent dans ses mains; il tombe et s'ensevelit dans les flots; un tourbillon chasse au loin nos navires; notre chef échappe à nos yeux. Nous chantâmes un chant à sa gloire; nous invitâmes les ombres de ses pères à le recevoir dans leur palais de nuages : ils n'écoutèrent point nos vœux. L'ombre de Dargo habite encore les rochers : elle n'est point errante sur les blondes collines, dans les détours verdoyants des vallées. Chante, ô Ullin! les louanges du héros : il reconnaîtra ta voix, et se réjouira au bruit de sa renommée. »

Ainsi parle Comhal, et le barde saisit sa harpe : « Paix à ton ombre, toi qui as soutenu quelquefois seul les efforts de toute une armée! paix à ton ombre, ô Dargo! Que ton sommeil soit profond, enfant de la caverne, sur un rivage étranger! »

A peine Ullin a-t-il cessé ses chants, qu'une voix se fait entendre : « M'ordonnes-tu de demeurer sur ces roches désertes, ô barde de Comhal? Les guerriers de Morven abandonnent-ils leurs amis dans l'infortune? » Ainsi disait Dargo lui-même en descendant de la colline.

Galchos, ancien ami de Dargo, reconnaît sa voix; il y répond par les cris joyeux dont jadis il appelait son ami à la poursuite des hôtes des forêts : il est déjà dans les bras de Dargo; les étoiles virent entre les nuages brisés le bonheur des deux guerriers. Dargo se présente à Comhal. « Tu vis! s'écria Comhal; comment échappas-tu à l'Océan lorsqu'il roula ses flots sur ta tête? »

— « La vague, répondit Dargo, me jeta sur ces bords. Depuis ce temps, la lune a vu sept fois s'éteindre et sept fois se rallumer sa lumière; mais sept années ne sont pas plus longues sur la cime rembrunie de Morven. Toujours assis sur le rocher, en murmurant les chants de nos bardes, je prêtais l'oreille, ou au bruit des vagues, ou au cri de l'oiseau qui planait sur leurs déserts en jetant des voix plaintives. Ce temps marcha peu, car lents sont les pas du soleil, et paresseuse la lumière de la lune sur cette rive solitaire. »

Dargo s'interrompit tout à coup. « Pourquoi, reprit-il en regardant Comhal, pourquoi ces larmes silencieuses, pourquoi ces regards attendris? Ah! ils ne sont pas pour le récit de mes peines, ils sont pour la mort d'Évella! Oui, je le sais, Évella n'est plus; j'ai vu son ombre glisser dans la vapeur abaissée, lorsque l'astre des nuits brillait à travers le voile d'une légère ondée, sur la surface unie de la mer. J'ai vu mon amour, mais son visage était pâle; des gouttes humides tombaient de ses beaux cheveux, comme si elle eût sorti du sein de l'Océan; le cours de ses larmes était tracé sur ses joues. J'ai reconnu Évella, j'ai presque senti son malheur. En vain j'ai appelé mon amante; les ombres des vierges de Morven me l'ont ravie; elles chantaient autour d'elle : leurs voix ressemblaient aux derniers soupirs du vent dans un soir d'automne, lorsque la nuit descend par degrés dans la vallée de Cona, et que de faibles murmures se font entendre parmi les roseaux qui bordent les ondes. Évella suivit les gracieux fantômes; mais elle me jeta un regard douloureux sur mon rocher. La suave musique cessa, la belle vision s'évanouit. Depuis ce temps, je n'ai cessé de pleurer au lever du soleil, de pleurer au coucher du soleil. Quand te reverrai-je, Évella? Dis-moi, Comhal, quelle fut la destinée de la fille de Morven? »

— « Évella apprit ton malheur, répondit Comhal. Durant trois soleils, elle reposa sa tête inclinée sur son bras d'albâtre; au quatrième soleil, elle descendit sur le rivage de la mer, et chercha le corps de Dargo. Les filles de Morven la virent du sommet de la colline; elles essuyèrent leurs larmes avec les boucles de leur chevelure. Elles s'avancèrent en silence pour consoler Évella; mais elles la trouvèrent affaissée comme un monceau de neige, et belle encore comme un cygne du rivage. Les filles de Morven pleurèrent, et les bardes firent entendre des chants. Puisses-tu, ô Dargo! vivre comme Évella dans la renommée! puisse ainsi durer notre mémoire, quand nous nous enfoncerons dans la tombe! »

Ainsi dit Comhal. Mais nous apercevons une grande lumière dans Inisfail; nous découvrons le signal qui annonce le danger du roi. Aussitôt nous nous précipitons dans nos vaisseaux; Dargo est avec nous, nous quittons l'île déserte; nous nous hâtons pour disperser les ennemis d'Inisfail.

Les vents de Morven viennent à notre aide; ils remplissent le sein de nos voiles; les mariniers se courbent et se redressent sur la rame, qui brise, en écumant, la tête sombre et mobile des flots. Chaque héros a les yeux fixés sur le rivage : toutes les âmes sont déjà dans le champ du carnage; mais l'on est encore à quelque distance d'Inisfail. Dargo seul ne ressent point la joie du péril; ses yeux sont baissés, son front est appuyé sur son bras, qui repose sur le bord d'un bouclier. Comhal observe la tristesse de ce chef; il fait un signe à Ullin, afin que le chant du barde réveille le cœur de Dargo. Ullin chante au bruit des vaisseaux qui sillonnent les vagues:

« Colda vivait aux jours de Trenmor. Il poursuivait les daims autour de la baie d'Étha : les rochers, couverts de forêts, répondaient à ses cris, et les fils légers de la montagne tombèrent. Mélina l'aperçut d'un autre rivage : elle veut traverser la baie sur un esquif bondissant. Un tourbillon descend du ciel et renverse la nef; Mélina s'attache à la carène. Je meurs! s'écrie-t-elle : Colda, mon guerrier, viens à mon secours!

« La nuit déploya ses ombres; plus faiblement alors la voix murmura des plaintes, plus faiblement encore elle fut répétée par les échos du rivage; elle s'évanouit enfin dans les ténèbres. Colda trouva Mélina à demi ensevelie dans le sable; il éleva pour elle la pierre du tombeau sous un chêne, auprès d'un torrent : le chasseur aime ce lieu solitaire, il s'y repose à l'ombre quand le soleil brûle la plaine. Colda fut longtemps triste; il s'égarait seul à travers les bois des coteaux d'Étha; chaque nuit les oiseaux des mers écoutaient ses soupirs; mais l'ennemi vint, et le bouclier de Trenmor retentit; Colda saisit sa lance, et fut vainqueur. La joie reparut peu à peu sur son visage, comme le soleil sur la bruyère quand la tempête est passée.

— « Le souvenir de ce chef, dit Dargo, revit dans ma mémoire, mais comme les faibles traces d'un songe depuis longtemps évanoui. Colda conduisit souvent les pas de mon enfance au chêne d'Étha; les larmes tombaient de ses yeux, en s'avançant sur les grèves abandonnées. Je lui demandais pourquoi il pleurait; il me répondait : « C'est ici que dort Mélina. O Colda! je me suis reposé sur sa tombe et sur la « tienne! Puisse ma renommée me survivre, de même que ta gloire est restée après « toi, lorsque je serai errant dans les nuages avec la belle Évella! »

— « Oui, ton nom demeurera parmi les hommes, dit Comhal. Mais nous touchons au rivage. Vois-tu ces boucliers roulant comme la lune à travers le brouillard? Leurs bosses reluisent aux rayons du matin. Les guerriers d'Inisfail sont là; le roi regarde par la fenêtre. De son palais il aperçoit un nuage grisâtre : des larmes tombent sur la pierre de la fenêtre. Nos voiles sont le nuage grisâtre; le roi les a reconnues; la joie éclate dans ses yeux; il s'écrie : Voici Comhal! »

Les chefs de Lochlin ont aussi reconnu les guerriers de Morven, qui viennent au secours d'Inisfail. Leur armée se courbe, et s'avance à la rencontre de ces guerriers. Armor la conduit : il s'élève au-dessus des héros comme le chef rougeâtre au-dessus des troupeaux de biches dans les bois de Morven. Comhal s'écrie : « Ceignez vos épées ; rappelez les jours de votre gloire et les anciennes batailles de Morven. Dargo, présente ton large bouclier ; Carril, que ton glaive rapide jette encore des ondes de lumière ; lève cette lance, ô Comhal ! qui si souvent joncha la terre de morts ; et toi, Ullin, que ta voix nous anime aux combats sanglants ! »

Nous fondons sur l'ennemi : il était immobile comme le chêne de Malaor, que ne peut ébranler la tempête. Inisfail nous vit et se précipita dans la vallée pour se joindre à nous. Lochlin plie sous les coups de l'orage ; ses branches arrachées couvrent les champs. Armor combattit le chef d'Inisfail, mais la lance du roi cloua le bouclier d'Armor à sa poitrine. Lochlin, Morven et Inisfail pleurèrent la mort du jeune chef sitôt abattu. Son barde entonna le chant de la tombe :

« Ta taille, ô Armor ! était celle du pin. L'aile de l'aigle marin n'égalait pas la rapidité de ta course ; ton bras descendait sur les guerriers comme le tourbillon de Loda, et mortelle était ton épée comme les brouillards du Légo.

« Pourquoi, ô mon héros, es-tu tombé dans ta jeunesse ? comment apprendre à ton père qu'il n'a plus de fils ? comment dire à Crimoïna qu'elle n'a plus d'amant ? Je vois ton père courbé sous le poids des années : sa main est incertaine sur le bâton qui l'appuie ; sa tête, qu'ombragent encore quelques cheveux gris, vacille comme la feuille du tremble. Chaque nuage éloigné trompe ses débiles regards, lorsqu'ils cherchent ton navire sur les flots.

« Comme un rayon de soleil sur la fougère desséchée, l'espérance brille sur le front du vieillard. Quand le vénérable guerrier, s'adressant aux enfants qui jouent autour de lui, leur dit : Ne vois-je pas le vaisseau de mon fils ? les enfants regardent aussitôt la mer bleuâtre, et ils répondent au vieillard : Nous n'apercevons qu'une vapeur passagère.

« Crimoïna, tu souris dans le songe du matin, tu crois recevoir ton amant dans toute sa beauté ; tes lèvres l'appellent par des mots à demi formés ; tes bras s'entr'ouvrent et s'avancent pour le presser contre ton sein : ah ! Crimoïna, ce n'est qu'un songe !

« Armor est tombé, il ne reverra plus sa terre natale ; il dort dans la poussière d'Inisfail.

« Crimoïna, tu sortiras de ton sommeil ; mais quand Armor se réveillera-t-il ?

« Quand le son du cor fera-t-il tressaillir le jeune chasseur ? quand le choc des boucliers l'appellera-t-il au combat ? Enfants des forêts, Armor est couché ; n'attendez pas qu'il se lève. Fils de la lance, la bataille rugira sans Armor.

« Ta taille était comme celle du chêne, ô chef de Lochlin ! l'aile de l'aigle marin était moins rapide que ta course ; ton bras descendait sur les guerriers comme le tourbillon de Loda, et mortelle était ton épée comme les brouillards du Lego. »

Ainsi chantait le barde. La tombe d'Armor s'élève ; les guerriers de Lochlin fuient ; leurs vaisseaux, repassant les mers, pèsent sur l'abîme : par intervalles on entendait la chanson des bardes étrangers ; leurs accents étaient tristes.

CHANT II.

L'histoire des temps qui ne sont plus est pour le barde un trait de lumière; c'est le rayon de soleil qui court légèrement sur les bruyères, mais rayon bientôt effacé, car les pas de l'ombre le poursuivent; ils le joignent sur la montagne : le consolant rayon a disparu. Ainsi le souvenir de Dargo brille rapidement dans mon âme, de nouveau bientôt obscurcie.

Après la bataille où tomba le vaillant Armor, Morven passa la nuit dans les tours grisâtres d'Inisfail; par intervalles une plainte lointaine frappait nos oreilles. « Bardes, dit Comhal, Ullin et vous, Salma, cherchez l'enfant des hommes qui gémit. » Nous sortons, nous trouvons Crimoïna assise sur le tombeau d'Armor; elle avait suivi en secret son amant aux champs d'Inisfail. Après la bataille, elle se fit un lit de douleur de la dernière couche de son héros : nous l'enlevâmes de ce lieu funeste. Nos larmes descendaient en silence : l'infortune de cette femme était grande, et nous n'avions que des soupirs. Nous transportâmes Crimoïna dans la salle des fêtes. La tristesse, comme une obscure vapeur, se répandit sur tous les visages. Ullin saisit sa harpe; il en tira des sons mélodieux : ses doigts erraient sur l'instrument; une douce et religieuse mélancolie semblait s'échapper des cordes tremblantes. La musique attendrit les âmes, elle endort le chagrin dans les cœurs agités. Il chantait :

« Quelle ombre se penche ainsi sur sa nue vaporeuse? La profonde blessure est encore dans sa poitrine; le chevreuil aérien est à ses côtés. Qui peut-elle être, cette ombre, si ce n'est celle du beau Morglan?

« Morglan vint avec l'ennemi de Morven. Son amante l'accompagnait, la fille de Sora, Minona à la main blanche, à la longue chevelure. Morglan poursuivit les daims sur la colline; Minona demeure sous le chêne. L'épais brouillard descend; la nuit arrive avec tous ses nuages; le torrent rugit, les ombres crient le long de ses rives profondes. Minona regarde autour d'elle : elle croit entrevoir un chevreuil à travers le brouillard, et pose sur l'arc sa main de neige. La corde est tendue, la flèche vole : ah! que n'a-t-elle erré loin du but! La flèche s'est enfoncée dans le jeune sein de Morglan.

« Nous élevâmes la tombe du héros sur la colline : nous plaçâmes la flèche et le bois d'un chevreuil dans l'étroite demeure. Là fut aussi couché le dogue de Morglan, pour poursuivre devant l'ombre du chasseur les cerfs dans les nuages. Minona voulait dormir auprès de son amant; nous la transportâmes au palais de ses pères; longtemps elle y parut triste. Les rapides années emportent la douleur : à présent Minona se réjouit avec les filles de Sora, bien qu'elle soupire quelquefois encore. »

Ainsi chantait le barde. L'aube peignit de sa lumière d'albâtre les rochers d'Inisfail : « Ullin, dit Comhal, conduis sur ton vaisseau Crimoïna à sa patrie; qu'au milieu de ses compagnes elle puisse encore se lever comme la lune, lorsqu'elle montre sa tête au-dessus des nuages, et qu'elle sourit aux vallées silencieuses. »

— « Béni soit, dit Crimoïna, le chef de Morven, l'ami du faible dans les jours du danger! Mais que ferait Crimoïna aux champs de ses pères, où chaque rocher, chaque arbre, chaque ruisseau réveillerait ses chagrins assoupis? Les jeunes filles me diraient : Où est ton Armor? Vous pourrez le dire, ô jeunes filles! mais je ne vous entendrai pas. J'irai vivre dans une terre éloignée; j'achèverai mes jours avec les vierges de Morven : leur cœur, comme celui de leur roi, s'ouvre aux pleurs des infortunés. »

Nous emmenâmes Crimoïna avec nous dans notre patrie; nous joignîmes sa main à celle de Dargo; mais la fille étrangère ne souriait plus; elle confiait souvent des soupirs au cours d'une onde ignorée. Crimoïna, tes heures furent rapides : les cordes de ta harpe sont humides quand le barde soupire ton histoire.

Un jour, comme nous poursuivions les daims sur les bruyères de Morven, les vaisseaux de Lochlin apparurent avec leurs voiles blanches et leurs mâts élevés. Nous crûmes qu'ils venaient réclamer Crimoïna. « Je ne combattrai pas pour elle, dit Connas, un de nos chefs, avant que je ne sache si cette étrangère aime notre race. Perçons le sanglier, teignons avec son sang la robe de Dargo; nous porterons Dargo au palais : Crimoïna déplorera-t-elle sa perte? »

O malheur! nous écoutons l'avis de Connas! nous terrassons le sanglier écumant; Connas le frappe de son épée. Nous enveloppons Dargo dans une robe ensanglantée; nous le portons sur nos épaules à Crimoïna. Connas marchait devant nous avec la dépouille du sanglier : « J'ai tué le monstre, disait-il; mais auparavant sa dent mortelle a percé ton amant, ô Crimoïna! »

Crimoïna écouta ces paroles de mort : silencieuse et pâle, elle reste immobile comme les colonnes de glace que l'hiver fixe au sommet du Mora. Elle demande sa harpe : elle l'a fait résonner à la louange du héros qu'elle croyait expiré. Dargo voulait se lever; nous l'en empêchâmes jusqu'à la fin de la chanson, car la voix de Crimoïna était douce comme la voix du cygne blessé, lorsque ses compagnons nagent tristement autour de lui.

« Penchez-vous, disait Crimoïna, sur le bord de vos nuages, ô vous ancêtres de Dargo! et transportez votre fils au palais de votre repos. Et vous, filles des champs aériens de Trenmor, préparez la robe de vapeur transparente et colorée. Dargo, pourquoi m'avais-tu fait oublier Armor? Pourquoi t'aimais-je tant? Pourquoi étais-je tant aimée? Nous étions deux fleurs qui croissaient ensemble dans les fentes du rocher; nos têtes humides de rosée souriaient aux rayons du soleil. Ces fleurs avaient pris racine dans le roc aride. Les vierges de Morven disaient : Elles sont solitaires, mais elles sont charmantes. Le daim dans sa course s'élançait par-dessus ces fleurs, et le chevreuil épargnait leurs tiges délicates.

« Le soleil de Morven est couché pour moi. Il brilla pour moi, ce soleil, dans la nuit de mes premiers malheurs, au défaut du soleil de ma patrie; mais il vient de disparaître à son tour; il me laisse dans une ombre éternelle.

« Dargo, pourquoi t'es-tu retiré si vite? pourquoi ce cœur brûlant s'est-il glacé? Ta voix mélodieuse est-elle muette? Ta main, qui naguère maniait la lance à la tête des guerriers, ne peut plus rien tenir; tes pieds légers, qui ce matin encore devançaient ceux de tes compagnons, sont à présent immobiles comme la terre qu'ils effleuraient.

« Partout sur les mers, au sommet des collines, dans les profondes vallées, j'ai suivi ta course. En vain mon père espéra mon retour, en vain ma mère pleura mon absence; leurs yeux mesurèrent souvent l'étendue des flots, souvent les rochers répétèrent leurs cris. Parents, amis, je fus sourde à votre voix! toutes mes pensées étaient pour Dargo; je l'aimais de toute la force de mes souvenirs pour Armor. Dargo, l'autre nuit j'ai goûté le sommeil à tes côtés sur la bruyère. N'est-il pas de place cette nuit dans ta nouvelle couche? Ta Crimoïna veut reposer auprès de toi, dormir pour toujours à tes côtés. »

Le chant de Crimoïna allait en s'affaiblissant à mesure qu'il approchait de sa fin ; par degrés s'éteignait la voix de l'étrangère : l'instrument échappa aux bras d'albâtre de la fille de Lochlin. Dargo se lève : il était trop tard ! l'âme de Crimoïna avait fui sur les sons de la harpe. Dargo creusa la tombe de son épouse auprès de celle d'Évella, et prépara pour lui-même la pierre du sommeil.

Dix étés ont brûlé la plaine, dix hivers ont dépouillé les bois ; durant ces longues années, l'enfant du malheur, Dargo, a vécu dans la caverne ; il n'aime que les accents de la tristesse. Souvent je chante au chef infortuné des airs mélancoliques dans le calme du midi, lorsque Crimoïna se penche sur le bord de sa nue pour écouter les soupirs du barde.

DUTHONA

POEME

« Pourquoi, ô mers ! élevez-vous votre voix parmi les rochers de Morven ? Vent du midi, pourquoi épuises-tu ta rage sur mes collines ? Est-ce pour retenir ma voile loin des rivages de l'ennemi, pour arrêter le cours de ma gloire ? Mais, ô mers ! vos flots mugissent en vain ; vent du midi, tu peux souffler, mais tu n'empêcheras point les vaisseaux de Fingal de voler à la contrée lointaine de Dorla : ta fureur se calmera, et la surface azurée de l'Océan deviendra tranquille et brillante. Oui, le bruit de la tempête cessera, mais la mémoire de Fingal ne périra point. »

Ainsi parla le roi, et ses guerriers se rangèrent autour de lui. Le vent siffle dans les cheveux touffus de Dumolach ; Leth se penche sur son bouclier d'airain, tout ridé de mille cicatrices ; Molo agite dans les airs sa lance étincelante ; la joie de la bataille est dans les yeux de Gormalon.

Nous cinglons à travers l'écume houleuse de l'Océan : les baleines effrayées plongent au fond de l'abîme, les îles fuient ; elles s'abaissent tour à tour derrière nous sous l'onde, et Duthona sort peu à peu devant nous du sein des flots. Les vagues roulantes et élevées nous en dérobent de temps en temps la vue. « C'est la terre de Connar, dit Fingal, le pays de l'ami de mon peuple. »

La nuit descend, le ciel est ténébreux, le pilote cherche en vain de ses regards l'étoile qui nous guide ; il l'entrevoit quelquefois à travers le voile déchiré d'un nuage : mais l'ouverture se referme, et le flambeau de notre route se cache. « Les pas de la nuit sur l'abîme, dit Fingal, sont menaçants ; que notre vaisseau se repose au rivage jusqu'au retour de la lumière. »

Nous entrons dans la baie de Duthona. Quelle ombre terrible se tient sur le rocher, en s'appuyant sur un pin ? Son bouclier est un nuage ; derrière ce bouclier passe la lune errante. L'ombre a pour lance une colonne de brouillard d'un bleu sombre, surmontée d'une étoile sanglante ; un météore lui sert d'épée ; les vents, dans leurs jeux, élèvent la chevelure du fantôme comme une fumée ; deux flammes qui sortent de deux cavernes creusées dans les nuages sont les yeux menaçants de cet enfant de la nuit. Souvent Fingal a vu se manifester ainsi le signe de la bataille ; mais qui pourrait y croire dans la patrie de Connar, ami du peuple de Fingal ?

Le roi monte sur le rocher, le glaive de Luno jette dans sa main des ondes de lumière ; Carrill marche derrière le roi. Le fantôme aperçoit Fingal, et sur l'aile d'un tourbillon s'envole; le héros le poursuit du geste et de la voix. Cette voix est entendue sur les collines de Duthona, qui s'agitent avec tous leurs rochers et tous leurs arbres; le peuple tressaille, se réveille en rêvant le péril, et les feux d'alarme sont allumés de toutes parts.

« Levez-vous, dit le roi revenant parmi ses guerriers; levez-vous : que chacun endosse son armure et place devant lui son bouclier. Il nous faut combattre. Nos amis nous vont attaquer au milieu de la nuit; Fingal ne leur dira pas son nom, car nos ennemis s'écrieraient ensuite : Les guerriers de Morven furent effrayés! ils dirent leur nom pour éviter le combat! Que chacun endosse son armure et place devant lui son bouclier; mais que nos lances errent loin du but, que nos flèches soient emportées par les vents. A la lumière du matin, nos amis nous reconnaîtront, et la joie sera grande dans Duthona. »

Nous rencontrâmes la colonne mouvante et sombre des guerriers de Duthona. Comme la grêle échappée des flancs de l'orage, leurs flèches tombent sur nos boucliers; ils nous environnent comme un rocher entouré par les flots. Fingal vit que son peuple allait périr, ou qu'il serait forcé de combattre : il descendit de la colline, ainsi qu'une ombre qui se plaît à rouler avec les tempêtes. La lune, dans ce moment, leva sa tête au-dessus de la montagne, et réfléchit sa lumière sur l'épée de Luno; l'épée étincelle dans la main du roi, comme un pilier de glace pendant l'hiver, à la chute devenue muette du Lora. Duthona vit la flamme, et n'en put supporter la splendeur; ses guerriers se retirèrent comme les ténèbres devant le jour; ils s'enfoncèrent dans un bois.

Avançant à leur suite, nous nous arrêtâmes au bord d'un profond ruisseau qui coulait devant nous à travers la bruyère. Son lit se creusait entre deux rivages semés de fougères et ombragés de quelques bouleaux vieillis. Là, nous nous entretînmes du récit des combats et des actions des premiers héros. Carrill redit les faits du temps passé, Ossian célébra la gloire de Connar : sa harpe ne put oublier la tendre beauté de Minla.

Les chants cessèrent, une brise murmura le long du ruisseau; elle nous apporta les soupirs de l'infortune : ils étaient doux comme la voix des ombres au milieu d'un bois solitaire, quand elles passent sur la tombe des morts.

« Allez, Ossian, dit le roi; quelque guerrier languit sur son bouclier; qu'il soit apporté à Fingal : s'il est blessé, qu'on applique les herbes de la montagne sur sa plaie. Aucun nuage ne doit obscurcir notre joie dans la terre de Duthona. »

Je marchai guidé par la chanson du malheur.

« Triste et abandonnée est ma demeure, disait la chanson; aucune voix ne s'y fait entendre, si ce n'est celle de la chouette. Nul barde ne charme la longueur de mes nuits; les ténèbres et la lumière sont égales pour moi. Le soleil ne luit point dans ma caverne; je ne vois point flotter la chevelure dorée du matin, ni couler les flots de pourpre que verse l'astre du jour à son couchant. Mes yeux ne suivent point la lune à travers les pâles nuages; je ne vois point ses rayons trembler à travers les arbres dans les ondes du ruisseau : ils ne visitent point la caverne de Connar.

« Ah! que ne suis-je tombé dans la tempête de Dorla! ma renommée ne se serait pas évanouie comme le silencieux rayon de l'automne qui court sur les champs jaunis entre les ombres et les brouillards. Les enfants sous le chêne ont senti un moment la chaleur du rayon, et l'ont bénie; mais il passe : les enfants poursuivent leurs jeux, et le rayon est oublié.

« Oubliez-moi aussi, enfants de mon peuple, si vous n'êtes pas tombés comme moi, si Dorla qui a envahi Duthona n'a point soufflé sur vous dans votre jeunesse, comme l'haleine d'une gelée tardive sur les bourgeons du printemps. Que n'ai-je autrefois trouvé la mort à vos yeux, quand je marchai avec Fingal au-devant des forces de Swaran ! Le roi eût élevé ma tombe, Ossian eût chanté ma gloire; les bardes des futures années, en s'asseyant autour du foyer, eussent dit à l'ouverture de la fête : Écoutez la chanson de Connar.

« A présent, enchaîné dans cette caverne, je mourrai tout entier : ma tombe ne sera point connue; le voyageur écartera sous ses pas, avec la pointe de sa lance, une herbe longue et flétrie; il découvrira une pierre poudreuse. Qui dort dans cette étroite demeure? demandera-t-il à l'enfant de la vallée; et l'enfant de la vallée lui répondra : Son nom n'est point dans la chanson.

— « Ton nom sera dans la chanson, m'écriai-je; tu ne seras point oublié par Ossian. Sors de la caverne où t'a caché la destinée, et viens lever encore la lance dans la bataille. Viens, Fingal sera auprès de toi; il te vengera. Viens, les oppresseurs de Duthona sécheront à ton aspect comme la fougère atteinte par la brise : ton nom refleurira comme le chêne qui ombrage les salles de tes fêtes, quand, après les rigueurs de l'hiver, il se rajeunit au printemps. »

Connar prit la voix d'Ossian pour celle d'une ombre : « Ta voix m'est agréable, enfant de la nuit, dit-il, car les fantômes n'effrayent pas mon âme; ta voix est douce à Connar abandonné. Converse avec moi dans la caverne; notre entretien sera de la tombe et de la demeure aérienne des héros. Nous ne parlerons point de Duthona; nous serons silencieux sur ma gloire, elle s'est évanouie. Mes amis aussi sont loin : ils dorment sur leurs boucliers; mon souvenir ne trouble point leur repos. Ah ! qu'ils continuent de sommeiller en paix !

« Ombre amie, ma demeure sera bientôt avec la tienne. Nous visiterons ensemble les enfants du malheur dans leur caverne; nous leur ferons oublier leurs chagrins dans les illusions des songes : nous les conduirons en pensée dans les champs de leur renommée : ils croiront briller dans les combats; leur tunique d'esclave s'allongera en robe ondoyante; leurs prisons souterraines deviendront les nobles salles de Fingal; le murmure du vent sera pour eux et pour nous la mélodie des harpes; le frissonnement des gazons deviendra le soupir des vierges. Ombre amie, en attendant que je m'unisse à toi dans les nuages, descends souvent à la caverne de Connar! Fantôme de la nuit, ta voix est charmante à mon cœur. »

Je me plonge dans la caverne de Connar; je coupe les liens dont les guerriers de Dorla avaient entouré les mains du chef; je conduis le roi délivré à Fingal; leurs visages brillèrent de joie au milieu de leurs cheveux gris, car Fingal et Connar se souviennent de leurs jeunes années, de ces premiers jours de la vie où ils tendaient leurs arcs au bord du torrent. « Connar, dit Fingal, qui a pu confiner l'ami de Morven dans la caverne? Puissant devait être son bras, inévitable son épée.

— « Dorla, répondit Connar, apprit que la force de mon bras s'était évanouie dans la vieillesse. Il attaqua mes salles pendant la nuit, lorsque j'étais seul avec ma fille Niala, et que mes guerriers étaient absents. Je combattis : le nombre prévalut. Dorla est resté dans Duthona, et mes peuples sont dispersés dans leurs vallons ignorés. »

Fingal entendit les paroles de Connar : il fronce le sourcil : les rides de son front sont comme les nuages qui couvrent la tempête. Il agite dans sa main sa lance mortelle, et regarde l'épée de Luno.

« Il n'est pas temps de reposer, s'écrie-t-il, quand celui qui dépouilla mon ami est si près. Les guerriers de Dorla sont nombreux ; ils nous ont attaqués cette nuit, et nous avons cru, en les respectant, que c'étaient les bataillons de Connar. Ossian et Gormalon, avancez le long du rivage. Dumolach et Leth, volez aux salles de Connar; et si vous y trouvez Niala, étendez devant elle vos boucliers protecteurs. Molo, observe l'ennemi, afin qu'il ne puisse livrer ses voiles au vent sans combattre. Et toi, Carrill, où es-tu? Barde aux douces chansons, reste auprès du chef de Duthona avec ta harpe : sa mélodie est un rayon de lumière qui se glisse au milieu de l'orage. »

Carrill vint avec sa harpe ; les sons de cette harpe étaient légers comme le mouvement des ombres glissant dans un air pur sur les rivages de Lara. Coulez en silence, ruisseaux de la nuit, que nous entendions la chanson du barde.

« Au bord des torrents de Lara se penche un chêne qui laisse tomber de ses feuilles, sur le courant d'eau, les pleurs de la rosée. Là, on voit errer deux ombres, lorsque le soleil illumine la plaine et que le silence est dans Morven : l'une est ton ombre, vénérable Uval, l'autre est celle de ta fille, la belle chasseresse. Les jeunes guerriers de Lara poursuivaient les chevreuils; ils célébraient la fête dans la cabane lointaine du désert. Colgar les découvrit et parut subitement à Lara comme le torrent qui fond du haut d'une montagne, quand l'ondée est encore sur les hauts sommets, et n'a point descendu dans la vallée. — « Fille d'Uval, dit Colgar, il te faut me suivre ; j'enchaînerai ici ton père, car il frapperait sur le bouclier, et les jeunes guerriers pourraient entendre le son dans la solitude.

— « Colgar, je ne t'aime pas, dit la fille d'Uval ; laisse-moi avec mon père : ses yeux sont tristes, ses cheveux blanchis. »

« Colgar est sourd à la prière ; la fille d'Uval est obligé de le suivre, mais ses pas sont tardifs. Un chevreuil bondit auprès de Colgar ; ses flancs bruns se montrent à travers les vertes bruyères. — « Colgar, dit la fille d'Uval, prête-moi ton arc, j'ai appris à percer le chevreuil. » Colgar crut la beauté déjà consolée, et, plein d'amour, il donne son arc. La fille d'Uval tend la corde, la flèche part, Colgar tombe. La fille d'Uval retourne à Lara : l'âme de son père fut réjouie. Le soir de la vie d'Uval se prolongea; il fut comme le coucher du soleil sur la montagne des sources limpides ; les derniers jours d'Uval tombèrent comme les feuilles d'automne dans la vallée silencieuse. Les années de la fille d'Uval furent nombreuses ; quand elle s'éteignit, elle dormit en paix avec son père. »

Ainsi chantait Carrill, et moi Ossian je m'avançais avec Gormalon sur le rivage, selon les ordres de Fingal. Au pied d'un rocher nous trouvons un jeune homme : son bras, sortant d'une brillante armure, reposait sur une harpe brisée ; le bois d'une lance était à ses côtés. A travers les herbes chevelues du rocher, la lune éclairait la tête du jeune homme : cette tête était penchée ; elle s'agitait lentement dans la douleur, comme la cime d'un pin qui se balance aux soupirs du vent.

« Quel est celui, dit Gormalon, qui demeure ici solitaire? Es-tu un des compagnons de Dorla, ou l'un des guerriers de Connar?

— « Je suis, répondit le jeune homme tremblant comme l'herbe dans le courant d'un ruisseau, je suis un des bardes qui chantaient dans les salles de Connar. Dorla écouta mes chansons, et épargna ma vie après avoir livré bataille sur les champs de Duthona.

— « Souviens-toi de Dorla, si tu le veux, répliqua Gormalon ; mais que peux-tu dire à sa louange? Il attaqua Connar lorsque les amis du roi étaient absents ; son bras est faible dans le danger, fort quand personne ne le repousse. Dorla est un nuage qui se montre seulement dans le calme, un brouillard qui ne se lève jamais du marais que quand les vents de la vallée se sont retirés. Mais la tempête de Fingal joindra ce nuage, et le déchirera dans les airs.

— « Je me souviens de Fingal, dit le jeune homme; je le vis jadis dans les salles de Duthona; je me souviens de la voix d'Ossian et des fiers héros de Morven ; mais Morven est loin de Duthona. »

Les soupirs étouffèrent la voix du jeune homme; ses sanglots éclatèrent comme la glace qui se fend sur le lac du Légo, ou comme les vents de la montagne dans la grotte d'Arven.

« Faible est ton âme, dit Gormalon indigné : non, tu n'es pas l'enfant des salles de Connar; tu n'es pas des bardes de la race du roi. Ceux-ci chantaient les actions de la bataille; la joie du danger enflait leurs âmes, de même que s'enflent les voiles blanches de Fingal dans les tourbillons de la mer de Morven. Tu es des amis de Dorla; va donc le rejoindre, enfant du faible, et dis-lui que Morven le poursuit : jamais il ne reverra les collines de sa patrie.

— « Gormalon, dis-je alors, n'outrage pas la jeunesse : l'âme du brave peut quelquefois faillir, mais elle se relève. Le soleil sourit du haut de sa carrière lorsque la tempête est passée; le pin cesse alors de secouer dans les airs sa pyramide de verdure, la mer calme sa surface azurée, et les vallées se réjouissent aux rayons de l'astre éclatant. »

Je pris le jeune homme par la main, et le conduisis vers Carrill, roi des chansons. La lumière commençait alors à briller sur l'armée de Dorla; ses guerriers, pâles et muets, regardaient la lance de Morven et l'épée de Connar; ils demeuraient immobiles : lorsque le chasseur est surpris par la nuit sur la colline de Cromla, la terreur des fantômes l'environne; une sueur froide perce son front, ses pas tremblants se refusent à sa fuite, ses genoux fléchissent au milieu de sa course.

Dorla voit les yeux égarés de son peuple; une grosse larme roule dans les siens.

« Pourquoi, dit-il à ses guerriers, demeurez-vous dans ce silence, comme les arbres qui s'élèvent autour de nous? Votre nombre ne surpasse-t-il pas celui des fils de Morven? Ils peuvent avoir leur renommée; mais n'avons-nous pas aussi combattu avec les héros? Si vous songez à la fuite, où est le chemin de nos vaisseaux, si ce n'est à travers l'ennemi? Fondons sur eux dans notre colère; que nos bras soient courageux, et la joie de mes amis sera grande quand nous retournerons chez nos pères. »

Connar, au milieu des héros de Morven, frappa sur le bouclier de Duthona. Ses guerriers dispersés entendirent le signal du roi; ils levèrent la tête dans leurs vallons ignorés, comme les ruisseaux de Selma : dans les jours de sécheresse, ces ruisseaux se cachent sous les cailloux de leur lit; mais, quand les tièdes ondées descendent, ils sortent tout à coup de leur retraite, rugissent, inondent et surmontent de leurs eaux les collines.

On combat : Dorla est abattu par la lance de Connar. Fingal le vit tomber; il s'avance alors dans sa clémence, et parle aux guerriers de Dorla, qui n'est plus.

« Fingal, leur dit-il, ne se plaît point dans la chute de ses ennemis, quoiqu'ils l'aient forcé de tirer l'épée. Ne venez jamais à Morven, ne vous présentez plus au rivage de Duthona. Rapide est le jour du peuple qui ose lever la lance contre Fingal; une colonne de fumée chassée par la tempête est la vie de ceux qui combattent contre les héros de Morven. Retirez-vous : emportez le corps de Dorla.

« Pourquoi es-tu si matinale, épouse de Dorla? continua Fingal. Que fais-tu, immobile sur le rocher? Tes cheveux sont trempés de la rosée du matin; tes regards sont errants sur les vagues lointaines : ce que tu vois n'est pas l'écume du vaisseau de Dorla, c'est la mer qui se brise autour du flanc des baleines. Les deux enfants de l'épouse de Dorla sont assis sur les genoux de leur mère; ils voient une larme descendre le long de la joue de la femme; ils lèvent leur petite main pour saisir la perle brillante : Mère, diront-ils, pourquoi pleures-tu ? Où notre père a-t-il dormi cette nuit ?

« Ainsi, peut-être, ô Ossian, ton Éveralline est maintenant inquiète pour toi. Elle conduit peut-être ton Oscar au sommet de Morven, afin de découvrir la pleine mer. Ossian, souviens-toi d'Oscar et d'Éveralline; ô mon fils! épargne le guerrier qui, comme Dorla, peut laisser derrière lui une épouse dans les larmes. Hélas! Dorla, pourquoi es-tu déjà tombé ? »

Ainsi me parlait Fingal, aux jours du passé, dans la terre de Duthona; ainsi, pour m'enseigner la pitié, il mettait devant mes yeux l'image d'Éveralline mon épouse, d'Oscar mon jeune fils. Éveralline! Oscar! rayons de joie maintenant éteints! comment m'avez-vous précédé dans l'étroite demeure! Comment Ossian peut-il faire retentir la harpe et chanter encore les guerriers, lorsque votre souvenir, comme l'étoile qui tombe du ciel, traverse tout à coup son âme? Oh! que ne suis-je le compagnon de votre course azurée, brillants voyageurs des nuages! Quand nos ombres se rejoindront-elles dans les airs? quand glisseront-elles avec les brises sur la cime ondoyante des pins? Quand élèverons-nous nos têtes ornées d'une chevelure brillante, comme les astres de la nuit dans le désert? Puisse ce moment bientôt arriver! Ce qu'est le lit de bruyère au chasseur fatigué sera la tombe au barde appesanti par les ans : je dormirai! la pierre de ma dernière couche gardera ma mémoire.

Mais, ô pierre du tombeau! la saison de ta vieillesse arrivera aussi; tu t'enfonceras toi-même dans le lieu où les guerriers reposent pour jamais. L'étranger demandera où était ta place; les fils du faible ne la connaîtront point.

Peut-être la chanson aura gardé le souvenir de cette pierre. La chanson se perdra à son tour dans la nuit des temps; le brouillard des années enveloppera sa lumière. Notre mémoire passera comme l'histoire de Duthona, qui déjà s'éclipse dans l'âme d'Ossian.

Le peuple de Dorla fend la mer en silence; les sons d'aucune chanson ne roulent devant lui sur les flots; les bardes penchent la tête sur leur harpe, et leurs cheveux argentés errent avec leurs armes le long des cordes humides. Les marins sont enfoncés dans leurs sombres pensées; le rameur distrait suspend soudain la rame qu'il allait plonger dans les flots.

Nous montâmes au palais de Connar : mais le chef est triste malgré sa victoire; son sein oppressé soulève son armure comme la vague qui renferme la tempête; son œil éteint ne lance plus son regard brillant à travers la salle des fêtes. Personne n'ose demander au héros pourquoi il est triste, car absente est l'étoile de la nuit, la fille de Connar, la charmante Niala. Fingal voyait la douleur du chef, et cachait la sienne sous le panache de son casque. « Carrill, dit-il à voix basse, qu'as-tu fait de tes chants? viens avec ta harpe soulager l'âme du roi. »

Carrill s'avance au milieu des salles de la fête, appuyé d'une main sur son bâton blanc, de l'autre portant sa harpe; derrière lui marche le jeune barde de Duthona, qu'Ossian et Gormalon avaient trouvé sur le rivage pendant la nuit. Tout à coup son armure tombe à terre; il lève une main pour cacher son trouble. Quelle est cette main si blanche? Ce visage sourit si gracieusement à travers les boucles de ses beaux cheveux ! « Niala ! s'écria Connar, est-ce toi ? » Elle jette ses bras charmants autour de son père ; la joie revient au banquet des guerriers. Connar donna la beauté à Gormalon, et nous déployâmes nos voiles et nos chants pour Morven. Ossian est seul aujourd'hui dans les ruines des tours de Fingal, et l'épouse de mon Oscar, Malvina, la douce Malvina, ne sourira plus à son père.

Vallée de Cona, les sons de la harpe ne se font plus entendre le long de tes ruisseaux, dont la voix s'élève à peine sur les collines silencieuses. La biche dort sans frayeur dans la hutte abandonnée du chasseur ; le faon bondit sur la tombe guerrière, dont il creuse la mousse avec ses pieds. Je suis resté seul de ma race : je n'ai plus qu'un jour à passer dans un monde qui ne me connaît plus.

GAUL

POÈME

Le silence de la nuit est auguste. Le chasseur repose sur la bruyère : à ses côtés sommeille son chien fidèle, la tête allongée sur ses pieds légers ; dans ses rêves, il poursuit les chevreuils ; dans la joie confuse de ses songes, il aboie et s'éveille à moitié.

Dors en paix, fils bondissant de la montagne, Ossian ne troublera point ton repos : il aime à errer seul ; l'obscurité de la nuit convient à la tristesse de son âme ; l'aurore ne peut apporter la lumière à ses yeux depuis longtemps fermés. Retire tes rayons, ô soleil ! comme le roi de Morven a retiré les siens ; éteins ces millions de lampes que tu allumes dans les salles azurées de ton palais, lorsque tu reposes derrière les portes de l'occident. Ces lampes se consumeront d'elles-mêmes : elles te laisseront seul, ô soleil ! de même que les amis d'Ossian l'ont abandonné. Roi des cieux, pourquoi cette illumination magnifique sur les collines de Fingal, lorsque les héros ont disparu, et qu'il n'est plus d'yeux pour contempler ces flambeaux éblouissants ?

Morven, le jour de ta gloire a passé ; comme la lueur du chêne embrasé de tes fêtes, l'éclat de tes guerriers s'est évanoui : les palais ont croulé ; Témora a perdu ses hauts murs ; Tura n'est plus qu'un monceau de ruines, et Selma est muette. La coupe bruyante des festins est brisée ; le chant des bardes a cessé ; le son des harpes ne se fait plus entendre. Un tertre couvert de ronces, quelques pierres cachées sous la mousse, c'est tout ce qui rappelle la demeure de Fingal. Le marin du milieu des flots n'aperçoit plus les tours qui semblent marquer les bornes de l'Océan, et le voyageur qui vient du désert ne les aperçoit plus.

Je cherche les murailles de Selma ; mes pas heurtent leurs débris : l'herbe croît entre les pierres, et la brise frémit dans la tête du chardon. La chouette voltige autour de mes cheveux blancs ; je sens le vent de ses ailes : elle éveille par ses cris la biche sur son lit de fougère ; mais la biche est sans frayeur, elle a reconnu le vieil Ossian.

Biche des ruines de Selma, ta mort n'est point dans la pensée du barde : tu te lèves de la même couche où dormirent Fingal et Oscar ! Non, ta mort n'est point le désir du barde ! J'étends seulement la main dans l'obscurité vers le lieu où était suspendu au dôme du palais le bouclier de mon père, vers ces voûtes que remplace aujourd'hui la voûte du ciel. La lance qui sert d'appui à mes pas rencontre à terre ce bouclier; il retentit : ce bruit de l'airain plaît encore à mon oreille; il réveille en moi la mémoire des anciens jours, ainsi que le souffle du soir ranime dans la ramée des bergers la flamme expirante. Je sens revivre mon génie ; mon sein se soulève comme la vague battue de la tempête, mais le poids des ans le fait retomber.

Retirez-vous, pensées guerrières ! souvenirs des temps évanouis, retirez-vous ! Pourquoi nourrirais-je encore l'amour des combats, quand ma main a oublié l'épée ? La lance de Témora n'est plus qu'un bâton dans la main du vieillard.

Je frappe un autre bouclier dans la poussière. Touchons-le de mes doigts tremblants. Il ressemble au croissant de la lune : c'était ton bouclier, ô Gaul ! le bouclier du compagnon de mon Oscar. Fils de Morni, tu as déjà reçu toute ta gloire, mais je te veux chanter encore : je veux pour la dernière fois confier le nom de Gaul à la harpe de Selma. Malvina, où es-tu ? Oh ! qu'avec joie tu m'entendrais parler de l'ami de ton Oscar !

« La nuit était sombre et orageuse, les ombres criaient sur la bruyère, les torrents se précipitaient du rocher ; les tonnerres à travers les nuages roulaient comme des monts qui s'écroulent, et l'éclair traversait rapidement les airs. Cette nuit même nos héros s'assemblèrent dans les salles de Selma, dans ces salles maintenant abattues : le chêne flamboyait au milieu ; à sa lueur on voyait briller le visage riant des guerriers à demi-cachés dans leur noire chevelure. La coquille des fêtes circulait à la ronde ; les bardes chantaient, et la main des vierges glissait sur les cordes de la harpe.

« La nuit s'envola sur les ailes de la joie : nous croyions les étoiles à peine au milieu de leur course, et déjà le rayon du matin entr'ouvrait l'orient nébuleux. Fingal frappa sur son bouclier : ah ! qu'il rendait alors un son différent de celui qu'il a parmi ces débris ! Les guerriers l'entendirent ; ils descendirent du bord de tous leurs ruisseaux. Gaul reconnut aussi la voix de la guerre ; mais le Strumon roulait ses flots entre lui et nous : et qui pouvait traverser ses ondes terribles ?

« Nos vaisseaux abordent à Ifrona ; nous combattons, nous arrachons des mains de l'ennemi les dépouilles de notre patrie. Pourquoi ne restais-tu pas au bord de ton torrent, toi qui levais le bouclier d'azur ? Pourquoi, fils de Morni, ton âme respirait-elle les combats ? Sur quelque champ que ce fût, Gaul voulait moissonner. Il prépare son vaisseau dompteur des vagues, et déploie ses voiles au premier souffle du matin, pour suivre à Ifrona les pas du roi.

« Quelle est celle que j'aperçois au bord de la mer, sur le rocher battu des flots ? Elle est triste comme le pâle brouillard de l'aube ; ses cheveux noirs flottent en désordre ; des larmes roulent dans ses yeux, fixés sur le vaisseau fugitif de Gaul. De ses bras aussi blancs que l'écume de l'onde, elle presse sur son sein un jeune enfant qui lui sourit ; elle murmure à l'oreille du nouveau-né un chant de son âge, mais un soupir entrecoupe la voix maternelle, et la femme ne sait plus quelle était la chanson.

« Tes pensées, Évircoma, n'étaient point pour des airs folâtres : elles volaient sur les flots avec ton amour. On n'aperçoit plus qu'à peine le vaisseau diminué : des nues abaissées étendent maintenant entre lui et le rivage leurs fumées onduleuses ; elles le cachent comme un écueil lointain sous une vapeur passagère. « Que ta course soit heureuse, dompteur des vagues écumantes ! Quand te reverrai-je, ô mon amant ? »

« Évircoma retourne aux salles de Strumon ; mais ses pas sont tardifs, son visage est triste : on dirait d'une ombre solitaire qui traverse la brume du lac. Souvent elle se retourne pour regarder le vaste Océan. « Que ta course soit heureuse, dompteur des vagues écumantes ! Quand te reverrai-je, ô mon amant ! »

« La nuit surprit le fils de Morni au milieu de la mer ; la lune n'était point au ciel ; pas une étoile ne brillait dans la profondeur des nuages. La barque du chef glissait sur les flots en silence, et nous passons sans la voir, en retournant à Morven.

« Gaul aborde au rivage d'Ifrona. Ses pas étaient sans inquiétude : il erre çà et là ; il écoute ; il n'entend point rugir la bataille : il frappe avec sa lance sur son bouclier, afin que ses amis se réjouissent de son arrivée : il s'étonne du silence. « Fingal dort-il ? s'écrie Gaul en élevant la voix ; le combat n'est-il pas commencé ? Héros de Morven, êtes-vous ici ? »

Que n'y étions-nous, fils de Morni ! cette lance t'aurait défendu, ou Ossian serait tombé avec toi. Lance aujourd'hui sans force dans ma main, innocent appui de ma vieillesse, jadis ferme soutien de ceux qui versaient des larmes, tu étais la lance de Témora, tu étais le météore briseur du chêne orgueilleux. Ossian n'était pas comme aujourd'hui un roseau desséché qui tremble dans un étang solitaire ; je m'élevais comme le pin, avec tous mes rameaux verdoyants autour de moi. Que n'étais-je auprès du chef de Strumon, quand l'orage d'Ifrona descendit !

Ombres de Morven, dormiez-vous dans vos grottes aériennes, ou vous amusiez-vous à faire voler les feuilles flétries, quand vous nous laissâtes ignorer le danger de Gaul ? Mais non ; ombres amies de nos pères, vous prîtes soin de nous avertir ; deux fois vous repoussâtes nos vaisseaux au rivage d'Ifrona : nous ne comprîmes pas ce présage, nous crûmes que des esprits jaloux s'opposaient à notre retour. Fingal tira son épée, et sépara les pans de leur robe de vapeur ; à l'instant les ombres passèrent sur nos têtes. « Allez, impuissants fantômes, leur dit le chef, allez chasser le duvet du chardon dans une terre lointaine ; vous jouerez avec les fils du faible. »

Les ombres amies méconnues s'envolèrent avec le vent : leurs voix ressemblaient aux soupirs de la montagne quand l'oiseau de mer prédit la tempête. Quelques-uns de nos guerriers crurent entendre le nom de Gaul à demi formé dans le murmure des ombres. . . . .

(Le traducteur, ou plutôt l'auteur anglais, suppose qu'il y a ici une lacune dans le texte.)

« Je suis seul au milieu de mille guerriers ; n'est-il point quelque épée pour briller avec la mienne ? Le vent souffle vers Morven en brisant le sommet des vagues. Gaul remontera-t-il sur son vaisseau ? ses amis ne sont point auprès de lui. Mais que dirait Fingal, mais que diraient les bardes, si un nuage enveloppait la réputation du fils de Morni ? Mon père, ne rougirais-tu pas, si je me retirais sans combattre ? En présence des héros de notre âge, tu cacherais ton visage avec tes cheveux blancs, et tu abandonnerais tes soupirs au vent solitaire de la vallée ; les ombres des faibles te verraient, et diraient : Voilà le père de celui qui a fui dans Ifrona.

« Non, ton fils ne fuira point, ô Morni ! son âme est un rayon de feu qui dévore. O mon Évircoma ! ô mon Ogal !... Éloignons ces souvenirs : le calme rayon du jour ne se mêle point à la tempête ; il attend que les cieux soient rassérénés. Gaul ne doit respirer que la bataille. Ossian, que n'es-tu avec moi comme dans le combat de Lathmor ! Je suis le torrent qui précipite ses ondes dans les mille vagues de l'Océan, et qui, vainqueur, s'ouvre un passage à travers l'abîme. »

Gaul frappe sur son bouclier, alors non rongé par la rouille des âges. Ifrona tremble ; ses nombreux guerriers entourent le héros de Strumon : la lance de Morni est dans la main de Gaul ; elle fait reculer les rangs ennemis.

Tu as vu, Malvina, la mer troublée par les bonds d'une immense baleine, qui, blessée et furieuse, se débat à la surface écumante des flots ; tu as vu une troupe de mouettes affamées nager autour de la terrible fille de l'Océan, dont elles n'osent encore approcher, bien qu'elle soit expirante : ainsi s'agitent et se serrent les guerriers épouvantés d'Ifrona, hors de la portée du bras du héros.

Mais la force du chef de Strumon commence à s'épuiser ; il s'appuie contre un arbre ; des ruisseaux de sang errent sur son bouclier ; cent flèches ont déchiré sa poitrine ; sa main tient sa redoutable épée, et les ennemis frémissent.

Enfants d'Ifrona, quelle roche essayez-vous de soulever ? est-ce pour marquer aux siècles à venir votre renommée ou votre honte ? La gloire des braves n'est pas à vous ; vous êtes barbares, et vos cœurs sont inflexibles comme le fer. A peine sept guerriers peuvent détacher la roche du haut de la colline ; elle roule avec fracas, et vient heurter les pieds affaiblis de Gaul : il tombe sur ses genoux ; mais au-dessus de son bouclier roulent encore ses yeux terribles. Les ennemis n'ont pas l'audace de se jeter sur lui ; ils le laissent languir dans la mort, comme un aigle resté seul sur un rocher quand la foudre a brisé ses ailes. Que ne savions-nous dans Selma ta destinée ! que nous auraient fait alors les chansons des vierges et le son de la harpe des bardes ! la lance de Fingal n'eût pas reposé si tranquillement contre les murs du palais ; nous n'eussions pas été surpris, dans cette nuit funeste, de voir le roi se lever à moitié du banquet, en disant : « J'ai cru que la lance d'une ombre avait touché mon bouclier ; ce n'est qu'une brise passagère. » O Morni ! que ne vins-tu réveiller Ossian ! que ne vins-tu lui dire : « Hâte-toi de traverser la mer ! » Malheureux père, tu avais volé dans Ifrona pour pleurer sur ton fils.

Le matin sourit dans la vallée de Strumon ; Évircoma sort du trouble d'un songe ; elle entend le bruit de la chasse sur les coteaux de Morven. Surprise de ne point distinguer la voix de Gaul au milieu des cris des guerriers, elle prête, le cœur palpitant, une oreille encore plus attentive ; mais les rochers ne renvoient point le son d'une voix connue ; les échos de Strumon ne répètent que les plaintes d'Évircoma.

Le soir attrista la vallée de Strumon : aucun vaisseau ne parut sur la mer. L'âme d'Évircoma était abattue : « Qui retient mon héros dans l'île d'Ifrona ? Quoi ! mon amour, n'es-tu point revenu avec les chefs de Morven ? Ton Évircoma sera-t-elle longtemps assise seule sur le rivage ? les larmes descendront-elles longtemps de ses yeux ? Gaul, as-tu oublié l'enfant de notre tendresse ? il demande le sourire accoutumé de son père. Ses pleurs coulent avec les miens, ses soupirs répondent à mes soupirs. Si Gaul entendait son fils balbutier son nom, il précipiterait son retour pour protéger son Ogal. Je me souviens de mon songe ; je crains que le jour du retour ne soit passé.

« Il me sembla voir les fils de Morven poursuivant les chevreuils. Le chef de Strumon n'était point avec eux. Je l'aperçus à quelque distance, appuyé sur son bouclier. Un pied seulement soutenait le héros ; l'autre paraissait être formé d'une vapeur grisâtre. Cette image variait au souffle de chaque brise : je m'en approchai ; une bouffée de vent vint du désert, le fantôme s'évanouit. Les songes sont enfants de la crainte. Chef de Strumon, je te verrai encore, tu élèveras encore devant moi ta belle tête, comme le sommet de la colline religieuse de Cromla, éclairée des premiers rayons de l'aurore. Le voyageur, égaré la nuit sur la bruyère, tremble au milieu des fantômes; mais au doux éclat du jour les esprits de ténèbres se retirent, le pèlerin rassuré reprend son bâton et poursuit sa route. »

Évircoma crut voir un vaisseau sur les vagues lointaines; elle crut voir un mât blanchi, semblable à l'arbre qui, pendant l'hiver, balance sa cime couverte d'une neige nouvellement tombée. Ses yeux humides n'aperçoivent que des objets confus, bien qu'elle essayât de tarir ses larmes. La nuit descendit; Évircoma se confia à un léger esquif, pour trouver son amant dans les replis des ombres. Elle vole sur les vagues, mais elle ne rencontre point de vaisseau : elle avait été trompée par un nuage, ou par la barque aérienne de l'ombre d'un nautonnier décédé, qui poursuivait encore les plaisirs des jours de sa vie.

La nacelle d'Évircoma fuit devant la brise; elle entre dans la baie d'Ifrona, où la mer s'étend à l'ombre d'une épaisse forêt. Errant de nuage en nuage, la lune se montrait entre les arbres de la rive. Par intervalles, les étoiles jetaient un regard à travers le voile déchiré qui couvrait le ciel et se cachaient de nouveau sous ce voile : à leur faible lumière, Évircoma contemplait la beauté d'Ogal. Elle donne un baiser à son enfant, le laisse couché dans la nacelle, et va chercher Gaul dans les bois.

Trois fois elle s'éloigne avec lenteur de son fils, trois fois elle revient en courant à lui. La colombe qui a caché ses petits dans la fente du rocher d'Oualla veut cueillir la baie mûrie qu'elle découvre dans la bruyère au-dessous d'elle; mais le souvenir de l'épervier la trouble; vingt fois elle revole vers ses petits pour les voir encore, et s'assurer de leur repos. L'âme d'Évircoma est partagée entre son époux et son enfant, comme la vague que brisent tour à tour et les vents et les rochers.

Mais quelle est cette voix que l'on entend parmi le murmure des flots? Vient-elle de l'arbre solitaire du rivage?

« Je péris seul. A qui la force de mon bras fut-elle utile dans la bataille? Pourquoi Fingal, pourquoi Ossian, ignorent-ils mon destin? Étoiles qui me voyez, annoncez-le dans Selma par votre lumière sanglante, lorsque les héros sortent de la salle des fêtes pour admirer votre beauté. Ombres qui glissez sur les rayons de la lune, si votre course se dirige à travers les bois de Morven, murmurez en passant mon histoire. Dites au roi que j'expire aussi; dites-lui que dans Ifrona est ma froide demeure; que depuis deux jours je languis blessé sans nourriture; qu'au lieu de la douce eau du ruisseau, je n'ai pour éteindre ma soif que les flots amers.

« Mais, ombres compatissantes, gardez-vous d'apprendre mon sort aux murs de Strumon; éloignez la vérité de l'oreille d'Évircoma. Que vos tourbillons passent loin de la couche de mon amour; ne battez point violemment des ailes en rasant les tours de mon père : Évircoma vous entendrait et quelque pressentiment s'élèverait dans son âme. Volez loin d'elles, ombres de la nuit; que son sommeil soit paisible; le matin est encore éloigné. Dors avec ton enfant, ô mon amour! Puisse mon souvenir ne point troubler ton repos! Toutes les peines de Gaul sont légères, quand les songes d'Évircoma sont légers.

— « Et penses-tu, » s'écrie l'épouse du fils de Morni, « qu'elle puisse reposer en paix quand son guerrier est en péril? penses-tu que les songes d'Évircoma puissent être doux lorsque son héros est absent? Mon cœur n'est pas insensible; je n'ai point reçu la naissance dans la terre d'Ifrona. Mais comment te pourrai-je soulager, ô Gaul! Évircoma trouvera-t-elle quelque nourriture dans la terre de l'ennemi? »

Évircoma soutenait Gaul dans ses bras; elle rappela l'histoire de Conglas son père.

Lorsque Évircoma, jeune encore, était portée dans les bras maternels, Conglas s'embarqua une nuit avec Crisollis, doux rayon de l'amour. La tempête jeta le père, la mère et l'enfant sur un rocher : là s'élevaient seulement trois arbres qui secouaient dans les airs leur cime sans feuillage. A leurs racines rampaient quelques baies empourprées ; Conglas les arracha et les donna à Crisollis ; ils espéraient saisir le lendemain le daim de la montagne : la montagne était stérile, et rien n'en animait le sommet. Le matin vint et le soir suivit, et les trois infortunés étaient encore sur le rocher. Conglas voulut tresser une nacelle avec les branches des arbres, mais il était faible, faute de nourriture.

« Crisollis, dit-il, je m'endors ; quand la tempête s'apaisera, retourne avec ton enfant à Idronlo : l'heure où je pourrai marcher est éloignée.

— « Jamais les collines ne me reverront sans mon amour, répliqua Crisollis. Pourquoi ne m'as-tu pas dit que ton âme était défaillante? nous aurions partagé les baies de la bruyère ; mais le sein de Crisollis nourrira son amant. Penche-toi sur moi : non, tu ne dormiras point ici. »

Conglas reprit ses forces au sein de Crisollis ; le calme revint sur les flots ; Conglas, Crisollis et la jeune Évircoma atteignirent les rivages d'Idronlo. Souvent le père conduisit la jeune fille au tombeau de Crisollis, en lui racontant la charmante histoire. « Évircoma, disait Conglas, aime de même ton époux, quand le jour de ta beauté sera venu.

— « Oui, je l'aime ainsi, dit à Gaul Évircoma ; presse cette nuit, pour te ranimer, ce sein gonflé du lait qui nourrit ton fils : demain nous serons heureux dans les salles de Strumon. »

— « Fille la plus aimable de ta race, dit Gaul, retire-toi ; que les rayons du soleil ne te trouvent point dans Ifrona. Rentre dans ta nacelle avec Ogal. Pourquoi tomberait-il comme une fleur dont le guerrier indifférent enlève la tête avec son épée? Laisse-moi ici. Ma force, telle que la chaleur de l'été, s'est évanouie ; je me fane comme le gazon sous la main de l'hiver, et je ne renaîtrai point au printemps. Dis aux guerriers de Morven de me transporter dans leur vallée. Mais non, car l'éclat de ma gloire est couvert d'un nuage : qu'ils élèvent seulement ma tombe sous cet arbre. L'étranger la découvrira en passant sur la mer, et il dira : « Voilà tout ce qui reste du héros. »

— « Et tout ce qui reste de la fille de Strumon, répondit Évircoma ; car je reposerai auprès de mon amant. Notre lit sera encore le même ; nos ombres voleront unies sur le même nuage. Voyageur des ondes, vous verserez la double larme, car avec son bien-aimé dormira la mère d'Ogal. »

Les cris de l'enfant se firent entendre. Le cœur d'Évircoma bat à coups redoublés dans sa poitrine, et semble vouloir s'ouvrir un passage dans son étroite prison. Un soupir échappe aussi du sein de Gaul. Il a reconnu la voix de son fils : « Guerrier, dit Évircoma, laisse-moi essayer de te porter à la barque où j'ai déposé notre enfant ; ton poids sera léger pour moi. Donne-moi cette lance, elle soutiendra mes pas. »

La fille de Crisollis parvint à conduire son époux dans la nacelle. Le reste de la nuit elle lutta contre les vagues. Les dernières étoiles virent ses forces s'éteindre ; elles s'évanouirent au lever de l'aurore, comme la vapeur des prairies se dissipe au lever du soleil.

Cette nuit même, il m'en souvient, Ossian dormait sur la bruyère du chasseur ; Morni, le père de Gaul, parait tout à coup dans mes songes ; il s'arrête devant moi, appuyé sur son bâton tremblant : le vieillard était triste ; les rides profondes que le temps avait creusées dans ses joues étaient remplies des larmes qui descendaient de ses yeux ; il regarda la mer, et, avec un profond soupir : « Est-ce là, murmura-t-il faiblement, le temps du sommeil pour l'ami de Gaul? » Une bouffée de vent agite les arbres; le coq de bruyère se réveille sous la racine du buisson, relève précipitamment la tête qu'il tenait cachée sous son aile, et pousse un cri plaintif. Ce cri m'arrache à mes songes, j'ouvre les yeux; je vois Morni emporté par le tourbillon. Je suis la route qu'il me trace; je fends la mer avec mon vaisseau; je rencontre la nacelle d'Évircoma; elle était arrêtée au rivage d'une île déserte : sur l'un des bords de la nacelle la tête de Gaul était inclinée. Je déliai le casque du héros; ses blonds cheveux, trempés de la sueur des combats, flottèrent sur son front pâli. Aux accents de ma douleur, il essaya de soulever ses paupières; mais ses paupières étaient trop pesantes; la mort vint sur le visage de Gaul comme la nuit sur la face du soleil. O Gaul! tu ne reverras jamais le père de ton ami Oscar.

Près du fils de Morni repose la beauté expirante, Évircoma; son enfant était dans ses bras, et l'innocente créature promenait en se jouant sa faible main sur le fer de la lance de Gaul. Les paroles d'Évircoma furent courtes : elle se pencha sur la tête d'Ogal, et son dernier regard perça mon cœur. « Adieu, pauvre orphelin! Ogal, Ossian te servira de père. » Elle expire.

— O mes amis! qu'êtes-vous devenus! Votre souvenir est plein de douceur, et pourtant il fait couler mes larmes.

J'aborde au pied des tours de Strumon; le silence régnait sur le rivage; aucune fumée ne s'élevait en colonne d'azur du faîte du palais, aucun chant ne se faisait entendre. Le vent sifflait à travers les portes ouvertes, et jonchait le seuil de feuilles séchées; l'aigle, déjà perché sur le comble des tours, semblait dire : « Ici je bâtirai mon aire. » Le faon de la biche se cache sous les boucliers sans maîtres; le compagnon des chasses de Gaul, le rapide Codula, croit reconnaître les pas du fils de Morni : dans sa joie il se lève d'un seul bond; mais lorsqu'il a reconnu son erreur, il retourne se coucher sur la froide pierre, en poussant de longs hurlements.

Qui racontera la douleur des héros de Morven? Ils vinrent silencieux de leurs ondoyantes vallées; ils s'avancèrent lentement comme un sombre brouillard. Gaul, Évircoma et Ogal lui-même n'étaient plus. Fingal se place sous un pin; les guerriers l'environnent. Penché sur le front de Gaul, les cheveux gris de Fingal nous dérobent ses larmes; mais le vent les décèle, en les chassant de sa barbe argentée.

« Es-tu tombé, dit-il enfin, es-tu tombé, ô le premier de nos héros? N'entendrai-je plus ta voix dans mes fêtes, le son de ton bouclier dans mes combats? Ton épée n'éclairera-t-elle plus les sombres replis de la bataille? ta lance ne renversera-t-elle plus des rangs entiers de mes ennemis? Ton noir vaisseau surmontait hardiment la tempête, tandis que tes joyeux rameurs répétaient leurs chansons entre les montagnes humides. Les enfants de Morven m'arrachaient à mes pensées en criant : Voyez le vaisseau de Gaul! La harpe des vierges et la voix des bardes annonçaient ton arrivée, tes bannières flottaient sur la bruyère. Je reconnaissais le sifflement de ta flèche et le bruit de tes pas.

« Force des guerriers, qu'es-tu? Aujourd'hui tu chasses les vaillants devant toi, comme des nuages de poussière; la mort marque ton passage, comme la feuille séchée indique la course des fantômes : demain le court songe de la valeur est dissipé; la terreur des armées s'est évanouie; l'insecte ailé bourdonne sa victoire sur le corps du héros.

« Fils du faible, pourquoi désirais-tu la force du chef de Strumon, quand tu le voyais resplendissant sous ses armes? Ne savais-tu pas que la force du guerrier s'évanouit? Quand le chasseur regagne sa demeure, il contemple un nuage brillant que traversent les couleurs de l'arc-en-ciel ; mais les moments fuient sur leurs ailes d'aigle, le soleil ferme ses yeux de lumière, un tourbillon brouille les nues : une noire vapeur est tout ce qui reste de l'arc étincelant. O Gaul ! les ténèbres ont succédé à ta clarté ; mais ta mémoire vivra ; il ne soufflera pas un seul vent sur Morven qui ne parle de ta renommée.

« Bardes, élevez la tombe du père, de la mère et du fils. La pierre moussue apprendra à l'étranger le lieu de leur repos, le chêne leur prêtera son ombre. Les brises visiteront cet arbre de la mort ; sous les fraîches ondées du printemps, il se couvrira de feuilles, longtemps avant que les autres arbres aient repris leur parure, longtemps avant que la bruyère se soit ranimée à ses pieds. Les oiseaux de passage s'arrêteront sur la cime du chêne solitaire : ils y chanteront la gloire de Gaul, tandis que les vierges des temps à venir rediront la beauté d'Évircoma, et que les mères pleureront Ogal.

« Mais, ô pierre ! quand tu seras réduite en poudre ; ô chêne ! quand les vers t'auront rongé ; ô torrent ! lorsque tu cesseras de couler, et que la source de la montagne ne fournira plus son onde à ta course ; lorsque vos chansons, ô bardes ! seront oubliées ; lorsque votre mémoire et celle des héros par vous célébrés auront disparu dans le gouffre des âges ; alors, et seulement alors, la gloire de Gaul périra, l'étranger pourra demander quel était le fils de Morni, quel était le chef de Strumon. »

LETTRE SUR L'ART DU DESSIN

DANS LES PAYSAGES.

A Monsieur ***.

Londres, 1795.

Voilà le petit paysage que vous m'avez demandé. Je vous l'ai fait attendre ; mais vous savez quels tristes soins m'appellent à d'autres études qui pourtant ne seront pas longues, s'il faut en croire les médecins[1] ; je suis prêt quand et comment il plaira à Dieu. Ces mêmes études m'ont fait abandonner cette grande *vue* du Canada, qui me plaisait par le souvenir de mes voyages. Quelle différence de ce temps-là à celui-ci ! Lorsque mes pensées se reportent vers le passé, je sens si vivement le poids de mes peines, que je ne sais ce que je deviens. Pardonnez à cet épanchement de mon cœur. Il y a tant de charmes à parler de ses souffrances quand ceux qui vous écoutent peuvent vous comprendre ? Peu de gens me comprennent ici.

Le petit dessin que je vous envoie m'a fait faire quelques réflexions sur l'art du paysage : elles vous seront peut-être utiles. D'ailleurs nous sommes en hiver ; vous avez du feu : grandes ressources contre les barbouilleurs de papier.

Élevé dans les bois, les défauts de l'art et la sécheresse des paysages m'ont frappé presque dès mon enfance, sans que je puisse dire ce qui constituait ces défauts. Lorsque je dessinais moi-même, je sentais que je faisais mal en copiant des modèles ; j'étais plus content de moi, lorsque je suivais mes propres idées. Insensible-

---

[1] Voyez tome IX, la préface de l'*Essai historique*.

ment cela m'engagea à rechercher les causes de cette bizarrerie ; car enfin ce que je retraçais d'après les règles valait mieux que ce que je créais d'après ma tête. Voici ce que l'examen m'apprit de la solution la plus satisfaisante que j'aie pu me donner de mon problème.

En général, les paysagistes n'aiment point assez la nature, et la connaissent peu. Je ne parle point ici des grands maîtres, dont au reste il y aurait encore beaucoup de choses à dire ; je ne parle que des maîtres ordinaires, et des amateurs comme nous. On nous apprend à forcer ou à éclaircir les ombres, à rendre un trait net, pur, et le reste ; mais on ne nous apprend point à étudier les objets mêmes qui nous flattent si agréablement dans les tableaux de la nature ; on ne nous fait point remarquer que ce qui nous charme dans ces tableaux, ce sont les harmonies et les oppositions des vieux bois et des bocages, des rochers arides, et des prairies parées de toute la jeunesse des fleurs. Il semblerait que l'étude du paysage ne consiste que dans l'étude des coups de crayon ou de pinceau ; que tout l'art se réduit à assembler certains traits, de manière à ce qu'il en résulte des apparences d'arbres, de maisons, d'animaux et d'autres objets. Le paysagiste qui dessine ainsi ne ressemble pas mal à une femme qui fait de la dentelle, qui passe de petits bâtons les uns sur les autres, en causant et en regardant ailleurs ; il résulte de cet ouvrage des pleins et des vides qui forment un tissu plus ou moins varié : appelez cela un métier et non un art.

Il faut donc que les élèves s'occupent d'abord de l'étude même de la nature : c'est au milieu des campagnes qu'ils doivent prendre leurs premières leçons. Qu'un jeune homme soit frappé de l'effet d'une cascade qui tombe de la cime d'un roc, et dont l'eau bouillonne en s'enfuyant : le mouvement, le bruit, les jets de lumière, les masses d'ombres, les plantes échevelées, la neige de l'écume qui se forme au bas de la chute, les frais gazons qui bordent le cours de l'eau, tout se gravera dans la mémoire de l'élève. Ces souvenirs le suivront dans son atelier : il n'a pas encore touché le pinceau, et il brûle de reproduire ce qu'il a vu. Un croquis informe sort de dessous sa main : il se dépite ; il recommence son ouvrage et le déchire encore. Alors il s'aperçoit qu'il y a des principes qu'il ignore ; il est forcé de convenir qu'il lui faut un maître : mais un pareil élève ne demeurera pas longtemps aux principes, et il avancera à pas de géant dans une carrière où l'inspiration aura été son premier guide.

Le peintre qui représente la nature humaine doit s'occuper de l'étude des passions : si l'on ne connaît le cœur de l'homme, on connaîtra mal son visage. Le paysage a sa partie morale et intellectuelle, comme le portrait ; il faut qu'il parle aussi, et qu'à travers l'exécution matérielle on éprouve ou les rêveries ou les sentiments que font naître les différents sites. Il n'est pas indifférent de peindre dans un paysage, par exemple, des chênes ou des saules : les chênes à la longue vie, *durando, sæcula vincit*, aux écorces rudes, aux bras vigoureux, à la tête altière, *immota manet*, inspirent sous leurs ombres des sentiments d'une tout autre espèce que ces saules au feuillage léger, qui vivent peu, et qui ont la fraîcheur des ondes où ils puisent leur sève : *umbræ irriguí fontis amica salix*.

Quelquefois le paysagiste, comme le poëte, faute d'avoir étudié la nature, voile le caractère des sites. Il place des pins au bord d'un ruisseau, et des peupliers sur la montagne ; il répand la corbeille de la Flore de nos jardins dans les prairies ; l'églantier d'une haie sauvage porte la rose de nos parterres, couronne trop pesante pour lui.

L'étude de la botanique me semble utile au paysagiste, quand ce ne serait que pour apprendre le *feuillé*, et ne pas donner aux feuilles de tous les arbres le même limbe et la même forme. Si le peintre qui doit exprimer sur la toile les tristes passions des hommes est obligé d'en rechercher les organes à l'aide de l'anatomie, plus heureux que lui, le peintre de paysage ne doit s'occuper que des générations innocentes des fleurs ; des inclinations des plantes, et des mœurs paisibles des animaux rustiques.

Lorsque l'élève aura franchi les premières barrières, quand son pinceau plus hardi pourra errer sans guide avec ses pensées, il faudra qu'il s'enfonce dans la solitude, qu'il quitte ces plaines déshonorées par le voisinage de nos villes. Son imagination, plus grande que cette petite nature, finirait par lui donner du mépris pour la nature même ; il croirait faire mieux que la création : erreur dangereuse par laquelle il serait entraîné loin du vrai dans des productions bizarres, qu'il prendrait pour du génie.

Gardons-nous de croire que notre imagination est plus féconde et plus riche que la nature. Ce que nous appelons *grand* dans notre tête est presque toujours du désordre. Ainsi, dans l'art qui fait le sujet de cette lettre, pour nous représenter le *grand*, nous nous figurons des montagnes entassées jusqu'aux cieux, des torrents, des précipices, la mer agitée, des flots si vastes que nous ne les voyons que dans le vague de nos pensées, des vents, des tonnerres ; que sais-je ? un million de choses incohérentes et presque ridicules, si nous voulions être de bonne foi, et nous rendre un compte net et clair de nos idées.

Cela ne serait-il point une preuve du penchant que l'homme a pour détruire ? Il nous est bien plus facile de nous faire des notions du chaos que des justes proportions de l'univers. Nous avons toutes les peines du monde à nous peindre le calme des flots, à moins que nous n'y mêlions des souvenirs de terreur : c'est ce dont on se peut convaincre par la description de ces calmes où l'on trouve presque toujours les mots de *manaçant*, de *profond silence, etc.* Que, rempli de ces folles idées du sublime, un paysagiste arrive pendant un orage au bord de la mer qu'il n'a jamais vue, il est tout étonné d'apercevoir des vagues qui s'enflent, s'approchent et se déroulent avec ordre et majesté l'une après l'autre, au lieu de ce choc et de ce bouleversement qu'il s'était représenté. Un bruit sourd, mêlé de quelques sons rauques et clairs entrecoupés de quelques courts silences, a succédé au tintamarre que notre peintre entendait dans son cerveau. Partout des couleurs tranchantes, mais conservant des harmonies jusque dans leurs disparates. L'écume éblouissante des flots jaillit sur les rochers noirs ; dans un horizon sombre roulent de vastes nuages, mais qui sont poussés du même côté : ce ne sont plus mille vents déchaînés qui se combattent, des couleurs brouillées, des cieux escaladés par les flots, la lumière épouvantant les morts à travers les abîmes creusés entre les vagues.

Notre jeune poëte ou notre jeune peintre s'écrie : « J'imaginais mieux que cela ; » et il tourne le dos avec dédain. Mais, si son esprit est bon, il reviendra bientôt de ses notions exagérées : il rectifiera son imagination ; rien ne lui paraîtra plus grand désormais que les ouvrages formés par une puissance première. Il renversera ces montagnes entassées dans sa tête, où tous les sites, tous les accidents, tous les végétaux étaient confondus. Ces montagnes idéales ne s'élèveront plus jusqu'aux étoiles, mais les neiges couvriront la tête des Alpes, les torrents s'écouleront de leur cime ; les mélèzes, dans une région moins élevée, commenceront à décorer le flanc des rochers ; des végétaux moins robustes, quittant le séjour des tempêtes, descendront par degrés dans la vallée ; et la cabane du Suisse agricole et guerrier sourira sous les saules grisâtres au bord du ruisseau.

Fort alors de ses études et de son goût épuré, l'élève se livrera à son génie. Tantôt il égarera les yeux de l'amateur sous des pins où peut-être un tombeau couvert de lierre appellera en vain l'amitié ; tantôt, dans un vallon étroit, entouré de rochers nus, il placera les restes d'un vieux château : à travers les crevasses des tours, on apercevra le tronc de l'arbre solitaire qui a envahi la demeure du bruit et des combats ; le perce-pierre couvrira de ses croix blanches les débris écroulés, et les capillaires tapisseront les pans de murs encore debout. Peut-être un petit pâtre gardera dans ce lieu ses chèvres, qui sauteront de ruines en ruines.

Les paysages riants auront leur tour, quoique en général ils soient moins attachants dans leur composition ; soit que l'image du bonheur convienne peu aux hommes, soit que l'art ne trouve que de faibles ressources dans la peinture des plaisirs champêtres, réduits pour la plupart à des danses et à des chants. Il y a pourtant certains caractères généraux propres à ces sortes de *vues* : le feuillé doit être léger et mobile ; le lointain, indéterminé sans être vaporeux ; l'ombre, peu prononcée ; et il doit régner sur toute la scène une clarté suave qui veloute la surface des objets.

Le paysagiste apprendra l'influence des divers horizons sur la couleur des tableaux : si vous supposez deux vallons parfaitement identiques, dont l'un regarde le midi et l'autre le nord, les tons, la physionomie, l'expression morale de ces deux vues semblables seront dissemblables.

La perspective aérienne est d'une difficulté prodigieuse ; cependant il y faut savoir placer la perspective linéaire des plans de la terre, et détacher sur les parties fuyantes les nuages, si différents aux différentes heures du jour. La nuit même a ses couleurs ; il ne suffit pas de faire la lune pâle pour la faire belle ; la chaste Diane a aussi ses amours, et la pureté de ses rayons ne doit rien ôter à l'inspiration de sa lumière.

Cette lettre est déjà d'une extrême longueur, et je n'ai encore qu'effleuré un sujet inépuisable. Tout ce que j'ai voulu dire aujourd'hui, c'est que le paysage doit être *dessiné* sur le *nu*, si on le veut faire ressemblant, et en accuser pour ainsi dire les muscles, les formes. Des études de cabinet, des copies sur des copies, ne remplaceront jamais un travail d'après nature. *Atticæ plurimam salutem.*

PENSÉES, RÉFLEXIONS ET MAXIMES

La misère de l'homme ne consiste pas seulement dans la faiblesse de sa raison, l'inquiétude de son esprit, le trouble de son cœur ; elle se voit encore dans un certain fond ridicule des affaires humaines. Les révolutions surtout découvrent cette insuffisance de notre nature : si vous les considérez dans l'ensemble, elles sont imposantes ; si vous pénétrez dans le détail, vous apercevez tant d'ineptie et de bassesse, tant d'hommes renommés qui n'étaient rien, tant de choses dites l'œuvre du génie qui furent l'œuvre du hasard, que vous êtes également étonné et de la grandeur des conséquences, et de la petitesse des causes.

Lorsqu'on est placé à distance des faits, qu'on n'a pas vécu au milieu des factions et des factieux, on n'est guère frappé que du côté grave et douloureux des événements; il n'en est pas ainsi quand on a été soi-même acteur, ou spectateur compromis, dans des scènes sanglantes. Tacite, que la nature avait formé poëte, eût peut-être crayonné la satire de Pétrone, s'il eût siégé au sénat de Néron : il peignit la tyrannie de ce prince, parce qu'il vécut après lui : Butler, doué d'un génie observateur, eût peut-être écrit l'histoire de Charles Ier, s'il fût né sous la reine Anne; il se contenta de rimer *Hudibras*, parce qu'il avait vu les personnages de la révolution de Cromwell; il les avait vus, toujours parlant de vertu, de sainteté, d'indépendance, présenter leurs mains à toutes les chaînes, et, après avoir immolé le père, se courber sous le joug méprisable du fils.

Il y a des iniquités politiques qui ne peuvent plus être impunément commises, à cause de la civilisation avancée des peuples. Que l'on ne croie pas que ces peuples puissent dire, sans résultat, à leurs gouvernements : « Tel crime, tel malheur est arrivé par votre faute. » Les bases du pouvoir même sont ébranlées par ces reproches; le respect des nations venant à manquer au pouvoir, ce pouvoir est en péril.

Chez une nation qui conserve encore l'innocence primitive, le vice apporté par des étrangers fait des progrès plus rapides que dans une société déjà corrompue, comme un homme sain meurt de l'air pestiféré où vit un homme habitué à cet air.

On peut arriver à la liberté par deux chemins : par les mœurs, et par les lumières. Mais quand les mœurs et les lumières manquent à la fois, quand on ne peut être ni un républicain à la manière de Sparte, ni un républicain à la manière des États-Unis, on peut encore conquérir la liberté, on ne la peut garder.

La postérité se souvient des hommes qui ont changé les empires, très-peu de ceux qui les ont rétablis, à moins que ce rétablissement n'ait été durable. On admire ce qui crée, on estime à peine ce qui conserve : une grande gloire couvre de ténèbres tout ce qui la suit.

Tourmentez-vous pour rétablir la vertu chez un peuple qui l'a perdue, vous n'y réussirez pas. Il y a un principe de destruction en tout. A quelle fin Dieu l'a-t-il établi ? C'est son secret.

On s'étonne du succès de la médiocrité; on a tort. La médiocrité n'est pas forte par ce qu'elle est en elle-même, mais par les médiocrités qu'elle représente; et dans ce sens sa puissance est formidable. Plus l'homme en pouvoir est petit, plus il convient à toutes les petitesses. Chacun en se comparant à lui se dit : « Pourquoi n'arriverai-je pas à mon tour? » Il n'excite aucune jalousie : les courtisans le préfèrent, parce qu'ils peuvent le mépriser; les rois le gardent comme une manifestation de leur toute-puissance. Non-seulement la médiocrité a tous ces avantages pour rester en place, mais elle a encore un bien plus grand mérite : elle exclut du pouvoir la capacité. Le député des sots et des imbéciles au ministère caresse deux passions du cœur humain : l'ambition et l'envie.

La médiocrité est assez souvent secondée par des circonstances qui donnent à ses desseins un air de profondeur. Ces hommes impuissants qui, pour la foule, paraissent diriger la fortune, sont tout simplement conduits par elle : comme ils lui donnent la main, on croit qu'ils la mènent.

Les hommes de génie sont ordinairement enfants de leur siècle; ils en sont comme l'abrégé; ils en représentent les lumières, les opinions et l'esprit; mais quelquefois aussi ils naissent ou trop tôt ou trop tard. S'ils naissent trop tôt *avant* leur *siècle naturel*, ils passent ignorés; leur gloire ne commence qu'après eux, lorsque le siècle auquel ils doivent appartenir est éclos; s'ils naissent trop tard, *après* leur *siècle naturel*, ils ne peuvent rien, et ils n'arrivent point à une renommée durable. On les regarde un moment par curiosité, comme on regarderait les vieillards se promenant sur les places publiques avec les habits de leur temps. Ces hommes de génie qui arrivent *trop tard* sont donc méconnus comme les hommes de génie qui arrivent *trop tôt;* mais ils n'ont pas comme ces derniers un avenir, une postérité, des descendants pour établir leur gloire : ils ne pourraient être admirés que du passé, que de leurs devanciers, que des morts, public silencieux.

Après des temps de malheur et de gloire, un peuple est enclin au repos; et pour peu qu'il soit régi par des institutions tolérables, il se laisse facilement conduire par les plus petits ministres du monde; cela le délasse et l'amuse : il compare ces pygmées aux géants qu'il a vus, et il rit. Il y a des exemples de lions attachés à un char et menés par des enfants; mais ils ont toujours fini par dévorer leurs conducteurs.

Pour les véritables saints et les hommes supérieurs, la religion est un admoniteur sévère qui leur apprend à s'humilier et leur enseigne la vraie vertu : pour les hommes passionnés et vulgaires, ses leçons ne servent qu'à nourrir l'orgueil humain et à donner des apparences de vertu. « Je marche sur la tête de mes amis et de mes ennemis : qui peut dire cependant que je manque d'humilité? ne me suis-je pas mis à genoux? »

Écoutez cet homme qu'on appelle monseigneur : il vous dira qu'il n'est qu'un vilain, qu'il veut rester un vilain; qu'il n'est pas fait pour occuper la place qu'il occupe; que la révolution ne sera finie que quand un vilain comme lui cessera d'être un des premiers personnages de l'État. Monseigneur a cependant porté le bonnet rouge pour cesser d'être un vilain, comme il porte un habit brodé et un titre pour sortir de la classe des vilains. Fiez-vous à l'humilité de monseigneur, et croyez au paysan du Danube.

Les mendiants vivent de leurs plaies : il y a des hommes qui profitent de tout, même du mépris.

Point de politique sentimentale, disent les ministres. Bon Dieu, qu'ils se tranquillisent! il n'y a aucun péril de ce côté : je ne sache pas beaucoup d'hommes qui aient conservé leur vieille passion. Vous ne voulez pas qu'on vous aime : eh! que vous avez raison! Mais puisque vous préférez la politique du fait à celle du droit, acceptez-en toutes les conséquences. Le fait nous donnera le droit d'examiner si vous autres ministres êtes bons à quelque chose, et s'il n'y a pas un autre fait qui vaille mieux que le vôtre.

Si l'on vous donne un soufflet, rendez-en quatre, n'importe la joue.

Il est bon de se prosterner dans la poussière quand on a commis une faute, mais il n'est pas bon d'y rester.

Voyez cet homme; son ressentiment est extrême. « Comment, Théodule se plaint d'avoir été offensé par moi? quelle insolence! » Mais, homme puissant, si Théodule a aussi sa puissance; s'il ne croit à personne le droit de l'outrager, qu'avez-vous à répliquer? Le temps où un courtisan faisait trembler n'est plus; il n'y a plus de faveur possible, excepté pour les valets de chambre; tout est réduit à la valeur personnelle. Celui qui peut dire : « Vous avez eu besoin de moi, je n'ai pas besoin de vous, » est aujourd'hui le véritable supérieur. C'était peut-être mieux autrefois : mais c'est comme cela maintenant. Ce que l'*homme* a perdu en pouvoir, les *hommes* l'ont gagné.

Le vice, le bonheur, l'infortune, tiennent à un souffle. Vous mourez : deux heures après on ne pense plus à vous. Vous vivez, on n'y pense pas davantage. Qu'importent vos joies, vos peines, votre existence, non-seulement à votre voisin qui ne vous a jamais vu, mais encore à cette tourbe qu'on appelle vos amis? Pourquoi donc se faire une affaire de la vie? elle ne mérite pas la moindre attention.

Quelquefois on oublie un moment ses douleurs, puis on les reprend comme un fardeau qu'on aurait déposé un moment pour se délasser.

On finit par transformer en réalité les craintes de la tendresse : une mère voit sur le visage de son fils des marques d'une maladie qui n'y sont pas. Les autres chimères de la vie, au moral et au physique, produisent les mêmes illusions pour la peine ou le plaisir.

On se réconcilie avec un ennemi qui nous est inférieur pour les qualités du cœur ou de l'esprit; on ne pardonne jamais à celui qui nous surpasse par l'âme et le génie.

Votre ami vient de partir; vous vous croyez fort contre l'absence : allez visiter la demeure de votre ami, elle vous apprendra ce que vous avez perdu et ce qui vous manque.

Celui qui commet le crime, dans le danger qu'il y court et dans le tumulte de ses passions, n'a pas le temps d'écouter le remords; mais celui qui n'est que le complice et le confident du crime, sans y avoir une part active, celui-là entend la voix vengeresse de la conscience. Il compte dans sa retraite les minutes qui s'écoulent. « A présent il se passe telle chose; à présent on frappe! » Oui, malheureux, on frappe! et c'est la main de Dieu qui s'appesantit sur toi.

Le ver de la tombe commence à ronger la conscience du méchant avant de lui dévorer le cœur.

La cause la plus juste pourrait-elle, par des circonstances fatales, paraître la plus injuste? Se peut-il présenter un cas où l'innocence ne se puisse prouver, et où la victime qui périt et le juge qui prononce soient également innocents? Que serait-ce alors que la justice humaine?

Si l'on a le droit de tuer un tyran, ce tyran peut être votre père; le parricide est donc autorisé dans certains cas? Qui pourrait soutenir une pareille proposition?

Un charme est au fond des souffrances comme une douleur au fond des plaisirs : la nature de l'homme est la misère.

Celui qui souffre pour Dieu a l'avantage d'être toujours préparé à sa dernière heure, avantage qui n'est pas donné à tous les infortunés.

Les grandes afflictions semblent raccourcir les heures, comme les grandes joies : tout ce qui préoccupe fortement l'âme empêche de compter les instants.

Il faut avoir le cœur placé haut pour verser certaines larmes : la source des grands fleuves se trouve sur le sommet des monts qui avoisinent le ciel.

L'âme de l'homme est transparente comme l'eau de fontaine, tant que les chagrins qui sont au fond n'ont point été remués.

La simplicité vient du cœur, la naïveté, de l'esprit. Un homme simple est presque toujours un bon homme; un homme naïf peut être un fripon ; et pourtant la naïveté est toujours naturelle, tandis que la simplicité peut être l'effet de l'art.

Il y a des hommes qui ne sont point éloquents, parce que leur cœur parle trop haut, et les empêche d'entendre ce qu'ils disent.

Redemande au repentir la robe de l'innocence : c'est lui qui l'a trouvée, et qui la rend à ceux qui l'ont perdue.

Caresser la vertu sans être capable de l'aimer, c'est presser les deux belles mains d'une jeune femme dans les mains ridées de la vieillesse.

Aussitôt qu'une pensée vraie est entrée dans notre esprit, elle jette une lumière qui nous fait voir une foule d'autres objets que nous n'apercevions pas auparavant.

Les sentiments d'un certain ordre s'accroissent en proportion des malheurs de l'objet aimé : c'est la flamme qui se propage plus rapidement au souffle de la tempête.

La vertu est quelquefois oubliée dans son passage ici-bas, mais elle revit tôt ou tard; on la retire des tombeaux comme on retire du sein de la terre une statue antique qui fait l'admiration des hommes.

Souvent les gens de bien pleurent à la même heure où les pervers se réjouissent : le même moment voit s'accomplir une action honnête et une action coupable. Le vice et la vertu sont frère et sœur; ils ont été engendrés par l'homme : Abel et Caïn étaient enfants du même père.

Il y a des hommes pour lesquels la vertu n'est point la vertu reconnue par les autres hommes; ils n'appellent point de ce nom toutes les choses régulières, mais inférieures, de l'existence, cette honnêteté vulgaire qui remplit exactement ses devoirs : la vertu pour eux est un élan de l'âme qui nous porte vers le bien aux dépens de notre bonheur et de notre vie, ou une force qui nous fait dompter nos passions les plus fougueuses. Ces hommes-là s'élèvent au-dessus des autres hommes; mais à quoi sont-ils bons dans la société? Comme les montagnes dans la nature, comme les monuments gigantesques dans les arts, ils sortent des proportions communes : on les regarde, et on en a peur.

Les caractères exaltés dans les gens vulgaires sont insupportables; unis à une grande âme ou à un beau génie, ils entraînent tout. Ces caractères ne veulent pas séduire, et ils séduisent; ils ignorent eux-mêmes leur force, et sont tout étonnés d'avoir fait tant d'heureux ou tant de victimes.

Le malheur agit sur nous selon notre caractère. Un homme pourrait se sauver en s'expliquant, et il ne le veut pas; un autre croit réparer tout en parlant, et il se perd.

Il serait étrange que l'homme prétendît à une constance inaltérable, lorsque toute la nature change autour de lui : l'arbre perd ses feuilles; l'oiseau, ses plumes; le cerf, ses rameaux. L'homme seul dirait : « Mon âme est inébranlable; telle elle est aujourd'hui, telle elle sera demain; » l'homme, dont les sentiments sont plus inconstants que les nuages! l'homme, qui veut et ne veut plus! l'homme, qui se dégoûte même de ses plaisirs, comme l'enfant de ses jouets!

Souvent des personnes qui s'aiment se jurent, au commencement de leur bonheur, de quitter ensemble la vie; mais il arrive qu'elles ne marchent pas avec la même vitesse, et quand l'une est prête à atteindre le but, l'autre ne l'est pas, ou ne l'est plus.

La méchanceté est de tous les esprits le plus facile. Rien n'est si aisé que d'apercevoir un ridicule ou un vice et de s'en moquer! il faut des qualités supérieures pour comprendre le génie et la vertu.

Quand on parle des vices d'un homme, si on vous dit : « Tout le monde le dit, » ne le croyez pas; si l'on parle de ses vertus en vous disant encore : « Tout le monde le dit, » croyez-le.

Avez-vous des chagrins, attachez vos yeux sur un enfant qui dort, qu'aucun souci ne trouble, qu'aucun songe n'alarme : vous emprunterez quelque chose de cette innocence; vous vous sentirez tout apaisé.

Deux amis qui souffrent sont quelquefois des heures entières sans se parler. Quelle conversation vaudrait ce commerce de la pensée dans la langue muette du malheur ?

Les autres nous semblent toujours plus heureux que nous; et pourtant ce qu'il y a d'étrange, c'est que l'homme qui changerait volontiers sa position ne consentirait presque jamais à changer sa personne. Il voudrait bien peut-être se rajeunir un peu, pas trop encore, et marcher droit s'il était boiteux; mais il se conserverait tout l'ensemble de sa personne, dans laquelle il trouve mille agréments et un je ne sais quoi qui le charme. Quant à son esprit, il n'en altérerait pas la moindre parcelle : nous nous habituons à nous-mêmes, et nous tenons à notre vieille société.

Revoyez au jour de l'infortune le lieu que vous habitiez au temps du bonheur : il s'en exhale quelque chose de triste, formé du souvenir des joies passées et du sentiment des maux présents. N'est-ce pas là qu'à telle époque vous aviez été si heureux? et maintenant! Ces lieux sont pourtant les mêmes : qu'y a-t-il donc de changé? l'homme.

Ceux qui n'ont jamais eu quelque chose d'important à communiquer à un ami savent la peine qu'on éprouve lorsqu'en arrivant le cœur ému, on ne trouve point cet ami; que personne ne peut vous dire où il est; si c'est la mort qui l'a emmené?

Il faut des secrets pour réparer la beauté du corps : il n'en faut point pour maintenir celle de l'âme.

Chaque homme a un lieu particulier dans le monde où il peut dire qu'il a joui de la plus grande somme de bonheur : le calcul est bientôt fait.

Une passion dominante éteint les autres dans notre âme, comme le soleil fait disparaître les astres dans l'éclat de ses rayons.

Tels hommes voyagent ensemble et se parlent peu ou point sur la route. Quoique du même pays, ils ne s'entendent point et ne sont point de la même nature : les uns sont nés blancs et les autres noirs.

La conversation des esprits supérieurs est inintelligible aux esprits médiocres, parce qu'il y a une grande partie du sujet sous-entendue et devinée.

Une certaine étendue d'esprit fait qu'on s'accoutume sur-le-champ aux usages étrangers, et qu'on a l'air de les avoir pratiqués toute sa vie, à un embarras près, qui n'est pas sans grâce ou sans noblesse.

La célébrité peut-elle faire illusion au point d'inspirer une passion pour ce que la nature a rendu désagréable? je ne le crois pas : la gloire est pour un vieil homme ce que sont les diamants pour une vieille femme : ils la parent et ne peuvent l'embellir.

Les plaisirs de notre jeunesse, reproduits par notre mémoire, ressemblent à des ruines vues au flambeau.

Il est un âge où quelques mois ajoutés à la vie suffisent pour développer des facultés jusqu'alors ensevelies dans un cœur à demi fermé: on se couche enfant, on se réveille homme.

Si quelques heures font une grande différence dans le cœur de l'homme, faut-il s'en étonner? il n'y a qu'une minute de la vie à la mort.

Les peines sont dans l'ordre des destinées : ceux qui, cherchant à les oublier, s'occupent de l'avenir, ne songent pas qu'ils ne verront point cet avenir. Chacun, en mourant, remet le poids de la vie à un autre; à chaque sépulture, il y a un homme qui reçoit le fardeau de la main de l'homme qui se va reposer : le nouveau messager porte à son tour ce fardeau jusqu'à la tombe prochaine.

Tous les hommes se flattent; nous avons tous à la bouche cette phrase banale : il y a bien loin d'aujourd'hui à telle époque. — Bien loin! et la vie, combien dure-t-elle?

L'arbre tombe feuille à feuille : si les hommes contemplaient chaque matin ce qu'ils ont perdu la veille, ils s'apercevraient bien de leur pauvreté.

L'homme n'a au fond de l'âme aucune aversion contre la mort; il y a même du plaisir à mourir. La lampe qui s'éteint ne souffre pas.

La Mort, selon les Sauvages, est une grande femme fort belle, à laquelle il ne manque que le cœur.

La cendre d'un mort, quel que fût de son vivant le décédé, est sacrée. La poussière des tyrans donne d'aussi grandes leçons que celle des bons rois.

Il y a deux points de vue d'où la mort se montre bien différente. De l'un de ces points vous apercevez la mort au bout de la vie, comme un fantôme à l'extrémité d'une longue avenue : elle vous semble petite dans l'éloignement; mais à mesure que vous en approchez elle grandit; le spectre démesuré finit par étendre sur vous ses mains froides et par vous étouffer.

De l'autre point de vue, la mort paraît énorme au fond de la vie; mais à mesure que vous marchez sur elle, elle diminue, et quand vous êtes au moment de la toucher, elle s'évanouit. L'insensé et le sage, le poltron et le brave, l'esprit impie et l'esprit religieux, l'homme de plaisir et l'homme de vertu, voient ainsi différemment la mort dans la perspective.

La voix de l'homme ne se ranime pas comme celle de l'écho : l'écho peut dormir dix siècles au fond d'un désert, et répondre ensuite au voyageur qui l'interroge; la tombe ne répond jamais.

Toi qui donnas ta vie et ta mort aux hommes, toi qui aimes ceux qui pleurent, exauce la prière de l'infortuné qui souffre à ton exemple ! soutiens le fardeau qui l'écrase ! sois pour lui le Cyrénéen qui t'aida à porter la croix sur le Golgotha.

FIN DES PENSÉES, RÉFLEXIONS ET MAXIMES.

TABLE DES MATIÈRES

LES MARTYRS.

	Pages.		Pages.
Livre vingt-quatrième...	1	Remarques sur le treizième livre...	124
Remarques sur le premier livre...	17	Remarques sur le quatorzième livre...	126
Remarques sur le deuxième livre...	30	Remarques sur le quinzième livre...	131
Remarques sur le troisième livre...	38	Remarques sur le seizième livre...	135
Remarques sur le quatrième livre...	46	Remarques sur le dix-septième livre...	139
Remarques sur le cinquième livre...	55	Remarques sur le dix-huitième livre...	146
Remarques sur le sixième livre...	60	Remarques sur le dix-neuvième livre...	153
Remarques sur le septième livre...	72	Remarques sur le vingtième livre...	159
Remarques sur le huitième livre...	82	Remarques sur le vingt et unième livre...	162
Remarques sur le neuvième livre...	87	Remarques sur le vingt-deuxième livre...	164
Remarques sur le dixième livre...	100	Remarques sur le vingt-troisième livre...	166
Remarques sur le onzième livre...	105	Remarques sur le vingt-quatrième livre...	169
Remarques sur le douzième livre...	119	Examen des Martyrs...	175

POÉSIES.

Préface...	211	L'Esclave...	232
TABLEAUX DE LA NATURE...	215	Nous verrons...	233
I. — Invocation...	ibid.	Peinture de Dieu. Tirée de l'Écriture...	235
II. — La Forêt...	ibid.	Pour le mariage de mon neveu...	ibid.
III. — Le Soir, au bord de la mer...	216	Pour la fête de madame de *** ...	236
IV. — Le Soir, dans une vallée...	217	Vers trouvés sur le pont du Rhône...	ibid.
V. — Nuit de printemps...	218	ODE. Les Malheurs de la révolution...	ibid.
VI. — Nuit d'automne...	ibid	Vers écrits sur un souvenir donné par madame la marquise de Grolier à M. le baron de Humboldt...	239
VII. — Le Printemps, l'Été et l'Hiver.	220		
VIII. — La Mer...	222		
IX. — L'Amour de la campagne...	223	Charlottembourg, ou le Tombeau de la reine de l'russe...	240
X. — Les Adieux...	224	Les Alpes ou l'Italie...	241
Les tombeaux champêtres. Élégie imitée de Gray...	ibid.	Le Départ...	243
A Lydie. Imitation d'Alcée, poëte grec...	227		
Milton et Davenant...	228	MOISE, tragédie...	247
Clarisse. Imitation d'un poëte écossais...	231	Préface...	ibid.

POÈMES TRADUITS DU GALLIQUE EN ANGLAIS
Par John Smith.

Préface...	305	GAUL...	318
DARGO. — Chant I...	306	Lettre sur l'art du dessin dans les paysages...	325
— Chant II...	310		
DUTHONA...	312	Pensées, réflexions et maximes...	328

LAGNY. — Typographie de VIALAT.

EN VENTE CHEZ LES MÊMES ÉDITEURS

Œuvres de Chateaubriand, ancienne édition, 16 vol. grand in-8°, illustrés de 64 gravures sur acier.
Œuvres littéraires de M. A. de Lamartine, 5 vol. grand in-8°, 30 gravures.
Œuvres de Buffon, 10 demi-vol. in-8°, 100 gravures sur acier coloriées à la main, et le portrait de l'auteur.
Histoire de France, 6 beaux vol., 34 gravures.
Histoire de Paris depuis les premiers temps historiques, par J.-A. Dulaure, continuée jusqu'à nos jours par C. Leynadier, 8 vol., 150 gravures dont 50 coloriées à la main.
Histoire maritime de France, par M. Léon Guérin, historien titulaire de la marine, 7 vol. grand in-8°, 50 gravures sur acier ou plans.
Les trois derniers volumes, qui comprennent les événements maritimes depuis 1789 jusqu'en 1857, se vendent à part.
Histoire de Napoléon III et de la Dynastie napoléonienne, par Paul Lacroix (Bibliophile Jacob), 4 vol., illustrés de 40 gravures inédites sur acier.
La Collection de l'Écho des Feuilletons, 17 vol., 180 gravures sur acier, et 540 gravures sur bois.
Louis XIV et son siècle, par A. Dumas, 60 gravures, 240 vignettes, 2 vol. grand in-8°.
Histoire de Louis XVI et de Marie-Antoinette, par A. Dumas, 3 vol., 40 gravures.
Monte-Cristo, par A. Dumas, 2 vol. grand in-8°, 30 gravures sur acier.
Les Mousquetaires, par A. Dumas, 1 vol. grand in-8°, 33 gravures.
Vingt ans après, par le même, 1 vol., 57 gravures.
Le Vicomte de Bragelonne, par A. Dumas, 2 très-beaux vol. grand in-8°, 60 gravures.
Mémoires d'un Médecin, par A. Dumas, comprenant : *Joseph Balsamo, le Collier de la Reine, Ange Pitou* et *la Comtesse de Charny,* 6 volumes divisés en 12 tomes, ornés de 200 gravures inédites tirées sur papier teinté chine.

EN COURS DE PUBLICATION

Œuvres de Chateaubriand, nouvelle et riche édition, 20 vol. grand in-8° jésus, ornés de 100 gravures inédites sur acier.
Géographie universelle de Malte-Brun, revue, rectifiée et complétement mise au niveau de l'état actuel des connaissances géographiques, par M. CORTAMBERT, membre et ancien secrétaire général de la Société de Géographie, 8 forts tomes divisés en 16 vol., illustrés de 80 gravures et types coloriés; plus, de 8 cartes inédites.
Les Héros du Christianisme à travers les Ages, magnifique ouvrage illustré de 48 splendides gravures sur acier; 4 parties de 2 vol. chaque.
Histoire de France, nouvelle et riche édition, comprenant la guerre d'Orient, illustrée de 60 gravures sur acier, 4 cartes et plans, 12 vol. grand in-8° ou 6 forts tomes.
Nouvelles Œuvres illustrées de A. Dumas, comprenant : *El Salteador, Maître Adam le Calabrais, Aventures de John Davys, le Page du duc de Savoie, les Mohicans de Paris, Journal de madame Giovanni,* etc., etc., etc.

LAGNY. — Imprimerie de VIALAT.

www.ingramcontent.com/pod-product-compliance
Lightning Source LLC
Chambersburg PA
CBHW050542170426
43201CB00011B/1523